羅振玉學術論著集

第十集／上

羅振玉 著

羅繼祖 主編　王同策 副主編

管成學　張中澍　陳維禮　黃中業　王同策　羅繼祖　整理

第十集目次

松翁近稿

附補遺

松翁近稿敍目

往歲庚申，徇兒輩之請，編第平生文字四百八十首，分甲乙丙丁四編，爲《永豐鄉人稿》。由庚申至今忽又六年，所作又得五十九首。又檢笥得舊作三篇，合之總爲篇六十二，編爲《松翁近稿》。溯自辛亥避地迄於返國，十餘年來九死餘生，恨不立槁，而留此羽毛得毋多事。嗚呼，長夜悠悠，人間何世。異代知我，倘有其人。濡管綴辭，爲之長喟。乙丑仲冬，松翁書。

松翁近稿

道德經考異序

弱冠讀《老子》，得鎮洋畢氏《考異》而善之，以爲諸本異同殆盡於是矣。已而得開元御注石本，以校畢書，則異同之處或出或否，大率采一二三而遺六七，始知《考異》詳於宋元諸本而忽於唐本，蓋猶非善之善者也。嗣讀《鐵橋漫稿》，中有《答徐星伯先生書》，言作《老子唐本考異》據易州本、傅奕本、明皇注本，與《釋文》互校。知鐵橋先生曾依據唐刻别爲《考異》，然求之三十年不可得，殆書成未刊也。

予早歲曾手校御注本異同於畢本上，以補其闕遺，後又得景龍本、廣明本，亦先後加入。逮光宣間，西陲古籍流布人間，得《老子》殘卷數十行。去年春，更得殘卷六，又從法京影《道德經義疏》，從定州王氏影六朝寫本殘卷，亦得即校録。東友狩野教授直喜曩游英京，於英倫圖書館校唐本殘卷，予往歲手録存之。近又得景福石本，於是予先後所見石本四，六朝及唐殘卷十，上下二經八十一章中未見唐鈔者才四章耳。

往歲所記在書眉字隙，旁午不可讀，頃乃清寫於王注本之上。蓋傳世《老子》王注爲古，陸氏作《釋文》亦依王本。然《釋文》所出王本與今多異，知今本多改字，且有奪漏。予乃根據陸氏一一訂正，俾還舊觀。然後備列諸本異同，以便觀覽。復命兒子福葆別紙寫爲《考異》二卷。唐以後諸本不復闌入，期與畢書相輔而行，並以補嚴書不傳之憾。惟英、法兩京所藏《老子》殘卷，予未見者尚七八卷，又聞某氏藏《老子》全卷，亦苦不得寓目。所冀東西列邦學者就其所見以補苴予書，亦如予之於畢氏，此則予之志也。癸亥二月。

南華真經殘卷校記序

敦煌唐寫本《莊子》殘卷五：曰《胠篋》，存後半，藏英倫博物館；曰《刻意》、曰《山木》、曰《徐無鬼》，藏巴黎圖書館，《刻意篇》首尾完具，《山木篇》前缺二三十行，《徐無鬼篇》存後少半；曰《田子方》，藏予家，存前半。往歲《刻意》、《山木》、《徐無鬼》三篇既付影印，別記其與今本異同之字於書眉。《胠篋》則日本狩野博士直喜在英倫時手校，予借録入世德堂刊本上。茲以春晝漸長，取舊校寫爲一卷，並補校《田子方篇》，一夕而竟。

去年冬，在春明見蜀中顧氏藏某篇，未及寫影已售歸海東。嘗謂文字之事亦有前緣，有遠在重瀛而得之，近在眉睫而失之者。宇内博雅君子倘就其所見爲之校記，以補予之所不及，則予之所厚望也已。癸亥二月。

抱朴子殘卷校記序

敦煌石室本《抱朴子》殘卷存《暢玄》第一、《論仙》第二、《對俗》第三，凡三篇。《論仙》、《對俗》二篇均完善，《暢玄篇》則前佚十餘行。書迹至精，不避唐諱，乃六朝寫本也。卷藏皖江孔氏。乃割第一篇以贈定州王氏，餘二篇又以售於海東。辛酉冬，予曾從孔氏借觀，寫影存之，並取校孫淵如觀察刊本，異同處多至三百餘。其書題作《論仙》第二，下空二格，接書《抱朴子·内篇》，又空一格書「丹陽葛洪作」。乃小題在上，大題在下，而撰人名又在大題之下。洪自序稱《内篇》二十卷，故《舊唐書·經籍志》及各家書目均作二十卷，然此三篇共在一卷中，惜前後題均不可見，不知如何分卷，然非篇爲一卷則無疑也。序文及各家書目二十卷，殆二十篇之譌歟？

孫氏本出於道藏，卷一序題下書「疲六」，卷三書題下書「疲七」，卷五書題下書「疲八」，卷七至二十書題下書「守一」至「守十一」。蓋分卷十四，殆亦非復六朝之舊矣。

去冬念此卷既入市舶，影本幸存，欲寫定所校爲校記，牽於人事，不果斯願。新歲小病，鍵户不出，乃以三日之力録付梓人，以傳藝林，則斯卷雖亡不啻存也。書以記其始末。癸亥正月。

劉子殘卷校記序

敦煌唐寫本《劉子》殘卷起「《去情》第四」之後半，訖「《思順》第九」之前半，每行十五六字。書勢頗縱逸，有褚、薛遺意，與經生書體謹飭者不同，殆出初唐人手。此書《唐志》稱「梁劉勰撰」，《宋志》作「北齊劉晝撰」。《四庫全書總目》謂當出貞觀以後，訖莫能定爲誰何？惜此卷前題已闕，不可考矣。然此本寫於盛唐，且遠及邊裔，其爲六朝人舊著可知。《隋書·經籍志·子部》論諸家得失與此書《九流篇》略合，館臣遂疑《隋志》若襲用其説，不應反不録其書。所疑固當，然安知非史臣一時漏略致未著録，非有意遺之耶？至其卷數，新舊《唐志》作十卷，《宋志》作三卷，鼂氏《讀書志》作五卷，今通行本十卷，《諸子賞奇》本五卷，《子彙》本二卷。此卷雖標題已佚，而已至第九篇，則原書非三卷則五卷矣。

壬戌秋，得此於江陰何氏。索居無俚，校其異同於明人《子彙》本上，並以别紙遣兒子福葆録爲《校記》一卷，以授梓人。癸亥二月。

魏書宗室傳注序

予弱冠有校勘全史之志，苦一人見聞有限，乃與黄仲弢提學謀分任之。定校勘爲二類：一取宋元槧校勘，一仿《元史本證》例，以本史紀、傳、表、志互校。提學任前四史，校以宋元本，予用本證例校前五史。提學之書竟不克就，予先成《五史斠議》，將繼是而校《魏書》。既如前五史以傳、紀、諸志互校，復取《北史》比勘，惟《魏書》多佚卷，且有佚葉，非兼據宋槧善本校之不可。友人因以粵中新刻王益吾祭酒《魏書校勘記》見贈。其自序謂見宋本力不能致，因與同輩分校於毛本上，不啻人得一宋本。予取以校南監本，則與宋槧合者固什九，祭酒不知也。則是但可云「毛本正誤」而已。且所見宋本亦有佚葉，求未佚者垂三十年，卒不可得，舊稿遂置篋中。

近年洛陽出元魏宗室墓誌數十，每得墨本輒取史傳比勘，於《道武七王・廣平王連》佚篇中補元纂弟倪、倪子玕；於《孝文五王・廣平王懷傳》佚葉中補嗣王悌、范陽王誨。其他傳誌異同甚多，舉其厓略。如《神元平文子孫傳》元珍「字金省」，誌作「字金雀」。《昭成子孫傳》常山王遵後嗣陪斤，傳稱「坐事國除」，而陪斤子昭墓誌則稱陪斤爲「常山簡王」，是爵未除，且予謚也。《道武七王傳》陽平王熙孫吐萬，傳稱「早卒」，贈「晉陽順侯」，而吐萬子顯誌作「淮南王」。又河南王曜後嗣馗傳稱其出爲「東秦州刺史，建義中，[二]卒於州」，而誌則載其出爲東秦州刺史，改北華州刺史，薨於河陰鸞駕之右。《太武五王傳》廣陽王建閭孫深，《肅宗紀》及《中山王熙傳》均作「淵」，誌亦作「淵」，知作「深」乃後世避唐諱所改。《景穆十二王傳》陽平王新成子順謚莊王，而陽平王太妃李氏墓誌則作惠王。又《元衍傳》稱封鉅平縣公，誌作鉅平縣侯，謚文懿，傳又失書其謚。京兆王子推後嗣暹封汝陽王，「子沖襲」，今元脺誌作諱脺，字子沖，是傳當作「子子沖襲」。《廣平王洛侯傳》：後「改封濟南王。弟四子獻，襲。齊受禪，爵例降」。今洛陽出濟南王獻墓誌，蓋文曰「魏故濟南王元獻銘記」，《北史》獻「子祖育，襲。武定初，墜馬薨。子勒叉，襲。齊受禪，爵例除」。是獻卒於魏，其入齊除爵者獻孫勒叉也。《昭成子孫傳》元昭「小字阿倪」，不及其字，誌作字幼明。《景穆十二王傳》南安王楨孫熙，熙子景獻，誌作諱暐，字景獻。東平王略子景式，略誌作世子規，字景式。樂陵王胡兒，以兄子永全襲，後改名思譽，誌作諱思，字永全。思譽子景略，字世彦，誌作諱彦，字景略。安定王後嗣珍平，誌作諱珽，字珍平。《獻文六王傳》彭城王後嗣浮陽王剛弟質，誌作諱文，字思質。又劭弟子正，不舉其字，宣武王妃李氏誌作子正，字休度。傳誌均不同。北海王詳子顥，顥弟瑱，字寶意，《北史》「瑱」作「頊」，誌作諱頊，字幼明，與《北史》合，而字則異。顥、頊之死，據《孝莊紀》並在永安二年七月，顥誌作永安三年七月廿一日，頊誌作永安三年七月廿九日。傳誌並相差至一年。《彭城王勰傳》載勰以永平元年九月被殺，不書其日。《世宗紀》作九月戊戌，誌作己亥，相差一日。

予既一一據以校訂，復取舊校先將《宗室傳》寫定，並録其全文，爲注十二卷。周氏嘉猷舊撰《南北史世系表》，依據南北史而未校以各專史，脱漏甚多。予往歲嘗爲增補，爰先寫定《魏宗室世系表》一卷，與注並行。方今中州古刻日出不窮，剞劂之事意猶有待，而四方友人知予爲此，索觀者衆，因先付排印，以代傳鈔。續有所見，當別爲補遺。回憶校史之約，匆匆已三十餘年，人事牽阻，所成僅此。仲弢墓木已拱，而予亦年垂耳順矣。讀莊生「生有涯而知無涯」之言，爲之長喟。當世方雅，幸裁正之。甲子六月。

史料叢刊序

壬戌春，予既得大庫史料，謀籌金築館以貯之，而力未逮，乃權賃僧寺暫安置之。充閭塞牖不可展閱，而四方友人多移書問其中所有，苦無以應。乃運其少半至津沽，以數月之力，檢理其千百之一二。沈乙庵尚書聞而欣然，函問何時可畢事。予報書曰：檢理之事以近數月爲比例，十夫之力約十年當可竟。顧檢查須曠宅，就理者須部署庋置，均非建專館不可。顧以前稱貸既竭吾力，將何從突兀見此屋耶？即幸一二年間，此屋告成，天假我年，俾得竟清釐之事，典守傳布又將於誰望之？私意此事竟非一二人之力所能及，而又何能執塗人而語之。若得三五同志，協力圖之，一面鳩金建築，一面貸大屋從事檢理。檢理所得，隨時刊布，假以月成百紙計，則十年得萬餘紙。是檢理告終，緊要史材亦得大要矣。雖然，茫茫人海，何從竟得其人，亦託諸空言而已。尚書復書曰：尊論不刊，天壤之大，德必有鄰，鄙人將傳布公旨，冀以殘年得觀盛事。乃未幾而尚書遽歸道山，益無可與謀此者。

去年夏，予既刱東方文化學會印刷局，乃寫定史料之已檢理可校寫者二十有二種，付之手民。顔之曰：《史料初編》，當繼是而二三以至十百。然固非予力所能任也。而尚書所謂「德隣」者，將旦夕遇之耶？抑畢吾世不可遘耶？予且企足以俟之矣。書成，爰弁言於首，王觀堂徵君曾爲作《庫書樓記》，並揭之卷端，俾寰宇學者知此事顛末焉。甲子六月。

重訂紀元編序

光緒庚寅，予校定李氏《紀元編》。既寫定，嗣歲有勘正。越十六年丙午，在吴中取付梓人，工尚未半，而脂車北上。宣統紀元冬，復訂正十餘事，擬寄吴中卒成之，而卒不果。又越十六年，歲在乙丑，又爲補勘，始重付手民。既竣事，爰序其端曰：

考歷代元號諸書不下十數家，其檢閲較便誠莫若李氏書矣。顧出於門弟子之手，譌誤所在多有，今約略舉之如後。魏汝南王悦年號「更興」譌作「更新」，而誤據《紀元類聚》謂「更興」爲孝莊帝年號；魏賊万俟醜奴僭號「神虎」，後世史書以避諱故改「虎」爲「獸」，李氏書乃逕作「神獸」，不知因避諱改書；元徐真一僭號「天定」，明福建妖僧亦號「天定」，各自爲號，而誤併爲一，云「明福建妖僧徐真一」；嘉慶間湖北土匪黎樹僞號「萬利」，又王大叔僞號「大慶」，亦二人各自爲號，亦誤併爲一，云「黎樹號萬利，或云號萬利王，僞號大慶」；宋程道養、趙廣同反，僞號「泰始」，既已著録，又別出「趙廣泰始」；燕慕容儁初立未建元號，但稱燕元年、燕二年，而誤以爲建號「燕元」；魏建義元年光州人劉舉反，自稱皇武大將軍見《魏書・孝莊帝紀》亦誤以皇武爲年號；宋賊楊么僭稱「大聖天王」，亦誤從《玉海》以爲元號；元賊杜可用僞號「萬乘」，既著録，復著元裔可用「萬乘」，元裔無名可用者，乃因杜可用致譌；又唐文宗年號「大和」，《唐書》誤作「太和」，遼道宗年號「壽昌」，《遼史》誤作「壽隆」，並當依據石刻及錢文改正，而仍沿前史之譌。至歷代改元年月亦多舛誤。如吴赤烏以八月改，誤作九月；太元以五月改，誤作四月；晉太康以三月改，誤作四月；宋昇明以七月改，誤作十月；梁承聖至三年十一月而誤作四年；魏武泰以正月改，誤作二月；建義以四月改，誤作三月；興和以十一月改，誤作十月；唐開耀以九月改，誤作十月；景龍以九月改，誤作八月；僞周萬歲通天以三月改，誤作九月；宋紹聖以四月改，誤作九月；建炎以五月改，誤作四月；金天會以九月改，誤作八月；後趙之延熙元年值癸巳，甲子表誤列甲午；西涼永建元年值庚申，表誤列己未。其僭僞年號之年月譌舛者，尤不可枚舉。又如西夏末主年號「寶義」，東魏賊王迢觸、曹貳龍僭號「平都」，李書並失載，茲均一一爲之糾正。又有前籍譌誤李書所未及知，如《玉海》高麗有「正豐」年號，乃高麗奉金正朔，即海陵王之「正隆」，因避諱以「豐」代「隆」；西涼李暠建號庚子至五年見敦煌所出《沙州圖經》殘卷，非如明人僞託《十六國春秋》所載元年爲庚子，二年爲辛丑；西夏年號改元之歲，史家所記亦有譌舛。如貞觀元年值辛巳，誤作「壬午」，天祐民安元年值庚午，誤作「辛未」，乾祐元年值庚寅，誤作「辛卯」。且乾祐凡三十四年，前史但有三十三年。又高昌麴氏諸年號、高麗年號有「峻豐」，新羅有「開國」、「大昌」、「建福」三號，交趾、日本近二三百年建號，今始得據金石刻及敦煌所出古卷軸與海外諸史籍爲之補正。又如大理年號依據《滇載記》。然如段正嚴有「文治」年號則《滇載記》所不載，而《玉海》有之。今證以《大理相國高泰明寫經後題》，則正嚴確有「文治」紀號，且可考知其元年值大觀四年，故亦據以補入。至李書所載錢文及道經、擬議不用及訛傳諸號及紀元以前甲子表，並從省略。甲子表中僭僞諸號亦從刊除。惟改元年月李氏不載者，一一爲之增補，以便學者。

屈計此編先後三十餘年，稿凡四易，凡李書譌舛雖勘正不少，然仍有勘之未盡者，如西夏李元昊建元始於開運，開運以前尚奉宋正朔，而李氏書有「顯道」一號，即仁宗之「明道」，避其先諱，易「明」爲「顯」，非元昊曾改元「顯道」也，理合革除，乃殺青既竟而始見之。古人所謂「目能見千里而不能見其睫」，證以予之於李氏書，詎不洵然。書識吾過，且爲方來者戒焉。乙丑十一月。

璽印姓氏徵序

譜系諸書莫先于《世本》，至漢應氏作《風俗通》有《姓氏篇》，顧其書並久佚，僅散見于諸書徵引。唐林寶《元和姓纂》多引據六朝人譜牒、家狀，書雖不存，而陽湖孫氏所輯尚十得八九。此外，則《廣韻》及鄭氏《通志》、謝氏《秘笈新書》均載世族。又邵氏《姓解》，鄧氏《古今姓氏書辯證》，王氏《姓氏急就篇》。今日欲治姓氏之學，僅寥寥此數家而已。

予往在京師，蒐集古璽印，以其所載姓氏多不見姓氏書，意欲會爲一編，以供學者考鏡。而諸家譜集未備，尚有所待。及避地海東，得吴愙齋中丞《續百家姓印譜》，喜其先得我心。然所收姓氏才逾二百，其不見姓氏書者尚未及半，蓋美猶有憾焉。歲在乙丑，予乃以五旬之力，據所藏弆及諸家譜集爲《璽印姓氏徵》二卷，得姓千餘。其不見姓氏書者，亦逾五百，以視中丞書爲略備矣。

其中頗可訂證前人違失：如《廣韻》載複姓有「室中」氏，邵氏《姓解》、王氏《急就篇》並同，而徵之漢人印文則是「窒中」而非「室中」。印文又有「窒仲」，知「中」、「仲」古今字，「窒仲」即「窒中」。又前人書中載「中氏」「仲氏」，不云出自一源，以此例之，知爲一姓，推之「中孫」、「仲孫」，「中長」、「仲長」，罔不爾矣。又印文有「無妻」、「毋妻」二氏，《廣韻》引何氏《姓苑》有「母妻」，知「母」爲「毋」之譌。《急就篇》又有「无妻」，「無」、「毋」、「无」字殊而音則同，實爲一姓。又印文有「甘丹大利」，甘丹氏蓋即邯鄲，古幣有「甘丹刀」，與印文正合。古以地得姓者如《廣韻》稱「毋丘」或爲「毋氏」，是複姓得析爲單姓，以此例之，則「延陵」爲複姓，而别有延氏、陵氏，故「邯鄲」複姓亦别有邯氏、鄲氏。然則今有甘氏，印文有「丹」氏，「甘」與「丹」疑亦即「邯」與「鄲」矣。又《廣韻》稱燕爲秦滅，子孫以國爲氏，今印文「燕」氏外别有「郾」氏，爲姓氏書所不載。今易州多出燕世古兵，皆有銘文，書國名字皆作「郾」。印文又有「匽」氏，殆與「郾」同，是「燕」、「郾」、「匽」一也。《姓纂》載「莒氏」乃以國爲姓，而印文「莒」氏外又有「筥」氏。近年洛陽所出《熹平石經》書國名之「莒」从竹作「筥」，則「莒」、「筥」一也。知古人一姓而異文者實繁。即是編所載，若「呼」、「虖」，若「女」、「汝」，若「五」、「伍」，若「弟」、「第」，若「工」、「攻」、「功」，若「爰」、「轅」、「榬」，若「空侗」、「空桐」，若「斫胥」、「斫須」，若「陽成」、「陽城」，若「大史」、「泰史」，若「古成」、「苦成」、「枯成」，若「綦毋」、「期毋」、「其毋」，若「申徒」、「申屠」、「勝屠」、「信屠」，若「於丘」、「魚丘」、「虞丘」、「吾丘」、「毋丘」，孫輯《姓纂》訛「毋丘」作「母丘」，列入厚韻，誤。並其例矣。《廣韻》據何氏《姓苑》載複姓有「經孫」、「新孫」、「古孫」、「牟孫」、「室孫」、「叔孫」等氏，謂望稱河南，皆爲虜姓，殆以諸姓爲元魏氏族。而稽之印文，已有「新孫」、一作「辛孫」。「古孫」、「窒孫」，其非虜姓可知。又「窒孫」一姓，印文凡十五見，其十三皆作「窒孫」，其作「室孫」者才二見，知「室」爲「窒」之省。《元和姓纂》及《姓解》亦作「室孫」，與《廣韻》同，均由「窒」而譌也。又印文有「綦」氏、「源」氏、「蔞」氏、「普」氏、「屋」氏，《辯證》引《姓纂》河南有「綦氏」，《廣韻》稱源賀本禿髮氏，魏太武始賜姓「源」；《急就篇》：後魏改「一那蔞氏」爲「蔞氏」；《廣韻》載「後魏十姓」，獻帝次兄爲「普氏」，又引《魏書・官氏志》「屋引氏」爲「屋氏」，並以此五氏爲元魏時塞種之姓，不知漢代久有此姓也。至《廣韻》以「北」爲高麗姓，今璽文已有「北」氏。蓋以方爲姓，東、西、南、北古已有之，非始於東夷也。

至是編所載諸氏，如「蓬」、「冬」、「雙」、「餘」、「俱」、「畦」、「羌」、「庚」、「潭」、「壘」、「瑣」、「佴」、「操」、「福」、「毒」、「涅」、「笮」、「西方」、「車成」、「大史」、「侯史」二十一氏，雖已見諸家姓氏書，而多引魏晉以後至隋唐人以爲之證，蓋亦不知漢人久有此姓矣。《姓氏急就篇》有「凡閭氏」，印文則有「瓦閭」。「凡閭」義不可通，「凡」與「瓦」形近，「凡閭」殆「瓦閭」之譌。《廣韻》及《姓解》與《急就篇》並有「蔣匠氏」，印文則有「將匠」。「蔣匠」義不可通，「將匠」當是因官得氏，乃將作大匠之省文。「蔣匠」殆「將匠」之譌。《廣韻》「刁」注俗作「刀」，今印文「刁」姓字正作「刀」，篆書無「刁」字，則作「刀」者是，而作「刁」者非。《廣韻》又有「芀」、「艻」二文，今印文有「芀」姓，則亦「芀」正而「艻」俗矣。《廣韻》引《魯先賢傳》孔子妻「亓官氏」，字作「亓」，鄧氏《辯證》、邵氏《姓解》、王氏《急就篇》均作「并官」，今印文亦作「并官」。《漢韓勑造孔廟禮器碑》亦有「并官聖妃」語，則作「并」者是，而「亓」非矣。《廣韻》「舌」注亦姓，《左傳》越大夫舌庸，鄧氏《辯證》謂春秋越大夫止有后庸，世無舌氏。今印文有「舌高」。六朝人書「后」字别作「𠯑」，與「舌」相亂，越大夫之名爲舌庸爲后庸，雖不能遽定，而「舌」則實有是姓，不得遽謂世所無矣。鄧氏《辯證》載邴氏出自齊大夫食采於邴，以邑爲氏。又「丙」注：齊大夫邴歜，其後去邑爲丙氏。案印文「邴」、「丙」並見，蓋亦古今字，漢季邴原字尚作邴，其非先作邴而後去邑可知矣。

古璽印之有裨益於姓氏學如此其宏，惜予於前人譜集僅得四十餘家，恐未寓目者尚多。又山川所出日益不窮，則斯編者雖視吴中丞書爲備，不能不望後來者之補益。兒子福頤粗解六書，耆古璽印至篤，異日其能竟此業乎？乙丑八月。

此編姓氏依《廣韻》爲次，每姓之下列印文。前賢姓氏書，複姓均載於韻部之末，又皆以上一字分韻，茲以複姓列單姓之後，以下一字分韻，印文有字不可識及漫滅者，則以□代焉。又記。

增訂歷代符牌圖録序

予往歲在海東，曾集歷代符牌爲前後二録，計得符六十、牌四十有九。越八年，復聚後來所得爲之增補，總得節六、符八十有三、牌六十有六，命兒子福葆、福頤摹寫以傳之。爰書其端曰：

今茲所增可補前人記載所不及者，凡六事焉：一曰節。《周禮·掌節》：「凡邦國之使節，山國用虎節，土國用人節，澤國用龍節」，皆金也。注：「今漢有銅虎符。」予往歲所見虎符，無秦以前者。數年前，始得辟夫夫虎符。其字爲古文，不盡可識，僅辨首行「辟夫夫□節」諸字。嗣又見齊牛符，文有「齊節夫夫」字，其狀正與後世之符同，而明著之曰「節」。知節形正同秦漢以後之符，故禮注以漢銅虎符爲證。嗣又見爲馬形、鷹形、雁形者，其書皆古文，其爲節也無疑。是虎節、人節、龍節以外，更有牛、馬、鷹、雁諸節。此可補前籍者，一也。二曰爵符。編中所載莽符有作爵形者，文曰「新與廣有前精□爲爵」，其側文曰「廣有郡右」，爲考莽制者所未知。此可補前籍者，二也。三曰文字。漢太守以下諸虎符皆書文字於脊而中分之，古節及秦新郪、陽陵諸符則兩側文字相同而不中分，即西漢初葉安國、臨袁兩侯虎符尚沿斯制，知書脊而中判乃漢中葉以後所改，而前人均不知有左右側書之例。此可補前籍者，三也。四曰發兵之制。前節但言虎符以起軍旅，而其法不可知。觀新郪符言「凡興士被甲用兵五十人以上，必會王符乃敢行之，燔燧事雖毋會符，行也」。此不知與後來發兵之法何如，而秦制則曉然可知。此可補前籍者，四也。五曰龜符之制。虎、魚諸符皆由脊中判分爲左右，龜符則由背甲及腹甲上下判合而刻字于背甲之裏，而顧傳世皆背甲，腹甲則罕見。斯編所載腹甲但有同字，俾與背甲同字牝牡相銜而別無它文。此可補前籍者，五也。六曰明代銅牌字號。《明會典》載金牌之制，面上鑄「仁」、「義」、「禮」、「智」、「信」五字，號下鑄「守衛」二篆字，背鑄「凡守衛官軍懸帶此牌」等二十四字。「仁」字號俱龍形，「義」字號俱虎形，「禮」字號俱麒麟形，「智」字號俱獅子形，「信」字號俱祥雲形。又有「勇」字號銅牌。又有牙牌，公侯伯「勳」字號，駙馬「親」字號，文官「文」字號，武官「武」字號，樂官「樂」字號。今核以是編所載，惟徐州巡警牌署「義」字，關防魚牌署「信」字，錦衣衛朝參牌署「武」字，御馬監勇士牌署「勇」字，與《會典》略合。然牌面均無獸形、雲形。又蘇州夜巡牌則署「福」字，夜巡鐘形牌署「馴」字，靈山、荆州、永昌三衛夜巡牌均署「肅」字，而德安守禦夜巡牌又署「結」字，御馬監勇士牌又或署「餘」、「露」、「結」等字，三千營隨駕官軍祥雲牌署「勇」字，則所云「仁」、「義」、「禮」、「智」、「信」諸牌爲諸獸及祥雲形爲不確矣。又御馬監牙牌署「忠」字，御前答應牌署「天」字，養鷹官牌署「鷹」字，豹房牌署「豹」字，東司房牙牌署「錦」字，尚瑞院馬牌署「平」、「安」、「友」等字，金陵近出值宿厨子雙魚牌署「膳」字，錦衣尉、旗尉牙牌或有號而無字。而《會典》所記或譌或略。此可補正前籍者，六也。古名物制度有非見實物不能明了者，符牌亦其一矣。

予往歲爲圖録，皆取墨本影照，前人著録出於摹寫者不復闌入。茲既一律出于摹寫，故廢前例，合併著之，以告讀是書者。乙丑十一月。

雪堂藏古器物目録序

予冠歲即好蓄古器物，積四十年始爲之簿録，約爲四類：曰金，曰石，曰陶，曰雜器。都計其數得二千有奇。而歷代泉幣及歷代私印、明器中之人畜、車馬、田宅、井竈以數繁不與。殷虚甲骨不可數計，亦不與焉。集録既竟，爰書其端曰：

古器物之學蓋萌芽於漢京，其事散見於《史記·封禪書》、《漢書·郊祀志》、《律曆志》，歷魏晉以逮隋唐。若魏大和中魯地得齊大夫子尾送女器之犧尊，王肅據以訂康成「畫鳳皇羽婆娑然」之誤，見《毛詩·閟宮》疏。又晉永嘉時曹嶷於青州發齊景公冢，得犧尊亦爲牛形，見《南史》。顔之推據秦鐵權銘「丞相狀綰」訂《史記》「隗林」之非，見《家訓·書證篇》。後魏景明中，并州人王顯達獻新莽權，銘八十一字，見《隋書·律歷志》。亦見《魏書·宗室元匡傳》。苻堅得魯襄公鼎，見《高僧傳》。《道安傳》。齊始興王蕭鑑督益州，于州園古冢得銅器、古璧及金銀爲蠶、蛇形者數斗，又廣漢什邡人段祖獻淳于於鑑，並見《南史·齊高帝諸子傳》。淳于亦見《隋書·斛斯徵傳》。唐上元三年，楚州刺史崔侁獻定國寶玉十三枚，見《舊唐書・肅宗紀》。此均古器物之見載籍者。其蒐集古器物始於梁之劉之遴，而輯古器物文字圖象爲專書則始於天水之世。宋代著録彝器之外，凡任器若釜、甑、鐙、錠、匳、鑑之類，微論有文字與否，悉圖寫其狀，詳記其所出之地、藏器之人與重量尺寸，其法頗備。至我朝斯學益盛，然不免重文字而略圖象，貴鼎彝而忽任器，似轉遜於前世。及百年以來，乃始擴其範圍，若古器物範，若封泥，若餅金，若三代陶登、陶量，若範金陶土之梵象，皆前人所未見。而近三十年來，若明器，若珧、骨、犀、象彫鏤諸器，若殷虚甲骨，若竹木諸器，則又道、咸諸賢所不及見也。

其據古物器以考古制，若程易疇先生之於考工，若吴清卿中丞之於古權衡度量及古玉瑞，並精邃過於前人，實爲斯學之中興。

茲録所載凡前賢所未見，固不僅明器、甲骨、竹木已也。若有文字之矢族、馬銜，三代之弩機，周秦之符，周漢之權、彝器、機輪斧弩之範，門關之籥，兵器之蒺藜之類，不可具述。而尤關考證者，於戈戟之鐏鐓可訂鄭注「凡矜八觚」之誤；於古貝分天生與珧製、玉製、石製、骨製、銅製，可驗用貝之先後沿革；於殷虚小圓貝知爲圜錢之濫觴；於古勺知有受一升及不及一升之差；於古石磬知程氏《磬折古義》不盡合於古器；於古専文知許君「漢興有草書」之説信而有徵。如是之類亦不遑備舉。

又有道、咸以來有其器而前人不能確定其名者，若車輨，若鉦，若鐃，若門鋪等，今均一一爲之定正。予於此學有所記述，別爲《古器物識小録》，以與此目並行。

方今山川之寶日出不窮，後之視今亦猶今之視昔。今後所出，吾生猶及見者，當爲補録。吾生所不及見者，則冀後賢爲我補之。此一編者，不過爲斯學之引導而已。甲子四月。

敦煌零拾序

予往者既影印敦煌古卷軸，返國以後見殘書小説凡十餘種，中有七言通俗韻語類後世唱本，或有白有唱，又有俚語、俚曲，皆小説之最古者，欲爲印行而未果。甲子春，伯希和博士手寫《秦婦吟》見寄。乃命兒子福葆合所藏所見通俗文字諸殘本同付手民，異日倘有所見，再續印焉。甲子正月。

集殷虚文字楹帖彙編序

辛酉仲春，集殷虚文字爲偶語百聯，以爲臨池之助。已而老友吴中章式之外部鈺、高遠香文學德馨、王君九學部季烈，先後繼作。予嗣是又有續集。於是四家合得四百餘聯，彙成一集。欲手寫流傳，人事牽阻，屢更歲月。而去冬卒膺奇變，不自意生全，今年戎馬生郊，益無聊俚。乃始從事繕寫，付之手民。蓋憂傷瑣尾之餘，舍此無以遣日，讀者幸毋以爲文雅之娱也。乙丑孟冬。

日本上野氏古玉圖譜序

三代法物傳於今者，彝器之外莫重於玉瑞。觀於《周官・典瑞》所職掌，以祀天地、日月、山川，以肆先王，以卹凶荒，以斂，以含，以起軍旅，以治兵守，以朝覲宗廟會同于王，諸侯以相見，以結好，以聘女，蓋五禮莫不寓焉矣。其貴且重，固如是。獨訝宋世《考古》、《博古》諸圖，于古彝器多能鑒別，而古玉之著録宋元凡三家，其所載圖象與傳世實物多殊異。既憑古經注以臆其物，間存真品，又不能確定其名稱，逞其肊説，不能徵信。蓋三千年以來，斯學殆垂絶矣。

逮光緒己丑，吴愙齋中丞始原本經傳，以考傳世古物爲《古玉圖》。其書博雅有鑒裁，一洗前人之陋。古玉之有圖譜謂自中丞始可也。顧亦間有千慮之一失。如編中琥五，其第二品驗其形制即《顔氏家訓・終制篇》之玉豚，關洛古冢中多有之，而曰疑即《周禮》山國用虎節之節。又載璜四，其第二品一端有穿一，佗端有穿二，第四品則兩端各一穿，其物乃合二而成之聯環，此蓋其半也。古有聯環或合二合三合四以成之，以組繫兩端之穿以聯屬之。前人每見其一片，致誤以爲璜。予藏其完具者三，故確知爲聯環之半。又其所載葱珩、佩璜亦合二合三之聯環，非珩與佩璜也。又載含二，謂今世所傳古玉蟬，往往無穿，不能佩，皆古之含玉，其有孔者爲後人所鑿。予平生所見古玉蟬至夥，實有有孔、無孔二種，無孔者長不過寸許，故可納口中，其有孔者長逾二寸許，不可以含，實爲冠佩，所謂貂蟬者是也。它如塞耳之瑱，非耳所可容，漆書之筆，肥鈍不可以書，凡是之類不免疏失。

予往歲嘗欲依據經傳，考之實物，繼中丞之書而爲《釋瑞》。久未克就，而二十年中所蒐集古玉約百品。經辛亥之變，避地海東，出所藏長物以贍朝夕。於是東邦友人上野有竹翁盡得予所藏，並選良工精印以傳藝林。圖成而翁歸道山。其哲嗣以予略明斯學，屬爲之次第，並爲之序。啓函披覽，印刷之精，能存其固有之色采，蓋有圖譜以來所未嘗有也。亟復書諾之，顧人事牽阻，且五閱寒暑矣。

今乃以晷隙爲之目録，並記此學之關於典禮之重者，以爲之序，以踐宿諾。而予返國以後，中州之鄭州、新鄭、洛陽又多出古玉，予又續有收集，所得亦與曩等，異日當就斯圖所載與近年所新得者卒成《釋瑞》一書，期與此圖並傳，俾與寰宇學者共明斯業，倘亦翁在天之靈與哲嗣之所樂許乎？甲子三月。

璽印姓氏徵跋

予既撰《璽印姓氏徵》，以璽印尤關於小學，欲繼是而爲文字徵。顧璽印、文字應析爲二，古璽出於秦前，其文字别爲一體，與古文或異。兒子福頤既爲《古璽文字徵存》，予將專就漢印文字説之，約其大凡，厥有二端，一考訂許書，一補許書佚字。今就是編所載姓名諸文，略舉其例。

考訂許書者，如「恆」字許書篆文从月，古文作亙，从夕。古璽亦有亙字，與許書古文正合。夕與夕同，殷虛文「月」亦作D。又殷文書「王恆」作「王亙」，《稽古齋印譜》有「恆事」印，又見小璽有「恆官」印，其文並作亙，或从D，或从月，其實一也。此編中有「恆宮」、「恆參」印，山左吳氏藏「焦恆」印，「恆」字均从月作𢛟，月形與月近，知許書篆文从舟，乃从月之譌也。許書「桑」从叒，印文中「桑」氏文皆作桒，殷虛文字亦作桒，象歧枝上出之狀，與印文同。許書从叒乃由𠦬而譌也。《説文》無「由」字，而从由之字二十餘，皆篆作由。印文中諸「由」氏其文皆作由，漢器銘識亦然，知即許書部首之甶。今作由者，乃篆之失。詳見王氏國維《觀堂集林》中《釋由》。此可考訂許書者也。

許書「滕國」字从水，而予家所藏滕虎敦則从火，閩江陳氏澄秋館藏滕侯戈、戟各一，皆从火。而此編中滕姓七見，其从水者六，从火者一，又建德周氏藏「閔滕」印，字亦从火。蓋「滕」、「縢」義與「騰」近，「滕」从火象上騰，其从水、从馬則象奔騰，今則从水者行，而从火者廢矣。許書「弦」从弓，《漢景君碑》「管弦」字作「弦」，从糸，此編中「弦」氏十一見，皆作弦，从糸，與《景君碑》同。古文从糸之字或作8，知8即糸，弓糸爲弦，蓋會意字。予意篆文當作弦，从糸，古文从8，許君乃以从8爲篆文，于是从8者行，而从糸者廢矣。《石鼓文》「行」字篆作衍，从人，从行，象人行于四達之衢。今許書但有「行」而無从人之「衍」。漢印中人名有「庸衍」者，字正作「衍」，與《石鼓》合，知本有「衍」字，許書佚之也。印文中有「轡最衆」印，「轡」字从車，𢇍聲，其文不見許書。古璽中人名有「𢇍和」，字又从車从䜌省。殆即車鑾之本字。今許書有「鑾」，而「𨏥」佚矣。古璽多「𢼄」姓，其文从攴、户，殆與「启」、「啓」同字，「𢼄」象敲門，「启」象呼門，「啓」則象呼且敲。今許書有「启」、「啓」而「𢼄」佚矣。又印文中彌姓作「壐」，下从土，與《漢王君石路碑》同。今則此字但見《玉篇》而不見許書矣。《正字通》有「䑲」，云：俗艡字。又有「傿」，曰：俗褭字。今漢姓有䑲有傿，又見有「張傿」印，是此二字漢已有之，不得以未見許書而遽詆爲俗。又如許書無「閣」字，而已見於印文。如是之類均可據以補許書佚文者也。

爰舉一隅，他可三反。世有好學深思之士，循是以求之，則文字徵者，固不必出于予手也。九月朔，又記。

詩豳風殘卷跋

敦煌唐寫本《毛詩·豳風·七月》殘卷，英倫所藏，據美國博物館影照本移録，與今本異同頗多。「七月亨葵及菽」，「菽」作「叔」，「六月莎雞振羽」傳「莎雞羽成振訊」之「訊」作「迅」，均與《釋文》一本同。其他若「九月授衣」箋「故言將寒」，今本作「故將言寒」。「饁彼南畝」箋「俱以饟饋來」，今本無「饋」字。「二之日其同」箋「因習兵事，俱出田獵也」。今本無「事」字、「獵」字。「九月築場圃」箋「物生之時，和治之，以種養菜茹」，今本「和」作「耕」，又脱「養」字，皆以此卷之義爲長。其他譌誤，有轉須據今本是正者。茲取付手民，一仍其舊，以存唐本面目。甲子六月。

老子義殘卷跋

《老子義》殘卷，前後無書題，存《德經》「昔之得」一章、「反者，道之動」章上、「士聞道」章及「上德不德」章義解四則。觀其文體是義而非注，每經一章之後即接書義解，與經文並列，並不低行以示別於經文，此例亦爲他書所未見。訓解至精深，當出隋唐以前人手。《隋志》載顧歡《老子義疏》一卷，梁有釋慧觀《老子義疏》一卷，梁武帝《老子講義》六卷，其他尚有義疏數家。此不知爲何人作，疑即梁武《講義》。其經與義並列，殆以御製故而尊崇之耶？書體至精，出李唐初紀。

三年前，予曾從友人借觀是卷，令兒子福葆寫影。今乃得之市估手，初以後半二十八行乞售，亟購得之。復求前半，乃復得之浹旬以後。然末行尚有新割裂之迹，知尚有存者，今不知在何許，安得異日更爲延津之合耶？爰書以俟之。壬戌九月。

唐律殘卷跋

《唐律》殘卷，江西李氏藏，存《雜律》下凡八十行。以今本校之，起「毀人碑碣石獸」條，訖「得宿藏物」條。今本每條有小題，而此無之。又，今本律文頂格，疏議低一格。又，律文大字，注皆小字夾注。此本則律與疏平列，而疏文每條上加「議曰」以別之。注文亦大字，與律文接書，但加「注云」二字以示別。至此本可勘正今本誤字者三，衍文者一：「毀人碑碣」條律文「但令修立，不坐」，今本「立」誤作「之」。「傍留請受軍器」條疏議「並准盜法」，今本「准」誤作「名」。又律「其經戰陳而損失者」，今本「而」下衍「有」字。「亡失符印」條疏議「雖有規避」，今本「規」誤作「窺」。至今本「亡失符印」條疏議「每二百紙以上加一日程」，此本「上」誤作「下」。又「得宿藏物」條「坐贓」，此本複出「坐」字，則寫本之失也。甲子五月。

後唐天成殘曆跋

《殘曆》一卷，自正月至六月全佚，七、八月則二十三日以前亦佚，九、十月以下尚存，末署「丙戌年，姑洗之月十四日巳時題畢」。今以汪謝城先生曰楨《長術輯要》考之，知此曆當後唐明宗天成元年。謝城先生推是年七月爲乙卯朔，八月乙酉朔，九月乙卯朔，十月甲申朔，十一月甲寅朔，十二月甲申朔，此卷則七月爲甲寅朔，八月甲午朔，九月癸丑朔，十月癸未朔，十一月癸丑朔，十二月壬午朔，或差一日，或差二日。蓋當日西陲行用之曆非頒自中土，邊人疏于學術，故推衍多誤。法國巴黎圖書館藏《同光四年具注曆》一卷，後署「隨軍參謀翟奉進撰」。又《顯德六年曆》，翟奉達撰。《雍熙三年曆》，安彥成撰。英倫博物館藏《顯德三年曆》，亦翟奉達撰。又有《太平興國七年曆》，署「押衙知節度參謀銀青光禄大夫檢校國子祭酒翟文進撰」。此卷雖無撰人名，而天成元年即同光四年，殆亦出奉進之手，但不知與巴黎所藏異同何如，安得據彼卷以補是卷之佚文耶？

謝城先生考是年冬至在十一月十日癸亥，《通鑑目録》誤作十一月一日，宋本則作「十日冬至」，不譌。今此卷乃「十一月十一日癸亥冬至」，是月爲「甲寅朔」，故十日得「癸亥」。此卷作「癸丑朔」，差一日，故十一日乃得「癸亥」，雖差一日，而「癸亥冬至」則與宋本《通鑑目録》合，足正今本「十日」誤作「一日」之失，至可喜也。此書每七日輒朱書一密字，乃記日曜日，巴黎所藏《同光四年曆》與此正同。巴黎又藏《七曜律》，其七曜之名曰「密」、曰「莫空」、曰「雲漢」、曰「嘀日」、曰「温没斯」、曰「那溢」、曰「雞緩了」，殆即番語日、月、火、水、木、金、土，但不知爲何國語耳。至每日下所注「吉凶宜忌」，每節候記「月令」語，與今曆略同，足徵今日曆本淵源之古。予既於漢人木簡中得見漢人殘曆，今又獲此卷，自慶古福不淺。爰加考定，附記卷尾。壬戌八月。

後晉天福殘曆跋

右殘曆存三十行，首尾均佚，起正月廿七日，訖二月廿三日。以正月大建晦日值「壬申」，二月朔值「癸酉」考之，殆後晉高祖天福四年曆也。每七日注「密」字，與《七曜曆》及《後唐天成丙戌曆》同，而每日下注「歲位」、「歲對」、「歲前」、「小歲」等，則《天成曆》所未有也。月下記九宫方位，則與今曆同，亦《天成曆》之所未有也。九宫方位及每七日注「密」字皆朱書。「丙」字皆避唐諱作「景」。五季人紀淪亡而猶謹於勝朝之諱，此風尚近古，視今之食茅踐土數百年而於故國視如秦越或且如讎仇者爲遠勝矣。壬戌九月。

又唐天寶十二載及會昌六年亦正月癸卯朔，二月癸酉朔，此姑定爲後晉者，以書迹與後唐及宋淳化比例而知之。且歐洲所藏殘曆皆五季北宋物，未見唐代曆也。又記。

宋淳化殘曆跋

右殘曆寫於六朝寫經紙背，但有正月至四月而無五月以後，乃當時繕録未竟，非殘損也。正月小建壬寅，朔日戊寅，二月小建癸卯，朔日丁未，三月大建甲辰，朔日丙子，四月小建乙巳，朔日丙午，考之長術，乃宋淳化元年曆也。書手惡劣，墨蹟晦暗，以一夕之力始移寫一通。中有譌奪，無從是正。爰付手民，與天成、天福二殘曆同印行，以存唐宋間日曆之格式。甲子季夏。

秦婦吟跋

蜀相韋莊《秦婦吟》不載《浣花集》中，《北夢瑣言》謂：「内庫燒爲錦繡灰，天街踏盡公卿骨」，後公卿垂訝，莊乃諱之。佗日撰家戒，内不許垂《秦婦吟》幛子，以此止謗，亦無及也，云云。是今集不載乃遵莊之戒，故世無傳本。

往歲日本狩野博士直喜游歐洲，於巴黎圖書館傳録燉煌本，而首尾不完。聞英倫亦有一本，吾友王静安徵君郵請法國伯希和博士傳寫足本。癸亥歲末，博士乃手書見寄，卷尾有「天復五年乙丑歲十二月張龜寫」款，復以貞明五年己卯歲四月安友盛寫本校其異同。此篇再傳中土，博士力也。

考《唐才子傳》載莊爲乾甯元年蘇檢榜進士，此本末記「天復五年乙丑寫」，乃莊成進士後十一年。天復僅三年，乙丑爲天祐二年，唐末擾亂，致改年已逾歲，邊人尚未知也。卷首署「右補闕韋莊」。《十國春秋》載莊「登進士第，爲判官，晉秩左補闕」。雖「左」、「右」字異，然可知莊在天復前曾任是官。《才子傳》但言釋褐校書郎，李詢宣諭西川，舉莊爲判官，後王建辟爲掌書記，尋徵起居郎，建表留之，而不及右補闕。《才子傳》又謂，莊早嘗寇亂，間關頓躓，寓目緣情，子期懷舊之辭，王粲傷時之製，或離羣軫慮，或反袂興悲，四愁九怨之文，一詠一觴之作，俱能感動人心。今讀此篇，於寇盜之殘暴，生民之水火，軍人之畏葸肆虐，千載而下猶驚心駭目。西陲絶塞，邊民已展轉傳寫，則當時人人傳誦可知。晚雖畏謗以戒子弟，然終不能絶其傳也。至《才子傳》載「天街踏盡公卿骨」作「天街踏盡却重回」，與今本及《北夢瑣言》不同，殆後來避謗所改與？

予既手録一通，復書後以記歲月。甲子穀日。

俚曲三種跋

右俚曲三種，得之敦煌故紙中。前爲齋薦功德文，後有「時丁亥歲次天成二年七月十日」等字一行，後書此三曲。繕寫粗拙，譌別滿紙。然藉知此等俚曲自五季時已有之，故訂正其顯然譌誤之字，付印以傳之。其誤字不能確知者，一仍其舊。甲子正月。

佛曲三種跋

佛曲三種，皆中唐以後寫本。其第二種演《維摩詰經》，他二種不知何經。考《古杭夢游録》載説話有四家：一曰小説，謂之銀字兒。如烟粉、靈怪、傳奇、公案，皆是搏拳、提刀、趕棒及發跡、戀態之事；説經，謂演説佛書；説參，謂參禪；説史，謂説前代興廢戰争之事。《武林舊事》載諸技藝亦有説經。今觀此殘卷，是此風肇於唐而盛於宋兩京，元明以後始不復見矣。甲子三月，取付手民，卷中訛字甚多，無從是正，一仍其舊。甲子二月。

貞觀政要殘卷跋

《貞觀政要》，元戈直《集論》本外，未見他本。戈氏作《集論》時，往往移易篇章，刊刻亦多衍脱。

往歲讀日本澀江氏、森氏《經籍訪古志》及楊星吾舍人守敬《日本訪書志》，知東邦有唐時真本。庚子客鄂渚，曾從舍人借觀，云在宜都故里，不得寓目，以爲憾事。及辛亥避地，攜家浮海，始得古寫卷子本第五、第六兩卷於日本京都故家，爲彼邦六百年前物。取較戈本，凡衍脱不可通者悉得據以勘訂，且補逸文數章。欲爲刊行，以復唐本之舊，而苦不能得全本，欲於海東藏書家謀之，而人事牽阻，勿勿未果。既返國，旅居津沽，歲甲子，檢笥得往日校記，因命兒子福葆據卷子本傳録，付諸手民，並將他卷佚文及吴兢上書表附刊卷後，俾學者得窺唐本之一斑。他年若幸得觀全書，再續刊焉。乙丑閏月。

臣軌跋

《臣軌》中土久佚，阮文達公始得日本活字本，編入《四庫未收書目》。今所據爲寬文八年與《帝範》合刊本。予往在海東，又得弘安十年古寫卷子本，但存《同體》至《匡諫》凡五篇。弘安十年當中土至元二十四年，其所據之本必甚古，故雖繕寫粗劣，而足訂正寬文本者不少。凡寬文本前五章中脱衍譌誤，悉據以改正，爲校記一卷。而後五篇則苦無本可校，他年若再至扶桑，當别求善本比勘，以期完善。弘安本序目與各章相銜接，寬文本則序目與各章均分離，兹改從弘安本。至書尾有「垂拱五年撰」五字，文達因與《唐會要》不合，以爲日本人妄增。楊星吾舍人則謂當是撰於垂拱而頒於長壽。然予觀則天自序稱「忝位坤元」，又稱「天皇明逾則哲志切旁求」，又有「比者，太子及王已撰修身之訓」語。考舊史《高宗紀》，咸亨五年六月，「皇帝稱天皇，皇后稱天后」。又《經籍志》載天后撰《青宫記要》三十卷、《少陽正軌》三十卷，與《臣軌》殆先後所撰，當在高宗咸亨五年以後，稱制之前。蓋「忝位坤元」與「太子及王」之稱不但在天授革命加號皇帝時爲不合，即臨朝稱制以後亦不當復有太子之稱矣。是此書固非作於長壽，亦非垂拱時作審矣。故仍删去「垂拱五年撰」五字，觀者倘不以爲專斷乎？甲子孟秋。

食醫心鑑跋

此書唐昝殷撰。《宋史·藝文志》著録作二卷，是此書至宋尚存，今久佚矣。此本乃日本人從《高麗醫方類聚》中采輯而成，雖不能復原本之舊，然當已得其太半。晁氏《讀書志》謂殷，蜀人，大中初著《産寶》以獻郡守白敏中。今殷所撰《産寶》，日本尚有影宋刊足本，此書乃不得完帙，可惜也。光緒辛丑游日本，得之東京。卷耑有「青山求精堂藏書畫之記」及「森氏」二印，後有丹波元堅及森約之手識二則。

戊申正月。

演揲兒法殘卷三種跋

演揲兒法殘卷三種，舊藏内閣大庫，烏絲闌綿紙鈔，殆出於元代。其一曰「新譯吉祥飲血王集輪無比修習一切中最勝上樂集本續顯釋記卷第三釋迦比丘荘嚨法幢集講經律論寂真國師沙門惠照傳」，皇建延壽寺沙門惠雲等奉勑譯，皇帝詳定。存十六葉，中間缺第八至十三頁。其二曰「喜樂金剛空行毋綱禁略集大密本續五卷下梵國大修習者啞稱榇也巴師傳」，智光禪師依西番本漢譯。其三後題已不完，曰：上缺數。「輪□便智慧雙運□□□□下」，亦無傳譯人名，然《喜樂金剛空行毋綱禁略集大密本續五卷下》載傳習源流有三：一、西天師傳；二、西番師傳；三、河西師傳。其西番師傳中有趙伯伯無上樂輪方便智慧雙運道。又此書中夾舊籤題曰「智慧雙融道法義」，「融」殆「運」字之譌。殆簡略書之，其全題殆是「無上樂輪方便智慧雙運道法義」，其撰人殆即趙伯伯也。

案：《元史·順帝本紀》，至正十三年，哈麻及禿魯帖木兒等陰進西天僧于帝，行房中運氣之術，號「演揲兒法」。又進西番僧善「秘密法」，帝皆習之。似由西天所傳爲「演揲兒法」，西番所傳爲「秘密法」。然據大密本續述，西天、西番、河西三派，其始皆傳自大持金剛，由大持金剛傳矴巴浪，至矴巴浪後始分支派。爾後西番、河西兩派又均傳與不動金剛，則西番、河西又分而復合。「演揲兒」爲蒙古語，不知何義，或與「秘密法」非有二也。又史載順帝從西番及西天僧傳習在至正十三年，而大密本續載不動金剛題記署至正四年，有「欽授殆「受」之譌。累朝御寶聖旨及皇太子令旨」語，疑元代帝王之習此法者不始於順帝，順帝之傳習亦非自至正十三年始也。《續顯釋記》前署「皇帝詳定」，此皇帝爲順帝與否不可知，而皇帝字頂格書寫，則爲此諸書確寫於元代之明證也。

三書中雜載導引、服食、咒訣之法，《順帝紀》但言運氣，未能該括其術。謂之「大手印」，其稱名殊不可曉也。此爲禪門中左道，然爲五百餘年僅傳之孤本，且《漢書・藝文志》載房中八家，百八十六卷，班氏至稱爲「性情之極，至道之際，聖王制外樂以禁内情，而爲之節文」云云。則此書亦在所當存而不廢歟？壬戌五月。

四夷館考跋

此明人鈔本。下卷之首已缺損，無目録序跋，亦無撰人姓氏。卷中凡「詔」、「勅」、「朝廷」、「我明」等字，皆抬行。傳録頗多譌脱，校以《明史・外國傳》，每有異同，不能據以勘定。考《述古堂書目》有《四夷館考》十卷，不著撰人名。《明史・藝文志》史部職官類有汪俊《四夷館則例》二十卷，《四夷館考》二卷。此本與《明志》卷數相同，或即汪氏所著，爰遺寫官録副存之。光緒戊申正月。

明監國魯五年庚寅大統曆跋

《明魯監國大統曆》一卷，江陵田君得之東京。此曆爲吾鄉黄梨洲先生所撰。《小腆紀傳》卷上《魯王紀》順治二年五月《行朝録》作十二月。兵部主事攝餘姚縣知縣王正中表進《監國大統曆》，宣付史館。明年二月，録黄宗羲造曆從軍功，授職方司主事。考《梨洲先生年譜》，先生以乙酉閏六月迎魯監國。次年丙戌爲魯監國元年，當順治三年，先生在四明山寨。監國四年，監國還至海上，先生赴行朝，晉左副都御史。五年庚寅，先生方以救弟晦木先生捕繫，辭監國，歸。此曆爲監國五年庚寅，曆乃己丑十月馮京第、阮美乞師日本時所頒。今明社之亡已二百餘年，而此曆尚存人間，以梨洲先生所撰，後人方什襲珍爲至寶。展覽再三，曷勝今昔之感矣。宣統辛亥。

此曆閏十二月，我朝則于次年辛卯閏二月。是年舟山陷，三月監國遂去年號，距此曆之頒才逾年耳。當日海上君臣流離瑣尾之狀，思之如在目前，殊令人不寒而慄。又記。

江村書畫目跋

《江村書畫目》一卷，繕寫甚精，後有吴縠人祭酒跋，謂出文恪手書，然卷中有注文恪公跋者，則此卷殆書於文恪後人，非出文恪手也。目分九類：曰進，曰送，曰無跋藏玩，曰無跋收藏，曰永存秘玩，曰自題上等，曰自題中等，曰自怡，而董文敏真迹別爲類附焉。其曰進者以進呈，曰送者以充餽遺，皆注明贋迹且值極廉者，其永存秘玩則真品而值昂。其他類中亦間有贋迹，皆一一注明。是此目雖爲文恪後人傳録，而確出手定。案文恪以韋布入侍近禁，位至列卿，遭遇之奇，古今所罕，而通賄營私，屢登白簡，幸賴聖祖如天之仁，始終保全。宜如何冰淵自惕，乃竟以贋品欺罔，心術至此，令人駭絶。其留此記録以遺後人，殆不啻自暴其惡。爰付印以傳之，俾世之讀是編者，知當時言官所彈猶未能燭其隱微，不如其自定之爰書爲詳盡也。甲子三月。

文恪以鑒賞負時譽，然學識實疏。此目「永存秘玩」類有《范文正公尺牘》，注：「宋元人題跋皆係真迹，神品上上。」此卷曾歸歸安吴氏兩罍軒，爲之刻石，江村跋尾具存，今藏予家。文正書是真品，而諸跋則一手僞爲。其樓攻媿跋署名竟作從火旁作之爚，而文恪亦不能辨。其涼德如彼，而鑒別又若此，世人顧猶以書畫之曾經江村品題者爲可增價，故記之以解其惑。又記。

説文古籀補跋

予冠歲受小學，篤好金壇段氏注，顧疑當時吉金文字之學已昌盛，而段君於許書所載古籀文未嘗援據吉金款識爲之考訂，以爲美猶有憾。稍長，得吴愙齋中丞《説文古籀補》，竊喜足補段君之闕遺，意謂許書得此二家爲之羽翼，殆盡美且善矣。及壯游四方，頗蒐集吉金文字墨本，學力亦稍進，始知中丞之書尚不免千慮之一失。舉其概要，約得五端。

中丞既備采古禮器文字，復益以古貨幣、古匋璽，然稽其時代雖均屬先秦，而論其書體則因所施而各異，文多省變，可識者寡。今考證古籀，宜專采之彝器，貨幣、匋璽，宜爲别録，此取舍之待商者一也。中丞書例，可識之字列入正編，疑不能決及不可識者别爲附録，體例至善。然正編中如□之釋「藺」，□之釋「咨」，□之釋「吒」，□之釋「逋」，□之釋「境」，□之釋「釁」，□、□之釋「舒」，□之釋「爵」，□之釋「貣」，□、□、□之釋「質」，□之釋「賣」，□之釋「窯」，□之釋「顛」，□、□之釋「涪」，□之釋「聃」，□之釋「錯」，皆有未安，宜入附録。而附録中如□疑「烝」，□疑「虘」，□疑「躋」，□疑「農」，□疑「御」，□疑「孝」，□疑「祖」，咸疑所不必疑，宜改列正編。此疑信之倒置，宜改正者二也。又正編中□、□二字均釋「干」，殷虚文字「畢」字作□，今雲南人所用掩兔之畢，其形尚如此，知此亦「畢」字，非「干」字也。□、□均「巩」字而釋「奉」。□下□即「左」字，予藏古馬銜，其銘亦有□字，其字从□，與从□之□不同，古文雖左右向往往任意，而□、□字則未嘗或亂，殷虚文字「右」亦作□，許書「差」之籀文作□，从二，知古左右字或从二或从口，一也，乃釋距末之□作「佑」，宋公戈之□爲「佐」，其實均是「差」字，非「佐」、「佑」也。□釋「敦」，案此字見□白達敦，其蓋藏予家。其文曰「匌白達作寶敦，期萬年」，蓋文作□，器文作□，均即「其」字，非「敦」字也。□釋「亭」，殷虚文字「亳」作□、□，與此略同，此亦「亳」，非「亭」也。□釋「[illegible]」，其文从示，从又持肉，是「祭」字，非「𩰫」也。□釋「帥」，又□釋「師」，考古文「帥」皆从□，無从□者，□、□殷虛文字作□、□，即師所止爲次之「次」，後世假次字爲之，非「帥」亦非「師」也。□釋「然」，其字从舟，从□，从火，盂鼎「朕」作□，此朕下加火乃滕國之「滕」，古从火，今从水，非「然」也。□釋「龜」，其字與不嬰敦之□同，即「朿」字，象朿矢形，非龜也。□、□、□、□等字釋「七」，古七字作十，無作□者，此「九」字，非「七」也。□釋「申」，其文象兩手奉杵形，與小篆之□同，非「申」也。此誤釋之當訂正者，三也。至附録中諸字有確可辨識者如□即「農」，諆田鼎作□，史農觶作□，均从田，晨而趨田曰農，會意字也。□象人逆入形，乃「逆」字。□从龍从耳，乃「聾」字。□从屰，从欠，乃「欮」字。□即「禹」字，與小篆不殊，中丞乃誤以爲古「肸」字。□舊釋「穌」，案即「蘇」字，古已姓之國，古金文皆作「穌」，从木，不从禾，近出土有蘇公之孫鼎，字作「蘇」，雖加艸，亦从木，可證「穌」即「蘇」字。□即「□」，象木下有火，□爲火燄狀，殷虛文字作□、□，正與此同。□注疑古「利」字，不从刀，考許書「利」之古文正作□，與此同。□注从□，从攴，《說文》無此字，考从□即目，下从攴，乃許書部首之「旻」。□上象人形，與□同，下□象尾形，即「尾」字，許君所謂古人或飾系尾，西南夷亦然者是也。□、□注疑古「聊」字，考其文从弓，从耳，乃「弭」字，非「聊」也。□注象三玉相連形，三玉曰□，考□即「玉」字，《說文》玉「象三玉之連，丨其貫也」，非別有三玉相連之□字。□即「弘」、「吉」二字合文，殷虛文字亦有之，作□、□，正與此同。此均附録中確然可識，當改入正編者，四也。又有説解之誤，如説□爲象人戴寠數形，奚隸之役也。考「奚」於文作□，象手牽索以係人，蓋奚爲俘奴，殷虛文字作□、□，古俘奴殆男女並有之，故或从女，□象索，非象戴物也。□注从彳，从□，从心，□古「相」字，相心爲德。□、□注古「相」字，从□，十目所視也。案「相」从目，从木，許君引《易》曰「地可觀者莫可觀於木」，以釋从木之義，故殷虛文字作□，與篆文同，亦作□，古金文从□、□，乃木之省。如「杞」字殷虛文字作□，亦作□，其證也。與「十」之作□不同，德从□，無从□者，不可混合爲一也。□、□注象燕處巢見其首，小篆从日、女，形相近而古義亡考。此文正是从日从女，乃匽安之匽，古人日入而處内，乃强指从日爲象燕首形，近乎嚮壁之談。此説解之誤，當更正者，五也。以上所舉，當待來學之修正。

予往在光、宣之間曾與亡友吴縣蔣伯斧學部黼約分任校理，並補以後出諸器。乃事未逾半，伯斧遽歸道山，予亦攜家浮海，舊稿棄置不可復理。讀中丞此編，爰舉正其概略，以示來者，或有能成予之志者乎？辛酉仲冬。

續百家姓印譜跋

吴窓齋中丞集古印中希姓，仿王伯厚《姓氏急就篇》爲韻語，凡得姓二百有六，爲《續百家姓印譜》。往在海東，曾取付影印，爲序以傳之，並舉正其疏誤。頃撰《璽印姓氏徵》，檢閲吴譜，復糾正九事：「重卿交垣」句，「重」下鈐二印，曰「重光」，曰「車成」，中丞誤車爲「重」；「頓郅騶麋」句，「麋」下鈐「麋都印」，其文从鹿，从木，不从米，非麋字；「不戰請防」句，「請」下鈐「諸遫己」、「諸中弁」、「諸長卿」三印，「諸」字誤釋「請」；「齋沐内反」句，「齋」下鈐「齎就印」，其文从齊，从火，非齋沐之「齋」；「佴筆閬苑」句，「苑」下二印，一曰「苑光」，一爲「茆壽貴」，誤釋「茆」爲「苑」；「茌菣以青」句，「以」下鈐「弓荆之印」，誤釋「弓」爲「㠯」；「窒梟遽冬」句，「梟」下印文爲「京當」，誤「京」爲「梟」；「印閭日閭」句，「日閭」下鈐「□遂印」，其文作□，所見尚有「□閭安」，「□」當即「瓦」字，姓氏書有「凡閭」氏，當爲「瓦閭」之訛，中丞釋「日閭」亦誤；「孫陽郁陽」句，「孫陽」下鈐「孫陽字兄印」，乃「孫」姓「陽」名而字「兄」，蓋名與字合爲一印，非複姓孫陽也。

以上諸條並爲曩所未舉。以中丞之精密而尚有此失者，蓋印章書體多任意增損變化，不可盡以六書繩之，致考釋之難，幾與古文等。中丞之失既如此，則予所爲《璽印姓氏徵》或亦不免類是者，是在後來者爲我正之矣。乙丑八月。

西夏印譜跋

西夏官印，前人不能定其時代，予以印背鑿款始斷爲西夏。三十年來所見不下二十餘，嘗取其背著年號者十有一爲一譜，命兒子福成釋其款識。其記貞觀者三，一爲貞觀壬午二年，一貞觀癸未三年，一貞觀辛卯十一年。元德者二，一爲二年，一爲三年。正德四年。及大慶三年。者各一，天盛者三，一爲天盛壬申五年，一天盛丁丑九年，一天盛丙戌十八年。乾祐者一。二十四年。考之《宋史》，其改元之歲有可據印款訂正其誤者。《宋史》稱貞觀元年當宋崇寧元年壬午，印款則元年當在建中靖國元年辛巳。其元德、正德、大慶、乾祐不著歲名，無從考其合否，然《宋史》載乾祐止二十三年，而印款則有二十四年。至《宋史》載天盛改元在紹興十九年己巳，則與印款正符。又西夏石刻及書籍所紀年號亦有可考訂《宋史》者。《感通塔記》署天祐民安甲戌五年，《宋史》則天祐民安元年當宋元祐六年辛未，則五年當值乙亥，知天祐民安改元在元祐五年庚午，非辛未也。俄國藏《西夏字典》，兒子福成曾從尹鳳閣博士寫得其副，其所署年號爲正德壬子六年。《宋史》正德改元當宋建炎元年丁未，六年正值壬子，與《字典》合。《施經發願文》署乾祐己酉二十年，《掌中珠·序》署乾祐二十一年庚戌，《宋史》記乾祐改元當宋乾道七年辛卯，則二十年得庚戌，二十一年得辛亥，知乾祐實以乾道六年庚寅改元，非七年辛卯也。予校訂李氏《紀元編》既一一據以是正，並記于是譜之後，俾來者考焉。乙丑十一月。

高郵王氏遺書跋

往在海東，作《金壇段茂堂先生年譜》，讀《蘇州府志》，知王石臞先生曾撰《茂堂先生墓誌》，因求《石臞先生文集》，不可得。戊午返國，振京畿水災，復求之於春明。寶瑞臣宫保熙爲言，文簡父子未刻稿甚多，藏於某氏。欲就觀，不果。僅得石臞先生《羣經字類》手稿二卷，亟影印以傳之。

及返國，寓居津沽。壬戌秋，金息侯少府梁始爲介紹，於藏文簡父子手稿之江君購得叢稿一箱，亟求《茂堂先生墓誌》，仍不可得也。因將石臞先生及文簡遺文編録，共得八卷。已而友人以《王氏家集》刊本見假，則刊於咸豐末年，取校新輯本，則互有出入。因重爲釐定，付諸手民。其石臞先生遺著可整理繕寫者得三種，復編録其家狀誌傳，成書六卷，因滙印爲《王氏遺書》。其他未寫定之遺稿以韻書爲多，異日當陸續刊布。世之治高郵王氏學者，倘亦樂觀厥成乎？乙丑十月。

大理相國高泰明寫經跋

《維摩詰經》卷中，紺紙泥金書，末有寫經記，其文曰：「大理國相國公高泰明致心爲大宋國奉使鍾造此《維摩經》一部，贊祝將命還朝，福禄純嘏，登山步險，無所驚虞。蒙被聖澤，願中國遐邦從兹億萬斯年而永無隔絶也。文治九年戊戌季冬旦日記。佛頂寺主僧尹輝富監造。」凡十行。考《玉海》，文治爲後大理段正嚴紀年，而楊慎《滇載記》載正嚴立于大觀二年，改元凡四：曰日新，曰永嘉，曰保天，曰廣運，而無文治。卷稱文治九年戊戌，考大觀二年爲戊子，越十一年重和元年爲戊戌。戊戌爲文治九年，則改元在大觀四年，足證《玉海》載正嚴曾改元文治信而有徵，楊升庵《滇載記》爲漏略也。乙丑夏，在津沽有以此卷乞售者，索價至昂，未幾，爲海東估人購去。爰録其題記，以證《玉海》，俾世之考海外元號者有所稽焉。

秦公敦跋

此敦近年出秦州，藏皖中張氏。合器蓋讀之，共百有三言。宋御府藏盄和鐘，凡百四十二言，皇祐間，嘗橅其文以賜公卿，楊南仲爲圖刻石，歐公著之《集古録》，薛尚功寫其文入《鐘鼎彝器款識法帖》中，與此敦文字略同，蓋同時所作也。銘文中均有「十有二公」語，歐公謂以秦仲爲始，至康公爲十二公，鐘爲共公時作；薛氏謂襄公始爲諸侯，當自襄公始，銘鐘者爲景公，二説不同。予意十二公當自秦侯始，至成公爲十二世，成公之後爲繆公，作鐘與敦者乃繆公也。秦自襄公有功王室，得岐西之地，始與諸侯通使聘享，至繆公益昌熾而稱霸焉，故銘文中有「烈烈桓桓」語，銘勳制器當在是時。若共公與景公，非秦隆盛之世，共公立僅五年，景公時晉楚爲盟主，秦且敗於晉，何「烈烈桓桓」之足云，則此器作於繆公時爲較允矣。

文中「萬民是敕」，鐘銘作「萬生是敕」；「𧽤文武」，鐘文「𧽤」下有重文，此器當亦有之，恐爲鏽所掩。「畯疐在天」，薛書作「在立」，此器則明明是「在天」。

此敦書體與《岐陽石鼓文》甚相類，而與他吉金文字殊。此百有三字中見於《石鼓》者十三字，曰「公」，曰「不」，曰「天」，曰「又」，曰「之」，曰「事」，曰「余」，曰「帥」，曰「是」，曰「乍」，曰「以」，曰

「各」，曰「多」，書法字體纖悉不殊，惟《石鼓》結字較（歛）〔斂〕而此稍縱耳。《石鼓文》前人皆以爲周物，鄭漁仲以爲先秦，以書體及出土之地考之，鄭氏之説殆不可疑。惟漁仲因鼓文中有「天子及嗣王」語，謂秦自惠文始稱王，當在惠文以後始皇以前，則不然。嗣王與天子均指周天子言之，鼓文又有「公謂天子」，所謂公者，殆指秦公。予意《石鼓》之刻當在文公時也。予别有考。予曩考秦瓦量款識，凡四字爲一笵，合諸笵印成全文，謂是聚珍板之濫觴。今此敦之文則每字爲一笵，合多笵而成文，則活字之始，且遠在東周之世，可見我國文化之古。然不得此敦，亦末由知之，則此敦之有裨於考古亦至巨矣。

漢安國侯虎符跋

此符錯銀成字，不可施墨。乙丑秋命兒子福頤以花乳石橅之。考《漢書·功臣表》，高祖七年八月甲子封王陵爲安國侯，則此符作於西漢之初，去秦亡國才數年耳。陵以功名終，謚曰武，傳子哀侯忌、孫終侯斿、曾孫安侯辟方，至辟方子定而失爵，河山帶礪之盟亦安在哉！張芑堂《金石契》曾載臨袁侯虎符，今久亡佚，則此符在今日不異景星鳳凰，人間無第二品，至海内收藏家所藏，大率太守符而已，烏得不珍此爲吾齋重寶耶？八月朔。

司空袁敞殘碑跋

右殘碑篆書，存字十行，除首尾二行僅四五字，餘存七八九字不等，首行爲「字□平司徒公」，「字」字尚存殘畫，「叔」字已不可辨，四明馬君叔平衡因「字叔平」及「司徒公」字謂是《袁敞碑》。予案，叔平説甚確。范史《敞傳》附袁安後，所記事實頗略，云：「敞字叔平，少傳《易經》教授，以父任爲太子舍人。和帝時，歷位將軍、大夫、侍中，出爲東郡太守，徵拜太僕、光禄勳。元初三年，代劉愷爲司空。明年，坐子與尚書郎張俊交通，漏泄省中語，策免。敞廉勁，不阿權貴，失鄧氏旨，遂自殺。」又云：朝廷「薄敞罪而隱其死，以三公禮葬之，復其官」。以碑證之，碑第二行存「月庚子以河南尹子」八字，即傳所謂「以父任爲太子舍人」，蓋以安爲河南尹故得官，其下所缺爲「太子舍人」也。第三行存「五月丙戌，除郎中九年」九字，第四行存「侍郎十年八月丁亥」八字，第五行存「十月甲申，拜侍中」七字，第六行存「步兵校尉延平元」七字。傳稱和帝時歷位將軍、大夫、侍中，而不及郎中、侍郎及步兵校尉，碑載拜侍中，而不見將軍、大夫字，當在碑文殘闕處，碑與傳可互考。至碑所云之「九年」、「十年」乃和帝之永元也。傳于敞出爲東郡太守，徵拜太僕、光禄勳，不記在何時，碑文第七行存「其十月丁丑拜東」七字，「東」下所缺當是「郡太守」字，第八行存「丙戌徵拜大僕五年」八字，敞拜東郡太守在十月丁丑，以長術推之，殤帝延平元年十月爲乙巳朔，安帝永初元年十月爲癸亥朔，均不能得丁丑，而永初二年十月癸亥朔，三年十月丁巳朔，並得丁丑，敞之出守東郡當在安帝永初二三年，其徵拜太僕碑叙于五年之前，當在三四年，可補傳之略。至碑文「五年」以下所闕，當爲「光禄勳」，又據傳知之也。碑文第九行存「初二年十二月庚戌」八字，「戌」字雖殘損，然尚可辨，乃敞代劉愷爲司空之年月，「初」上缺「元」字，「庚戌」以下缺「拜司空」等字，傳叙敞爲司空在元初三年，《劉愷傳》則云永初六年代張敏爲司空，元初二年代夏勤爲司徒，《安帝紀》：「元初二年十二月庚戌司空劉愷爲司徒，光禄勳袁敞爲司空」，與碑正合，而傳作三年者蓋二年十二月爲壬午朔，廿九日得庚戌，是月小盡，三年正月爲辛亥朔，敞以歲除拜命，其受事實在三年，傳固亦非誤也。碑文末行存「薨其辛酉葬」五字。《傳》載敞自殺在四年，而不著其月，《安帝紀》則書：「四年夏四月戊申，司空袁敞薨。五月丁丑，太常李郃爲司空。考四年四月爲甲辰朔，五日得戊申，五月爲癸酉朔，五日得丁丑，是敞薨逾月始以郃代。傳載以張俊得赦，因「薄敞罪而隱其死」，故逾月而始任李郃。鄧太后殆亦有所媿悔耶？碑稱辛酉葬，辛酉乃四月十八日，距戊申才十三日耳。雖以三公禮葬，又何速耶？

此石出洛陽，已再逾歲。乙丑夏，予始購致之。私謂此刻可寶者三：敞爲漢名臣，一也；碑文才存七十字而可資考證，二也；漢世篆書僅崇高二闕，而風雨摧剥，筆法全晦，而此碑字之完全者刻畫如新，三也。是此碑不僅爲寒齋藏石第一，亦宇内之奇迹矣。乙丑五月。

碑中「戌」字作「戍」，增一筆以求茂美，「葬」字上从竹，「薨」字作「薨」，與洛陽近年所出《甘陵相殘碑》同，皆不合六書。然古人作書多不經意，固不如後世之嚴謹也。又記。

漢黃腸石拓本跋

漢石刻三十，中有二石但紀石工名，其他二十八石則均詳記年月、尺寸與人名及石之次第，近年出洛陽。先是，光緒中葉曾出數石，歸浭陽端忠敏公方，載之《匋齋藏石記》，顧不能定爲何物，題爲「永建五年墓石」，題字「泠攸石」，題字「禹伯石」，題字「建甯殘石」者是也。公別有「建寧五年」一石，於年月、尺寸、人名外，更有「黃腸掾王條主」等字。予考定爲古陵墓中之黃腸石。《周禮・夏官・方相氏》鄭注：「天子之槨，柏黃腸爲裏，而表以石焉。」是黃腸裏以木而表以石。《水經・濟水篇注》稱：漢靈帝建寧四年，於敖城西北疊石爲門，以遏渠口，謂之石門。石銘曰：「建寧四年十一月黃場石也。」而主吏姓名磨滅不可復識，云云。「黃場」殆「黃腸」之譌。此石門殆後世偶取建寧四年所作黃腸石修之。酈氏遂誤據石文謂石門爲建寧中所造。然黃腸石之名，正賴酈氏所記及匋齋藏石而始知之也。

至於黃腸石之形制，前籍無徵。據此二十七石中所記尺寸，則廣皆三尺，厚則尺五寸者十有九，二尺者、七尺三寸及三尺者，各一，長則自二尺二寸至三尺八寸不等，殆廣有定而長無定也。驗以建初尺，與石上所記尺寸正符，是石文所記不但可攷黃腸形制，且可驗漢度矣。其所記人名如曰郭知石，曰索孫石，曰郝叔石，殆記治石者姓名。其次第有第二、第三，其數最多者有第七十、七十二、七十五。其所記年月，永建二、三年者二十有六，記元嘉者二，記陽嘉者一，殆非出自一陵中矣。年月之下皆有省字，殆由官吏省定。漢銅器題識亦多有之，知石工治石必由主吏考其工矣。

此石今藏開封圖書館，往歲遊汴，聞省中長吏購此石以重不易致，需費甚多而置之。予深以爲惜。商城何君日章適主圖書館事，乃慨然任運輸之費，逾年乃得由洛運至省垣。何君任事之勇亦今人之所難矣。何君曩寄墨本至，屬爲考訂，今既逾數月，乃書此寄之。乙丑閏四月。

建德周氏藏一殘石，石工姓名及年月尺寸均殘損，惟「更黄腸史袁庚主」七字獨完，匋齋舊藏建寧五年三月有「更黄腸掾王條主」一石，今亦歸周氏，此二石「黄腸」上均冠以「更」字，疑石損更易而命掾史主其事也。五月又記。

魏正始石經殘石跋

此石以壬戌秋出於距洛陽城東三十里之大郊東朱家古墩。乃全石之上截，廣約建初尺四尺一寸强，高不及五尺，乃農家耕地得之，以售於賈人。賈欲密運入城，而石重大，懼爲人所知，乃中剖爲二，以便轉攜，致損字一行。石表裏刻之，一面刻《尚書·無逸》及《君奭》，計三十四行，行存二十三及三十四字不等。他面刻《春秋》僖公、文公，計三十二行，前後二行無字，行存字二十一至三十二，依每行存字驗其起訖，知每行二十字，合三體，得六十字。往歲吾友王静安徵君作《魏石經考》，根據宋人所録及黄縣丁氏所藏《君奭篇》殘石定爲每行六十字，今實驗果不謬。丁氏殘石持與此勘合，正相銜接，乃彼石先三十年見於人間，至今乃如延津之劍離而復合，亦可謂至奇矣。

静安徵君考石經《尚書》謂當是古文，今《無逸篇》「嗚呼」作「烏虖」，此爲古文之確證也。取校今本，其異同之字甚多。《無逸篇》「不皇暇食」，今本「皇」作「遑」；「不敢盤于遊于田」，今本「遊」上無「于」字；「乃非民所訓」、「非天所若」，今本兩「所」字作「攸」；「酗于酒德才」，今本「才」作「哉」；「乃䜌亂先王之正刑」，今本「䜌」作「變」；「不則用厥心韋怨，不則用厥口詛祝」，今本無兩「用」字，「不」作「否」，「韋」作「違」；「仲宗及高宗」，今本「仲」作「中」；「兄若時」，今本「兄」作「允」；「不寬紹厥心」，今本「紹」作「綽」。《君奭篇》「不弔」，今本作「弗弔」；「我弗敢智」今本作「我不敢知曰」；「我亦不敢智」，今本「智」亦作「知」；「其崇出於不祥」，今本「崇」作「終」；「弗永遠念天畏」，今本「畏」作「威」；「大弗克龔上下」，今本「龔」作「恭」；「天難忱」，今本「忱」作「諶」；「乃其隧命」，今本「隧」作「墜」；「我迪惟寧王」，今本「迪」作「道」；「天弗庸」，今本「弗」作「不」；「公曰，君我聞在昔」，今本「君」下有「奭」字；「洛于上帝」，今本「洛」作「格」；「衛惟茲有陳」，今本「衛」作「率」；「天惟純右命」，今本「右」作「佑」；「弜咸奔」，今本作「矧咸奔走」；「故一人事于四方」，今本「事」作「有事」；「有殷嗣，天滅畏」，今本「畏」作「威」。《春秋》則與今本異同之處頗少。「惟陳侯鄦卒」，今本「鄦」作

「款」。又第二十一行「齊侯使國歸父來聘。夏」下，第二十二行「葬晉文公狄」下，石本均是十一字，合三體得三十三字。而今本則「夏」下「狄」下，均有十二字，是石本、今本此二行中各相差一字，惜其石下半已佚，不能知爲何字矣。其款式，《春秋》每易一年皆空一格，合三體計三字。而一年中之事則蟬聯書之，「文公元年」之前，標題作「文公第六」單爲一行。至今本每年之上皆署干支，此全無之。此款式之可攷者也。惜《無逸篇》文已完，而《君奭篇》題正在土人剖石時鑿損之處，不可復見，此等惡傖，其罪浮於殺人殆倍蓰矣。

石經所用古文與《汗簡》及《古文四聲韻》所載十合八九，知郭、夏實有本原，而與許書之古文合者十二三，其與古禮器文字合者，什不一二也。然其中篆文多可訂正許書者。如今篆「弔」作弔，此作弔，與古金文「叔」字同。詩書每言「不弔」，即「不叔」，亦即「不淑」。今篆「非」作非，此作非，象六翮，與古金文同。今篆「克」作冎，此作冎，下从尸，即𠂊之變，今誤从几。「迪」今篆作迪，从由，此从由。許書有从由之字而無「由」，知凡从「由」諸字，皆作由，許書固有由字，由即「由」也。「易」今篆作易，此作易，與古金文作易同。「丑」今篆作丑，此作丑，與古金文作丑同。「甲」今篆作甲，此作甲，从十。十古文甲字，今誤从丅。如此之類，並可訂許書傳寫之失。其有功於小學者，又不尠矣。

以書法言，三體中篆文爲最精，使轉處多方折，結字疏密得宜，姿態天然，承相斯之流，而啓李監之源，足考篆法遞變之迹。故此石之傳人間，不但可考正經文，即論書法，亦一字直百金矣。癸亥二月。

後三月，友人遊洛歸，得未剖石拓本，始知《君奭篇》題即「君奭」二字。友人又得下截殘石五行，知僖公第二十二行「取訾婁」，石本無「訾」字，第二十一行「及姜戎敗秦師」，今本「及」下有五字，石本僅四字，《書・無逸》「厥愆曰：朕之愆」，「厥愆」之「愆」，石本作「諐」。陸氏《尚書釋文》、《君奭篇》「其終」，馬本作「崇」，「我道」，馬本作「我迪」，所載馬本並與石本合。則石本所據爲馬本也。静安徵君言，「崇」、「終」同部叚借，《樂記》「六成復綴以崇」，「崇」亦「終」也。

此石既中剖，前半《春秋・僖公》十五行，《尚書・君奭》十六行歸張某，他半石歸洛陽縣署。張氏藏石近日拓本甚難得，且移石時損數字。《春秋》「晉侯齊師」之「齊」字，篆文全泐，隸文損半，「陳侯鄦」之「鄦」字，篆文初損下半，後遂全泐。現在洛中不但未剖本不可得，即初剖石時「齊」、「鄦」二字不損本，懸百金購之亦不可得矣。六月既望又記。

《尚書・多士》殘石存十一行，行存三字至十六字，後闕二十三行。《春秋・文公》存十行，行存三字至十五字，前闕二十四行，與《無逸》、《君奭》及《春秋》僖公、文公一石同時出土，亦表裏刻之，上下皆有闕損。取以校今本《多士》中異同之字，「誕淫厥逸」，今本「逸」作「泆」，「惟天弗畀」，今本「弗」

作「不」。「而罔顧於天顯民祇」「罔」字之下，「若茲大喪」「大」字之上，中間計十四字，今本則十五字，又「非我一人奉德不康寧」「我」字下，「不敢有後」「後」字上，中間計十六字，今本作十七字，均多一字。而「不敢有後」下，今本即接「無我怨」，此本則「後」下有「王曰繇」三字，以下當更有二字，疑當是「爾多士」。乃合每行字數，今本佚六字，觀石本「知無我怨」以下乃「王三呼多士而告之」，意周且摯，今本佚之者非也。《春秋》自九年三月至十有二年正月，與今本無甚異同，惟「曹恭公」，今本作「共公」，「盟於汝栗」，今本作「女栗」耳。又記。

《多士》第六行末「爾」字，初出土完全無缺，稍後泐下角少許，近又加甚，昨有人自洛歸，言此石及中剖之大石已運致開封圖書館，不知又有損壞否也。癸亥七月既望又記。近此石仍在洛，前聞未確，乙丑冬記。

魏汾州刺史元彬墓誌跋

此誌與《魏書》本傳多相合，惟誌稱「出爲使持節、征西大將軍、都督東秦邠三州諸軍事，領護西戎校尉，統万突鎮都大將，夏州刺史」。「征西」傳作「鎮西」，「夏州」傳作「朔州」，誌稱「薨，加謚曰恭」，而傳不及。又彬以太和二十三年五月二日薨，傳但著卒年，不著月日，此爲小異耳。傳稱彬在朔州「以貪惏削封」，誌則云「收巾散第，消遥素里」，即隱指削封事。傳稱「吐京胡反，詔彬持節假平北將軍，行汾州事」。「胡平，仍除征虜將軍、汾州刺史」。誌云「後山胡狡亂，徵撫西岳」，雖未明敘任汾州刺史，而誌首則書「征虜將軍、汾州刺史」，與傳固相合也。乙丑夏。

太尉頓丘文獻公穆亮墓誌跋

亮爲元魏宗臣穆崇之後，《魏書》附《崇傳》。誌稱亮「高祖崇，侍中、太尉、宜都貞公。曾祖闥，太尉、宜都文成王。祖壽，侍中、宜都文宣王。父平國，征東大將軍」。證以《崇傳》頗有異同。《崇傳》稱崇薨，有司奏謚，太祖親覽謚法，至「述義不克曰丁」，太祖曰：「此當矣。」乃謚曰丁公。誌乃作「貞公」。傳稱崇長子留遂，留遂弟觀，字闥拔。誌則名闥，均與傳不合。傳稱平國襲爵，誌但敘其歷官而不云襲爵。傳稱尚城陽長公主，誌則作尚城陽、長樂二公主，則又傳略而誌詳也。傳稱亮卒，謚曰「匡」，誌則作謚「文獻」。傳稱崇以「景明三年卒」，不著其月，《世宗紀》景明三年閏月丁巳薨，誌作景明三年閏四月晦薨。考景明三年閏四月爲戊子朔，三十日得丁巳，則誌與紀正合也。傳述亮敭歷內外功績頗著，乃勳戚之賢者。誌乃僅括以「弱冠登朝，爰暨知命，內贊百揆，外撫方服，宣道揚化，三十餘載」二十餘字，不鋪陳粉飾。其歷官亦僅於銘文中稱其「四登三司，五總納言，一傅儲宮，再統征軒，風旁冀東，澤流陝西」云云。文亦簡絜近古，乃魏誌之佳者。「旁」字不見字書及他碑，不能知爲何字也。此誌與亮妻《尉太妃墓誌》均今年出土，太妃誌文字亦簡雅有法。乙丑仲冬既望。

廣平王元懷墓誌跋

《魏書・孝文五王傳》有闕文，懷傳正當闕處，事實全佚。惟其歷官散見《本紀》中。《世宗紀》延昌元年正月丙辰，「司州牧、廣平王懷進號驃騎大將軍、儀同三司」。《肅宗紀》延昌四年二月癸未，以「驃騎大將軍、廣平王懷爲司空」。八月己丑「爲太保，領司徒」。熙平二年三月丁亥薨。誌但書最後之太保領司徒，他歷官皆不書，而詳記卒後追崇使持節、假黄鉞、都督中外諸軍事、太師，領太尉公，侍中、王如故，謚曰武穆，則足補傳之闕。《金石録》有《范陽王碑》，跋尾云：「『王諱誨，高祖孝文皇帝之孫，太師武穆王之子』。今世所傳《後魏書》、《北史》、《孝文諸子列傳》皆文字脱落不完，惟《孝明紀》載孝昌三年封廣平王懷庶長子誨爲范陽王，以此知其爲懷子。據碑云，懷謚武穆，而傳作文穆者誤也」云云。今檢懷傳無謚文穆之文，乃知宋人所見懷傳文字脱落尚不至如今日之甚也。

近年懷子嗣王悌、范陽王誨並有墓誌出土，均稱懷謚武穆，與此誌同，不作文穆，至誌書懷以熙平二年三月廿六日丁亥薨，則與《肅宗紀》正合。惟誌稱懷字宣義。其嗣王悌誌亦稱懷字宣義，是則可據以補史闕文也。此誌大書端勁秀拔，魏宗室諸誌中之極佳者。乙丑五月。

城門校尉元騰墓誌跋

騰爲樂安王範之孫，樂安簡王良之子，其名字不見於《魏書·明元六王傳》。傳但載樂安王範及範子良，而良尚有子靖王緒，緒子哀王悦，並襲樂安之封，今並有墓誌出洛陽，而史氏且並佚之。騰官城門校尉，名位不顯，其失書宜矣。騰有子榮、女華光，見《金城郡君墓誌》，亦前年新出土者。予撰《元魏宗室世系表》，得據諸誌一一補入，亦至可喜也。五月十八日。

恒州刺史元譿墓誌跋

譿爲趙郡王幹子，《魏書》宗室傳稱其早卒，不記事實。然誌稱卒年三十有一，固不得云早卒也。誌敘譿歷官與卒後贈官與傳均合，惟載譿字安國，以神龜三年三月十四日薨，謚曰宣王，爲傳所未及耳。誌亦不記一事實，殆無可稱也。古今擁高位厚禄没世而無可稱者，比比有之，亦寧止一元譿。嗚呼，當世君子其亦思有所立耶。乙丑五月。

冀州刺史元昭墓誌跋

魏尚書左僕射、冀州刺史元昭墓誌，去年冬洛陽出土，文累千餘言，書既工緻，文亦綿麗可喜。

昭，《魏書》有傳，在《昭成子孫列傳》中。以傳誌互校，頗有異同。誌後載昭曾祖兜，使持節、撫軍征南大將軍、右丞相、常山王。祖連，使持節、侍中、征西大將軍、都督河西諸軍事、内都坐大官、羽真、統萬突鎮都大將、常山王，謚曰康。文中稱昭爲使持節、征西大將軍、定州刺史、常山簡王第三子。據傳則昭之考爲常山嗣王陪斤，坐言事國除，不言謚簡王，亦不及其歷官。祖素謚曰康，曾官征西大將軍、内都大官，官與謚與誌不異，而誌名連，傳名素爲不合。《元和姓纂》作「常山王壽鳩生遵，遵生素達，素達生羽鄰忠倍斤」，又作「素達」，疑素或改名連，或字連，《姓纂》合先後之名，或混其名字而稱素連，又譌連爲達耶？

傳稱素之考曰遵，誌則名兜，誌所叙歷官亦與傳不合，其異一也。傳稱昭初爲殿中郎，以高祖爲齊郡王蘭舉哀，而昭乃作宫懸。高祖怒，遂停廢。世宗時，稍遷左丞。誌不言停廢。又傳稱世宗崩，于忠執政，專權擅威，枉陷忠賢，多昭所指導。出爲雍州刺史，在州貪虐。後入爲尚書，又諂事劉騰，歷舉其劣蹟。而誌稱「武帝登遐，顧命靡託，君明眸在官，張膽莅事，效等劉章，勳齊平勃，扶危定傾，安全社稷」。又叙其罷雍州時，嫠婦鰥夫，挾輪抱軸。顛倒黑白，其異二也。傳稱進號征西將軍，誌作鎮西，其異三也。誌稱昭字幼明，又叙昭初封樂城縣公，「母后臨朝，萋菲交搆，收君封爵」。又載昭卒贈車騎大將軍、冀州刺史，並爲傳所不載，可補史氏之略。甲子四月既望。

江陽王元乂墓誌跋

乂爲江陽王繼子，《魏書・道武七王傳》附見繼傳。今以誌傳互校，頗有異同詳略。傳稱乂「字伯儁，小字夜叉」。傳中載咸陽王禧子樹在梁，遺公卿百寮書有「元叉本名夜叉，弟羅實名羅刹」語，似其名當是「夜叉」之「叉」，故史作「叉」不作「乂」。然以字伯儁考之，殆取儁乂之義，則誌作「乂」者是，史作「叉」者非也。傳叙乂賜死事甚略，《肅宗紀》亦失書。乂賜死年月，誌稱「孝昌二年三月廿日，詔遣宿衛禁兵三千，夜圍公第」，可補史文之略。傳稱叉及弟爪並賜死。爪字景邕，給事中。誌作「與第五弟給事中山賓同時遇害」。「山賓」殆即爪，其名則誌與傳異。繼傳「繼啓求還復江陽，詔從之」。《肅宗紀》孝昌二年六月戊寅，「詔復京兆王繼本封江陽王」。誌稱「太師悼世子之夙泯，愍孤魂之靡託，乃表讓爵土，追授于公，朝廷義之，哀而見許，乃改封江陽王」。是繼之請復本封，乃爲乂乞恩，紀傳言之不詳，據誌始知之也。傳稱「封其子亮平原郡開國公，食邑一千户」，又云「叉子亮，襲祖爵」，又云「叉庶長子稚，秘書郎中」。誌作「息亮，字休明，年十一，平原郡開國公。息穎，字稚舒，年十五，秘書郎中」。蓋乂死時亮尚未襲祖爵。至亮弟名穎，傳乃以字爲名，又譌稚舒爲稚，亦賴誌正之也。

乂階緣寵私，擁兵禁衛，宗室賢良恣其殘虐，乃宗支中之蟊賊。而誌文乃推崇惟恐不至，趙逸所謂「生爲盜跖，死爲夷齊，妄言傷正，華辭損實」，其此誌之謂矣。文章之士貪一時餽遺，至不惜顛倒是非，淆亂黑白，爲人輕蔑，不亦宜哉！書之以爲世戒。乙丑五月二十日。

元悌墓誌跋

此誌首題「魏故侍中、使持節、驃騎大將軍、太尉公、尚書令、冀州刺史、廣平文懿王銘」。「祖高祖孝文皇帝。考諱懷，字宣義，侍中、使持節、都督中外諸軍事、司州牧、太尉公、黄鉞大將軍、廣平武穆王」。「王諱悌，字孝睦」。考《魏書·孝文五王傳·廣平王懷傳》有闕文，不載懷事實。《悌傳》亦適當闕處。據誌得知懷之歷官。傳首言「昭皇后生宣武皇帝、廣平文穆王懷」。《北史》同。據誌則懷謚武穆，非文穆也。近洛中又出《范陽王元誨墓誌》，亦稱廣平武穆王之子，與此誌正同。《魏書·孝莊紀》載武泰元年四月庚子諸王公之死于河梁者，有廣平王悌，此誌稱武泰元年四月十三日薨於河梁之西，殆不忍直言其遇害而爲之諱耶？

青州刺史元遒墓誌跋

《使持節征東將軍青州刺史元君墓誌》，稱：「君諱遒，字道明，道武皇帝之玄孫，武昌簡王弟五子。」考《魏書·道武七王傳》，「遒」作「馗」，乃簡王平原之子。傳文甚簡略，云：「字道明，太尉府行參軍、司徒掾、鎮遠將軍、太僕少卿。出除安西將軍、東秦州刺史。建義初，卒於州，贈征東將軍、青州刺史。」誌稱「年十七，拜太尉府咸陽王參軍事，又除宣威將軍、給事中，解纓辭綍，請歸林壑。後辟鎮遠將軍、司徒掾，又除冠軍、太僕少卿」，均與傳合。惟誌詳而傳略。誌又稱「除君右軍將軍、東秦州刺史，復授君安西將軍、北華州刺史」。傳則誤右軍將軍爲安西將軍，而失書最後之北華州刺史。當據誌正之。誌又稱「百六笇謝，中興當璧，蘭蕕共摧，玉石同粉，薨於河陰鑾駕之右」，則遵亦武泰元年四月十三日遇害於河陰者。傳乃云卒於州，則誤之甚矣。此誌書跡頗草草，而可訂正史傳，亦至可珍矣。文末年號之後，記「都合五百一十七字也」，蓋仿古經籍每卷後都計字數，往歲見《唐開元十七年慶唐觀紀聖銘》末書「一千一百七十字」，以爲創見，不知已見之此誌也。

范陽王元誨墓誌跋

《范陽王元誨誌》稱「誨字孝規，高祖孝文皇帝之孫，廣平武穆王之子」，蓋亦廣平王懷子。今《懷傳》不載其名，亦史文缺佚也。《孝莊紀》：「永安三年十有二月甲辰，爾朱兆襲京城，「事出倉卒，禁衛不守。帝出雲龍門。兆逼帝幸永寧佛寺，殺皇子，并殺司徒公、臨淮王彧，左僕射范陽王誨」。誌稱永安三年十二月三日薨，與紀年月日正合。惟誌諱其遇害。誌刻於前廢帝普泰元年，時兆尚在朝。雖埋幽之文，亦未敢誦言之，其凶啖誠可畏矣。誌載誨歷官甚詳，且贈謚文景，足補《魏書》佚文，洵可寶也。

太中大夫元玕墓誌跋

誌稱「君從父兄領軍尚書令叉爲營明堂大將，君爲主簿」。《叉傳》不載爲營明堂大將事，洛陽近出叉墓誌則載之。惟傳稱叉字伯儁，小字夜叉，誌則「叉」作「乂」。今此誌亦作「叉」，與傳同。予曩據乂誌，以乂字伯儁，名字正相應，疑傳譌「乂」爲「叉」，今觀此誌，又證以元樹《遺公卿百寮書》有「元叉本名夜叉」語，知乂初名正作叉，小字夜叉。後殆以其不馴雅，遂改爲乂，字伯儁。史傳以初名之叉，而傳以後來之字，固不免小疏。然叉固非乂之譌矣。乙丑十月。

北海王妃李氏墓誌跋

誌稱妃爲「相州頓丘人，太宰宣王之孫，頓丘公奇之弟二女」。又云：「曾姑元恭皇后，伉儷高宗，與國嬋聯，實同申甫。」考《魏書·外戚傳》，「李峻，字珍之，梁國蒙縣人，元皇后兄也」。初官鎮西將軍、涇州刺史，封頓丘公。後進爵爲王，徵爲太宰。誌所謂太宰宣王，即其人也。惟傳不載峻謚，亦不載其子奇。又《皇后傳》：「文成元皇后李氏，梁國蒙縣人。母頓丘王峻之妹也。」均作「梁國蒙縣人」，與此誌稱「相州頓丘人」不同。《峻傳》稱峻爲元皇后兄，與《后傳》稱峻妹正合。惟《后傳》「頓丘王峻之妹」上有「母」字，不可通，知爲衍文也。妃爲峻孫，則后爲妃祖姑，誌乃云曾姑，則不可曉也。

妃所適之北海王，乃北海嗣王顥。誌稱妃以延昌元年薨，年十七。顥以永安三年被殺於臨潁，年三十六。逆推之，實生於太和十九年，以永平二年襲爵，年十五，又三年至延昌元年，年十八，與妃年差相若，故知此北海王爲嗣王顥矣。《皇后傳》稱李后薨，謚元皇后，誌作謚元恭。《魏書·皇后傳》已佚，今據《北史》補亡，其不能無脱誤，固其宜矣。乙丑十月。

元珽妻穆夫人墓誌跋

誌稱夫人「曾祖堤，寧南將軍、相州刺史。祖袁，中堅將軍、昌國子。父如意，左將軍、東萊太守、昌國子」。考《魏書·穆崇傳》：崇宗人醜善子莫提，「從平中原，爲中山太守，除寧南將軍、相州刺史，假陽陵侯」。誌之堤與傳之莫提，官職正同，當爲一人，而一作「堤」，一作「莫提」，不知誰爲得也。傳載莫提子吐，而子袁與孫如意則賴誌知之。此誌與珽誌同時出土，書法均至精，蓋出一人手也。

樂安王妃馮氏墓誌跋

此誌前載妃之先世仕履甚詳，考之《魏書》大略相同。惟誌稱「曾祖道鑒，照文皇帝」。道鑒，《魏書・外戚傳》作文通。《海夷傳》：「文通本名犯顯祖諱。」《十六國春秋・北燕録》：馮弘字文通，爲魏所逼，奔高麗。居二年被殺。高麗謚曰「昭成皇帝」。《外戚》及《海夷傳》避諱稱其字，惟道鑒殆亦弘字，則《晉書・載記》及《十六國春秋》所不載。又謚照文「照」「昭」古通用而非昭成，可據誌訂正《北燕録》之誤。崔鴻書已佚，今書乃明代掇拾而成，其不能無誤，固其宜也。誌載妃祖朗、父熙仕履與《外戚傳》均合，惟誌稱朗封西郡公，《外戚傳》作遼西郡公，《文明皇后傳》作西城郡公，又稱熙改封扶風郡公，《外戚傳》則作京兆郡公，傳稱熙子誕字思政，誌則徑稱思政爲異耳。

妃所適樂安王，爲明元帝子樂安王範之曾孫嗣王悦。《魏書・明元六王傳》僅載範及嗣王良。近洛陽有良子靖王緒，孫哀王悦兩誌出土，足補《宗室傳》之闕。悦卒於辛卯五月丙申朔十一日丙午，不紀年號，以五月值丙申朔考之，知爲永平四年。妃卒於正光五年，上距悦卒已十有四年，故誌有「及王薨徂，治服過禮，訓誨諸子，成兹望問」語。惜諸子之名不見誌中耳。

誌載妃七姊，一爲皇后，二爲昭儀，三爲王妃，並妃而四。又文成文明皇后爲妃之姑，又后之姑爲世祖昭儀，是馮氏凡三后、三昭儀、四王妃，古今戚里之榮固無有過於是者矣。乙丑十月。

妃第六姊安豐王妃，第七姊任城王妃，近並有墓誌出磁州任城。王妃誌稱爲「太師昌黎武王第五女」，與此誌作「第七姊」不合，又稱「曾祖東燕昭文皇帝」，亦不作「昭成」，則與此誌正合。至崔鴻書稱馮跋、馮弘爲北燕，誌作東燕，亦史家所未知也。

司空穆紹墓誌跋

魏贈侍中、尚書令、太保、冀州刺史穆紹墓誌，壬戌冬洛陽出土，文累千餘言，緐麗可誦。十年前，紹之子子巖墓誌出安陽，今紹誌亦出，先後遥映，亦一奇也。紹爲司空亮子，《魏書》有傳，附穆崇後。以誌傳互校，一切符合。惟誌載紹卒年五十一，傳作五十二，誌不載紹謚，傳作謚文獻爲異耳。然《穆子巖誌》有「貞王之孫，匡王之子」語，傳稱亮謚曰匡，據《子巖誌》則亮謚貞，而紹謚匡，又與文獻之謚不合。惜此誌不載紹謚，無從取決也。穆氏爲代北顯族，魏室懿親，子姓繁衍，而周氏嘉猷《南北史世系表》漏略太半。兹據《魏書·崇傳》及石刻所載，補輯如左，俾來者考焉。

河南穆氏系譜

一世	二世	三世	四世	五世	六世	七世
崇 代人，從太祖平中原，賜爵歷陽公，徙安邑公，又徙宜都公。豫州刺史、太尉、侍中。謚曰丁。	**遂留** 零陵侯。	**乙九** 侍中。富城静公。	**真** 侍中，南部尚書。卒謚曰宣。	**泰**本名石洛。馮翊侯，駙馬都尉。定州刺史。	**伯智** 散騎常侍，駙馬都尉。	**嗜**

續表

一世				
二世			**觀** 字閫拔。駙馬都尉，贈宜都王。諡文成。	
三世		**忸頭** 侍中，贈司空。諡曰敬。	**壽** 襲爵，駙馬都尉。侍中，中書監。諡文宣。	
四世		**蒲坂** 涇州刺史。諡曰昭。	**平國** 襲爵，駙馬都尉。侍中，中書監，太子四輔。	
五世		**韶** 字伏興。征東將軍。諡曰文。	**伏干** 襲爵，駙馬都尉。諡曰康。	**羆** 襲爵，駙馬都尉，隨例降魏郡公。侍中，中書監。
六世	**士儒** 字叔賢。太尉參軍事。	**遵伯** 幽州司馬。		**建** 字晚興。濟北郡公。洛州刺史。
七世	**子容** 汲郡太守。			**千牙** 開府祭酒。

續表

一世	二世	三世	四世	五世	六世	七世
					衍 字進興。新興縣子。通直散騎常侍行雲州事。	
				亮 字幼輔，初字老生。駙馬都尉，封趙郡王，徙封長樂，例降爲公，又徙頓丘。尚書令，司空公。謚曰匡。 案：《穆子巖誌》作謚貞。	**紹** 字永業。駙馬都尉。青州刺史。 案：傳稱謚文獻，《子巖誌》作謚匡。	**長嵩** 字子岳。襲爵。光禄少卿。
						子巖 太原太守，司徒諮議參軍。

續表

一世	二世	三世	四世	五世	六世	七世
			相國 濟州刺史、上洛公。			
			正國 駙馬都尉。	**平城** 追贈駙馬都尉。		
				長城 司徒左長史。	**世恭** 朱衣直閤。	
				彧 符璽郎中。	**永延** 青州征東司馬。	
			應國 征西將軍、張掖公。	**度孤** 襲爵。平南將軍、梁城鎮將。	**清休** 夏州刺史。	**鐵槌** 秘書郎。
			安國 右衛將軍。新平子。	**吐萬** 襲爵。襄城鎮將。	**金寶** 秘書郎。	

續表

一世	二世	三世	四世	五世	六世	七世
		伏真 假寧東將軍、濮陽公。	**常貴** 南陽太守。			
		多侯 長寧子。司衛監。謚曰烈。	**胡兒** 襲爵。			
	翰 平原鎮將、西海王。	**龍仁** 襲爵，降爲公。案：《北史》作名「龍兒」。	**豐國** 襲爵。			
			子弼 司州治中、別駕，前將軍行揚州事。謚懿。	**季齊** 開府騎兵參軍。		
	顗 長樂侯。內都大官。謚曰康。	**寄生** 襲爵。				

續表

一世	二世	三世	四世	五世	六世	七世
		栗 涼州鎮將、安南公。	**祁** 字願德。太子右衛率。	**景相** 字霸都。上黨太守。		
		泥乾 假安南將軍、鉅鹿公。	**渾** 襲爵。秘書中散。	**令宣** 通直常侍。		
醜善 崇宗人。天部大人。	**莫提** 相州刺史，假陽陵侯。案：《元珽妻穆夫人墓誌》作「堤」。	**吐** 侍中、鎮東將軍。	**敦** 西部都將。富平子。	**純** 襲爵。河州刺史。	**盛** 襲爵。直閣將軍。	
					裕 中散大夫。	**禮** 東牟太守。
						略 魏尹丞。

續表

一世	二世	三世	四世	五世	六世	七世
				鐵 并州刺史。謚曰安。	**顯壽** 長水校尉。	
					顯業 散騎侍郎。	**子琳** 儀同開府長史。子伯昱。伯昱弟朏，開府中兵參軍。
						良 字先德。中書舍人。
		袁 中堅將軍、昌國子。	**如意** 左將軍、東萊太守。昌國子。			

魏刁惠公墓誌跋

此本桂未谷先生藏。「父雍」之「雍」字尚存，武虚谷先生時雍字即泐。《授堂金石跋》：「父□淑和。」誌陰無舊拓，此獨有之。其存字較今本多三之一，惜有蠹蝕爲可憾耳。誌叙遵歷官與《魏書》本傳多合，惟叙遵曾祖彝太倫，傳誤作大倫爲異耳。誌陰記遵兄弟及諸子名字、官位與《魏書》亦同。惟傳載遵子十三人，而名見傳中者四人，誌則名字可辨者八人。又遵弟五子宣，《刁整傳》作「宜」，《刁雙傳》作「宣」，據誌知《雙傳》是，《整傳》譌也。《北史》亦作「宣」，與誌合。今據《魏書》及此誌譜刁氏世系如左，以補錢塘周氏《南北史世系表》之闕漏。

渤海饒安刁氏。魏有刁恭，官齊郡太守。生攸，晉御史中丞。攸生協，字玄亮，晉尚書令。協生彝，字太倫，侍中、徐州牧、司空。

一世	**彝**		
二世	**逵** 字伯道。廣州刺史。	**暢** 字仲遠。晉中書令、金紫光禄大夫。	
三世	**弘** 字叔仁。冀州刺史。案：《晉書·協傳》子逵。逵弟暢。次子弘。書弘於暢之後，不知爲逵子抑暢子，姑列此俟考。	**雍** 字淑和。魏徐豫揚三州刺史、東安簡侯。	
四世		**纂** 字奉宗。早亡。	**遵** 字奉國。龍驤將軍、洛州刺史、東安惠侯。
五世			**楷** 字景伯。舉秀才。早亡。
六世			**沖** 字文朗。嗣侯。
七世			**欽** 字志儒。

續表

一世	二世	三世	四世	五世	六世	七世
				尚 字景勝。本州治中。		
				整 字景智。車騎將軍、右光禄大夫。謚文獻。	**柔** 字子温。齊國子博士。	
					恭	
				振 字景略。威遠將軍。		
				宣 字季達。滄州刺史、高城武侯。		
				隆 字景□。		

續　表

一世	二世	三世	四世	五世	六世	七世
				景單		
				景山 前三人據《刁遵誌》。景山後，尚有景□、景□二名。		
			紹 字奉世。武騎侍郎。			
			獻 字奉章。秘書郎。			
			融 字奉業。汝陰太守。			

續表

一世	二世	三世	四世	五世	六世	七世
			肅 字奉誠。中書博士。案：《遵誌》肅尚有弟奉□，早亡。			
	騁 給事中。					
		彌 雍從弟。				
		寶惠 字道明。	**連城** 冀州開府掾。			
			道覆 平原太守。	**雙** 字子山。左光禄大夫。謚清穆。		
					昌 雙從子。	

周寇嶠妻薛氏墓誌跋

邵州刺史寇嶠妻襄城君薛夫人墓誌，壬戌冬出洛陽，今歸雪堂。誌稱夫人爲邵州使君後妻。邵州先卒，邵州叔父開府西安，元公舉家西赴，夫人亦隨入關。考西安元公乃寇讚之孫儁，而嶠之名不見於《魏書·讚傳》。誌又稱，前後夫人各有二子，又稱前妻之子士綽幼殞。誌後載第三子士寬，第四子士宣，而獨不及仲子，不知何也。北周誌石傳世甚少，此誌作於宣政二年，書亦方雅可喜。往歲洛中寇氏誌出土者六：曰臻，曰憑，曰演，曰治，曰奉叔，曰遵考。近又出二誌：曰侃，曰胤哲。並此誌而九。予曩跋寇遵考誌，附載寇氏系譜，茲再據近出諸誌補訂之如左。

上谷昌平寇氏系譜

《魏書》及《北史》寇讚傳但載讚父脩之，而不及祖名。《寇臻墓誌》稱臻爲晉武公令「公」疑「功」之譌。之曾孫，馮翊哀公之孫，河南宣穆公之子，是脩之父在晉官武公令，而其名卒不可知。茲譜世系自脩之始。

世				
一世	**脩之** 字延期。苻秦東萊太守。魏贈秦州刺史、馮翊哀公。			
二世	**讚** 字奉國。雍州刺史。河南宣穆公。			
三世	**元寶** 安南將軍、豫州刺史、河南簡公。		**虎皮** 本縣令。	**臻** 字仙勝。恒農太守、昌平子。謚曰威。
四世	**祖咲** 徐州刺史，三假太尉。河南慎公。案：《魏書·讚傳》作「祖」，誤奪「咲」字，兹據《寇演誌》補正。			**軌** 順陽太守。案：《讚傳》作「祖訓」，兹據《寇偘誌》及《寇胤哲誌》，殆軌其名，祖訓其字也。
五世	**靈孫** 襲赭陽太守。	**演** 字真孫。汝南太守。		**偘** 字遵樂。督護、舞陰太守。
六世				
七世				

續表

一世	二世	三世	四世	五世	六世	七世
				遵賁 光州刺史。	**胤哲** 汝北郡中正。	**文毅** 以弟愻子繼。
					愻	
			治 字祖禮。行臺尚書，贈雍州刺史、七兵尚書、昌平男。謚曰昭。	**朏之** 字長明。襲爵。鎮東將軍、金紫光祿大夫。		
			彌 兼尚書郎。			
			憑 字祖驎。本郡功曹，行高陽縣省兼郡丞。			

續表

一世	二世	三世	四世	五世	六世	七世
			偒 字祖偒。驃騎大將軍、開府儀同三司、西安子。謚元公。	**奉叔** 字臻夏。隋亳州刺史、昌國伯。謚惠公。案：《周書·偒傳》誤作「奉」。茲據墓誌改正。	**慥** 字世高。懷縣令。	
					忕 字世幹。相府禮曹。	
					恊 字世治。大都督、宋王記室、廣州贊治。	

續表

一世	二世	三世	四世	五世	六世	七世
				遵考 隋扶風太守、濩澤公。 案：《周書》作名「顒」，殆顒名，而遵考字也。	**憿**	
				嶠 邵州刺史。僑之從子，祖父名不可知，附此待考。	**士綽** **士寬** **士宣**	
謙之 字輔真。						

又，寇洛亦昌平人而家武川，殆與脩之同族，以世次不可考，別爲譜附焉。

一世	二世	三世	四世	五世	六世	七世
延壽 和平中，以良家子鎮武川，因家焉。	**洛** 魏涇州刺史、京兆郡公。周贈太尉、尚書令、雍州刺史。謚曰武。	**和** 改封松陽郡公，賓部中大夫。				
	紹 上柱國、北平郡公。					

隋丁道護啓法寺碑跋

自阮文達公倡南北書派論，謂東晉、宋、齊、梁、陳爲南派，趙、燕、魏、齊、周、隋爲北派，南派由鍾、衞及羲、獻，僧虔以至智永、虞世南，北派由鍾、衞、索靖至丁道護等以至歐、褚。此論既出，當世莫不宗之。予以爲時有先後，書有工拙則有之，而謂南北分派，則未允也。因時有先後，故劉宋之《爨龍顏碑》、《劉懷民墓誌》與元魏之中嶽、西嶽兩《靈廟碑》書勢正同，《爨碑》立于大明二年，《劉誌》在大明八年，《靈廟》立于大安二年，相距不出十年。而與梁之《始興忠武王碑》、魏之《刁惠公墓誌》則異。《蕭碑》立于普通二年，《刁誌》在熙平二年，相距僅六年。因楷從分出，在先則楷少分多，後則楷法漸備，閱歲六十，故爾相差，而同在一時，南北固無別也。因書有工拙，故同時同地之龍門石刻，其出拙工之手如正光、孝昌數十字之小造象記，拙陋如彼，而出于士夫之《皇甫度石窟碑》，則工妙如此。《石窟碑》大似南朝諸刻，而梁之慧影造象反與龍門拙工之作正同，此爲工拙之分，亦非南北有異。

予意自東晉至隋唐，中間二百餘年，楷法實以漸進步，逮隋而大成。初唐之歐、虞、褚、薛皆生于隋代，丁道護與諸賢同爲楷法宗匠，必以丁歐爲北派，伯施爲南派，殆非通論矣。丁道護書名烜赫當時，而宋時著録謹《啓法寺》一碑，而此碑拓本自賈相藏後，屢經世變，孤本幸存，若有鬼神訶護。予故不惜遠道郵寄海東，選工精印，視原本不殊銖黍，以傳之藝林，並記楷法至于隋唐而始大成，書法非因南北而有同異，以訂正文達之説，並願與寓内宏達共論定之。甲子仲夏。

唐右衛大將軍卞國公泉男生墓誌跋

《唐書·蕃將列傳》及新舊史《東夷傳》所載男生事實與誌比勘，《蕃將傳》多合，《東夷傳》多疏。誌載「進位中裏位頭大兄」，《蕃將傳》「頭」作「鎮」，而《三國史記》、《東國通鑑》均作「中裏位頭大兄」，與誌同，則傳作「鎮」者，譌也。又《蕃將傳》叙男生之卒在儀鳳二年詔安撫遼東之後，不著年月。《東夷·高麗傳》則作儀鳳初。據誌則卒於儀鳳四年正月，非儀鳳初也。又誌稱「男生薨於安東府」，《高麗傳》誤作「卒於長安」。男生父蓋蘇文姓泉氏，新史與誌同，舊史《東夷傳》誤作姓錢氏。《蕃將傳》稱男生降唐，「授平壤道行軍大總管兼持節安撫大使，明年召入朝，遷遼東大都督、玄菟郡公」。誌作：乾封元年遥拜特進、平壤道行軍大總管兼使持節、安撫大使。二年奉勅入朝。總章元年，授使持節、遼東大都督、上柱國、玄菟郡開國公，食邑二千户。是進秩授爵在總章元年，傳作降唐之明年已小誤。《東國通鑑》又稱「乾封元年九月授男生特進、遼東都督兼平壤道行軍大總管、持節安撫大使、玄菟郡公」。兩史《東夷傳》略同，則誤益甚矣。

《蕃將傳》稱獻俘後，男生以功進右衛大將軍、卞國公，與誌正合。舊史《東夷傳》「卞國」又譌作「汴國」，《東夷傳》載總章元年十二月，獻俘於含元殿，男建配黔州。誌謂「獻捷之日，男建將誅，公内切天倫，請重閽而蔡蔡叔，上感皇睠，就輕典而流共工」，則男建乃降誅爲流，且出於男生之請也。又誌稱男生曾祖子游，祖太祚，並任莫離支。《三國史記》、《東國通鑑》及兩史均不載其名，並可據以補史氏之漏略。

此誌撰者王德貞，文筆頗綿麗，書者歐陽通，幾二千言，視《道因法師碑》尤可寶。十餘年來，芒洛所出唐人誌石不下數百，要以此誌爲冠矣。乙丑六月。

彌勒下生成佛經跋

此石在直隸博野。碑陽及右側刻經文及心經，碑陰及左側刻石經頌及經主人名，「儀鳳三年七月十五日，比丘信起生師兄弟等立」。書法方整凝重，似《東魏高盛碑》及《元寶建墓誌》，使無年號不能知爲唐刻也。碑陰所載經主人名所署官職有前滿州高陽縣丞、前滿州司户、滿州司兵，又有鄚縣令。考《唐書·地理志》河北道瀛州高陽縣注：「武德四年，以高陽及鄚、博野、清苑置滿州。五年，以博野、清苑隸蠡州，貞觀元年，州廢，以鄚、高陽來屬。」又，莫州莫縣注：「本鄚，開元十三年更。」舊志瀛州高陽縣注：「武德四年，於縣置蒲州，領高陽、博野、清苑三縣。屬蠡州。八年，二縣又割屬蒲州。九年，復隸蠡州。貞觀元年，廢蒲州，以鄚、高陽二縣屬瀛州。」又，莫州注：「開元十三年，以鄚字類鄭字，改爲莫。」莫縣注：「武德四年，屬蒲州。貞觀元年，改屬瀛州。」以碑與兩志互證，知滿州舊志誤作「蒲州」，以新志爲得。又武德四年，於縣置滿州，領高陽、博野、清苑三縣。五年，以博野、清苑屬蠡州，舊志脱「五年以博野清苑」七字，文遂不可通，亦以新志爲得。而八年，二縣又割屬滿州。九年，復隸蠡州。則新志之所略也。

又，鄚縣之鄚从阝，據新志，開元十三年始更作莫，然考州名與縣名，實初皆作鄚。新志但於縣下注開元十三年更，舊志則於州名下注，開元十三年，以鄚字類鄭字，改爲莫。文皆偏而不全。碑立於儀鳳中，故字仍作鄚。而兩志於瀛州及高陽縣注書縣名，亦正作鄚，兩志注文欠分曉耳。又經主人名或冠以鄉長、鄉望、里正，可考見唐代鄉官之制，亦他碑所罕見也。乙丑十一月五日。

節孝范母顏安人家傳

安人顏氏，廣東連平人，仍世簪組，爲南州甲族。祖以燠，署東河河道總督。考培嶸，江蘇常鎮兵備道。安人生而淑令，兵備鍾愛甚，提攜不離左右。時髮逆擾江蘇，兵備倉卒殉國，一家轉徙兵間，蹙蹙靡騁。適同鄉范公驤令江蘇，與顏舊姻，聞安人嫻内則，爲仲子聘焉。於是安人年十五即嬪於候選光禄寺署正范公玉麟。甚宜其家，姑羅恭人愛逾所生。甫三年，而恭人卒，冢子繼喪。翁老罷政，連遘兩喪，哀悼甚。安人服勤無斁，事衰翁如父，事孀姒如姊，一家之中履艱如夷。又五年，翁歿。安人受家政，凡祭祀、賓客，下及米鹽濟紝，一身肩之，不忍以勞姒氏。送往事居，上下咸若。已而，署正暴卒，安人年方二十有九，長男五歲，仲子三歲，季男遺腹未生，兩女方垂髫。安人慟不欲生，顧以門無期功之戚，而有五尺之孤，乃忍死持門户。衰宗岌岌，外侮疊膺，安人歷百苦折衝其間，有健丈夫不能堪者。數年，裘安人又卒，于是益形影相弔矣。及諸孤漸長，男有室，女有家，宜可稍慰貞苦，而先後十餘年間，喪季子，喪兩子婦，兩孫，兩女亦次第喪。履境之苦，非人所堪。于是安人亦既老且衰矣。

晚值國變，安人展轉避地，不遑安處，遂得痟首疾。其子壻羅振玉請就醫療，並由海東致藥餌。安人詭稱已愈。及振玉渡海就謁，安人曰：「吾幼值亂逆，目擊先公殉國難，年雖幼稚，已憤不欲生。及歸范氏，年未三十，遽喪所天，十五年間連舉五喪，忍死撫孤，惴惴惟恐辱門户。今老矣，幸無忝於先人，而骨肉零替，又逢人世奇變，以數十年求死不得之人，今尚爲我欲生時耶？」振玉無以應。於是貞疾五年，卒以壬戌六月，復攖微疾而卒，得年七十有三。嗚呼，若安人者可謂與憂患相終始而卒能抗百苦以完其職者矣！視今之秉國鈞，擁節鉞，亡人家國猶從容老壽無所愧怍，悠悠蒼天，此何人哉！

振玉聘安人長女，先安人三十年卒，彌留之際，以安人爲託。振玉惟恐辜遺屬，謹事安人，三十年如一日。方安人病亟，振玉侍病榻，問所苦，曰：「無之。」問有遺言乎？亦曰：「否。」嗚呼！無咎於生前，故無戚於身後。蓋以畢生之艱苦，而得此一日之安，若今之士夫啓手足之辰，求如安人俯仰無媿，有幾人哉？振玉夙詳安人懿行，爰爲之傳，以風厲薄俗，俾異日方志家乘有所稽焉。壬戌仲秋。

記名補用道山陽杜公墓誌銘

公諱秉寅，字賓谷，江蘇山陽人。曾祖坤祥，祖象台，并潛德不耀。父文蔚，郡增貢生，有聲黌序，教授鄉里。公早承庭訓，劬學不倦。年十九補諸生，即以文雄於時。永嘉黄侍郎體芳視學江蘇，得公卷，歎爲江左人文之冠。顧從游多登高第，公則屢困棘闈。光緒乙酉，始登拔萃科，明年朝考，以知縣籤分直隸。親老告近，指改山東。時張勤果公曜撫山左，延入幕府。幕中固多雋彥。公晝接賓僚，夕披案牘，往往達曙，遂洞悉政治利弊。尤明治河，尋以籌河功保加同知銜，檄署鄒縣事。期年，庶政畢舉。既瓜代有期，而民教搆釁，鄉民以細故與教民鬨，殺傷數十，勢兇兇不可遏。公輕騎往諭。懲首事數人，衆立解。乃捐俸卹死者家屬。牧師主其事者，服公嚴明，不敢要挾而罷。方難作，羣爲公危，而公從容鎮定，卒以無事。於是大吏知公能官矣。

勤果卒官，繼任者福公潤，李公秉衡，均延公入幕府。中日失和，李公駐節烟臺，令佐軍政，以丁贈公艱回籍。甫百日，李公一日數電檄公出。求終制，不許，乃衰绖就道，其爲當道倚重如此。服闋，保補缺，後以直隸州知州用，旋奏補蒲臺。未之任，檄權知高唐州，政績一如令鄒時。及庚子拳匪起畿輔，臨清與直隸接壤，潰兵游勇入境者將與匪合，州牧以病不視事，城旦夕不保。大吏選才堪定亂者，乃檄公星夜往受事。公馳至，斬凶渠二人，出示招安餘黨，亂立定。是年，值歲旱，稼不登，公請免賦以甦民困，復捐禄米存卹無告，興書院以教士民。有訴訟，立剖決，案無留牘。任臨清僅一歲有半，民仰之若父母。公去後十餘年，州人尚醵金建公生祠，禁之，不可，足徵公德澤入人者深矣。

方公將去臨清，上官以秦晉振檄公募捐。公不忍擾民，捐俸以報，遂獎升道員。建德周慤慎公馥籌辦湖田，難其人，以委公。又命清壑海淤，終事賦增而民不擾。泗州楊文敬公士驤疏聞於朝，得旨交軍機處存記，賞加二品銜以旌勞勣。尋丁太夫人憂，營葬甫畢，上官嚴檄令總辦營務處及財政局。苦辭不允，勉出任事。宣統庚戌夏，曹匪猖獗，委公巡閱。公擒斬首惡，盜爲之弭。明年秋，武昌亂作，山東應之。公亟接淅去省垣，將避地青島。或止之。公曰：「僕自束髮受書，長從仕宦，幸不辱先人，今主憂臣辱，留此將奚爲乎？」卒去之。

振玉冠歲從公習制舉之文，辱公期許。及公爲牧令，違函丈者逾四十年。辛亥國變，攜孥浮海，苦不得公消息。及歸國，始知公避青島兵事，寓濟南。郵書問起居，公復書慰勞，且言「世變亟矣，挽回之責，端在吾黨，將如何而可」？玉舉《孟子》「經正民興」之言以對，謂非講明正學，不能拯已溺之人心。公韙之。歲壬戌，公以事過津沽，亟往謁。時公方以鬼神福善禍淫之説警當世。玉謂福善禍淫固不遠於儒術，然舍彝倫言禍福何異舍布帛菽粟而教人衣蘿帶薜飯饃茹艸，而曰亦差勝衣皮飲血云耳？公曰：　然君知小人無忌憚乎？賊人自賊，循環無已，不畏天，不愛人，鬼神之説或略生其畏忌。古人嘗以神道設教矣，此亦豈得已耶！嗚呼！此可覘公救世苦心矣。方侍坐時，公體健甚，何意甫越歲，遽以微疾捐館舍耶？既爲位哭公，將赴濟南，一申雞絮之敬，而公之孤衰經將公遺命，以墓誌之文爲託。玉受知久，其何敢辭。

維公事親孝，以親喪不得在籍終制，畢生以爲恨。刑于之化自壼内始。娶翁夫人，繼室王夫人、陳夫人，薰公之德，并淑慎能佐内治，俾公無内顧憂。又篤於友朋，嘗與同僚寶應孔印川大令勘河工，狂飈覆舟，公幸得救，大令死焉。孔夫人仰藥以殉，時上有慈親，下無子嗣。公爲集資生息以贍之。尤務施濟，利津河決，臨清偏災，玉與膠州柯學士紹忞設京旗生計會以卹旗民，並捐巨金以贊其成。又嘗創貧民學校及因利局教養貧民，設廢疾院，贍卹殘人。此在公爲細行，然惠愛爲已溥矣。

公生於咸豐八年九月十五日，卒於宣統十五年二月十九日，得年七十有一。子二人，長某早世，次維翰庚子辛丑恩正併科舉人。孫某，曾孫某。今以某月日葬於某某之原。公卒後，陳夫人執喪哀毁，後公不逾月卒，今與翁、王兩夫人同祔于幽宫。振玉檮昧無文，重違遺命，謹爲之銘。銘曰：

政有本，教有基。明五常，張四維。公本是，爲設施。凡所施，靡不宜。民愛公，如其私。報循政，薦生祠。邪説興，大廈隳。彼何人，肆猖披。湮横決，挽澆漓。借神道，復民彝。哲人萎，吾道衰。哀斯民，失良師。表厥行，來示兹。銘公幽，無媿辭。

〔校記〕

〔一〕中　三朝本作「初」。

松翁近稿補遺

後魏博陵太守等八虎符拓本跋

虎符八，左右皆具，去年出山西。太守者三：曰博陵，曰上黨，曰遼西。護軍者五：曰陽曲，曰吐京，曰離石。弟一、弟三、弟四，凡三品。其文在脊上者曰：皇帝與厶厶太守，或「護軍」。銅虎符弟厶。頷下曰：厶厶太守。或「護軍」。腹下曰：銅虎符左。或「右」。其文爲隸書，虎之形制與晉符相似。然晉符長不逾建初尺三寸，此符則由首達尾長至四寸。初不能斷定其時代，以文字及形制攷之，決在漢後隋前。故予《增訂符牌圖録》列之不知時代，今考之《魏書·地形志》，知爲北魏物也。符中所載諸地，博陵屬定州，上黨屬并州，遼西屬平州，陽曲屬肆州，永安郡乃縣而非郡，吐京屬汾州，武州亦有吐京郡，此符不知屬何州。惟不載離石。然《魏書·太祖紀》：「天賜元年春正月，遣離石護軍劉託率騎三千襲蒲子。」則元魏時確有離石護軍。當時羣雄競争，郡縣不常，故志不及耶？又，諸部護軍《官氏志》載之不詳，惟記天興四年七月「令諸部護軍皆屬大將軍府」，又「太安三年五月，以諸部護軍各爲太守」。既以護軍爲太守，則宜于郡置之，而陽曲亦有護軍，豈陽曲曾爲郡而史失書耶？著之俟攷。乙丑十二月望。

安定靖王第二子給事君夫人王氏墓誌跋

誌稱夫人「樂浪遂城人，燕武邑公波之六世孫，聖朝幽營二州刺史、廣陽靖侯道岷之第三女，冀齊二州刺史、燕郡康公昌黎韓麒麟之外孫」。誌題「給事君夫人」而不言其名，考《魏書·宗室傳》景穆諸子安定靖王休子願平，「世宗初遷給事中」，則給事君謂願平也。傳稱願平無行，坐裸其妻王氏於男女之前，又强姦妻妹於妻母之側。御史侯剛案以不道，處絞刑，會赦免，黜爲員外常侍。孝昌中，卒。此誌之王夫人即願平遇以非禮，且因以致罪者也。夫人卒於永平二年。史不載願平得罪之年，以誌考之，當在正始、永平間。而史叙願平得罪在世宗卒後，時夫人亡且久，侯剛案罪殆追疚既往歟？乙丑季冬。

恒州大中正于景墓誌跋

于景《魏書》附其曾祖栗磾傳後。誌稱景祖拔，尚書令、新安公。父烈，車騎大將軍、領軍將軍、太尉公、鉅鹿郡開國公。《栗磾傳》則作「子洛拔，襲爵」，不作拔，又《栗磾傳》進爵新安侯，亦非公也。洛拔子烈，歷官則與誌合。傳叙景之歷官，不如誌詳，而大略不異。惟誌稱延昌中除薄骨律、高平二鎮大將，傳但作高平鎮將，而略薄骨律。傳稱景因鎮民請糧廩不給，鎮民反叛，縛景及妻拘守别室，月餘乃殺之。而誌則作「正光之末，限滿還京，長途未窮，一旦傾逝。以孝昌二年六月遘疾，暨十月丁卯朔八日甲戌薨於都鄉穀陽里」。是景乃令終，且都鄉在洛陽，《元詳墓誌》：「司州河南洛陽都鄉光睦里人。」亦非死於懷荒鎮，則不可解也。傳稱景在高平以貪賤免職，後以謀廢元叉，叉黜爲征虜將軍。誌稱「正光之初，權臣竊命，幽隔兩宫。乃雄心内發，猛氣外張，遂與故東平王匡謀除奸醜。但以讒人罔極，語泄豺狼，事之不果，遂見排黜」，與傳正合。則景之大節固亦有可稱也。乙丑十二月下澣。

周始平國太妃盧氏墓誌跋

此誌署題「使持節、侍中、驃騎大將軍、開府、尚書左僕射、雍州刺史、司空公、始平文貞公國太妃」。誌稱「文貞殉節元戎，忠臣天下」，又云「子安昌宣王避東陵之酷，奉西遷之駕」，又云「有孫孝矩，宦成名立，自魏讓其德，周新其命，雖隔邢茅，猶爲滕薛」。考《魏書・宗室・景穆十二王傳》，誌所謂「始平文貞公」乃汝陰王天賜弟五子修義，字壽安。近洛陽有墓誌出土，則作名壽安，字修義。此誌叙修義歷官，與本傳及《壽安墓誌》略合。惟傳稱謚曰文，誌作文貞。又《壽安誌》及本傳均不載始平之封，然《北史》載修義孫孝矩，西魏時襲祖爵始平縣公，則與此誌合，意始平之爵爲後來所追封耶？傳稱修義子均位給事黄門侍郎，亦不及其封爵。《北史》作均入西魏，封安昌王，則與誌合。惟《北史》稱均薨，謚曰平，而誌作「安昌宣王」爲異耳。傳稱修義爲雍州刺史，卒於州，而誌乃有「殉節元戎，忠臣天下」語，則不可解也。此誌文字均爾雅，北周誌石流傳甚少，此爲翹楚矣。乙丑嘉平既望。

隋魏郡太守張軻墓誌跋

軻字子居，范陽方城人。祖弘籍，父纘。軻初仕梁明帝爲安平王屬，入隋補洛鄉令，歷仕太子藥藏監，尚書祠部郎、儀同三司，鹽川太守，魏郡太守，正議大夫。考《梁書・張纘傳》載纘爲弘策第三子，出後從伯弘籍。弘籍高祖舅，梁初贈廷尉卿。誌作「贈衞尉卿」。纘次子希，字子顔，而不及軻。《唐書・宰相世系表》載范陽方城張氏，穆之生弘籍，弘籍子纘，而纘子希與軻均不載，但書纘曾孫德政，不知德政之祖父爲何人也。弘策、弘籍爲高祖舅氏，纘、軻爲梁室懿親，軻之仕隋，初非盛德事，而誌叙軻因梁亡入隋，其文云「及乎壑負舟移，鼎淪鐘毁，十城去楚，自此入秦，五世相韓，於斯歸漢」。文辭則斐然可觀，文人筆端能變亂黑白如此。此誌文字均雅麗，殆出當代名工，惜不能知其人矣。乙丑季冬。

唐梁州都督府進蒜封泥橅本跋

此泥得之洛陽，賈人云出關中。以白堊土爲之，方廣建初尺四寸，厚約八分，上有墨書小楷七行。其文曰：「梁州都督府，一行。供進蒜壹□□□拾伍，二行。宣德郎行倉□□參軍事臣□暾，三行。朝議郎守□□□臣沈□，四行。朝請大夫守□□□、上柱國臣沈宇，五行。朝散大夫守別駕護軍臣楊胤直，六行。□議大夫、使持節、都督梁州諸軍事、守梁州刺史、上柱國臣□□。七行。上鈐朱印，其文曰「褒州都督府之印」，而不作梁州都督府。考《唐書·地理志》山南道梁州：隋，漢川郡。武德元年，改爲梁州。開元十三年，以梁涼聲相近，更名褒州。二十年，復名梁州。天寶元年，改漢中郡。乾元元年，復爲梁州。此封泥雖無年月，然可知爲當開元二十年由褒州復改梁州之時，州名已復舊，而印仍是褒州，未易新印也。傳世封泥多漢兩京物，乃以封書函者。唐人書函狀不可知，亦不知尚用泥封否，此封泥以封供進物，前人所未見。既手橅其文，詳記其款式，並識語於後。惜出土時中裂，損去中間數字，爲可憾耳。乙丑祀竈日。

東都留守贈司空崔弘禮墓誌跋

弘禮，《兩唐書》並有傳。新史作北齊左僕射懷遠六世孫，舊史作七代孫。《宰相世系表》：懷遠生液，液生洽，洽生治，治生預，預生育，育生孚，孚生弘禮，則弘禮爲懷遠七代孫，非六代。然液與洽、治字皆从水旁作若兄弟然，且表稱液字君洽，其子不應以父字爲名，疑表誤也。惟誌稱曾祖預，祖育，考孚，則與表同。舊史亦稱祖育，父孚，則表於弘禮之曾祖以下，固不誤矣。弘禮有將略，武功甚顯，其佐藩府，爲東都留守呂元膺謀拒李師道，已嶄然露頭角，厥後節度天平，討李同捷，助李祐，皆有大勳勞，而兩史皆以殖産少之，新史且謂其短於治民。然兩史並載弘禮節度河陽時，治河内秦渠，溉田千頃，舊史本傳作「三百頃」。歲收八萬斛，舊史本傳作「三萬斛」。是能爲民興利。新史又載其在京師時所善李觀死，爲之喪葬。其風誼亦有足多者，乃以殖産之小失詆之，此論殊未公也。至王璠作誌，僅叙其歷仕，幾無一語及其大節，文亦支蔓，其識又遠出兩史下矣。

弘禮四佐戎幕，歷忻、汾、棣、衛、相、鄭、絳、華八州刺史，舊史載汾、棣、衛、鄭、絳、華，而遺忻、相；新史則載忻、汾、衛、相、絳、華，而遺棣、鄭。兩爲節度副使：曰義武軍，曰魏博，兩史俱載魏博而不及義武軍。再爲節度：曰河陽，曰天平，再爲東都留守。其徵爲刑部尚書，以疾未赴，舊史與誌同，新史乃云以病自乞改刑部尚書，則所記未實也。新史稱弘禮卒年六十五，與誌合。舊史誤作六十四。誌稱弘禮八子，長玄鑒，爲道士，次彦防、彦佐、彦輔、彦博、彦成、彦光、彦鎮，《世系表》則作彦防、彦佐、彦輔、彦恭、彦光、彦金、彦載，與誌不合，當以誌爲得。誌又稱弘禮三女：曰德德，曰鄭鄭，曰遷遷，命名甚奇，於義不知何所取也。乙丑歲除。

明州刺史韋埧墓誌跋

《唐書・宰相世系表》韋氏逍遥公房，衍生萬，萬生處厚。《元和姓纂》作「衍孫萬」，「萬生處厚」，與表不合，而不及衍子爲何人。此誌之韋埧乃處厚堂弟。載曾祖衍，皇太中大夫、太子右贊善大夫。祖交晏，皇昇州司户參軍，贈給事中。父著，皇試右内率府胄曹參軍。知衍之子爲交晏，《姓纂》雖失書其名，而世系尚未誤，表則誤以祖爲父，賴此誌正之也。又衍之先世，據《姓纂》周齊州刺史藝生彤，彤生彦師、彦方，彦方生徵，徵生衍。彦師、彦方兄弟行，表作：藝生彤，彤生彦師，彦師生承徵，承徵生彦方，彦方生徵，徵生衍。誤以彦方爲彦師之孫，其舛謬亦已甚矣。予往歲作《唐書・宰相世系表刊誤》，糾正凡數百事。粤西唐尚書景崇撰《唐書注》，借予稿本去，篋中無副。今唐尚書既久謝人世，不知此稿尚存其家否？因跋此誌，並附記于此。乙丑祀竈日。

乙丑仲冬，既寫定近稿，得文六十二首。殘冬長夜，萬感交縈，燭爐更闌，往往不寐，則披衣復興，披覽金石文字以待旦，間作跋尾。比及歲除，得文八首，爰附刊近稿之末，以示予耗日力於此爲可惜也。丙寅歲朔，松翁書。

丙寅稿

丙寅稿叙目

乙丑歲暮，既編印庚申以後文字七十篇爲《松翁近稿》，意欲遂焚筆硯。乃改歲以來，人事乖迕益甚於前，不得已仍流覽故籍，以遣歲時。陶公詩所謂「造夕思鷄鳴，及晨願烏遷」者，若爲予詠矣。是歲兒子輩復裒集一年中所作文字及舊稿未刊者，總得九十首付諸手民，請有以名之。乃顔之曰「丙寅稿」。嗟乎！以垂暮之年，丁艱貞之會，而浪擲居諸，爲此無益，知我罪我，復奚恤耶？丁卯正月，松翁記。

* 《唐張義潮補傳》、《唐折衝府考補遺》兩篇已抽出單行，編入本書第八集，仍保留原目於此。

丙寅稿

蒿里遺文目録序

予年十有六，始治金石文字之學。時旅居淮安，地僻，無從得石刻墨本。山左估人歲或一二至，又限于物力，不能備致，割損衣食之資，歲不能辦萬錢。得誌墓之文二三十本，已快然意足。然此實爲予收集墓誌之始。嗣以表墓穹碑多名人巨製，有裨史學，歲不數遇，見即購之。年三十，旅滬瀆。人事之暇，手自移録，爲《蒿里遺文》。顧聞見苦隘，是時所得碑誌不逾五百四十。備官京師，廣爲蒐集，遂增至千餘。宣統紀元，始手録碑文百餘篇，並命胥移寫誌墓之文，親爲校讐。值辛亥國變，避地海東，以從葬昭陵諸臣碑著録較精密，乃先付手民，餘稿散佚。海外索居，取舊蓄墓誌分地重録之。逮返國寓津沽，數年間所得墨本倍于往昔，隨録隨刊。然付手民者什才六七而已。乃於甲子季春，先將篋中所儲編爲《蒿里遺文目録》，類爲八目：曰墓碑徵存，曰墓誌徵存，曰元魏宗室妃主誌存，曰海東冢墓文存，曰甎誌徵存，曰塔誌徵存，曰地券徵存，曰蒿里餘載。乃是年秋供職内廷，稿成什九，手民輟業。逮十月，遭遇奇變，瀕死僅存。乙丑返津寓，荏苒逾歲，始以今夏補完闕卷。復將兩年續得爲《補遺》一卷，統得二千四百九十餘品，於是此目乃潰于成。憶甲子之變，日與鬼伯爲伍，去死一間耳。此身且置度外，遑卹其它，此目竟不至終虧一簣，亦云幸矣。

顧静念平生歷更世變，不能有所樹立，窮老著書，以遣時日，媿孰甚焉！而徒存此塊然之軀，何如早化稽山之土。然頻歲以來，鍵户索居，如在墟墓，開編散帙，日對陳人。此與馬鬣既封，松檟成列亦何以異？蕫齋所謂「活埋」，不圖于吾生親之。展卷綴辭，爲之慨歎。丙寅七月晦。

庚子褒卹録校補序

辛酉長夏，采訪辛亥殉國諸君子事實，以勘定吴子修、羅順騆兩提學之書，欲兼採庚子國變死事之人合撰《庚辛成仁録》，而苦無一書記述庚子死事者。一日，老友章式之外部以《庚子京師褒卹録》見贈，爲之喜出望外。此録爲裕小彭部丞厚舊稿，天津喬亦香太守保衡所編刻，殺青甫竟者也。爰盡一日之力讀之，知我先聖先王之教澤固未嘗絶於天壤，而深歎部丞與太守先後撰輯刊印，其有功名教爲不細也。

録中先列諭旨，後列原奏，而附以死事者之呈報，頗秩然有條理。顧傳寫刊刻，不能無譌脱，而以三日夕之力，以諭旨與原呈互校，而比勘其同異，並函請朱聘三太史汝珍敬檢《德宗皇帝實録》恭校諭旨以定從違，復請金浚宣部郎從亦香太守假部丞原稿，比勘一過。遂訂正百三十餘事，成《校記》一卷。復查原稿尚有李文忠兩次請卹順直官紳兵民奏，吉林將軍兩次請卹吉林官紳兵民奏，又，順天府第一次請恩卹奏中寧河縣死難之人，此録均芟削不載。諭旨及奏摺關於死事者，尚十餘通。爲《補遺》一卷，將請於太守補刊，以成全書，倘亦太守所樂許乎？

讀易草堂文集序

我國有醇儒曰辜鴻冥外部。其早歲游學歐洲列邦，博通别國方言及其政學，聲譽固已藉甚。及返國，則反而求之我六經子史，爽然曰：「道固在是，無待旁求也。」於是沈酣寢饋其中，學以大成。然世之稱君者顧在彼，而不在此，羣然誦之曰：「是固精於别國方言，邃於西學西政者也。」南皮張文襄公總制兩湖，能養士，招君置左右，亦第稱之曰：「是精於别國方言，邃於西學西政者也。」故客幕下久，温温無所試。及庚子都門亂作，乘輿播遷，國事危急，君乃以歐文撰《尊王篇》，歐人争傳誦，當時爲之紙貴，外患以紓。於是世乃稍稍知君儒術，各省大吏争相羅致矣。然其所以重君者，則仍在彼而不在此，第以備外交緩急已耳。

光緒己亥予始識君，時值甲午戰後，海内士夫憤於積弱，競言變法，相遇輒抵掌論天下事，汲汲如飲狂藥。而君獨静謐，言必則古昔、稱先王，或爲諧語以諷當世。予灑然異之。庚子客鄂中，則君設義塾，日以儒先之言訓童稺，益重君不同流俗。然尚未深知君也。及光宣間，備官京師，再相見於春明。君憂世論之日歧，乃陳時政得失，請執政代奏。文累五千言，探索根元，洞見癥結。予受而讀之，竊以爲賈長沙復生不能過是。蓋天下之至文，沈疴之藥石，曩者知君固未盡也。而當道顧不之省，第以君爲精於别國方言，遂於西政、西學，其茫昧如初也。君言既不用，遂坐致陸沈。

予避地海東，與君睽者垂十年。及返國重相見，則歐戰後矣。世亂乃愈急，君則年愈高，遇愈窮，而氣愈壯，日以歐文倡導綱常大義，以振愚蒙。每一文出，各國争移譯。於時歐人鑒於戰禍，又習聞君言，始恍然富强不足圖治，而三千年之東方文化駸駸乃有西被之勢矣。君之學曩不得申於宗邦者，今且將行於世界。知天之生君將以爲衞道之干城，警世之木鐸，其否泰通塞，固不繫於一人一國已也。

今年春，君以所作文徵序於予。爲選尤雅者十四首，分爲内外篇，並弁語簡端。俾讀此編者知君爲當世之醇儒，君之文乃天下之至文，沈疴之藥石，非尋常學者可等類齊觀者也。至君論事於二十年以前，而一一驗之二十年後，有如蓍龜。此孔子所謂百世可知，益以見其學其識洞明無爽，予之稱爲醇儒，洵非誣也。

敦煌寫本曹夫人讚跋

讚稱夫人，即前河西隴右一十一州節度使曹大王之夫人，又有「辭天公主囑託偏照於遺孤，別男司空何世再逢於玉眷」語。亡友蔣伯斧學部黼録此文入《沙州文録》，考曹夫人當是曹元忠之妻，云：「元忠以宋興國五年卒，贈敦煌郡王，授子延禄本軍節度。前此義金、元德未聞受此封爵。而延禄之死，在真宗時。此石室中無咸平後片紙，又，文中有『別男司空』之語，延禄爲宗壽所害，其男不得稱司空，故知爲元忠妻無疑。」玉案：此曹夫人殆義金之配，非元忠也。

石室有《曹議金疏》四篇。一署長興四年十月九日，一署長興五年五月十四日，均爲轉經、設齋、度僧、施舍而作。他二疏，一署長興五年正月廿三日，一署長興五年二月九日，皆爲施舍而作。其署銜均作「河西歸義等軍節度使、檢校令公、大王」，是議金曾受王封而史失之。議金娶于闐李氏，《宋史》稱李聖天自稱唐之宗屬。廻鶻尚唐公主，稱天公主。議金以聖天爲唐宗屬，故遂沿此稱。又，議金雖娶于闐李氏爲正妃，其下尚有夫人。曹議金四疏皆先祝聖主謂唐天子；次祝大王謂曹氏；次祝天公主謂于闐李氏；次祝夫人謂羣媵；次祝司空謂其世子；次祝諸幼郎君及小娘子、姊妹，則祝其諸子、諸婦、諸女也。讚稱夫人「廣平鼎族」，但舉郡望不能知其爲何氏也。「別男司空」語亦與議金疏合。司空乃夫人所生，故託孤於天公主也。至元忠妻乃封秦國夫人，見《續資治通鑑長編》，雖不知其姓氏，然非于闐李氏可知。此夫人非元忠妻而爲議金夫人明矣。

議金四疏，往歲未得寓目，近日本友人羽田博士亨傳録，刊入《敦煌叢書》中，故得據以訂正。惜學部墓木已拱，不獲同賞析矣。

敦煌寫本曹議金四疏跋

此四疏，曹氏署名作「議」者二，作「議金」者亦二。往歲作《瓜沙曹氏年表》，以《册府元龜》載曹義金名作「曹義」，疑奪「金」字，觀於此疏，始知在當時稱名本無一定。至史傳作「義金」，此疏作「議金」，則但取同音，初亦無定字矣。議金娶于闐李氏，與于闐爲婚姻之國，故四疏中祝辭首舉中國，次及于闐。第一疏言，「東朝奉使，早拜天顏，于闐使人，往來無滯」；第二疏言，「朝貢專使來往不滯於關山，于闐使人迴騎無虞而早達」；第三疏言，「朝廷奉使馹騎親宣，于闐專人關山不滯」。知瓜沙之於于闐休戚相關至切。又知瓜沙之於中國效忠甚至，使命往來不因艱阻廢事大之禮。且疏中「黎民」之「民」字缺筆作「巳」，尚謹避唐諱，尤足徵西陲民德之厚，張義潮遺澤之長。中土兵争數十年不已，而西陲小康且百歲，豈非有以致之哉！

敦煌寫本曹元深施舍疏跋

此疏日本京都文科大學教授羽田博士亨據法京藏本刊入《敦煌叢書》中。疏後署「天福七年十一月廿二日，弟子歸義軍節度使、檢校司徒兼御史大夫曹元深」。考元深嗣爲歸義軍節度使，《宋史·沙州傳》及《文獻通考》皆不載，惟《舊五代史·晉少帝紀》載之，繫之天福八年正月。然《五代史記·晉高祖紀》及薛歐兩史《吐蕃傳》均稱：天福七年十二月丙子，沙州曹元深、瓜州曹元忠皆遣使者附于闐使劉再昇以來。似元深七年已嗣位。往歲撰《瓜沙曹氏年表》，疑不能決，據此疏則七年十一月元深已稱歸義節度使，則元深非以八年嗣位明矣。薛史繫之八年，殆元深以是年正月始奉朝命耳。是年元深殆以檢校司徒兼御史大夫，權攝節度，次年真除則加檢校太傅矣。

敦煌寫本曹良才畫象記跋

此記今藏法京圖書館，亡友蔣伯斧學部曾編入《沙州文録》。記稱公諱乙，字良才，即今河西一十一州節度使曹大王之長兄矣。公乃是「亳州鼎族，因官停徹當是「轍」之譌字。於龍沙；譙郡高原，任職已臨於西府」，記其門閥也。又云，「前住衙内師長位，綰管内軍戎」。又云，「榮加五州都將，委任一道指揮」，則記其官也。考《曹義金疏》結銜稱「大王」，曹元晟寫《大般若波羅蜜多經》，後題亦稱曹元忠爲大王。此記無紀年，不知所謂曹大王者，爲義金抑元忠矣。曩作《瓜沙曹氏年表》，不知曹氏里貫，據此記乃由亳州因官而徙沙州者。至譙郡，則爲曹氏郡望，蓋出於漢丞相參，故元忠曾封譙郡侯，見《金剛經》後題記。曹延禄曾封譙郡王也。記中文字多譌脱，「勳業相丞」，「丞」乃「承」之誤；「弓開滿月」，奪「月」字；「無稱偏黨之音」，「黨」誤作「儻」；「奈何良材早折」，「折」誤作「析」；「子蹦踴而無依」，「子」上有脱字；「卞璧沈泉」，「沈」譌作「沆」。其他脱誤尚多，不遑僂計也。

敦煌寫本曹仁貴仲秋狀跋

此狀稱「仲秋漸涼，伏維令公尊體起居萬福」云云。狀後署「八月十五日，權知歸義軍節度兵馬留後、守沙州長史、銀青光禄大夫、檢校吏部尚書兼御史大夫、上柱國曹仁貴狀上」。年月上鈐「沙州節度使印」，但署月日而不著紀年，故所稱令公不知爲何人。瓜沙曹氏加中書令者二人，一爲義金，《五代史·唐明宗紀》：長興二年正月丙子，以沙州節度使曹義金兼中書令。一爲元忠。宋建隆三年加兼中書令。見《續通鑑長編》、《文獻通考》及《宋史·沙州傳》。此不知爲義金抑元忠也。法京藏曹義金及曹仁深疏，均鈐「沙州節度使印」，據此狀知留後别無他印，亦用節度使印也。

敦煌寫本陳彦□等獻物牒跋

此牒署「清泰四年丁酉歲五月日」，乃賀端午並呈節物者。其前後並題「左馬步都押衙、銀青光禄大夫、檢校左散騎常侍兼御史大夫、上柱國羅□□。右馬步都押衙、銀青光禄大夫、檢校右散騎常侍兼御史大夫、上柱國陳彦□」。「彦」下字半損，「羅□□」之名全損。考敦煌本《晉河西司步軍都指揮使羅盈達墓誌》稱「故堂兄歸義軍管内衙前都押衙、左散騎常侍兼御史大夫、上柱國諱通達」，知此牒「羅」下所損二字爲「通達」也。

亡友蔣伯斧學部録此牒於《沙州文録》，謂唐清泰無四年，疑曹義金嘗受莊宗爵命，故不奉石氏正朔。案敦煌殘籍，若《僧龍訓等上司空牒》二通，均署「清泰四年十一月」。蓋瓜沙僻處西陲，去中國甚遠，唐亡晉代，邊氓逾年尚未之聞。猶《曹議金四疏》，其署長興五年者三通：一在正月，一在二月，一在五月。其實長興止於四年，癸巳甲午正月爲閔帝應順元年，四月以後爲末帝清泰元年。再改元而尚未通朝命，故末由知之。此牒稱清泰而不知天福，亦其例也。又曹元忠刻《大聖毗沙門天王象》，題記署「開運四年丁未七月」，是年實爲漢高祖之天福十二年。又，刻《金剛經後題記》，後署「天福十五年己未五月」，是年實隱帝之乾祐二年。知西陲之與中土使命固屢阻矣。

宋槧小字本白文八經跋

宋刊小字白文諸經不一刻，近習見者爲秦刻祖本，每葉闌上注音者是也。此本乃季滄葦舊藏，闌上無音注。每半葉二十行，行二七字。存八經：曰《易》，曰《書》，曰《詩》，曰《周禮》，曰《禮記》，曰《孝經》，曰《論語》，曰《孟子》，彫刻至精。海内言板本者以其僅見，羣以爲北宋槧。予檢宋世避諱諸字，至「惇」字止，如《書》之《皋陶謨》、《禹貢》、《武成》，《禮記・内則》，諸「惇」字皆闕末筆，而《孟子》「知皆擴而充之矣」之「擴」字則否，則此本刻於光宗紹熙時，故高、孝兩宗之諱亦均闕筆，爲南宋槧殆無疑也。因檢闌上注音之本，則避諱亦至光宗爲止，知爲同時所刻矣。毗陵陶氏寫影精印，流傳藝林，以印本見贈。批覽竟夕，爰記其後，以質世之言板本學者。

明文淵閣舊藏子平遺集殘本跋

此書明代紅格寫本，無書名及撰人姓名，乃就六十年中生人排比年月日時，一一推算其休咎，匯而成集。文字鄙拙，書寫亦陋劣，乃明文淵閣舊藏。宣統初元，内閣清釐大庫，由學部奏請將閣中宋元槧書籍移交學部，剏設京師圖書館。予時備官學部，見此本多至數百册。此六册計丙寅年者三，己亥、己卯、癸卯年者各一。辛亥燈節得之廠肆，乃從閣中佚出者。考明楊循吉《吴中故語》成化癸卯之歲，太監王敬以採辦藥材、書籍至江南，大肆厥惡。時使士子録書，以《子平遺集》要三學筆録，其多至千餘卷。時方近秋試，諸生不往，敬怒。學官不得已，率諸生往見于姑蘇驛。敬坐堂上，其副曰王臣者立其傍，欲笞學官。諸生大呼，其在門下者皆入詣敬，罵之，部下軍校執杖擊。諸生走出驛門，市薪二束，各執之反擊，軍校皆散走。有鄭五者，都下惡少，亦王臣黨也，被執至城下，毆之幾死。明日告知府劉公瑀，訪求罵者，以所訪十七人及諸生皆引見。乃引罵者笞于皇華亭下，各二十。敬至闕下，以事上，下巡按推治。巡按張公淮不肯承旨重繩諸生，持兩可之説以待。會王敬等事敗，得末減。云云。知此書乃《子平遺集》，明成化中寫自江南者，且因寫此書激成事變。明代采書不委之士夫而任之奄人，其采及此等鄙陋之作，固其宜也。以其關于此書故實，且于此可考知其書名，故附録卷尾。時丙寅仲春。

恒農磚録跋

徒隸諸磚，予以光緒丁未見一二于京估。叩其所出之地，曰靈寶。明年，于兩江節署再見之。問之購致此磚之三河郝君，亦云出靈寶。故乙卯在海外摹勒其文字之佳者，爲《恒農冢墓遺文》。丁巳歲，復録其全磚，亦顔之曰《恒農磚録》，以爲此磚信出靈寶矣。及往歲游中州，于洛有謝某者爲言磚出孟津，于汴遇山左估人宗某，所言與謝同。且云，當日郝君奉端忠敏公購此磚，彼實爲之作合。

始悟往者出靈寶之説，乃估人讕語也。往頗疑靈寶有何大役，至動各郡邑之徒隸，今知磚出孟津，則此等徒役皆興作陵邑者也。

漢制，皇帝踐阼即起陵邑。東漢以後，諸帝陵寢皆在洛陽。此磚中年號凡六：曰元和、曰章和，乃作章帝敬陵者；曰永元，乃作和帝慎陵者；曰延平，乃作殤帝康陵者；曰建寧、曰熹平，則作靈帝文陵者也。蓋自秦始皇帝治驪山陵，役天下徒七十餘萬人，漢仍沿秦之舊耳。于是，往者之疑爲之冰釋。但此書既久刊行，其名不可追改，乃書卷末以正其誤，以告世之讀是書者。丙寅六月。

攻吴王監拓本跋

此器出山西，光緒《山西通志》已著録其文，曰：「攻吴王夫差，擇厥吉金，自作御監。」《通志》考「攻吴」即「句吴」，其説甚確。惟未能考監爲何器。案：《説文解字》：「鑑，大盆也。」《廣雅》：「瓽，鑑也。字亦作瓰。」《玉篇》：「瓰，大盆也。」其字从監，从瓦，與从金之鑑爲一字。以金爲之則曰鑑，以陶爲之則曰瓰也。《莊子·則陽》：「同濫而浴。」《釋文》：「濫，浴器也。」「濫」與「鑑」殆一字。此器大可容人，當是浴器，非《周禮·凌人》「祭祀共冰監」之「監」。冰監以盛冰，置食物，固不必如是之巨矣。

漢王□卿買地鉛券跋

此券廣約建初尺四分，長尺一寸，如古簡狀。表裏文字各一行，文曰：「建寧二年八月庚午朔廿五日甲午，河内懷男子王□卿從河南街郵部男袁叔威買臯門亭部什三邵西袁田三畝，畝賈錢三千一百，并直九千三百錢。即日畢。時約者袁叔威，沽酒各半，即日丹書鐵券爲約。」凡八十一言，文字極精。案：臯門亭見《後漢書・后紀》：靈帝宋皇后「歸宋氏舊塋臯門亭」。章懷注：「《詩》云：『迺立臯門。』注云：『王之郭門曰臯門。』《漢官儀》曰：『十二門皆有亭。』」云云。是臯門亭部爲負郭地也。「邵」即「陌」之别搆。券上塗朱，殆即券文所謂「丹書」也。平生見鉛地券真品不下六七品，而狀如古簡者，僅是一品耳。

樊利家買地券跋

此券最晚出，表裏刻字各兩行。其文曰：「光和七年九月癸酉朔六日戊寅，平陰男子樊利家從雒陽男子杜謌子子弟□買石梁亭部桓千東比是佰北田五畝，畝三千，并直萬五千錢。即日異。田中根土著，上至天下至黄，皆□□行。田南盡佰北，東自比謌子，西比羽林孟□若。一旦田爲吏民秦胡所名有，謌子自當解之。時旁人杜子陵、李季盛。沽酒各半，錢千無五十。」案：

漢人地券文皆略同，惟多譌脱，且語太簡質，致不可通。此券云：「桓千東比是佰北」者，謂桓阡之東比氏陌之北。古「是」、「氏」通用。「即日異」者，「異」乃「畢」之譌字，即《孫成券》之「即日畢」，《房桃枝券》省其文作「即畢」，謂即日畢買田之事也。「田中根土著」者，《孫成券》作「根生土著毛物，皆屬孫成」，此省略，致不可通。「上至天下至黄」者，乃「上至青天，下至黄泉」之省文，猶晉《朱曼妻券》之「上極天，下極泉」也。「沽酒各半」與《孫成券》同，殆如後世買地賣地者各出酬金矣。《房券》省作「沽各半」。《建初玉地券》作「沽酒各二千」，義亦略同。此券近歸金陵翁氏，夏間游滬江，得墨本，爰記其後。

房桃枝買地鉛券跋

此券十年前出洛陽，予在海東時得之。文三行，其言曰：「中平五年三月壬午朔七日戊午，雒陽大女房桃枝從同縣大女趙敬買廣德亭部羅西□步兵道東冢下餘地一畝，直錢三千。即畢。田中有伏尸，男爲奴，女爲婢。田東西南比舊冢，北比樊漢昌。時旁人樊漢昌、王阿順皆知卷約。沽各半，錢千無五十。」案：此券文與孫成、樊利家兩券略同。錢字作「戋」，樊利家券作「攴」。五十二字合書，二券亦相同。「錢千無五十」者，殆謂以九百五十爲千，非足陌也。《隋書·食貨志》載：梁世「自破嶺以東，八十爲百，名曰東錢。江、郢已上，七十爲百，名曰西錢。京師以九十爲百，名曰長錢。〔中〕大同元年〔二〕，天子乃詔用足陌。詔下而人不從，錢陌益少。至於末年，遂以三十五爲百云」。前籍之載錢陌自梁始，觀於此券，知東漢之世以九百五十爲陌，足補載籍之闕。

券首稱：「三月壬午朔七日戊午。」考長術，是年三月朔值壬午，與券合。惟七日當得戊子，券作「戊午」，誤矣。

朱書買地鉛券跋

漢人買地鉛券，平生所見凡五品：曰孫成，曰房桃枝，曰□孟叔，曰樊利家，曰王□卿。然皆刻字。此券爲浭陽端忠敏公舊藏，表裏皆朱書，各四行，約百餘言，惜漫滅什九。其僅可識者，表面第一行辨「壬午朔」三字；次行辨「步南比」三字；第三行辨「樊漢昌」三字；第四行僅一「墓」字可識。裏面首行見「入富利」三字；次行見「命蚤死及生人屬西長」共九字；第三行見「ㄊ等汝自」，計半字一，全字三；第四行見「丹書」二字。其餘亦間有可辨識者，而文義不屬。《房桃枝買地券》亦有「旁人樊漢昌」語，彼券亦有「壬午朔」字，豈與房券同，一朱書，一刻字耶？《王□卿地券》亦有「丹書鐵券」語，然彼乃刻字而塗以朱，此則實爲丹書，但券則是鉛非鐵耳。鉛券朱書者，傳世僅此一品，故購而藏之。並記語于裝券之匣，以示來者。

傳世鉛券凡二類：一爲地券，一爲鎮墓文。此券雖多漫滅，然觀其存字，殆表爲地券，裏爲鎮墓文。合二種而書之一券，亦僅見此一品耳。

劉伯平鎮墓券跋

東漢末葉，死者每用鎮墓文，乃方術家言，皆有「天帝」及「如律令」字，以朱墨書于陶瓿者爲多，亦有石刻者。猶唐人之女青文也。其刻之鉛券者，此券之外，予尚藏一斷簡，驗其文字，與地券不同，殆墓中並藏兩券也。此券上下兩端皆有斷缺，表裏文字共四行。其文曰：上缺。「月乙亥朔廿二日丙申，□天帝下令，移前雒東鄉東郘里劉伯平薄命，闕數字。醫藥不能治，歲月重復，辶與同時魅鬼尸注皆歸墓。父大山君召，闕數字。相念苦，勿相思。生屬長安，死屬大山。死生異處，不得相妨。須河水清，大山闕數字。六丁有天帝教，如律令」。紀年已不可知，而義尚可曉。其曰「生屬長安，死屬大山」者，予舊藏延熹陶瓿有「生人屬西長安，死人屬東太山」。予別藏斷簡亦有此語，但脱「死人屬東」之「東」字耳。「河水清，大山□」，「山」下殆脱「平」字。漢季崇尚道術，於此可見一斑。米巫之禍，蓋已兆於此矣。

近於都市見一券，表面文正中大字一行曰：「元嘉元年十月十一日□□袁孝金冢下」，側書「如律令」三小字。其裏有大字，如符篆，不可識，殆亦鎮墓物。附記于此。

晉壽升拓本跋

此升藏定海方氏。以予齋所藏酅勺、龍勺及漢洛陽銅勺與他無字二勺校之，其容量當彼二升又一升之半。晉壽縣之名始於晉，隸梁州梓潼郡，乃今之四川保寧府。然宋、齊、魏並沿晉壽之名。此不知爲何代物。以書體考之，要在晉後隋前也。《隋書·律曆志》言：「開皇時，以古斗三升爲一升。大業初，依復古斗。」今此升又當古斗二升又半升，知升量之增，不始於隋矣。此升銘文曰：「晉壽次百七。」其曰「次百七」，猶言「第百七」矣。

宋朱雀鐃拓本跋

此湏陽端忠敏公故物，《陶齋吉金録》著録所謂「晉泰始鐸」者，是也。今案：此器之形上有方鑿，所以容柄，中空無舌，乃仰持擊之，而不可俯振，蓋是鐃而非鐸也。其陽面正中文一行，曰：「泰始八年閏月十七日，師作神。」故忠敏以爲晉物。考長術，晉之泰始八年無閏月，宋之泰始止於七年十二月，以後即改元泰豫。然泰豫元年閏七月，則此所謂泰始八年即宋之泰豫元年，非晉之泰始也。是年正月已改元泰豫，民間無不知之理。然細觀此鐸，柄上表裏均尚有刻字，表曰「兒師」，裏曰「不足與計」。語殊不可曉。即年月下「師作神」三字，亦無義可尋。意此鐃爲邊裔所作，故已改元六閲月而尚未之知也。然其製作則至精，書法亦精健，大類《爨龍顔碑》，甚可愛玩。劉宋之世，金石刻稀如景星鳳皇，視晉器尤可寶矣。以此器陰面刻朱雀，故正其名曰「宋朱雀鐃」。丙寅仲冬，既歸吾齋，遂手拓付裝，並書其後，以正忠敏千慮之一失。

漢熹平石經公羊春秋傳僖公成公殘石跋

漢熹平石經公羊春秋傳僖公成公殘石拓本，合肥孔氏得之西安。僖公存字十行，行存一字至九字不等，有傳無經。據洪氏《隸釋》所載《公羊傳》殘字及此石，知每年之首冠以某年，至每月則削而不書。今就拓本存字以今本補之，知每行當是七十三字。惟第一行較今本多三字，二行多一字，五行多二字，七行則較今本少至六十八字，知與今本不同處甚多。至存字中「又將寡人之圖」，今本作「又將圖寡人」。姚寬《西溪叢語》謂：《公羊》當時無他本，其文與今文無異。然洪氏《隸釋》所載云，以今本校之，易四字，省四字，是確有異同。此石至一行中相差六十八字，全傳可知。《叢語》之言，殆不然矣。且《熹平石經》每經皆有《校記》，《隸釋》所載，《公羊傳》有顔氏言三條，尤可證。姚氏當時《公羊》無他本之説，全出肊度也。《隸釋》所載《公羊傳》，洪氏亦言有傳辭而無春秋經文。近年洛陽新出《春秋》殘石，知經與傳乃分刻。故《隋書·經籍志》載：《一字石經·春秋經》一卷，《一字石經·公羊傳》九卷。近洛陽所出有《春秋經》，足爲《隋志》左證也。

成公殘字八行，行存二字半至九字，在僖公殘字之陰。以今本校之，文字無異同。就拓本存字補以今本，知每行七十一字，惟第三四行均七十字，知此二行文中較今本多二字也。《僖公傳》每行字七十三，此則七十一，知各石行字無一定矣。第三行「十年」上空一格，以點識之，知每易一年必空一格。僖公殘石第四行「里克」之「里」字上有「●」，知每月文字蟬聯處于兩節中間作點識之，而不空格也。

洛陽漢魏石經屢經遷徙。自東魏孝靜帝武定四年，由洛移鄴，周靜帝大象元年，復由鄴移洛，逮隋文帝開皇六年，又載入長安。故宋人著録熹平石經均出洛陽，惟《西溪叢語》謂有公羊碑一段在長安，蓋累次遷移未嘗盡徙，故今日洛陽城南開陽門外漢太學故墟出土殘石有《魯詩》，有《春秋經》，有《士禮》，有《論語》。此拓本得自關中，則必出關中。《隋志》載：「後魏之末，齊神武執政，自洛陽徙于鄴都，行至河陽，值岸崩，遂没於水。其得至鄴者，不盈大半。」河陽故城在今孟縣西南之河陽墅，安得好古家更於彼求之，當有所得。今洛下關中殘石既先後並出，吾人益不能無「得隴望蜀」之思矣。丙寅暮春。

黃腸石拓本跋

黃腸石拓本，五十九紙。年月已損者五。他五十四石中，署「永建」者，四十五；「陽嘉」者，三；

「元嘉」者，二；「建寧」者，三；「熹平」者，一。考《晉書・索綝傳》言，「漢天子即位一年而爲陵」。《後漢書・光武紀》：建武二十六年春正月，「初作壽陵」。注：「初作陵未有名，故號壽陵，蓋取久長之義也。漢自文帝以後皆預作陵，今循舊制也。」《史記・景帝紀》：「五年三月，作陽陵渭橋。」《索隱》：「景帝豫作壽陵也。」按：《趙世家》趙肅侯「十五年，起壽陵」，後代因之也。三説頗有異同，索綝之言不知所本。《光武紀》注謂文以後皆預作陵，殆謂文帝以後自景帝始。而據《史記・趙世家》則其例實自趙肅侯啓之也。東漢既承此制，則石上紀「永建」、「陽嘉」者，乃順帝憲陵物；紀「元嘉」者，桓帝宣陵物；紀「建寧」、「熹平」者，靈帝文陵物也。憲、文二陵工最久。憲陵始永建二年至陽嘉元年；文陵由建寧五年至熹平五年。而皆有更黄腸掾名，殆工已成而省視有損壞者而更易之也。

予嘗聞洛賈某言曾入漢某陵中，實已先被發。且聞他陵亦然，故寶物已盡，但存殘石耳。問：何以知其已發？曰：盜掘者自壙之此方穴之，既入，必見他方已先有穴，是其證也。予案：赤眉掘長安諸陵，光武詔言「霸陵獨完」，而卒被掘於晉建興中。見《晉書・索綝傳》。至洛陽諸帝陵，則憲陵以九月葬，十二月即被盜發。見《孝沖紀》。他陵則初平二年二月爲董卓所發。見《孝獻紀》。今證以洛賈所言，則史家所紀，誠不誣矣。

梁永陽昭王蕭敷墓誌跋

此誌宋拓，明庫裝。舊藏松江沈均初舍人，後歸吴中潘文勤公。丙寅夏，見之吴君湖帆許。誌爲徐勉奉勑撰，稱：公諱敷，字仲達，皇帝之次兄也。解褐齊後軍長沙王行參軍。武陵王始開戎號，又行參冠軍、征虜二府軍事。入爲太子舍人，俄遷太子洗馬。又爲南海王友出補丹楊尹丞。復入爲太子中舍人。又出爲建威將軍、隋郡内史，進號寧朔將軍，内史如故。久之，徵爲後軍廬陵王諮議參軍。以齊建武四年八月六日薨，春秋卅有七。天監元年四月八日，詔贈侍中、司空、永陽郡王，食邑二千户，謚曰昭王。子恭王伯游嗣。恭王早世，子隆嗣。以《梁書・永陽嗣王伯游傳》考之，叙敷歷官與誌多相合。惟行參冠軍、征虜二府軍事，遺冠軍府，又不載「爲南海王友」二職而已。傳又不載卒之月日及年卅七。又伯游早逝，子隆嗣爵，傳亦不及，則賴誌知之也。此誌爲人間孤本，苦不得見者垂二十年，一旦入目，喜可知也。爰記其可補史傳者於此。

吴君爲愙齋中丞嗣孫，工書畫，能傳其家學。所藏尚有唐北宋拓本《邕禪師塔銘》，與傳世宋人復刻本不同，且存字甚多，亦海内孤本。後有成哲親王跋反以爲宋人復本，而以宋復本爲原石。蓋信蘇齋閣學之言而致誤也。並附識之。

魏營州刺史元景造石窟碑跋

此刻在義州。往在海東，於内藤湖南博士許見墨本。返國後，倩青縣姚貴昉大令攜氈墨往拓之，人間始有傳本。碑稱，「太和廿三年，平東將軍、營州刺史元景上爲皇帝造石窟一區」。檢《魏書·宗室傳》不載景名，不知爲何帝之後。《昭成子孫傳》：常山王遵曾孫壽興自作墓誌銘，曰「洛陽男子，姓元名景。有道無時，其年不永。」云云。《隋太僕卿元公墓誌》書其名作「昺」，知傳作「景」者乃避唐諱改書，非名景也。造石窟之元景，别是一人。官營州刺史，職位已崇，不知史家何以遺之。惟魏孝文帝《弔比干文》碑陰題名有散騎常侍，領司宗中大夫元景。《弔比干文》刊於太和十八年，景方任朝官。越四年而外任營州刺史，殆爲一人無疑也。

徵士奚智墓誌跋

誌稱智始與大魏同先，僕膾可汗之後裔，中古遷移，分領部衆，遂因所居改爲達奚氏焉。逮皇業徙嵩，更新道制，勑姓奚氏焉。案：《魏書》奚牧、奚斤、奚眷諸傳均不載奚氏得姓之由及其先世，惟《官氏志》載安帝統國諸部有九十九姓，至獻帝時七分國人，使諸兄弟各攝領之，乃分其姓。七族之興自此始也。獻帝以弟爲達奚氏。《序紀》獻帝考曰威皇帝諱儈。誌所謂僕膾可汗，即儈也。誌所叙先世與《官氏志》合，而達奚因所居得姓，則誌所未及也。

誌又稱智爲大人莫弗烏洛頭之曾孫，内行羽真散騎常侍、鎮西將軍、雲中鎮大將内亦干之孫，兗州治中、衛將軍府長史步洛汗之子。智子真亦有墓誌，與此誌同出土，「莫弗烏洛頭」作「烏籌」，「内亦干」作「干」，「步洛汗」作「翰」。代北人名蓋本其國語，譯以漢字，故往往不同。誌稱「頭即「大莫弗烏洛頭」之省稱。年耆多策，每蒙引議，下闢之謀，時亦預焉」。記其勳績頗略。真誌作「國祚經始，百務怠殷，帷謀幄議，每蒙引預。故外撫黎庶，内讚樞衡，又嘗爲昭成皇帝尸。位等公傅，式擬王儀，蒙賜雞人之官，肅旅之衛」。較此誌爲詳。此誌稱智爲恆州樊氏嶧山渾人，真誌作河陰中練里人。殆至真而移居河陰，遂稱爲河陰人耶？

此誌如小碑之式，與晉荀岳、魏韓顯宗等誌同式，乃植立壙中者。知元魏時尚沿用此式。唐宋人雖亦間有之，然僅千百中之一二而已。

太尉府諮議參軍元弼墓誌跋

此誌最近出洛陽。弼字扶皇。高祖，昭成皇帝。曾祖根，清河桓王。祖突，肆州刺史。父崘，秦、雍二州刺史，隴西定公。弼起家荆州廣陽王中兵參軍，還朝爲太子步兵校尉，遷太尉府諮議參軍。春秋卌七，以太和廿三年九月廿九日薨。考《魏書·宗室昭成子孫傳》，陳留王虔，昭成子紇根之子。虔兄顗，蒲城侯。子崘襲爵。高宗即位，除秦州刺史，進爵隴西公。卒，謚定公。子琛襲爵。誌載弼父崘之官位、爵、謚並與傳同。是弼爲崘子，傳失書也。至誌稱崘父突，肆州刺史，傳則作顗，蒲城侯，名位皆殊，殊不可解。至紇根之名，僅見《陳留王傳》而不載其爵位。誌則名根，爵則清河桓王，是不但有爵，且有謚，可補史官之闕。古刻之可貴也如此。

常山王孫元德甎誌跋

此甎誌文四行。中二行文曰：「昭成皇帝後，常山王孫，冗從僕射、羽林監、偏城太守元德。」銘前一行文曰：「永平二年十一月十一日。」後一行曰：「受戒師道由。」考《魏書・昭成子孫傳》，常山王遵孫德，封河間公，卒於鎮南將軍，贈曹州刺史，殆即其人。然甎不云河間公，傳不言其官冗從僕射、羽林監、偏城太守，殊不可解。至「受戒師道由」一行，尤不可曉。元氏子孫誌石出土至多，而甎則頗罕，故特著之。

太尉參軍事元侔墓誌跋

此誌有陰，記先世、諱字、爵位及侔窆葬月日。石豎立有坐，與晉世諸誌同。侔字伯宗，爲昭成皇帝之後，而其名不見於《魏書・宗室傳》。誌陰記「六世祖，昭成皇帝。五世祖，弟八皇子，諱受久。高祖，右丞相、常山王遵，字勃兜。曾祖，侍中、使持節、征西大將軍、都督河西諸軍事、常山康王，諱素連。祖，平南將軍、冀州刺史、河間簡公，諱於德。父，鎮遠將軍、光州刺史，諱悝，字純陀」。考《魏書・宗室傳》，常山王遵，昭成子壽鳩之子。壽鳩即誌之「受久」，蓋譯音無定字。誌稱遵字勃兜，故《元昭墓誌》作曾祖兜。傳稱遵子素，《元昭墓誌》作「祖連，常山康王」，此誌作「素連」，知傳與昭誌乃各舉其名之一字也。傳稱素子德，封河間公而不載其謚，誌則作「名於德，謚曰簡」。傳稱德子悝，卒于光州刺史，謚曰恭，不及其字，誌則載其字純陀，足補史佚，而誌乃不及其謚，又賴傳知之也。傳載悝子嶷而不及侔，侔官止太尉府參軍，殆以位卑而遺之耶？往歲得元昭誌以書常山王遵名作「兜」，嗣王「素」名作「連」爲異，今得此誌，幸得解斯惑矣。

洛州刺史元廣墓誌跋

誌稱公諱廣，字延伯，烈祖道武皇帝之苗裔，考使持節、涼青梁夏濟五州諸軍事、濟州刺史、牂柯侯之長子。案《魏書・道武七王傳》：陽平王熙子比陵，賜爵牂牁公。卒，子天琚襲。高祖時征虜將軍、青州刺史，尋降公爲侯。世祖時，征虜將軍、夏州刺史。卒，贈本將軍、濟州刺史。子延伯襲，卒。誌之牂柯侯乃天琚，延伯即廣。傳以字爲名，據誌乃知其名廣也。傳不載廣歷仕及事實，誌稱二九辟爲直，後加員外郎，昇朝襲爵，轉襄威將軍。春秋五十，以熙平元年八月廿二日丙辰薨。追贈寧遠將軍、洛州刺史。特著之以補傳文之闕略。

樂陵王元彥墓誌跋

誌稱彥以熙平元年十一月十日窆於金陵。又《東豫州刺史元顯魏墓誌》亦稱顯魏以孝昌元年十月廿六日葬於金陵。考元魏時諸帝，自昭成以下若道武，若明元，若太武，若文成，若獻文，皆葬雲州之金陵。其地在今山西太原祁縣東。至孝文卜洛，遂不復遠葬雲州。今此二誌固明明出洛陽，而文乃云葬金陵，殊不可曉。豈本欲葬雲州而不果耶？書以俟考。

城門校尉元騰墓誌跋

元魏陵寢，顯祖以前皆在雲州。孝文卜洛，乃自表瀍西以爲山園之所，《魏書·文明皇后傳》。即長陵是也。長陵附近爲王公陪葬之所，此誌所謂「窆於長陵之東北，皇宗之兆域」。蓋王公陪葬之地在長陵東與北。證以傳世諸王公誌，若元周安，若元子直，若元固，若元壽妃，若樂安王妃馮氏，並稱葬長陵之東；若元羽，若元鑽遠，並稱長陵之東岡；若元詳，若元勰，若北海王妃李氏，稱長陵之北山；《元倖誌》稱長陵之北岡，均其徵也。長陵又稱西陵，《元演誌》：「葬於西陵高祖孝文皇帝之兆域。」其見他誌者，若元颺、元略、元文、元遥、元珽、元弼、元暐、元引、元昭，若胡昭儀，若陽平王妃李氏、都昌侯夫人薛氏、蘭夫人，均云「窆於西陵」，乃長陵亦稱西陵之證。至陵之所在，史但稱瀍西，《元廣誌》稱芒阜之陽，長陵之左，《元緒誌》「葬於洛陽城之西北，祔塋於高祖孝文陵之東」，是陵在芒山之陽，洛城西北也。

顧亭林先生《日知録》訂正宋乾德四年詔，謂誤以西魏文帝爲魏孝文，誤以富平文帝之永陵爲孝文長陵，其言至確。而瀍西之長陵，其迹久湮，今就諸誌所載可知概略。異日若中州游迹可通，當往訪之士人，似不難確得其地也。書此俟之。

洛州刺史元秀墓誌跋

秀字士彦，爲太武皇帝之後，臨淮康王弟二子。而《魏書・宗室・太武五王傳》不載其名。誌稱曾祖侍中、中軍大將軍參都坐事、臨淮宣王。祖，使持節、侍中、都督荆梁益雍四州諸軍事、征西大將軍、領護羌戎校尉、雍梁二州刺史、臨淮懿王。父，持節、督齊州諸軍事、冠軍將軍、齊州刺史、臨淮康王。考《太武五王傳》載臨淮宣王譚歷官與誌合，惟參都坐事，傳作「參都曹事」。譚子提襲，爲梁州刺史，以貪縱削除，徙配北鎮。後以預參遷都功，追封長鄉侯。「世宗時，贈雍州刺史，謚曰懿」。誌稱提爲臨淮懿王，殆世宗時復舊封而贈雍州刺史，傳失書復舊封也。傳稱：提子昌，世宗時封臨淮王，未拜而薨。贈齊州刺史，謚曰康王，追封濟南王。誌則仍稱臨淮康王，不可曉也。秀以正光三年秋八月卒，春秋三十三。文中不書其歷官，僅於誌題書「假節督洛州諸軍事、龍驤將軍、洛州刺史」，殆爲卒後所追贈耶？

白水太守元平墓誌跋

「平字平國，照成皇帝之後，驃騎大將軍、左承相、衞王埿之孫，羽真尚書、冠軍將軍、使持節、吐京鎮大都將陵之次子」。考昭成子孫無衞王埿，惟秦明王翰子儀，於太祖時官左丞相，進封衞王。則埿即儀也。顧傳不載儀曾拜驃騎大將軍，而《太祖紀》載皇始二年五月甲寅，「以儀爲驃騎大將軍」，則誌與紀正合。北魏諸王名字殆用國語而譯漢字，故有埿、儀之異歟。傳稱儀有十五子而但載三人，曰纂，曰良，曰幹，而不及陵，故平亦不及。誌稱平以奉朝請轉青州安東府功曹參軍，加宣威將軍、白水太守，帶小劍戍主，足補史官之闕。誌書「昭成」作「照成」，「丞相」作「承相」，古「昭」、「照」，「丞」、「承」通用。又誌中豁達大度之「豁」作「䜨」，則別字也。「埿」即「泥」別字。文中「茂浮榮典籍」，「典」上脱一字。

廣川孝王元焕墓誌跋

誌稱：「焕字子昭，獻文皇帝之曾孫，趙郡靈王之次孫，使持節、散騎常侍、都督相州諸軍事、中軍將軍、相州刺史之第二子。永平元年，宣武皇帝旨紹廣川哀王焉。正光六年，除寧朔將軍、諫議大夫。孝昌元年秋七月甲辰朔四日丁未薨，年二十一。追贈龍驤將軍、荆州刺史，謚曰孝文。」末又載「繼曾祖賀略汗，侍中、征北大將軍、中都大官，又加車騎大將軍、廣川莊王。祖諧，散騎常侍、武衛將軍、東中郎將、廣川剛王。父靈遵，冠軍將軍、青州刺史、廣川哀王」。考《魏書·文成五王傳》，廣川王名「略」，誌作「賀略汗」。殆本名如是，作「略」者，史家所省改也。傳又不載侍中、征北大將軍及車騎大將軍等官，殆卒後追贈歟？傳亦不載諧官散騎常侍、東中郎將，但云「贈武衛將軍，謚曰剛」而已。靈遵，傳作「靈道」，誌云「謚哀王」，傳作「悼王」。史氏於悼王卒後不載襲爵之人，此誌可補史之闕文。惜誌不載焕諸子，焕卒後有無承襲，不可知矣。

恆州大中正于纂墓誌跋

洛陽于氏爲代北顯閥，四世貴盛，纂名則不見《魏書》。誌稱「纂字榮業。曾祖，新安公、尚書令。祖，太尉、成景公。父，散騎。纂釋褐爲秘書郎，尋轉符璽郎，俄遷通直散騎常侍，復除輔國將軍、中散大夫，復加恆州大中正。春秋三十有九，孝昌二年五月廿八日卒。追贈銀青光禄大夫。」考《魏書·于栗磾傳》載栗磾「爵新安侯。子洛拔襲，官至尚書令」。誌所謂曾祖，新安公、尚書令，乃洛拔也。誌所謂祖，太尉、成景公者，殆是洛拔長子烈。傳稱洛拔六子：曰烈，曰敦，曰果，曰勁，曰須，曰文仁，惟烈贈太尉公。但傳不載成景公之謚，則又不可曉矣。先是于氏誌之出土者，有富平伯于纂，亦没于孝昌中，則同名而非一人也。

贈豫州刺史元子永墓誌跋

誌稱「子永字長休。祖，太保、齊郡順王。父，夙離固疾，事絶簪纓，叔父河間王養君爲子」。考《魏書・文成五王傳》：「齊郡王簡卒，子祐襲。」又有子琛出繼河間王，不載他子。近年洛陽出《衛尉少卿元演墓誌》爲順王長子。此云「夙離固疾」者，雖不知其名，是順王有四子矣。河間王若，年十六，未封而卒，後以琛繼。子永既養以爲子，而未以繼若，不知何也。子永出身爲給事中，以別將有功假冠軍將軍，遷員外散騎常侍。武泰元年四月薨，追贈鎮軍將軍、豫州刺史。子永仕履之可考如是，爰記之補《文成五王傳》之闕。

太常少卿元悛墓誌跋

誌稱：「悛字士愉，昭成皇帝七世孫。年七歲，召爲國子學生，即引入侍書。以建義元年四月十三日卒於河梁之南，贈驪驤將軍、太常卿。其年七月十二日丁卯窆。」文前記曾祖於德，選部給事中、寧西將軍、冀州刺史、河間公。祖暉，字景襲，使持節、侍中、都督中外諸軍事、司空、文憲公，領雍州刺史。父逸，字仲儁，使持節、散騎常侍、都督冀州諸軍事、衞將軍、冀州刺史。考《魏書・宗室傳》昭成子孫「常山王遵之孫忠弟德，封河間公。卒於鎮南將軍，贈曹州刺史」。其名作「德」。《元侔墓誌》則作「於德」，與此誌合。惟叙其歷官作「平南將軍」不作「寧西」，與此誌小異。傳又稱「忠子暉，字景襲。世宗時官侍中，卒贈都督中外諸軍事、司空，謚文憲」。其歷官與此誌合。惟誌稱暉爲德子，《北史》亦作德子，與《魏書》不同。《金石録》載《後魏贈司空元暉碑》，謂據碑當從《北史》。又，忠子《壽興傳》有「其從兄侍中暉，深害其能，因譖之於帝」語。既稱暉爲從兄，則非忠之子明甚。傳之「忠子暉」之「忠」，確爲「德」之譌，殆無疑矣。

瀛州刺史元廞墓誌跋

誌稱廞「以建義元年四月十三日薨。其年七月十八日窆於竟陵之東」。考自孝文卜洛，定瀍西爲長陵，厥後宣武葬景陵，孝明葬定陵，孝莊葬静陵，皆在洛，無名竟陵者。當時宗室王公多陪葬，以長陵爲最盛。其陪葬景陵者若元倪，若元玕，若元仙，若金城郡君元華光，若宫嬪司馬氏，僅五人而已。長陵當時亦稱西陵。意者竟陵或即景陵異稱，抑或爲景陵之譌耶？元氏諸帝陵在洛者多湮没，惟《洛陽縣志》載，知縣龔崧林考得景陵在正北路上瀍河村，不審從葬景陵諸誌果得於此否？異日當就土人一訪詢之。

定州刺史元周安墓誌跋

誌稱周安爲恭宗景穆皇帝之孫，侍中、征西大將軍、儀同三司、汝陰靈王弟九子，封浚儀縣公，以建義元年遇害於河陰。考《魏書·景穆十二王傳》卷七上，原書已佚，後人以《北史》等補佚，故汝陰王天賜一系僅載子逞，逞子慶和，逞弟汎及脩義，脩義子均，凡六人。近年洛陽出土墓誌有逞子景和及脩義之弟固。往歲撰《魏書·宗室傳》注，據誌以補傳之缺。今得此誌，於汝陰諸子又增一人。元魏宗室景穆子孫最繁衍，出土墓誌亦最多，十年以來，凡二十二石，合以此誌，得二十三石矣。

元天穆墓誌跋

此元魏宗室而導爾朱榮入洛，行廢立，戮諸王，以傾國祚之元天穆墓誌也。文累千言，不知何人得幾許諛墓金，竟指鴞獍爲鸞麟矣。誌稱天穆爲太祖平文皇帝之後，高梁神武王之玄孫，領軍將軍、松滋武侯之曾孫，太子瞻事、使持節、左將軍、肆州刺史襄陽景侯之孫，使持節、侍中、驃騎大將軍、司空文公、都督雍州諸軍事、雍州刺史之長子。于其先世皆官而不名。考《魏書·神元平文子孫傳》：高涼王孤，平文皇帝第四子。生斤。孤孫度。度生乙斤。乙斤生長生。長生生天穆。誌之高梁神武王爲斤，松滋侯爲度，襄陽侯爲乙斤，司空爲長生也。惟孤之爵，史作高涼王，魏東雍州有高涼郡，別無高梁，則誌作「梁」者，譌也。史於孤傳不載受封高涼，惟云，昭成即位，分國之半以與之。孤子斤傳言斤「失職懷怨，搆寔君爲逆，死於長安。太祖時，以孤勳高，追封高涼王，謚曰神武」。一若孤初無高涼之封，直至斤死後始追封者，神武似爲孤謚。據誌則所謂高梁神武王乃斤也。疑斤以罪削封，後因孤勳乃令追襲高涼之封，並予神武之謚。史家所記欠明晰耳。至度之謚武，乙斤之謚景，長生之謚文，及三世贈官，傳皆失書，疑皆追贈於天穆貴後也。

誌稱：「王諱天穆，字天穆。」傳不及其字。傳稱天穆善射，故誌有「彎弧四石，矢貫七札」語。至誌叙天穆仕履甚詳，謂起家員外散騎侍郎，除員外散騎常侍，嘗食典御，領太尉掾。山胡叛，充西北道行臺，除征虜將軍、并州刺史，除聊城縣開國伯、安北將軍，假撫軍將軍兼尚書行臺。孝昌三年，與天柱尅定京邑，除太尉公，爵上黨王，食邑三千户，仍除侍中兼領軍將軍、使持節、驃騎大將軍、京畿大都督。與天柱討葛榮，爲使持節、都督東北道諸軍事、大都督。尅定河朔，增邑通前三萬户，加尚書事，除世襲并州刺史。以討平邢杲，遷位太宰，加翼保、鼓吹，增邑通前七萬户。傳多略而不書，且並其始封聊城伯亦失書。惟《孝莊紀》：永安二年七月甲戌，以天穆爲太宰、司徒公。誌但書太宰而不及司徒耳。誌稱永安三年九月二十五日，春秋四十二，暴薨于明光殿。《孝莊紀》：永安三年九月「戊戌，帝殺榮、天穆于明光殿」。永安三年九月爲甲戌朔，二十五日正值戊戌，與誌合。《洛陽伽藍記》亦言，「九月二十五日，詐言産太子，榮、穆並入朝。莊帝手刃榮於光明殿，穆爲伏兵魯暹所殺」。記述較詳，惟明光殿誤作「光明殿」，當據紀與誌正之也。天穆平生頗有武功，而不足蔽其凶德，雖身被誅夷，而不能救宗社之覆亡，人倫之禍於斯極矣。然後世尚有了無才略而援引凶渠以危宗祐，且老死牖下，刑不之及，此其人又下于天穆，吾于天穆又何誅焉？丙寅三月。

女尚書王僧男墓誌跋

誌稱僧男瘞于終寧陵之北阿。考《魏書·皇后傳》孝文昭皇后高氏先葬城西長陵東南，陵制卑局，因就起山陵，號終寧陵，置邑五百家，後肅宗詔遷靈櫬於長陵兆西北六十步。是終寧陵初爲孝文昭皇后陵寢，及昭后移葬長陵，遂以爲宫人葬地，故《品一王遺女墓誌》亦云瘞于終寧陵之北阿也。

貴華恭夫人墓誌跋

夫人王氏，名普賢，爲王奐之孫，王肅之女。誌稱，「考昔鍾家耻，投誠象魏，夫人痛皐魚之晚悟，感風樹之莫因，遂乘險就夷，庶恬方寸。惟道冥昧，仍罹極罰，茹荼泣血，哀深乎禮。服闋，乃降皇命，爰登紫掖」。案《北魏書·王肅傳》：以父奐及兄弟並爲蕭賾所殺，自建業來奔。景明二年薨於壽春。又云，子紹，「肅前妻謝生也，肅臨薨，〔謝〕始攜二女及紹至壽春[二]。世宗納其女爲夫人」，與誌正合。又《后妃傳》不載貴華之稱，可補史文之闕。至文中「惟道冥昧」，「惟」下殆奪「天」字。

充華嬪盧氏墓誌跋

誌稱嬪諱令媛，范陽涿人。年甫九齡，召充椒掖。卒年十二，謚曰昭。考《魏書》，於妃嬪之制，記之不詳。《后妃傳》但載「高祖改定内官，左右昭儀位視大司馬，三夫人視三公，三嬪視三卿，六嬪視六卿，世婦視中大夫，御女視元士」，而無充華之名。此稱充華嬪，不知在三嬪抑在六嬪中也。而年甫九齡即入椒掖，亦一奇矣。誌載嬪先世，曾祖度世，官鎮遠將軍、濟州刺史，傳則作「齊州」。北魏有齊郡，無齊州，然《隋書・地理志》齊郡「舊曰齊州」，疑魏世曾稱齊郡爲齊州，誌與傳不知孰爲得也。誌又載祖淵，夫人李氏。父孝伯，官平西將軍、泰州刺史，而傳作「秦州」。魏有秦州無泰州，則傳是而誌誤矣。丙寅六月五日。

都昌侯元公夫人薛氏墓誌跋

誌稱夫人「適恭宗景穆皇帝之曾孫，司徒獻武中山王之子」，而不載其名。又云，「夫氏作牧秦蕃，秉忠貞之概，逢淫刑肆毒」。考《魏書・宗室傳》：景穆皇帝子南安王楨生中山獻武王英。英五子，曰攸，攸弟熙，熙弟誘，誘弟略，略弟纂。熙與纂及子景獻、仲獻、叔獻並以討元叉遇害。誘爲南秦州刺史，亦爲叉斬于歧州。夫人所適，蓋即誘也。洛陽近出熙誌，稱熙之死在正光元年八月廿四日。誘之遇害不知在何時。誌稱夫人薨於正光二年四月廿四日，當在誘遇害未久。傳稱誘「妻子得不坐」，然覆巢之下，豈有完卵，故夫人未久即逝，但得免刑戮耳。傳稱誘進贈車騎大將軍、雍州刺史，後贈儀同三司，進封都昌縣開國伯，食邑八百户，謚曰恭。此誌題作「使持節、儀同三司、車騎大將軍、秦雍二州刺史」，與傳合，而誌稱都昌侯則與傳異也。此誌文字稍拙，别搆之字「獨」作「獨」，「時」作「旹」，「蕃」作「蕃」，則他誌所未見也。丙寅三月。

汶山侯吐谷渾璣墓誌跋

此誌近出洛陽。璣字龍寶，其先吐谷渾國主柴之曾孫。祖頭頹率衆歸朝，蒙賜公爵。父豐承襲。璣年廿襲父爵。宣武時，授奉車都尉直寢，侯如故。春秋三十有七，熙平元年六月二十日薨于京師。考《魏書·吐谷渾傳》，吐谷渾王無名柴者，但有阿豺，當即柴，蓋譯音無定字也。頭頹及豐傳皆不及。前數年，洛中又有《武昌王妃吐谷渾氏墓誌》出土，稱妃爲吐谷渾主胄胤，安西將軍永安王斤之孫，安北將軍永安王仁之長女。妃之祖父殆亦歸化魏室，與頭頹同，亦不見《魏書》中，足補史氏闕文。誌稱〔瓌〕〔璣〕「博暢羣籍」，又云「善文藝，愛琴書」，知當日塞種入中原，無不慕華風者。誌稱頭頹歸魏，賜公爵，子豐，孫璣襲。然誌題書「汶山侯」，意先封汶山公，後降爲侯。誌言之未詳也。丙寅六月，得墨本，爰書其後。

汝陽王元睟墓誌跋

誌稱王諱睟，字子沖，恭宗景穆皇帝之玄孫。儀同京兆康王之曾孫。祖使持節、征南大將軍、雍汾二州刺史，西河王。父使持節、侍中、太師、録尚書事、都督定冀瀛殷四州諸軍事、定州刺史、汝南文獻王。考《魏書·景穆十二王傳》：京兆王子推薨，子太興襲。後改封西河。子暹，字叔照，封汝陽王，薨。子沖，襲。無子，國除。誌所稱京兆康王即子推。惟《子推傳》不載謚康，而近年出土元悰、元襲、元遥諸誌均稱爲康王，與此誌同。傳於西河王太興，不載其爲征南大將軍、雍汾二州刺史，於汝南王暹，不載其謚文獻，均藉誌知之。至暹子子沖，傳作「子沖」，脱「子」字，一若單名沖者。據誌則名睟，而子沖乃其字也。傳於子沖仕履事迹，一字不載。據誌則襲爵，除散騎侍郎，春秋卅，以武定三年閏月廿日卒，殆本無可稱述也。此誌出土後未久，即歸粤中鄧氏，近歸吴興張氏。此尚是石在中州時初拓。歲暮展觀，漫書其後。

齊襄城王高淯墓誌跋

此誌以丙寅秋出磁州，書法方整，類魏《元寶建墓誌》。《北齊書·宗室傳》：襄城景王淯，神武弟八子也。弱冠有器望。元象中，封章武郡公。天保初，封襄城郡王。二年春，薨。乾明元年二月，贈假黃鉞、太師、太尉、録尚書事。叙湑事實甚略。誌稱湑字修延，初拜通直散騎侍郎，加平西將軍，封章武郡開國公，邑二千户。久之，轉驃騎大將軍、開府儀同三司。及大統有歸，弓輅云錫，封襄城郡王，邑三千户。以天保二年三月二日薨於晉陽，時年十六。較傳爲詳。至傳稱湑爲景王，誌則謚景烈。傳但稱贈黃鉞太師、太尉、録尚書事，誌則尚有都督定滄瀛幽寧朔懷建濟兖十州諸軍事、定州刺史，均可補正史氏。

《文宣紀》：天保二年三月丙午，襄城王湑薨。汪氏曰楨《長術輯要》謂天保二年閏二月乙巳朔，《本紀》作閏四月，不合。閏月既爲乙巳朔，則二日得丙午，湑之薨似在閏二月，而傳、誌均稱三月，惜誌於三月二日下不著干支，無從斷定爲閏二月抑三月爲可憾耳。湑以天保二年二月薨，以乾明元年四月葬，前後閲十年，何其久耶？

朱岱林墓誌跋

山左傳世誌石以《朱岱林誌》爲冠，顧近年石已漫漶，此爲乾隆時拓墨，幾不損一字。

據誌稱：岱林曾祖霸，祖法强，父孝祖。又云，兄元旭，弟叔業。考《魏書·朱元旭傳》：「祖霸，真君末南叛，投劉義隆，遂居青州之樂陵。」不言霸在魏歷官及投南後事實。誌稱：霸官使持節、平州諸軍事、安遠將軍、平州刺史。「俗隣疆埸，布以威恩，酹酒空陳，夷金不受。於後謗言及樂，讒巧亂鄴，儵爾鷹揚，翻然鵲起。擁鄉里三千餘户，來逝河南。值元嘉之亂，朝多喪亂，不獲其賞，仍居青州之樂陵郡」。是霸在魏官至平州刺史，以疑謗投南，而亦未見用于宋，足補《元旭傳》之略。《元旭傳》但載祖霸，而不及父。此誌以元旭爲岱林兄，則元旭于霸爲曾孫，非孫也。元旭蓋亦祖法强，父孝祖，傳失書也。元旭字君昇，岱林字君山，此亦昆季行之一證矣。誌稱法强官至司徒府諮議參軍事，亡贈鴻臚卿。孝祖，孝文時除檠陽令，轉北海太守。蓋霸投南不用，故其子孫仍仕魏如故也。誌稱元旭出除南兖州刺史，爲《元旭傳》所不載。叔業官通直散騎常侍、左光禄大夫，亦未附見《元旭傳》。岱林諸子，誌但載第四子敬循。而誌文則作於猶子敬範，誌稱「從父兄敬範，史君伯第三子」。蓋于敬循言之則曰從父兄，于岱林言之則爲從子矣。《元旭傳》載子敬道，此誌所謂史君伯第三子，則敬範殆亦元旭之子，敬道之弟歟？

太常卿赫連子悦墓誌跋

子悦《北齊書》有傳，叙其事實至略。此誌則文纍千餘言，然多藻飾之詞，其詳於史者，僅家世與歷官耳。傳稱子悦爲勃勃之後，不言其世次。誌則謂高祖勃勃。曾祖倫，夏帝之第四子。祖，豆勿于。父儀同三司、豳恆二州刺史而不名。則子悦爲勃勃玄孫也。傳稱魏永安初以軍功爲濟州别駕，誌作起家爲征南府長史，加奉車都尉，尋除濟州城局參軍，不作濟州别駕。誌又稱「漢帝取子房之年，魏后得奉孝之歲，除征虜將軍、西南道行臺郎中，復從東南道大行臺右丞，是年轉左丞。軍還，從安東將軍、定州長史。高祖追還爲左丞，除開府長史，尋兼吏部郎中，仍轉林慮太守，除京畿長史。世宗總行臺之任，轉公爲右丞，尋徙征西將軍、臨漳令」。傳則但云及高祖起義，侯景爲刺史，景本爾朱心腹，子悦勸景起義，景從之。除林慮守郡。滿，更徵爲臨漳令。誌又稱：「與中書令邢子才、梁州刺史魏收議撰新令。徙勃海太守，轉陽州刺史，尋徵爲將作大匠，加車騎大將軍，除廷尉卿，除南青州刺史。還京，除御史中丞，仍徙五兵尚書、食臨道縣幹、夏州大中正、儀同三司，又除鄭州刺史，又除都官尚書，尋加開府，仍行北豫州事，徵還本司，改食貝丘縣幹，詔兼吏部尚書。武平二年，除太常卿。其年十月，以本官除使持節、侍中、聘周使。」傳則僅記入爲都官尚書，後以本官兼吏部，除太常卿而已。子悦以武平四年八月二十四日薨，年七十三。詔贈晉州刺史、尚書左僕射、開府儀同三司。傳亦不書。此誌隸書，豐偉雄厚，爲六朝人隸書之冠。篆額亦精，惜不知出誰氏手也。

《北史·子悦傳》略詳於《北齊書》，載子悦天保中爲揚州刺史，罷刺鄭州，加位開府，歷行北豫州事，與誌合。惟「揚州」，誌作「陽州」。《金石録》載子悦《清德頌》亦作「陽」。趙氏引《地理志》，東魏于宜陽置陽州，後周改爲熊州，則傳作「揚」者，字之譌也。

新羅真興王碑跋

此碑乙卯夏見之東友今西學士龍許。今西君言在高麗慶尚道之昌寧。文凡二十七行，前十六行，行二十六字，惟第三行多一字；第十七、八行低一格，行二十五字；第十九、二十行低二格，行二十四字；第二十一、二行低三格，行二十三字；第二十三四行低四格，行二十二字；第二十五、六行低七格，行十九字；末行低八格。其式甚奇，他碑未嘗有也。書迹在《好太王碑》、《真興王巡狩》兩碑之間，文首署辛巳年，當陳文帝天嘉二年，亦真興王時所立。《黄草嶺碑》立于戊子，當陳光大二年，後于此碑八年也。前數行爲記事之文，漫漶不可讀。後十餘行爲官屬、題名。顧人名多漫滅，惟「□等喙居七夫」之名獨完，亦見于《黄草嶺碑》。

其人金氏，有將略，嘗與百濟合兵取高句麗十郡。真興王薨，子金輪立，以爲上大等，委以軍國事。蓋真興王朝名臣也。其官名有軍主，有大等，有沙尺干，有及尺干，有大奈干，有奈末，有大舍。考新羅官制，每城有軍主。《東國史略》智證壬四年，《東國史鑑》作六年。親立州郡縣，以金異斯夫爲瑟羅州軍主。《東國通鑑》又記真興王十四年七月，新羅取百濟東北鄙，置新州，以阿飡金武力爲軍主是也。《東國通鑑》新羅法興王以哲夫爲上大等總知國事，《碑》有上州行使大等，殆上大等爲執政官之長，大等爲州郡之長歟？其曰上州、下州，亦見《東國通鑑》：卷五。新羅真平王三十三年十月，百濟圍攻椵岑城。王命上州、下州、新州之兵救之。據此碑則真興王時已有上州、下州之稱，其名爲何時所制定則不可知矣。州字作「刕」，字之别搆者，蓋从三刀之轉變也。《北史·新羅傳》：「其官有十七等：一曰伊罰干，次伊尺干，次迎干，次破彌干，次大阿尺干，次阿尺干，次乙吉干，次沙咄干，次及伏干，次大奈摩干，次奈摩，次大舍，次小舍，次吉土，《隋書》作「吉士」。次大烏，次小烏，次造位。」證以此碑，其曰「沙咄干」，殆即碑之「沙尺干」；曰「及伏干」，殆即碑之「及尺干」；曰「大奈摩干」，曰「奈摩」，殆即碑之「大奈末」與「奈末」，《東國通鑑》又作「大奈麻」、「奈麻」；一見法興王七年，定百官公服制度一見真平王二十四年。其曰「大舍」，則傳與碑正合也。《隋書·新羅傳》載新羅官十七等，與《北史》同，惟諸「干」字皆作「千」。今證之此刻，則《北史》是而《隋書》譌矣。

新羅石刻舊傳真興王兩刻，此石晚出，前賢所未見。爰不惜一日之力，手釋其文，并爲之攷證如此。今西學士熟于三國史事，異日當取以證之。

《北漢山碑》記新羅官名亦有「南川軍主」，有「及干」，殆即此碑之「及尺干」。又《黃草嶺碑》有「大等」，有「及干」，有「大舍」，有「小舍」，有「奈末」，並與此碑及史傳合。又有「大阿干」，殆即《北史》及《隋書》之「大阿尺干」與？並附著之。

隋上黨郡司功書佐蕭汎墓誌跋

汎字德泉，爲梁高祖武皇帝五世孫，吴郡王岑之孫，梁大將軍永脩侯隋新鄭縣令瑾之子。仕至上黨郡司功書佐。大業十一年七月卒，春秋廿有九。考《唐書・宰相世系表》載子瓚、球、瑁三人而不及瑾，當據此補之。

唐長道安公姜謩墓誌跋

此誌康熙丁酉出秦州清水縣，州人楊祖清得之牧豎之手而塋兆不可蹤跡，因爲卜地，葬其誌而起冢立碣焉，録其文入方志。誌略稱公諱謩，字孝忠。曾祖圜。祖正，魏南秦州刺史、冠軍縣公。父景，武康汶洮四州刺史、開府、梁岷二州總管，賜姓宇文氏。公起家左侍上士，隋文受禪，授秦王右府司兵，遷長史、東閣祭酒，除博州清平縣令，久之，除并州晉陽縣長。太上皇愍民横流，大庇交喪。公投袂麾下，贊揚興運，授正議大夫、大將軍府功曹參軍，尋授右光禄大夫，又進位左光禄大夫，仍授委蒲津監度兵馬。京城清定，遷光禄大夫，轉相國府賓曹參軍，以功封長道縣開國公，食邑一千户，爲隴州右道安撫大使，俄還京，授員外散騎常侍、河東道招撫大使，拜持節秦州諸軍事、秦州刺史，轉隴州刺史。突厥來寇，授公左七總管，有詔返公入朝。以貞觀元年八月六日薨於京師，春秋七十，謚曰安公。

考《舊唐書》本傳不載暮字，亦不及其曾祖。但稱祖真，不作正，父景周，梁州總管，不及岷州，亦不載其賜姓宇文。其歷官亦但載大業末爲晉陽長，大將軍府建引爲司功參軍，平京城，除相國兵曹參軍，新史作「胄曹」誌又作「賓曹」，疑傳寫誤。封長道縣公。薛舉寇秦隴，詔於隴右安撫，還京拜員外散騎常侍。及平薛仁杲，拜暮秦州刺史，尋轉隴州刺史，不及誌之詳。傳載暮以貞觀元年卒，與誌合，而不及年月，亦賴誌補之。至傳稱卒贈岷州都督，則誌所無也。此誌拓本既不傳，爰據《甘肅通志》所載，爲記其略於此。

宇文士及碑跋

此碑宋以來皆未著録。往歲日本伯爵大谷氏光瑞游醴泉，得拓本於昭陵，吾友内藤湖南博士虎定爲《宇文士及碑》，攝影以贈予，始得寓目。碑尚完全，然額字全不可辨，碑文亦漫漶十之七八，僅下截數行存十餘字耳。碑中公諱以下全泐，士及名字已不可見。第四行有贈司空、上柱國、許恭公。考兩書本傳均稱初謚恭，改謚縱。此云恭公，仍其初謚也。兩傳並稱士及因平王世充、竇建德，以功進爵鄂國公，不言封「許」，今碑作「許」，豈先封「鄂」而後改「許」耶？抑「鄂」爲「許」之譌耶？今碑字固明明作「許」，無殘泐之迹也。碑雖殘泐，然以傳校之，其拜官均合。傳稱士及大業中以父憂去職，尋起爲鴻臚少卿，碑亦有「十三年特詔□起拜鴻臚少卿」語，知士及之拜鴻臚少卿在大業十三年。傳稱太宗時，由殿中監以疾出爲蒲州刺史，碑亦有「貞觀二年，授使持蒲州諸軍」下泐。語，知士及刺蒲州在貞觀二年。傳又稱「數歲，入爲右衛大將軍」，碑亦有「右衛大將軍」字，與傳正合。足徵確爲《士及碑》無疑。傳稱士及卒於貞觀十六年，碑文雖已不見年月，則此碑當立于貞觀中可知也。《唐會要》諸書載陪葬諸臣不及士及，而傳則明言陪葬昭陵。今此碑出九嵕山，足爲《唐書》之左證，而補諸書之闕，亦可喜也。

幽州都督牛秀碑跋

此碑在昭陵陪葬諸臣碑中最晚出，殘泐殊甚，但存前半上截十八行，故事實絶不可見，使碑題及諱秀字進達等字並泐，不能知爲誰氏之碑矣。考兩《唐書》無秀傳，惟《唐書・太宗紀》貞觀十二年「九月辛亥，闊水道行軍總管牛進達及吐蕃戰於松州，敗之」。二十一年「三月戊子，左武衛大將軍牛進達爲青邱道行軍大總管，李世勣爲遼東道行軍大總管，率三總管兵以伐高麗」。七月乙未，進達克石城。《舊唐書・高麗傳》載長孫無忌率牛進達等精兵一萬一千爲奇兵。《唐書・高昌傳》：文泰「稱疾不至，乃拜侯君集爲交河道大總管，左屯衛大將軍薛萬均、薛孤吴仁副之，契苾何力爲蔥山道副大總管，武衛將軍牛進達爲行軍總管，率突厥契苾騎數萬討之」。《姜行本紀功碑》側有「交河道行軍總管、左武衛將軍、上柱國、□城縣開國公牛進達領兵十五萬」。此均秀戰蹟之可考者。均書其字而不名，秀殆以字行者耶？此碑題稱「左驍衛大將軍、幽州都督、上柱國、琅琊郡開國公」，爲秀最後歷官抑卒後所贈，蓋不可知。而《姜行本碑》書進達爵「□城縣開國公」，則爲秀之初封則可知也。秀三爲行軍總管，平生勳蹟必有可觀，而兩書均不爲立傳，此碑文字亦僅什存二三，秀抑何不幸至是耶？碑不知立於何時，其征遼在貞觀二十一年，其卒雖不知後若干年，要必立於高宗朝矣。

杜君綽碑跋

昭陵陪葬諸臣碑，舊拓皆僅拓半截，至王蘭泉先生始以整紙足拓，據以著録於《金石萃編》。惟《杜君綽碑》上截漫漶太甚，仍據半截本入録。予往歲著《昭陵碑録》，他碑或校以十餘本，惟此碑僅據予所藏何夢華拓本而校以吴縣蔣氏雙唐碑館本，所見足拓僅此二本耳。故碑末上截所署年月但見「□□元□□□甲子」及「日景子建」等字。晚得此本，氈墨較善，乃知末行爲「麟德元年歲次甲子，正月己酉朔廿八日景子建」十九字。拓本先後同而精粗之别至於如此，然則烏可不求善拓哉。爰記紙尾，以補曩録闕文。

清河公主碑跋

此碑上截全損泐，但存下截，每行廿餘字，文頗不屬，僅公主諱字尚存，與《唐書·公主傳》合。至傳稱公主下嫁程懷亮。蕘，麟德時陪葬昭陵。懷亮，知節子也，終寧遠將軍。考兩書《程知節傳》並云，子處亮，尚清河公主，不作懷亮。《程知節碑》亦作貞觀七年，封第二子處亮爲東阿縣開國□，不作懷亮。《公主傳》殆誤也。《程知節碑》「東阿縣開國□」，「國」下缺一字，不知其爵爲何等，此碑有「授東阿縣開國公，食邑一千户」語，知《知節碑》所缺乃「公」字也。兩書《程知節傳》均不載其先世、仕履。《知節碑》有曾祖興，祖哲，而父名在闕處。此碑述處亮先世，有「使持節瀛州諸軍事、瀛州刺史婁之孫」語，得知知節之父名婁，官瀛州刺史，足補《知節碑》之闕文。公主卒葬年月已泐，但存「二十三日」字，《公主傳》作蕘麟德時。疑與程知節碑同時所立，故二碑並爲暢整書也。

程知節碑跋

此碑曾著録於《金石録目録》，近二十年始出土，許敬宗撰文，暢整書，即書《清河長公主碑》者。碑文字甚清晰，惜每行上下皆損數字。兩《唐書》均稱程知節原名齩金，而不及其字，據碑則字義貞。碑稱曾祖興，齊兗州別駕；祖哲，齊晉州司馬，傳亦不及。惜父之名在碑損處不可見矣。碑叙知節歷官與舊史多合，惟碑於拜官年月較傳爲詳耳。傳稱子處默襲爵；處亮以功臣子尚清河長公主，授駙馬都尉、左衛中郎將；少子處弼，官至右金吾將軍。碑有「子明威將軍、桂州淮南府折衝處嗣」，則傳所不載。又碑載貞觀七年封第二子處亮爲東阿縣開國□，傳亦失載東阿之封，均當據碑以補本傳之佚者也。

周道務碑跋

此碑，宋代諸家多不著録，惟《寶刻類編》引田氏《京兆金石録》載之，云上元二年。今石下截全泐，但存「次乙酉三月景□朔廿二日公主合葬」云云。考上元二年爲乙亥，非乙酉，乙酉乃垂拱元年，是年三月朔正是丙午，是合葬在垂拱元年，非上元二年也。道務尚臨川長公主，《唐書・公主傳》：「臨川公主，韋貴妃所生，下嫁周道務。公主工籀隸，能屬文。高宗立，上《孝德頌》。帝下詔褒荅。永徽初，進長公主，恩賞卓異。永淳初，薨。道務，殿中大監、譙郡公範之子。初，道務孺褓時，以功臣子養宫中，範卒還第，毁瘠如成人，復内之。年十四，乃得出。歷營州都督、檢校右驍衛將軍，謚曰貞」。道務事實可知者僅此，碑文殘泐，轉據史得知涯略。此誌向無傳拓，乃十餘年前始出土者。

房仁裕碑跋

此碑十餘年前出九嵕山，而吴氏《攈古録》已著録，作顯慶二年。今以墨本考之，碑載其紀年但存「粤以二年歲」五字，年號已不存，而文内「裴仁基」之「基」字闕末筆，又有「皇運中興」語，則碑立在玄宗時，非高宗時明矣。又此碑爲崔融撰，其結銜雖已損泐，然尚存「清河縣開國子」六字。舊史《融傳》載融以神龍二年預修《則天實録》成，封清河縣子，亦此石不立于顯慶之一證矣。

姜遐碑跋

此碑稱遐以天授二年十月十日，合葬于昭陵神跡鄉舊塋，而無立碑年月。碑中無武氏所造新字，則非立于武氏時。而文中稱長子銀青光禄大夫、太常卿、楚國公皎，次子兵部侍郎晦。考舊史《姜謩傳》：柔遠子皎，玄宗在藩邸見而悦之。皎察玄宗有非常之度，尤委心焉。竇懷貞之亂，玄宗將討之，皎協贊謀議，以功拜殿中監，封楚國公，尋遷太常卿，監修國史。弟晦又歷御史中丞、吏部侍郎，開元五年，放歸田里，遷晦爲宗正卿。久之，皎復起爲秘書監。是開元三四年間皎爲太常卿，晦任兵部侍郎。史作「吏部」，疑「兵部」之譌。至四年，晦即遷宗正卿。是此碑立于遐未歸田里之時，于時恩禮甚渥，故有立碑之舉。則立碑之時，殆在開元三年矣。碑稱遐字柔遠，傳則遥作柔遠，豈後以字行耶？

建陵縣令席泰墓誌跋

誌稱「君諱泰，字義泉，安定人，周之後也。虞以握文啓蕃，偃以司籍命氏。劇秦之政，自北徂南，避羽之名，改籍爲席，示不忘本，易文而已。漢初豪傑西遷，遂爲關中望族」。又云，「曾祖固，周侍中、襄州總管、安靖郡公。祖雅，隨大將軍、宣州刺史。父鄆，隨左親衛」。考《元和姓纂》：「席本姓籍，晉大夫籍談之後也。談十三代孫環，避項羽名，改爲席氏。漢初，徙關東豪族，席氏後徙安定臨涇。」又曰，衡四代孫固，歸後魏，湖州刺史、靖安公，元孫君懿，唐侍御史。又籍氏注：「晉文侯仇弟陽叔生伯黶，司晉籍，爲籍氏。元孫籍談代爲晉大夫。」《古今姓氏書辨證》：「春秋時，晉有籍偃、籍秦，皆爲晉大夫。」與誌所叙席氏得姓源流均合。惟《周書·席固傳》稱：固進爵「静安郡公」，《姓纂》作「靖安」，誌作「安靖」爲異，未審孰爲得也。《固傳》：「子世雅嗣。」誌作「雅」，乃唐避太宗諱，省「世」字也。傳不載世雅子，據此誌，則雅子鄆，鄆之子泰也。泰葬于永徽五年。而文中有「龍淵」字，「淵」字竟不諱，不可曉矣。銘文中「英賢接武」，「武」字作「䟼」，增足旁，乃别字之罕見者。

同州朝邑縣令柳君墓誌跋

誌稱「君諱尚善，字若水。高祖惔，梁宣城太守、寧朔將軍、梁州刺史、中領軍、侍中、醴陵縣侯，除太子詹事、尚書左僕射、雍州大中正，贈撫軍將軍，謚穆侯。曾祖暉，梁雍州别駕，除吏部郎、御史中丞、都官尚書，又除侍中。祖顧言，梁國子祭酒，隨晉王諮議、中書侍郎、秘書監。父約，梁秘書郎，襲封漢南公」。考《梁書・惔傳》，稱惔封「曲江縣侯」，不作「醴陵」，尚書左僕射，「左」作「右」。誌所載惔歷官，傳亦多失載。《隋書・柳䛒傳》云䛒字顧言，父暉，都官尚書，而不及侍中。《新唐書・宰相世系表》亦稱惔爲「曲江穆侯」，殆本於《梁書》。誌稱「醴陵」，不知孰爲得也。表載顧言子遜，而不及約與尚善，可據以補《世系表》之闕。

湖州刺史封泰墓誌跋

泰字安壽，勃海蓨人。「高祖回，曾祖隆之，祖子繡，父德輿」，與《唐書・宰相世系表》合。惟表稱德輿隋南田令，誌作扶風南由令。《隋書・地理志》南由隸雍州扶風郡，表作「田」者譌也。表稱「德輿子安壽，孫元景」。據誌則泰字安壽，表舉其字而遺其名。泰子「中牟令玄朗，次子玄景、玄震、玄節、玄慶」。表則舉其一而遺其四矣。

越州長史燉煌公李基墓誌跋

此誌光緒戊申定州出土，文字極精。誌蓋亦正書，尤精健。惜誌之上截每行殘泐七八字，幸其名基之「基」字尚可見耳。誌稱基爲「涼武昭王八葉孫。高祖茂，曾祖孚，祖昭，父嗣祐」。基仕於隋而入唐，殆以屬籍得保其舊官者。文頗綿麗而事實甚寡。其卒在永徽中，年七十八。夫人崔氏，卒於乾封二年六月，葬於咸亨元年四月。其可知者如是而已。趙氏《金石録目》曾著録《越州長史李基碑》，張太素撰，立于上元二年九月，是基尚有墓碑，宋代已出土矣。

岐州司户參軍楊君墓誌跋

此誌楊君名已泐，字茂道。曾祖紹，周驃騎大將軍、燕幽汾饒文成鄜登等八州諸軍事、八州刺史、涼州都督、儻城信公。祖達，隨黄門、中書二侍郎，工部、吏部二尚書納言，遂寧郡公，皇朝贈尚書左僕射。父則，卬州臨卬縣令，襲遂寧公。茂道仕至岐州司户參軍。考《隋書·觀王雄傳》：「父納，仕周，歷八州刺史、儻城縣公。」雄弟達，「仕周，官至儀同、内史下大夫，遂寧縣男。高祖受禪，拜給事黄門侍郎，進爵爲子」。卒，「贈吏部尚書、始安侯。謚曰恭」。《唐書·宰相世系表》作紹生士雄，士雄弟達。《隋書》作觀「父納」，「納」乃「紹」字之譌。紹，《周書》有傳，亦不作「納」。士雄，《隋書》本傳及《周書·紹傳》並作「雄」。以雄弟一名士貴，一名達，字士達例之，殆名雄，字士雄耶？《隋書》：達仕周，爵遂寧男。高祖受禪，進爵爲子。卒，贈始安侯，謚曰恭。《唐表》作「始安泰侯」，此誌作「遂寧郡公」，與傳不合，又稱父則襲封遂寧公，似達未嘗改封者。至達之謚，傳作「恭」，表作「泰」，誌不之及，不能定其孰是也。誌稱紹贈涼州都督，《周書》本傳及《隋書·雄傳》均不之及，《世系表》亦不載達子，則當據誌補之也。

洛州司户參軍格虔仁墓誌跋

虔仁爲武氏朝宰相格輔元之父。《元和姓纂》、《唐書・宰相世系表》並作「處仁」。誌作「虔」，似非「處」之別字也。《姓纂》載格氏出自允格之後，漢御史格班裔孫明，《世系表》作「顯」，與誌合，《姓纂》乃避中宗諱。仕後魏，官至青州刺史。明曾孫處仁。處仁生希元、輔元。希元洛州司法。輔元官尚書平章事、梁縣男。生遵，殿中御史。《世系表》同，殆即依據《姓纂》也。據誌則七葉祖班，晉時爲侍御史，非漢也。曾祖通，祖顯，父瓘。諸書既失書虔仁之曾祖通及父瓘，而誤以處仁爲顯之曾孫，誤之甚矣。《舊唐書・格輔元傳》附《岑文本傳》。言伯父德仁，隋剡丞。與同郡人齊王文學王孝逸、文林郎繁師玄、羅川郡户曹靖君亮、司隸從事鄭祖咸、宣城縣長鄴師善、王世充中書舍人李行簡、處士盧協等八人以辭學擅名當時，號爲陳留八俊。《新唐書》作父處仁，仕隋爲剡丞，與同郡王孝逸等八人號陳留八俊。誌作「同母兄德仁，昔在隨朝，譽聞四海，時稱八俊。君之器識，論者謂昆季齊名，二陸斯在，三張可嗣」。是名列八俊，官剡丞者乃德仁，非虔仁也。誌以二陸三張方之，蓋謂與德仁競爽，新史非而舊史是也。誌稱有子輔元，朝請大夫、守洛陽縣令、上柱國、梁縣開國男。《輔元傳》不載封爵，《姓纂》有之，正與誌合。惟《姓纂》載處仁子希元、輔元，誌則不載希元。使希元果爲輔元母兄，寧有書次子而舍元子之理？意希元爲處仁從兄，或是德仁之子耶？輔元雖相僞朝，然以阻立武承嗣爲太子被殺，其人固有可取，所謂弑父與君亦不從者。《世系表》於其世次多舛漏，爰據誌改訂之如左：

河南格氏世表

格氏，出自金天氏。裔子曰昧，生允格，其後以字爲氏。至晉世裔孫班，官侍御史，遷東平相。其後嗣由雁門徙河南。

通 後魏殄寇將軍、雁門郡守，遂家焉。	**顯** 龍驤將軍、雲中郡守，從孝文入洛，授青州刺史。	**瓘** 齊殿内將軍、開府祭酒、冀州别駕。	**德仁** 隋剡丞。	**希元** 洛州司法參軍。
			虔仁 字虔仁，洛州司户參軍事。	**輔元** 相武后。

僞周水衡監丞王貞墓誌跋

誌稱貞「祖順，齊殿中侍御史、雪山府别將。父義，隨鄜州司馬」。案，《新唐書・兵志》載，「府兵之制，起自西魏、後周，而備於隋。唐興，因之」。又《文獻通考》稱，周太祖輔西魏時，用蘇綽言，始倣《周典》置六軍。籍六等之民，擇魁健材力之士以爲之首，盡蠲租調，而刺史以農隙教之，合爲百府，每府郎將主之，分屬二十四軍，開府各領一軍，大將軍凡十二人，每一將軍統二開府，一柱國主二大將軍，復加持節都督以統焉。凡柱國六員，衆不滿五萬人，述其制甚詳。又曰，隋府兵乃仍周、齊府兵之舊而加潤色。是兵府始于西魏、後周，而齊亦有之。今隋之兵府，尚有可考。齊兵府名之見于石者，謹此誌之雪山府，其兵制則史闕文矣。誌稱貞「撰《韻苑》十卷，成文章之管轄，啓人才之户牖」。新舊兩《志》均不著録，殆顔魯公《韻海鏡源》之類也。誌稱貞「以天壽二年八月廿七日，與夫人安定梁氏合葬于洛州邙山之麓」，而誌末則書「長壽」，是天爲「長」之譌。此誌文既綿麗可喜，書亦精雅，而書年號文字之譌如此，察書者可謂疏矣。

泉獻誠墓誌跋

獻誠之父男生墓誌前數歲出洛陽，此誌今年繼出。以新舊《唐書・高麗傳》及新史《蕃將傳》考之，間有異同。新史《高麗傳》言蓋蘇文或號蓋金，誌稱「祖蓋金」，《泉男生誌》亦作「父蓋金」，與新史合。兩傳均不載蓋蘇文祖父名。《男生誌》作「曾祖子游，祖太祚」。此誌亦云「曾祖大祚」，與《泉生誌》合。兩傳稱蓋蘇文自稱「莫離支」，蓋蘇文死，男生襲，而《男生誌》及此誌則作「蓋金任太大對盧」，泉生「任太大莫離支」。舊史《高麗傳》及新史《蕃將傳》並稱男生卒，贈并州大都督。《泉生誌》作「贈使持節、大都督、并汾箕嵐四州諸軍事，并州刺史」。此誌作「并益二州大都督」。舊史不載男生贈謚，新史作「謚曰襄」，與此誌及《男生誌》均合。

至獻誠歷官，兩史所載不免疏略。新史《蕃將傳》載男生内附，遣獻誠訴諸朝，高宗拜獻誠右武衛將軍，賜乘輿馬、瑞錦寶刀。《高麗傳》稱：高麗平，以獻誠爲司農卿。誌稱，尋授襄公，命詣京師謝恩，天子待之以殊禮，拜右武衛將軍，賜紫袍、金帶並御馬二匹，與傳略合。惟誌稱拜衛尉正卿，不作司農卿。又《蕃將傳》稱：天授中，以右衛大將軍兼羽林衛。舊史《高麗傳》作授右衛大將軍兼令羽林衛上下。誌則作「光宅元年十月，制授雲麾將軍，守右衛大將軍。其月廿九日，勅令右羽林衛上下。天授元年九月，制授左衛大將軍」。《蕃將傳》誤併光宅元年守右衛大將軍，天授元年授左衛大將軍爲一事，舊史不誤，惟右羽林衛失「右」字耳。至誌稱獻誠於調露元年充定襄討叛大使。既還，録功，授上柱國。開耀二年，襲封卞國公，食邑三千户。垂拱二年、三年，奉勅充神武軍大總管。四年九月，充龍水道大總管，討豫州反叛。天授二年，充檢校天樞子來使。則兩史均失書，賴誌知之也。

史稱：獻誠因來俊臣求貨不得，誣以謀反，縊殺。則天後知其寃，贈右羽林衛大將軍，與誌正合。惟史不載被誣縊殺及昭雪贈官之年，誌則載獻誠之死在天授二年，昭雪在久視元年，上距其死且十年矣。史不載獻誠子。據誌，則長子玄隱，於獻誠昭雪時，以武騎尉、柳城縣男進游擊將軍，行右玉鈐右司階員外置同正員，次玄逸、玄静，又可補史闕文者也。誌爲朝議大夫、行文昌膳部員外郎、護軍梁惟忠撰，文筆頗馴雅，而《全唐文》無其人，又可據以補唐文逸篇矣。丙寅十月。

并州盂縣令崔哲墓誌跋

誌稱哲字能仁，魏司空林十一代孫。曾祖彦穆，周金紫光禄大夫、聘齊陳二國大使、金安襄三州刺史、千乘公。祖君肅，隋黄門侍郎、秦王府長史、使持節襄州諸軍事、襄州刺史，贈鴻臚卿。父思約，祠部郎中、璧復和三州刺史。哲解褐滁州司法參軍，稍遷衞州司倉參軍事，又除左武威衞倉曹參軍，尋加朝散大夫，制除宜州司法，尋除并州司倉參軍，又改并州盂縣令。以久視元年七月卒。嗣子定王府參軍均、潞州司士志廉等。案，《唐書・宰相世系表》載：彦穆，周小司徒、東郡公。孫君肅，隋黄門侍郎。君肅生思約，和州刺史。思約生哲，巴令。哲生均，丹州刺史；志廉，右庶子。誤以君肅爲彦穆孫，其官爵亦與誌不合。哲終盂令，表乃誤作巴令，均當據誌正之。文爲天官郎中申屠瑒撰，文字均勝，或亦瑒所書耶？

并州盂縣令崔君夫人源氏墓誌跋

此誌之秀容郡君源氏，即崔哲之配。曾祖文宗，隋大理卿。祖師，隋尚書左丞。父直心，司刑太常伯、左丞。《唐書·宰相世系表》作「源彪，字文宗，隋莒州刺史、臨潁縣公。生師民，隋刑部侍郎。師民生崑玉、悳、誠心」。案，《北齊書》有《源彪傳》，稱「彪字文宗」。《隋書》有《源師傳》，作「父文宗」。此誌亦作文宗，殆以字行者。師民殆避太宗諱，省民字。猶王世充之作「王充」，李世勣之作「李勣」矣。《唐表》之「悳」，當爲「直心」二字之譌，觀其弟作「誠心」可知。且《源乾曜傳》亦作「父直心」，與誌正合也。夫人五子，《哲誌》僅載長子均，次子志廉。此誌則尚有同州司倉忱、安府兵曹惲，寧陵令志誠。《世系表》則均與志廉之外，尚有廣，而無忱與惲及志誠，並當據誌補之。誌爲張九齡撰，姚文簡書。不知此文曾見《曲江集》否，異日當一撿之。

泉毖墓誌跋

毖爲泉獻誠之孫，與其祖誌同時出土。兩《唐書》於獻誠事迹、歷官記載疏略，予既據《獻誠誌》一一爲之訂補。此誌稱祖左衞大將軍、卞國莊公獻誠，父光禄大夫、衞尉卿、卞國公隱。《獻誠誌》載久視元年昭雪制不云予謚，載其長子名玄隱，爵柳城男。此誌隱爵卞國公，則獻誠之贈謚，隱之襲爵，皆在獻誠葬後，足補彼誌之闕。至彼誌稱「玄隱」，此誌作「隱」，豈一爲名一爲字耶？抑後來改「玄隱」爲「隱」，不可知矣。

誌稱毖字孟堅，年甫二歲，封淄川縣男，尋進封淄川子，邑四百户，又授驍騎尉，以蔭補太廟齋郎，屬有事后土，授宣德郎。以開元十七年九月終，春秋二十有二。誌爲其父隱所撰，而銘文乃云，「梁木其壞兮，太山其頽兮，哲人一去兮，不復再」。父之諛子乃不倫至是，亦可異也。兩史于泉生以降但載獻誠，玄隱以後均不載，不有此誌，且無可考矣。聞《隱墓誌》亦出土，苦墨本不可見，書此俟之。

行滎陽郡長史崔湛墓誌跋

湛字湛然，雞澤縣令玄覽曾孫，滑州司馬志道之孫，涿城府果毅祥業之子。《唐書·宰相世系表》載：元覽曾孫湛，鄭州刺史。失書志道與祥業。湛官至滎陽郡長史，亦非鄭州刺史也。誌稱湛長子虔，次子朝，季子幹。表乃作虔、朝、粲，疑亦表誤也。誌爲起居舍人、翰林院待制閻伯璵撰，伯璵仕至袁州刺史，開天間以文學知名，唐誌中至佳者也。

司勳郎中吉渾墓誌跋

渾爲武氏相頊之子，兩《唐書·頊傳》均不載其名，惟《宰相世系表》有之。表稱渾官司勳郎中，與誌合。吉頊，舊史載之酷吏，歐公以其有抑武興唐之功，特拔出之，歐史之所以賢於舊史，此亦其一矣。誌載渾之先世及後嗣頗詳，《宰相表》則至略。兹據誌所載，別爲之譜。此誌有兩側，一記渾卒葬年月，一記書撰人名及渾諸子諸弟名位，他誌所未見也。兩史稱頊爲洛州河南人，誌作馮翊人，殆舉其舊望與？

馮翊吉氏系譜

謙 驃騎大將軍、襄州刺史。	哲 忠虢易三州刺史。	頊 吏部侍郎、同中書門下平章事、贈御史大夫。	渾字玄成。尚書司勳郎中。	遵 遐 遠
			濬 河南澠池縣令。	
			深	
		琚 鄠令。	温 武、禮二部侍郎。	

太子右贊善大夫崔孝昌墓誌跋

誌稱孝昌字慶之，清河東武城人。曾祖樞，祖義直，父知温。考兩史並有《知温傳》，並稱爲許州鄢陵人，誌作清河東武城者，舉舊望也。舊史載知温父誤作「義真」，新史《宰相世系表》作「義直」，與誌合。誌載知温官皇朝英府司馬兼尚書右丞、黄門侍郎、同中書門下三品、監修國史、中書令、贈使持節荆州大都督，謚曰良。兩傳均誤「尚書右丞」作「左丞」，新史又誤荆州大都督爲幽州，舊史不誤。謚曰良，誤作謚曰忠。兩傳並載知温子泰之，開元時爲工部尚書；少子諤之，爲將作少匠，預誅二張功，封博陵縣侯，而不及孝昌。《宰相世系表》亦但著泰之、諤之，亦無孝昌名。誌又稱：「神龍初，公兄以叶贊經綸爲姦臣所忌，轉徙邊郡，公亦隨貶衢州長史。」所謂公兄，不知即泰之否？其事不見於《知温傳》，無可考矣。此誌文字均佳，命潢匠裝治成册，付長孫繼祖學書，漫書其後。

清河郡公崔泰之墓誌跋

此誌，中書侍郎崔沔文，李迪隸書，近出洛陽。誌稱泰之字泰之。曾祖世樞，皇朝上大將軍、散騎常侍、司農卿、武成侯。祖義直，紀越二王長史，陝州刺史，嗣武城侯。父知温，中書令。《舊唐書・崔知温傳》：「祖樞，司農卿。父義真，陝州刺史。」「世樞」作「樞」，殆避太宗諱省。「義直」誤作「義真」。新史《宰相表》作「義直」，固不誤。

泰之之名兩史雖附見《知温傳》，然但云泰之開元中官工部尚書，不及其他。惟《世系表》言其初以職方郎中，預平二張。據誌則稱「于時外戚干政，内嬖握權，將假中闈，圖危冢嗣。公以家承漢相，深東郡之憂；謀協陸生，讚北軍之舉。乃與羽林將軍桓彦範等共圖匡復。中興之際，公有力焉」，與表合而言較詳。兩史但稱泰之弟諤之，與誅二張功，封博陵縣侯，而不及泰之。《世系表》又稱，諤之初以商州司馬預平韋后，功第二，又稱其爵爲趙國公，與兩傳亦異。而泰之大節則僅賴此誌以彰之，不得不咎兩史之疏矣。

誌於泰之歷官述之甚詳，稱「年十有二，遊昭文館，對策高第。明年，調補雍州參軍事，丁中令府君憂。服闋，授太子通事舍人，轉左金吾衛長史、司賓丞、太子司議郎，加朝散大夫、上柱國，除右史，遷職方郎中。以匡復功，拜太僕少卿，封安平縣開國男、衛王長史。武三思竊弄國柄，出公爲洺州刺史，復以三思憎忌，轉德州刺史，换梓州刺史，左遷開州刺史，降爲資州司馬。今天子克掃陰沴，起爲濟州刺史，未到官，旋拜國子司業、光禄少卿、判左屯衛將軍事，遷禮部侍郎，加銀青光禄大夫，遷尚書左丞，遷黄門侍郎。北狄不賓，詔公持節按撫。丁内憂。服闋，驛召，拜户部尚書，進封清河郡公，又轉工部尚書。年五十有七，以開元十一年薨。有制追贈荆州大都督」。足補兩史之闕。而年十二，射策高第，十三，補雍州參軍，其早達亦罕見矣。誌載子秘書郎承禮，《世系表》不載，但書孫備，亦當據以補表文之佚。撰文之崔沔爲宰相祐甫之父，亦玄宗朝名臣，《唐書》有傳。

秘書監盧虔神道碑跋

此碑歸登奉勅撰，鄭餘慶奉勅書。宋以來諸家皆未著録。據碑稱虔葬於絳州，近人所撰《山右石刻叢編》亦不之及。此百餘年前舊拓，爲松江沈韻初舍人所藏，殆海内之孤本矣。虔爲成德節度從史之父。從史兩書均有傳，舊書稱：從史「父虔，少孤。好學，舉進士。歷御史府三院、刑部郎中、江汝二州刺史、秘書監」，叙述至簡。碑稱虔字子野。大王父齊指，高道不仕。王父神友，左金吾衞兵□□□。殆泐「曹参軍」三字。父名已泐。虔少讀書姑射山，永泰初舉進士高第，解褐□□州襄陵縣尉，尋補陝州□□主簿。河南尹鄭叔則表爲王屋縣尉，仍辟留守從事。俄遷監察御史，拜殿中侍御史，遷侍御史知雜事，尋除復州刺史，改江州刺史。歲課第一，就加朝散大夫。尋除刑部郎中，除大府少卿，□□州刺史，充本州防禦使兼東都畿汝州都防禦副使、輕車都尉，賜紫金魚袋，就加左散騎常侍兼御史中丞。元和元年，拜左散騎常侍，加朝請、朝議大夫，又加正議大夫、上柱國，封范陽縣國侯，食邑一千户，仍□銀青光禄大夫。三年十月，遷檢校工部尚書兼秘書監。以四年三月卒，年七十有六。後□月八日詔贈兵部尚書。其年秋八月十一日，遷神于絳州龍門縣。又稱虔研究書傳，尤精《易》道。又曰，公深於《易》、《春秋》、《孝經》，常以經義決獄，莫不稱善。又稱：其刺復州時，修長堤灌田數千頃，民免水害。改刺江州時，拒廉使重斂。蓋良吏也。使非其子爲節鎮，則事蹟不可知矣。

碑文多漫漶，末行建碑年月但存「三月辛丑朔廿□□□卯建」諸字。考長術，元和五年三月爲辛丑朔，廿七日得丁卯，碑蓋立于虔卒後逾年。舊史《憲宗紀》稱：從史以元和五年四月戊戌貶驩州司馬。四月爲庚午朔，戊戌爲二十九日，上距立碑時，則才匝月耳，而榮辱相判如此。碑稱從史官冠軍大將軍、左金吾衛大將軍、員外置同正員，充昭義軍節度管内支度營田、潞磁邢洺等州觀察處置等使，奉天定難功臣、檢校尚書右僕射兼潞州大都督府長史、御史大夫、上柱國、范陽郡王。傳多失書，亦藉此碑知之矣。

范陽盧夫人墓誌跋

夫人適起居郎李璋，爲憲宗朝賢相李絳之子，兩書附見《絳傳》。誌稱絳贈太傅，而兩史並作贈司徒。舊史不載絳謚，新史作謚曰貞，與誌同。此誌爲璋所撰，結銜作朝議郎、行起居郎。舊史稱「璋登進士第，盧鈞鎮太原，辟爲從事。大中末，入朝爲監察，轉〔侍〕御史，出刺兩郡宣歙觀察使」，而不載其任起居郎。新史作「大中初，擢進士第，辟盧鈞太原幕府，遷監察御史，進起居郎」。「咸通中，累官尚書右丞、湖南宣歙觀察使」。較舊史爲詳。此誌刻於咸通三年，尚稱行起居郎，知觀察兩郡在咸通三年以後矣。《宰相世系表》稱璋五子，曰讜兒，曰慎微，曰德鄰，曰少微，曰德休。誌作六子：長道扶，次陛，次小字閔九，次小閔，次夏兒，次烏八，後四子爲小名，故與表不合，而長次兩子亦與表不同，不可曉也。璋曾舉進士第，而文拙累殊甚，唐中葉以後文學日靡，韓文公文起八代之衰，所以見推於後世與！

汀州刺史孫瑝墓誌跋

此誌李都撰，李涪書，文字均勝，爲晚唐佳刻。兩《唐書》均有孫逖傳，官至刑部侍郎，爲瑝之曾伯祖，而不及瑝。誌稱，瑝曾王父遹，關内營田判官、左羽林兵曹參軍、京畿採訪支使，贈左散騎常侍。王父會，侍御史、郴溫廬宣常五州刺史、晉陽縣開國男，贈工部尚書。烈考公乂，大理卿、禮部尚書，致仕贈太尉。《新唐書·宰相世系表》載遹官左羽林兵曹參軍，與誌合。會常州刺史、晉安縣男，據誌，「晉安」乃「晉陽」之譌。公乂睦州刺史，不作禮部尚書。瑝鳳翔少尹，據誌則瑝官至御史中丞，出爲汀州刺史，未嘗爲鳳翔少尹也。

誌稱子男二人：長曰杲，爲廣南推官，得試校書；次曰三合，幼而未弁。表則瑝子二人：曰揆，刑部侍郎；曰拙，中書舍人。不知即杲與三合否也。誌又稱襄葬事者季弟、前京兆府高陵縣尉珵。表乃失其名，當據誌補之。書人李涪，官朝散大夫、守河南縣令，不知與昭宗時官國子祭酒而撰《刊誤》之李涪爲一人否？瑝夫人隴西郡君李氏，此誌蓋之陰，刻夫人弟李就撰附誌，以記夫人懿行。他誌所罕見，亦金石刻辭中刱例也。

高麗大覺國師碑跋

此碑《海東金石苑》著録，燕庭先生跋云：　大覺名煦，字義天，避宋哲宗諱，以字行。高麗文宗仁睿太后所生，性聰慧嗜學，出家居靈通寺，號祐世僧統。曾入宋求法，神宗命楊傑伴行，至杭州復歸本國，居總持寺。宣和七年卒，贈大覺國師。《高麗史》有傳。案，燕庭先生所叙大覺事實，本鄭麟趾《高麗史・宗室傳》。惟傳但言煦病，王幸總持寺問疾，尋卒，不云卒於宣和七年。碑：　辛巳秋八月遘疾，冬十月五日壬辰右脇而化。考辛巳爲建中靖國元年，當高麗肅宗之六年，非宣和七年也。惟碑首稱：　上嗣位之四年，乙巳秋八月庚午，大覺國師門人都僧統澄儼等，具師之行事以聞云云。乙巳爲高麗仁宗之三年，正當宣和七年，上距大覺之卒已二十餘年。此乃建碑之歲，方伯殆誤以是爲大覺卒年耳。頃檢閲篋中高麗諸碑，爰書紙尾，以訂正之。

元劉秉謙雙勾竹立幀跋

此幀絹本。下畫巨石，左右大小竹各三本。笋三，長者幾二尺，小者於石旁露微梢而已。竹葉繁密交錯，無一筆稍紊，古健精妙。款署「至正乙未，壽陽劉秉謙爲克明憲掾作」。下鈐三印：曰「秉謙」，曰「劉氏子益」，曰「□雪□看」。考諸家書畫譜録，皆不載秉謙名。元代以雙勾竹名世者爲張溪雲遜。往歲於涇陽端忠敏公許見溪雲長卷，視此且遠遜。乃溪雲擅盛名而秉謙轉無聞於世，予故特表章之。嗚呼！世之抱高行絶詣而不見重於當時，没無稱於後世者，多矣，顧僅一劉君而已哉！

元孫獻畫鵝立幀跋

此幀絹本。款署「至正甲子夏月，上谷孫獻畫」。下鈐二印：曰「孫獻之印」，曰「馘林畫」。鵝二，一白一褐，工妙生動，得五代宋人衣鉢，張之素壁，如聞鴕鴕聲也。《畫史彙傳》據《圖繪寶鑑續纂》及《詠歸亭詩鈔》載，孫獻，字都林，雄縣人，山水得郭熙三昧，人物追李唐、馬遠，花鳥蟲蝶莫不酷肖，列入國朝。而此幀款書似絶非後人僞託，固明明署至正年號，惟至正無甲子，至洪武十七年乃值甲子。豈獻爲元世遺民，洪武之世仍書至正歟？抑子字爲誤書歟？又據此幀印文知獻字馘林，《彙傳》作「都林」，「都」殆「郁」之誤字。惟彼稱獻雄縣人，此幀署上谷，古之上谷爲今懷來，而雄縣則屬保定，亦殊不合。平生所見獻畫僅此，安得更見獻他畫而一證此疑耶？

謝檽仙憩石酌泉圖卷跋

檽翁好作大幛，筆力雄厚而無獷野之習。此卷蒼潤秀挺，與他作迥判。款署「吴門謝時臣製」，雖不署年月，然可決爲晚年之筆。當是七十歲外所作。吴荷屋中丞《歷代名人年譜》謂：樗仙以嘉靖二十六年丁未卒，年六十。不知何據。予舊藏樗翁《萬山飛雪長卷》，鈐「七十四翁印」。東友上野氏藏《練溪佳勝圖》署「庚申八月，年七十四翁謝時臣寫」。是樗翁嘉靖三十九年尚存，年七十四，則丁未乃年六十一。予別藏樗翁立幀題「丙午秋月，六十翁謝時臣寫」，則丁未確爲六十一。有此數證，吴氏之誤審矣。至樗翁卒於何年，苦無記載，附記此卷之後，俟異日考焉。

林佳清水仙竹石立幀跋

佳清之名不見書畫家著録。此幀絹本。中爲山石，石上羅列水仙，師趙彝齋。石傍著勾勒竹數竿，清秀超逸。款篆書二行，曰：「癸未立秋日，爲我思老先生製。林佳清。」下鈐「佳清」二字小印，上方有陳老蓮題字五行，文曰：「張員外云，筆墨兼到者，夷間是也。兒雲林云，有法去無法之間，所稱神品者，夷間是也。老蓮騎驢三十年，筆塚纍纍，那得夢見。今老矣，書以識恨。洪綬。」案，林與老蓮往還，自是當時高手，畫品亦與老蓮抗行。乃老蓮名滿當世，佳清泯没無聞，一技之傳，亦有幸有不幸矣。

普荷上人畫跋

明季高僧善畫者，以上人畫蹟爲最難遇。予求之垂四十年，始得一卷、一軸。此幀絹本。蓋用米法而變者，超雋有奇氣。上端有大滌子跋謂「老人昔爲鍛工出家者，初不識字，浄悟生慧，無多弄墨」云云。考張瓜田《畫徵續録》謂：上人俗姓唐，名泰，字大來。年十三補邑諸生。天啓中，以明經入對大廷。甲申後，薙髮爲僧，結茅雞鳴山下。與大滌子所言不合。豈國變後混迹爲鍛工，爲僧後託言不識字以避世網耶？明季士夫多高節奇行，吾不得而測之矣。

姜巢雲花卉册跋

此册僅存四葉。一、賦色山茶，二、賦色水仙，三、水墨芙蓉，四、賦色碧桃。款曰：「辛酉仲春，畫於墨琴堂。西冷姜泓。」曰：「巢雲姜泓。」印章曰「在湄」。畫筆清麗超雋，與宋五代人血戰，當與陳老蓮雁行。每葉有南田題字，推崇甚至。《圖繪寶鑑續纂》載姜浤字在湄，杭州人，花卉靈異出諸天生。措語至簡，既不記其當何時代，亦不載其字雲巢。考辛酉爲康熙二十年，故與南田同時。其畫迹流傳至少，四十年來僅見此四葉而已。平生收集書畫，最喜藝高而名不爲世所知者，蓋表微闡幽，固吾輩之責也。丙寅除夕。

劉塞翁畫跋

劉塞翁畫傳世甚少。此紙本直幅，繪枯木竹石，燕六，翔集其間。畫品在白陽、易庵之間，而雋勁有生氣。款署「塞翁」二字，艸書，似明人。下鈐「劉泌如字鄰侯號塞翁」九字印。塞翁附見《畫徵續録·朱雲熼傳》中，云：潛江人，工翎毛，有生氣。寥寥數言，而不知其名字。今觀其筆墨，殆明季隱君子，故僅署别號。使非此幀在人間，其名字且終翳如矣。予故特表章之。

素庵相國七十壽序

達天德、盡人倫之謂道，明乎此之謂知，體乎此之謂仁，行乎此之謂勇，履乎亨則行所學，際乎屯則貞所守。嘗持此衡古之人，百年不一覯也，遑論今之世，乃得之我素庵升公。

公少讀書西山，即以斯道爲己任。三十通朝籍，三十八爲外吏，四十四而開府，又四年領兼圻，可謂亨矣。而所至有政績。方光緒己亥，任陝西糧道，歲羡四萬金，不入己奉，旨有「公爾忘私」之褒。庚子拳匪之變，任山西按察使，率陝軍冒暑兼程以赴闕，未達而天津陷，復紆道奔行在，從事捍衛。辛丑撫陝，歲洊飢，轉江鄂之粟以活關中之民。癸卯，車駕返京師，值孝欽顯皇后七旬聖壽。慶親王通電各省，令捐金慶祝。公抗疏止之。乙巳，總督陝甘，因左文襄公織呢局已廢而復新之，興毛褐之利以利民。改茶布税法，歲倍入以利國。蘭州濱黄河，西關舊有鐵索，聯方舟以濟。夏漲則停濟，或兼旬。嚴冬沍寒，則履冰以渡。冰將泮，崩陷致溺者，歲恆有之。公憫焉，乃架鐵梁以利行人。關隴回漢雜處相水火，屢搆釁，公御以大公，漢回胥悦。此犖犖數大端，可謂能行所學矣。

我朝自英人以兵力要互市，外侮頻仍。逮光緒中葉，法越、日韓兩役，兵威再挫，譌言繁興，遂釀成戊戌之變法。丙午定期立憲，遂助成辛亥之革命，近二十年間可謂屯矣。公當戊戌，方以道員榷釐於白河，聞之，憂甚。以爲國之弱敝在人，不在法，必變法且危及國本。懷疏草入都，欲求代奏，適八月政變而止。乃己、庚以後，邪説益滋，世變益亟。柄政者苟且補苴，以爲立憲或可緩革命之禍，乃通電徵各疆臣意見。公力陳其害，而卒不可挽。自是以籌備憲政，法制日更，天下騷然，權奸復隱操國柄。公灼知其危，以宣統元年復疏陳新政之害，謂非罷憲政不能延國命，且以去就争。得旨，許開缺。時貧不能歸，乃墾渭濱官荒以自給。及辛亥秋，武昌變作，九月朔，西安應之。公聞訊，徒步走涇陽，間道入平涼，發電致蘭州轉達樞府。十月，奉命署理陝西巡撫，督辦軍務。乃亟徵舊部，即日誓師。大小數十戰，先後克長武、永壽、邠州、醴泉、咸陽，均身先士卒，躬犯砲火。壬子三月，方攻乾州，而遜位詔達行間，諸將請解甲。公憤甚，欲仰藥以殉。諸將及幕僚環請待後圖。公不得已，明年乃居西甯，以待時。而袁世凱命趙惟熙卑禮厚幣致聘問。公嚴拒之。知不可留，乃託辭游番中諸寺。十一月，從番佛嘉木養貸行帳駝糧，日行萬山中。歲暮，至阿拉善，駝瘠帳敝，乃留度歲。正月，別假行帳駝糧，往庫倫。不識道，迹駝馬糞以行。朔風裂肌，或終日不得食。夕張行帳，親拾駝馬糞以爨。自西甯至庫倫凡百有一日，以癸丑三月抵庫倫，值賓圖王海山。公與謀大計，草討袁世凱檄，聲其罪以號召忠義。檄既四布，袁世凱見之，乃名捕公，且屯兵塞上邀之。已而，庫倫內變起。乃謀渡日本。先取道恰克圖至烏金斯克，展轉易西比利亞南滿車往大連。方發庫倫，有人求附。行至恰克圖，有俄警吏止公行，拘同行人去。次日，一番僧偕一人攜護照來言，昨同行者乃將不利於從者，故番僧呼警吏拘之，此去無阻矣。番僧與公固不相識，其忠義感人如此。既達大連，易舟至東京。東人遇公有加禮。商人某以別墅館之。乃久無所遇，返寓青島。丁巳復辟，奉命拜大學士。未幾變作，道阻，不得赴。是冬，復西度隴。戊午冬，北至長春。歸而疾作，亘數歲不愈。甲子秋，猶力疾再入隴，取道綏遠，遇故將某力阻之，乃臨河而返。逮十月，值宮門奇變，公憤痛甚，既奔問行在。歸而疾加甚。及車駕幸天津，猶上疏以憂勤惕勵爲請，每日必扶掖至行在。蓋十餘年，鞠躬盡瘁未嘗一日敢自安也，可謂貞所守矣。

綜計公之平生，智能燭先幾，勇能決大疑，仁以爲己任，馳驅冰雪之域，奔走焦爛之餘，不以存敗利鈍挫其志，雖古賢哲何以加兹。今年丁卯孟春八日，公年登七十。振玉以乙卯歲始識公于海東，不以振玉爲不肖，折節下交。自信知公深，爰序公大節以爲當世楷模。百世而後，必且有聞公之風而頑廉懦立。若夫期頤百年之壽，仁者所必有，不足爲公祝也。

陸軍部協參領顧君傳

君諱臧，字君用。先世爲吴興望族。曾祖某以武職宦粤東，遂家焉，始隸籍番禺。父某，生丈夫子五，君其季也。幼敦内行，家貧力學，番禺梁文忠公鼎芬，君中表昆弟也，講學廣雅書院，君從之游。及文忠掌教兩湖書院，君亦偕往。所學恆兼人。年二十五，丁内艱。既服闋，文忠勸君納粟爲門户計，娶婦謀嗣續。君慨然曰：「時方向亂，丈夫當執干戈爲國僇力，安用家爲？」乃投筆留學日本士官學校。卒業後，入日本陸軍聯隊，充見習士官，補陸軍少尉。既歸國，授陸軍部協參領。鄂督張文襄公之洞、粤督陶勤肅公模先後延攬。君以留學之資出於鄂，而粤則桑梓也，義均不可辭，乃在鄂充學堂教員數歲，而後至粤，則勤肅已薨於位。適川督某公訪人才於文襄，乃以君應。入蜀，任軍警督練，並創設武備學堂。未幾，錫公良督川，同列有譖君者。文襄亟電君返鄂渚，復薦君於東三省總督某公。某公頗負時譽，以東三省地廣政繁，求才足幹濟者，諮於文襄，故文襄以君往。某公令總辦巡警局，主講武堂及督練公所。事無不舉。某公亦雅相引重。於時袁世凱爲北洋大臣，其長子克定陰爲收攬人才，聞君能，乞某公爲介，欲見君。君逆知袁爲人必不克終臣節，謝不允。某不能强，乃置酒觴君，與克定隱爲作合。君佯不知，既就坐，乃舉酒歷數袁不臣狀。某與克定均大駭。酒散，則君已留書去遼矣。梁文忠公在鄂，聞而壯之，亟迎君返。且謂曰：「君以身許國，遂可忘嗣續乎？」乃勸君娶於胡。

未幾，端忠敏公方督兩江，欽君風節，延君佐理。時蘇紳因同治初山陽丁廣文顯曾創導淮入海涸洪澤爲田之説，以干曾文正公國藩，文正不許。至是，乃欲借以興大役便私圖，力請於江督，邀以必許，且請先設導淮測量局。忠敏以委君。君既履勘淮流，知其必不可，乃上萬言書駁之。大意謂水利者，兼蓄泄之謂也。洪澤所以儲水備旱，使墾爲田，異日既失容水之地，潦年必平陸汎濫，旱歲則涓滴不存，所謂興利除害者安在？因謝局事而監陸軍小學。未幾，學堂總辦以侵蝕公款懼君伉直發其隱，擠君去。忠敏復令管鎮江象山礮臺。在職五年，嚴約束，正軍紀，部下無不法者，軍民交便。君至是，宜可稍展素蓄矣。乃辛亥七月，君偵革命軍將發難，即嚴守礮臺，昕夜不懈。逮八月二十日，果聞鄂變，急將寡嫂猶子送申江姊家，矢以死報國，紉紅綾爲帶，繫袒衣中，書「大清帝國鎮江象山總礮臺官，番禺顧臧之屍」。以京口爲江甯門户，兵力弱，電江督乞援軍。張安圃制軍人駿遣陳某密率兵赴援。陳至君家，詢鎮江安否？時君方守臺，家人不知爲援師也，漫應之曰安。陳據以電江督。適無錫亦請援，陳乃移軍往。於是君之力乃益孤矣。然猶以大義諭守兵，矢死不渝。

八月二十四日，有匪類自稱革命軍，勸君同舉事，且謂將推君爲都督。其以密函請者，日數十。君一一焚拒之。告商會、學會等，有敢附和革命者，開礮擊之。人心稍安。及九月十六日，革黨知君不可利動，乃隱結防營及夙受君知遇之門人。日晡，乘君不備，遽解君衞士械，羈君，舁至鎮江道署所謂軍政府者，環跪，請君任軍事。君裂眦大駡，以死拒。門人不忍加害，乃禁閉室中，日餽酒饌。君拒不納，水漿不入口者五日。門人知君終不屈，乃請主商會者送君歸寓舍。君以大事猶可爲，姑忍死，斥衣物製裝走上海，有所謀。及遜位詔下，猶至奉天，以大義責主帥，不爲動。然尚連年奔走青島、京、津間，而卒不得一當。及甲子冬，猝遭宫廷之變。時君方在奉天，亟奔赴行在。至是，君之死志乃益決矣。再越歲，卒以憤死。

君平生律己嚴，一介不取，而好施濟。管象山礮臺時，月俸三百金，以十之二贍寡嫂及遺孤，所餘以分士卒及學生之貧者，俸入之日隨手輒盡。君之主鎮江也，商會餽萬金，嚴拒之。廣東會館董事梁某釀同鄉金三千贈之，亦峻謝。翌年，鎮江礮臺士卒聞君旅食且絶，復釀千金，不敢逕致君，請於君之姊以進，亦揮之去。方至滬江，寓一樓，不眠不語。家人初尚以肉進。君曰：「我不能死事，姑有待耳。負咎之身，尚肉食哉？」已而，饔飧且絶。家人以請，君曰：「買一錢鹽和湯飲之，不亦可乎？」適其舅在京，餽二百金，始得具饘粥。友人或以貧告，尚分金濟之。後卒不能自存，乃依婦翁胡君於天津，竟死婦家。方君既懷必死之志，乃日夕縱酒。嚴冬衣不完，出不車。或有所餽，非其人，甯忍飢謝之。如是年餘，遂致疾。既劇，夫人胡氏禱於神，願以身代，隱刲股肉療之。君謝不入口。胡淑人有懿行，明大義。初，君曾病甚，刲股肉飲之而愈。已而母病，再刲股得痊。至是而三矣，卒不能拯君於死，其命也夫！君死之日，赫然瞑臥，無以治斂具。淑人號於諸同志，得釀金襄大事。無子，立兄子祖傑爲嗣。嗚呼！君固不媿烈丈夫，若淑人者亦可厲薄俗矣。君生於同治辛未九月，卒於宣統丙寅五月，得年五十有六。君既殯，君之友商太史衍瀛懼君大節不彰，乃述君遺行爲事略。予乃據以爲之傳。俾後之君子知君雖死于牖下，固與馬革裹尸等也。

〔校記〕

〔一〕中　原奪，據《隋書·食貨志》、《梁書·武帝本紀》補。

〔二〕謝　原奪，據《魏書·王肅傳》補。

丁戊稿

丁戊稿敘目

予志學之年，遭家多難，履境危苦，非人所堪。三十餬口四方，勉謀事畜。未逮知命，遽值海桑。甲子孟冬，復攖奇變。拔心不死，學殖日荒。往歲徇兒輩之意，寫近年文字爲《松翁近稿》及《丙寅稿》。丁戊兩年所作，又得六十一首。兒輩懼其散佚，復請編爲《丁戊稿》，付諸手民，列目如左。

松翁記。

丁戊稿

宋史曹輔傳注

曹輔，字載德，南劍州人。

楊時撰《曹輔墓誌》作「南劍州沙縣人」。《建炎以來繫年要録》亦稱「沙縣」。《曹輔誌》又稱：「曾祖逞，贈正奉大夫；祖寶臣，宣德郎，致仕贈正奉大夫；考孚，贈宣奉大夫。」

第進士。

《墓誌》：「元符三年，中進士第，調福州寧德縣尉，以宣奉公臥病乞侍養。丁母夫人憂。未除，丁宣奉公憂。服除，調壽昌安豐縣主簿。」

政和二年，以通仕郎中問學兼茂科。

《墓誌》：「改通仕郎，試中詞學兼茂科。」《傳》誤「詞」作「問」。元槧本同。

歷秘書省正字。

《墓誌》：「特轉文林郎、一司勅令所删定官，改宣教郎。乞補外，通判安肅軍。用年勞，轉奉議郎，除南外宗室財用。未一月，除秘書省正字，磨勘轉承議郎。」又云：「初在安肅兼榷場事，得旨，市北珠。公奏疏，其畧曰：『以彼錙銖之物，易吾億萬之資。彼誠以此養士，則士勇；以此賞戰，則戰勝。是借寇兵而資盜糧也』。上悟而罷」。

自政和後，帝多微行，乘小轎子，數内臣導從。置行幸局，局中以帝出日謂之有排當，次日未還，則傳旨稱瘡痍，不坐朝。始，民間猶未知，及蔡京謝表有「輕車小輦，七賜臨幸」，自是邸報聞四方，而臣僚阿順，莫敢言。輔上疏畧曰：

「陛下厭居法宫，時乘小輿出入廛陌之中，郊坰之外，極游樂而後反。道塗之言始猶有忌，今乃談以爲帝某日由某路適某所，某時而歸。又云，輿飾可辨而避。臣不意陛下當宗廟社稷付託之重，玩安忽危一至於此。夫君之與民，本以人合，合則爲腹心，離則爲楚越，畔服之際，在於斯須，甚可畏也。昔者仁祖視民如子，憫然唯恐或傷。一旦宫闈不禁，衛士輒踰禁城，幾觸寶瑟。荷天之休，帝躬保佑。俚語有之，『盜憎主人』，主人何負於盜哉？況今革冗員，斥濫奉，去浮屠，誅胥吏，蚩愚之民，豈能一一引咎安分？萬一當乘輿不戒之初，一天不逞，包藏禍心，發蠭蠆之毒，奮獸窮之計，雖神靈垂護，然亦損威傷重矣。又況有臣子不忍言者，可不戒哉！

臣願陛下深居高拱，淵默雷聲，臨之以穹昊至高之勢，行之以日月有常之度。及其出也，太史擇日，有司除道，三衛百官，以前以後。若曰省煩約費，以便公私，則臨時降旨，存所不可闕，損所未嘗用。雖非祖宗舊制，比諸微服晦跡，下同臣庶，堂陛陵夷，民生姦望，不猶愈乎？」

上得疏，出示宰臣，令赴都堂審問。太宰余深曰：「輔小臣，何敢論大事？」輔對曰：「大官不言，故小官言之。官有大小，愛君之心則一也。」少宰王黼陽顧左丞張邦昌、右丞李邦彦曰：「有是事乎？」皆應以不知。輔曰：「兹事雖里巷細民無不知，相公當國，獨不知邪？曾此不知，焉用彼相？」黼怒其侵己，令吏從輔受辭。輔操筆曰：「區區之心，一無所求，愛君而已。」退，待罪於家。黼奏不重責輔，無以息浮言，遂編管郴州。輔將言，知必獲罪，召子紳來，付以家事，迺閉户草疏。夕有惡鳥鳴屋極，聲若紡輪，心知其不祥，弗恤也。處郴六年，黼當國，不得移。輔亦怡然不介意。

《墓誌》：「編管郴州，坐廢六年，量移袁州。」

靖康元年，召爲監察御史，守殿中侍御史。

《墓誌》：「靖康初召還，被旨引對論事畢，上曰：『今日所慮正在金虜。』公曰：『有賢相，則金虜無足慮。』上曰：『朕所慮爲無將也。』公曰：『昔漢高祖得蕭何爲丞相，何進韓信爲大將軍，屬以兵柄，卒成帝業。相得人，則韓信出矣，無將亦非所慮。』他日又論漢用蕭何而得韓信，漢王失軍亡衆。跳身遁者數矣，何嘗從關中遣軍補其處，非上所詔令召，而數萬之衆會。與楚相守滎陽數年，軍無見糧，何嘗轉漕關中，給食不乏。夫將與兵、食，當是時，無急於此三者，而何獨辦之，則天下大計在得一相而已。今宰相縱不能如何所爲，盍亦各輸所長，兼採衆論，夙夜勤畏，協心戮力，共濟艱難，以成中興之業。乃因循苟且，日復一日，無肯以身任責者，遂至緩於事機，誤國大計。此而不懲，後將何悔。願正其因循苟且之罪，而罷黜之。因而奏曰：『陛下用此數人於艱難之際，敗事必矣。』上曰：『卿姑待之。』公曰：『國家存亡在此一舉，不容猶豫。』上曰：『朕已有處置。』次日，奏事罷，徐進曰：『臣前論宰執，陛下語臣已有處置，未見行遣。臣言官，論列大臣，勢不兩立，以臣言爲是，乞早施行；不然，臣且有罪，不敢復居此職。』退而居家待罪。上手詔褒諭，遣中使押令供職。又乞以河北、河東、陝西三路有習知山川險易出入向背，繪爲三圖以進，標揭控扼形勢之地，以究知分屯戰守制敵之要，遣將出師，則按圖指縱而廟算決矣。又言，王雲出使遣人回奏，大金意欲得十六字徽號及玉輅袞冕儀物之類，且云：不復索三鎮。朝廷釋然解憂，欲推尊借大，爲不可加之語以崇奉之，乘輿上服，徑推挽出境，以爲屈己愛民、社稷大計當如此。臣竊以爲社稷大計在此一舉，誠不可忽。然或者寬憂於一時，而不知移禍於異日，將使天地易位，神民失歸，逆行倒置，有不忍言者，爲患爲辱，古未有也。何以言之？既與之以如是之名，彼將緣名而責實；既與之以如是之器，彼將緣器而致用。一二年間，或以觀兵較獵，或以省方巡狩爲名，悉其國衆，進壓我境，侈辭大意以號令我。自謂據域中最大，臣妾海宇。當是時俛首而聽之乎，抑猶有以却之也？却之，則强弱不敵，禍且甚於前；俛首聽從，則天地安得不易位，神民安得不失歸乎？又引魯仲連却帝秦之説以爲證，累千餘言，曲折詳盡，此其大畧也。」《繫年要録》：建炎元年，「刑部尚書高平王雲，秘書省著作佐郎曲周李若水再見二帥而歸，言金人堅欲得地，不然進兵取汴都。十一月己巳，集百官議於延和殿。右諫議大夫鄧城范宗尹等七十人請與之；左司諫江甯秦檜等三十六人持不可。乙亥，兩軍分道渡河。是日復用王雲計，亟遣王使河北止師，奉袞冕玉輅以行，尊金主爲皇伯，上尊號十八字」。注：「上尊號表，國史無之，臣家藏《雜書》一編，乃圍城中人手記排日文字，其間謂淵聖爲少帝，邦昌爲新主，蓋未返正以前所記也。紙背皆宇文虛中帥青社時監司郡守所通書尺，而所記事亦全與丁特起《泣血録》中語同，不知果何人書耳。此表雜記中有之，今録於後。大宋攝太尉、光禄大夫、少宰（差）〔兼〕中書門下侍郎臣唐恪等謹再拜稽首上言：臣聞德之隆者，禮必尊；心之誠者，文必至。矧光奉三靈之眷，支通千載之懽。既和好之克成，何欽崇之可後。伏惟大金皇帝陛下，聰明生禀，神武誕昭。承天命以勃興，協人謀而克濟。若乃側躬而戒，內恕及人，能崇天也；克承前烈，仍善後圖，能繼序也。念保疆之重，推愛物之誠，能昭德也；開朔漠之區，疏燕雲之境，能定功也。輕地重民，體仁可見；睦鄰修好，惇信無疑。制禮不曰修文，弭兵得非成武。裒茲衆美，總以鴻稱。臣等不勝大願，謹奉玉册上尊號曰：大金崇天繼序昭德定功體仁惇信修文成武光聖皇帝。伏惟大金皇帝陛下，應受彝章，永綏福履。表雍和於南北，揚威烈於遐邇。長保兩昭之盟，允爲萬世之則。臣等誠惶誠恐，稽首頓首謹言。《靖康别録》云：『先是，都堂集議加金主徽號十八字，太常博士華初平力争以爲不可，二府怒，罷之。汪藻爲太常少卿，草定册文。去冬，遣馮澥等爲奉册寶使，及河，敵騎大入，乃還。至是遂親上之。』《别録》繫此事於今年正月車駕再出城時，今附見此。但以『崇天繼序』四字爲『繼天集統』，與《雜書》差不同，當考。」又曰：辛巳，「磁人以王雲爲不誠，將奉王入金。壬午，執而殺之」。《宋史·王雲傳》：「雲至真定，遣從吏李裕還言：『金人不復求地，但索玉輅及上尊號，且須康王來，和好乃成。』欽宗悉從之，且命王及馮澥往。未行，而車輅至長垣，爲所却，雲亦還。澥奏言雲詐妄誤國，雲言：『事勢中變，金人必欲得三鎮，不然，則進兵取汴都。』中外震駭，詔集百官議，雲固言：『康王舊與斡离不結歡，宜將命。』帝慮爲留，雲曰：『和議既成，必無留王之理，臣敢以百口保之。』王遂受命，而雲以資政殿學士爲之副。頃奉使過磁、相，勸兩郡撤近城民舍，運粟入保，爲清野之計，民怨之。及是，次磁州，又與守臣宗澤有憾。於是王出謁嘉應神祠，雲在後，民遮道諫曰：『肅王已爲金人所留，王不宜北去。』厲聲指雲曰：『清野之人，真姦賊也。』王出廟行，或發雲笥，得烏絁短巾，蓋雲夙有風眩疾，寢則以護首者。民益信其爲姦，譟而殺之。王見事勢洶洶，乃南還相州。」《十朝綱要》：「十月辛亥，王雲至真定，遣人報，金人已不復議割三鎮，止索玉輅冠冕及上尊號，且須康王來，和好乃成。十一月戊辰，王雲至自虜中，言虜議中變，欲得三鎮，否則進兵取汴。乙亥，詔王雲副康王使斡离不軍，許割三鎮，並奉冠冕車輅仍尊其主爲叔，上尊號十八字。壬午，康王至磁州，磁人殺王雲，止王勿行。癸未，王復還相州。」《北盟會編》靖康元年十一月五日，王雲歸，具言斡離不索冕輅徽號等。朝廷從之。詔太常禮官集議金酋徽號。

除右諫議大夫、御史中丞。

《墓誌》：「公在試院中聞諸奉使計議人并改爲和議，左右二輔臣議不協，遽圖引去。公奏疏曰：『今之議者一於和，非也；

一於戰，亦非也。一於和，則敵勢憑陵，國威沮折，三鎮之求復尋前約；一於戰，則堂堂二百年基業決成敗於交鋒之間，其危甚矣。臣願以和爲名，以戰爲實，二者不可一廢，惟吾先後用之耳。』上深然之，即試院中除諫議大夫。及出院，又言：『金使王汭以和爲名，朝夕到闕，恐謀國之臣便以甘言軟語爲敵真情，或至緩備，墮黠虜計中，則前日之禍踵而至矣。』因論朝廷宜急而緩者五事以獻，如邢、洺、磁、相當寇南衝，而不命將分兵團集民伍置屯列寨之類是也，皆一時要務。未幾，遷給事中。公言：『臣章疊上，至數百紙，其間施行十未二三，陛下雖虚心聽納，而大臣置而不用，諫臣失職，負不知去之罪，敢復冒榮而進乎？』懇辭，不允。左右或爲上言：『擢曹輔寘諫垣，令論事，忽有移命，得無以厭聽納乎？』上曰：『曹輔遇事輒發，斂怨多矣，姑令就閒耳。』不旬浹，除御史中丞。」

不旬日，拜延康殿學士、簽書樞密院事。未幾，免簽書。

《墓誌》：「是時，何㮚罷中書侍郎，兼領開封府事，眷遇猶厚。公稱謝中即奏㮚輕儇不可任。及金人渡河，公即奏曰：『去歲賊寨城外西北，地勢卑下，不知決水灌之，最爲失策。今分城中兵數萬，出據東南，劄連珠寨以接外援，俟賊營西北，引水灌之，必得其利。』上以爲然。宰相唐恪曰：『水可決，城中兵留爲根本，不可出。』公曰：『兵留城中，用兵之死法。』恪堅持之。不出兵，先決水，浸西北。東南無兵，爲金人所據，遂絶外援。及除簽書樞密院，而金人犯城已三日矣。」《三朝北盟會編》：靖康元年十一月十三日，都水監決水浸牟駝岡。又引石茂良《避戎夜話》：「去年春，金人犯闕下，寨皆在西北，地名牟駞岡。敵既去，議者引汴水灌岡，爲水所壞者凡十有八村，冀敵人不敢下寨也。識者鄙之曰：『借使汴水可淹，奚不俟敵兵之來然後引水灌岡，則敵可淹没，今乃先放水灌岡，是使敵人預備也。』已而敵兵再來，果赴東南。大抵京西北城高，門皆甕城，水門亦甚完固，可以守禦。東南城低，水門未暇修完，最爲受敵緊處。」又云，「大理少卿聶守獻言，請決蔡河、汴河水合灌摩駝岡」。案：他書均不載輔免簽書，《傳》誤。

金人圍汴都，要親王、大臣出盟，輔與尚書左丞馮澥出使粘罕軍。

《墓誌》：「何㮚以宰相領守禦，公副之。㮚忌公，奏遣報謝虜軍。公留營七日而歸。」《十朝綱要》：十一年乙巳，遣尚書左丞馮澥、簽書樞密院事曹輔、宗室士諦使金軍。壬子，復遣澥、輔及士諦使金軍，既至，金人即送澥等歸，不交一談，必欲親王及何㮚至。《北盟會編》：「閏十一月十九日庚戌，知樞密院事曹輔、尚書左丞馮澥、宗室節度使士訲使於金國軍前。」案：士訲，《綱要》作「士諦」，未知孰是。《墓誌》又曰：「㮚方信妖人郭京，用六甲兵，募市井無賴數千，堅持出戰。公曰：『自古用兵未有以妖術成功者。』力争，不從，以病乞解機務。凡三章，未報，京城已失守。」《北盟會編》：十一月二十六日丁亥，殿前指揮使王宗濋薦拱聖副都頭郭京。郭京言，可以擲豆爲兵，且能隱形，今用六甲正兵得七千七百七十七人，可以破敵。臨敵，正兵不動，神兵爲用，所向無前。殿帥王宗濋驕慢無識，聞而異之，薦京可以成大功。是時唐恪爲宰相，見京面折之，曰：「老兵，兒戲果能了否？」京不能答。羣臣議論不一。數日，恪罷，用何㮚爲宰相，與孫傅諸大臣亦幸其術之可用。乃以錢絹數萬，令京自招兵於市，旬日之間數足，皆游手不逞之徒。京自副都頭授武畧大夫、兗州刺史。閏十一月二十五日丙辰，郭京以兵出宣化門，敗績。先是，郭京領六甲正兵七千七百七十七人屯於天靖寺，時何㮚募奇兵五千，併屬於京。有士人上書孫傅，其畧以謂，自古未嘗有以此成功者，今朝廷或聽之，宜少付之兵，俟其有功，乃稍進任。今聞衆至一二萬，萬一失利，爲朝廷羞。傅怒謂士人曰：「京乃爲時而生，敵中仔細一一知之。幸公與傅言，若與他人，定坐沮師之罪。」揖而退之。王宗濋信其術，薦之。令於殿前驗之。其法用一猫一鼠畫地作圍，開兩角爲生死道，以猫入生道，鼠入死道，其鼠即爲猫所殺。又將鼠入生道，猫入死道，猫即不見鼠。云如此用兵入生道，則番賊不能見，可以勝也。朝臣聞有攻其非者，何㮚、孫傅與內侍輩尤尊信，傾心待之。京城居人不論貴賤，無不喜躍。民庶語及京者，輒以手加額，皆呼爲「相公」。京耀兵於市，鬼顏異服。其所召募，不問武藝，但擇其年命合六甲法，又相視其面目以爲去取。有賣線兒，一見授以告命。有武臣欲爲偏裨，不許，曰：「公雖才，但明年正月當死，恐爲衆累。」又募無賴之輩，有劉無忌者，乃賣藥道人，常以身倒植於泥中乞錢，亦作統制。又有還俗僧傅臨政者，謂之「傅先生」，獻策畧自言能止敵。而商賈伎術之人言兵機退敵，募兵而爲將帥者甚衆，或稱「六丁力士」，或稱「北斗神兵」，或稱「天官大將」。京嘗曰：「非朝廷危急，吾師不出。」賊兵攻圍甚急，或告之，京頷笑而已。云：「擇日出師，便可致太平，直抵陰山而止。」其所招軍但欲斫首，不必戰也。嘗上言請檻車數十乘，欲出城檻致粘罕。其誕妄自信如此。小人以邱〔濬〕感事詩有「郭京楊適劉無忌，盡在東南卧白雲」之句附會之，以爲讖，人争從之。識者危之，爲之寒心，知其必誤國也。是日，圍城甚急。人告之出兵，京於是乃登城，樹旗，繪天王像，曰「天王旗」，每壁三面，按五方，指示衆曰：「是可令虜落膽矣。」人亦莫測。大啓宣化門出戰，城中士庶延頸企踵於門，立俟捷報者幾千萬人。又有從行旁睨鼓譟以助勇者，又數萬人。俄報云，前軍已得大寨，樹大旗於賊營矣。又報云，前軍奪賊馬千匹矣。其實皆妄。初，賊攻陳州門外，京自内出，正當其鋒。初遣使臣傳令，樓子上除守樓子使臣軍兵外，餘並不得上。蓋郭京六甲法能使人隱形。言未脱口，賊兵分四面鼓譟而進，我軍方蹁躚，虜二百餘騎突之，衝斷前軍，一掃而盡。居後者盡墮護龍河，弔橋已爲積尸所壓，不可持矣，蹂踐殆盡，哀號之聲所不忍聞。賊因趨門，急呼守禦堵之，已亂不及出。京見事去，即下城引餘兵南遁。《繫年要録》：「金之再圍城也，何㮚等得殿前司剩員郭京，擢爲大將，使募市井游惰爲六甲神兵。」又云：「建炎元年四月乙亥，「初，京城既破，武略大夫、光州刺史郭京自宣化門南遁，引所部六甲神兵二千人至襄陽府，屯洞山寺，欲立宗室爲帝，陝西制置使錢蓋、西道都總管王襄、統制官張思正止之不聽，思正乘間會兵執京囚之，至是以聞。既而思正持京以獻，道爲劇盗李孝忠所奪，思正刺京殺之」。案：京事亦見《宋史·孫傅傳》，而事實較畧。又《要録》稱京官光州刺史，《北盟會編》作兖州，未知孰是。

康王開元帥府于相州，金人請欽宗詔召之，乃遣輔往迓。至曹州，不見而復。

《墓誌》「金人以今上領大元帥，握重兵在外，不自安，欲令迎還京師。朝廷不得已，遣公往興仁府迎之。公密啓上曰：『方今外援獨康王耳，不若留在外，使賊猶有所憚。』上曰：『卿言極是，但得一公文回報足矣。』公至興仁，以其情語守，遂收公文以歸」。《十朝綱要》：十二月丙寅，遣簽書樞密院事曹輔同金使迎康王回京。二年正月癸巳輔還，稱不知王所在。《北盟會編》：十二月三日甲子，金人遣使致書，請唤回康王。《泣血録》曰：書云，「既往不咎，故無可言，事至於今，良可驚悸。康王見在河北，可遣一人同使命唤回，未審聖意如何？凝寒，伏維善保壽祺」。其書不名，但題云「骨盧你移賚勃極烈大金副元帥書上」。先是，康王出使駐於相州，粘罕遣使持書來唤回，朝廷乃議遣樞密曹輔行。《要盟録》曰：「是時，朝廷使人每出，金人必搜索蠟書。上乃於曹輔衣襟用礬書詔以詔康王曰：『京城將吏士卒失守，幾至宗社傾危，尚賴金人講和，止於割地而已。仰大元帥康王將天下勤王兵，總領分屯近甸，以伺變難，無得輕動，恐誤國事，四方將帥亦宜詳此。』」又云：「十二月二十三日甲申，簽書樞密院事曹輔至興仁府，訪尋康王。」引《朝野僉言》曰：「曹輔東至曹州，見守臣曾懋，説大金已登城講和，斂兵不下。曾懋詰曹輔曰：『虜人貪暴變詐，豈有登城斂兵不下者乎？公等家屬必爲所虜，脅之使爲此言。』輔乃裂衣襟令懋看，以達元帥次，借州印以發四方撫諭文字。數日，取曹州守臣軍令狀回，稱不知康王所在。」《繫年要録》：「左副元帥宗維聞王在河北，丙寅，遣甲士三千人與簽書樞密院事沙縣曹輔賫詔書，詔王與諸將議引兵渡河。」案：諸書記輔稱不知康王所在，與《誌》可互證。至《繫年要録》遣「甲士三千人」疑「三十人」之誤。《墓誌》又云：「虜再邀鑾輿出郊，議未决。何㮚奏事出，云車駕翌日出青城。公遽云：賊意殆不可測，此行恐與前日不同。㮚厲聲訴公。公又率馮澥共説之。澥與㮚同鄉齒長，冀幸一聽。㮚不從，及幸虜營，至北狩，皆如公所料。」《繫年要録》：「正月庚子，淵聖皇帝再幸青城。初，金人將挾二帝北遷，乃督犒軍金銀益急，欲縱兵入城。時蕭慶居尚書省，淵聖皇帝以問慶。慶曰：『須陛下親見元帥乃可。』前一日左副元帥宗維以書來約車駕出城，議加其主徽號，淵聖皇帝難之。簽書樞密院事曹輔請毋行，吏部侍郎李若水使金歸報，力勸出行，以爲必無他，右僕射何㮚主其説。帝疑焉。金使兵部尚書高慶裔入白㮚曰：『天文，帝座甚傾，車駕若出，必墮賊計。』㮚曰：『二太子止欲加金主徽號，必不留也。』革固争，不聽。時㮚自謂折衝有術，在都堂對金使歌曰：『細雨共斜風作輕寒』，左右及金使皆笑。翌旦，車駕詣金營。」

遂從二帝留金軍中。張邦昌請歸輔，輔歸，乞奉祠，邦昌不從。

《墓誌》：「虜將北去，遣使押公還。時邦昌潛立已二十餘日矣。既歸私室，臥病不出。邦昌屢脅公視事，卒辭之，以死自誓。」《十朝綱要》：「三月癸丑，金人歸馮澥、曹輔、譚世勣、孫覿、汪藻、徐天民、蘇餘慶、郭仲荀、沈晦、黄夏卿。三月癸丑，尚書左丞馮澥、簽書樞密院事曹輔、侍衛馬軍副都指揮使郭仲荀等歸自金營。時邦昌遺金書曰：『比膺詔册，獲撫邦封。載惟草創之初，方賴臣工之助。竊以左丞馮澥，國之老成；管軍郭仲荀，衆推忠謹。此外臣寮等或因扈從前帝，或因差充在軍，如非台意欲留之人，乞示慈恩遣還之命。』左副元帥宗維許之。澥、仲荀歸，輔與譚世勣、孫覿、汪藻，秘書著作佐郎沈晦、鴻臚寺主簿鄧肅亦因得歸。輔入城，遂臥家不出。」又記：「四月庚申朔，簽書樞密院事曹輔請罷政，不許。」案：《傳》稱邦昌請歸輔，據《要録》則邦昌所請歸者澥與仲荀，因輔與澥同時返，遂致誤耳。

康王次南京，邦昌遣輔來見。

《墓誌》：「潛以書遣太學生楊愿、陳抃獻今上。會上遣宣贊舍人黄永錫至京師，公因具述圍城及遭變始末附以進，遂奔濟州迎駕。」《繫年要録》：四月甲子，「簽書樞密院事曹輔遣太學録楊愿上書帥府，太學生汪若海、陳抃等繼至。丙寅，黄永錫持書答邦昌。乙亥，資政殿學士、提舉醴泉觀路允迪爲奉請車駕進發使，左諫議大夫范宗尹副之。己卯，成忠郎黄永錫自京師回。庚辰，簽書樞密院事曹輔、資政殿學士路允迪、右諫大夫范宗尹至自京師」。《北盟會編》：靖康二年四月十六日乙亥，差路允迪、范宗尹充奉迎使副，請車駕進發。二十日己卯，先遣觀察使黄永錫回。二十一日庚辰，簽書樞密院曹輔、資政學士路允迪、諫議大夫范宗尹奉元祐太后詔來，趣王進發。　案：《要録》載，輔先遣楊愿、陳抃獻書，後自奔濟州，與《墓誌》合。《傳》謂張邦昌遣輔，因輔與路允迪、范宗尹同行致誤。邦昌所遣乃路、范二人耳。《誌》又曰：從至南京，首陳五事：一曰分屯要害，以整兵伍；二曰疆理新都，以便公私；三曰甄收人材，駕御用之，共圖勳烈；四曰恩威並行，叛而討之，服而舍之；五曰裂近邊之地爲數鎮，以謹防秋。上嘉納之。　案：《繫年要録》亦載輔至南都首陳五事，文與《誌》畧同，不更録。

康王即位，輔仍舊職。

《墓誌》：「及上即位，赴册立，行事畢，即奏言：『臣比備位樞府，以至宗社失守，乞賜誅殛。』不許。差内侍押赴都堂，依舊供職。是日得傷暑病，告假，因上章待罪。明日，宣對面諭曰：『前執政獨留卿，又以疾辭，何也？』特給假宣醫，早晚内侍存問。連上三章乞致仕，未允。」

未幾卒，詔厚恤其家。

《墓誌》：「以五月丙申薨于位，享年五十有九。訃聞，上爲之震悼，賜水銀龍腦以斂，仍賻恤其家，許陳乞恩例外，特與長子改京秩。勑有司擇日臨奠，夫人張氏一再辭免，從之。又曰：『長子紳，承事郎；次綸、紱、總補承奉郎。』」《繫年要録》：丙申，延康殿學士、簽書樞密院事曹輔薨。時前執政皆免，上獨留輔。未幾，輔得傷暑病，至是薨。湻熙十年，謚忠達。」

古寫隸古定尚書真本殘卷序

敦煌石室藏隸古定《尚書》，《夏書》四篇，《商書》八篇，《周書》一篇，予既印入《鳴沙石室佚書》中。及居海東，又見《夏書》一篇，《商書》九篇，《周書》七篇。《夏》、《商書》與敦煌本複，其足補敦煌本之佚者，《周書》九篇而已。此諸殘卷，以書迹斷之，並出唐人手，故與敦煌本復會合印之。《夏》、《商書》雖複，亦並付印，以考兩本異同。予往歲嘗得日本古鈔《周書》《洪範》至《大誥》

四篇殘卷，考其書迹，殆當中土天水之世。又楊惺吾舍人藏影橅《商書》《盤庚》上至《微子》九篇，一以繕寫較晚，一恐傳橅有失，曩在海東，既已印入《雲窗叢刻》中，兹不復入。至敦煌本《書釋文》殘卷，予印入《吉石盦叢書》者，則又以原蹟縮印，不能影橅附入此編爲憾。附記於此，以告讀者。戊辰九月。

王忠慤公遺書序

丁卯五月，王忠慤公效止水之節。予上其事於行朝，天子驚悼，既已褒揚其大節。海内外人士亦莫不惜其學術，競爲文字以哀挽之。公同學同門諸君子復剏立「觀堂遺書刊行會」，以刊行公之遺書，請予總理董之役。予以憂患待盡之身，恐不克竟其業，欲謝不敏，而義不可辭，乃以數月之力，將公遺書已刊未刊者釐爲四集，次弟付梓。冬十二月，初集告竣。乃序其端曰：

公平生學術之遞遷，予既於《觀堂集林·序》及公傳中詳之矣。而於公觀世之識，未之及也。乃摘其《論古今政學疏》爲公《别傳》，而尚有未盡，今更舉數事。

方公遊學日本時，革命之説大昌。予移書致公，謂留學諸生多後起之秀，其趨向關係於國家前途者甚大，曷有以匡救之？公答書言：「諸生騖於血氣，結黨奔走，如燎方揚，不可遏止。料其將來，賢者以殞其身，不肖者以便其私。萬一果發難，國是不可問矣。」時公同學閩中薩生均坡與公同留學東京，亦入黨籍。公以書見告，且謂薩固賢者，然性高明而少沈潛，彼既入籍，見所爲必非之。惟背之則危身，從之則違心，邇見其居恒鬱鬱，恐以此夭天年也。已而，薩生果夭，如公言。

予在海東，公先歸國。英、法學者斯坦因、沙畹諸博士邀予遊歐洲列邦，予請公同往，將治任矣，而巴爾幹戰事起。予告公行期將待戰後。公復書言，歐洲近歲科學已造其極，人欲與之競進，此次戰事實爲西政爆裂之時，意歲月必久長，此行或竟不果邪？後數月，予返滬江，沈乙庵尚書觴予於海日樓，語及歐戰，予以公語對。尚書曰：「然。此戰後歐洲必且有劇變，戰勝之國或將益張其國家主（意）〔義〕，意謂德且勝也。」予曰：「否。此戰將爲國家主（意）〔義〕及社會主義激争之結果，戰後恐無勝利國，或暴民專制將覆國家主義而代之，或且波及中國。」尚書意不謂然。公獨韙之。已而俄國果覆亡。公以禍將及我，與北方某耆宿書言，觀中國近狀，恐以共和始而以共產終。某公漫不審，乃至今日而其言竟驗矣。

惟公有過人之識，故其爲學亦理解洞明。世人徒驚公之學，而不知公之達識，固未足以知公。即重公節行，而不知公乃知仁兼盡，亦知公未盡也。予故揭公佚事，以告當世。至公學術之鴻博浩瀚，世人皆能知之，固不待予之喋喋矣。丁卯仲冬。

爾雅郝注刊誤序

兒時讀《爾雅》郝氏《義疏》，乃學海堂刊本。稍長，始得同治五年郝氏家刻所謂足本者。據長洲宋于庭先生序，言阮刻删去之文出高郵王石渠先生手，或云他人所删，而嫁名於王。嘗取兩本並几觀之，見凡阮本所删之處，多有未安，知阮本所删必出當世碩儒之手，意非石渠先生不能如是精密也。且疑所謂足本者乃初稿，阮刻爲定本，顧無以證之。

逮己未仲夏，由海東返國。明年，從貴陽陳松山黄門許得《義疏》寫本，首尾朱墨爛然，凡句乙處用朱筆，又凡一語有未安，一字有譌脱亦以朱筆訂正。以書迹觀之，確出石渠先生手。間有一二爲文簡書。其尤未安處，則石渠先生加墨籤，每條皆出念孫案字，凡百十有三則，知删定果出石渠先生，非託名也。其所刊正，莫不精切，如嚴師之於弟子。於此可見古人友朋論學之忠實不欺。雖石渠先生長于蘭皋先生十餘年，然在今人，即齒相若，殆亦未必如是之真切不唯阿也。考蘭皋先生卒於道光五年，阮氏《經解》之刻在道光六年，至九年而工竣。石渠先生卒於道光十二年，阮氏刻書時，郝氏初亡，而石渠先生健在，故當時以定本付刊，其後人乃誤以未定本爲足本，復爲之刊布。于庭先生作序，徇郝氏後人之意而爲「或云出於假託」之言以阿之，知道、豐諸儒，已漸失先輩質實之風矣。

予平生服膺王氏之學，往歲既刊石渠先生未刊諸書，爰以戊辰暮春，命兒子福頤將此編中刊正郝書諸籤録爲一卷，顔之曰《爾雅郝注刊誤》，以遺當世之治王、郝二家之學者，且以識予早歲所疑，逾四十年竟得其證，爲可喜也。五月既望。

鄴下冢墓遺文二編序

宣統丙辰，予在海東寫定《鄴下冢墓遺文》，得七十有一通，既付梓。已而，漳濱諸陵阜世傳爲「曹瞞疑冢」者，於此復出魏齊誌十餘，檢巾笥所儲，復有遺漏未入録者，乃手寫爲補遺，欲寄鄂刊附前編之後。嗣以歐戰告終，疫癘大作，家人多抱病，料量醫藥，因循未果。及歸國，聞安陽宋、韓、魏公塋域多被發掘，出誌石甚夥，其壙中壁畫且剷削，隨市舶歸海東矣。名賢之壟遭此慘劫，爲之歎喟。乃亟搆求墨本，得誌八種，求舊稿欲加入，則已亡失。因循者又三年。乃以癸亥秋，別校寫之，得四十二通，合之前編，共得百十有三通。安陽墟墓間古刻雖不能遽盡，亦略備矣。爰寄武昌手民刊之，並書其首。十月晦。

松翁近稿序

往歲庚申，徇兒輩之請，編第平生文字四百八十首，分甲、乙、丙、丁四編，爲《永豐鄉人稿》。由庚申至今，忽又六年，所作又得五十九首，又檢笥得舊作三篇，合之總爲篇六十二，編爲《松翁近稿》。溯自辛亥避地，迄於返國，十餘年來九死餘生，恨不立槁，而留此羽毛得毋多事？嗚呼，長夜悠悠，人間何世？異代知我，倘有其人，濡管綴辭，爲之長喟。乙丑仲冬。

丙寅稿序

乙丑歲暮，既編印庚申以後文字七十篇爲《松翁近稿》，意欲遂焚筆硯。乃改歲以來，人事乖迕益甚於前，不得已，仍流覽故籍以遣歲時。陶公詩所謂「造夕思鷄鳴，及晨願烏遷」者，若爲予詠矣。是歲，兒子輩復裒集一年中所作文字及舊稿未刊者，總得九十首，付諸手民，請有以名之，乃顔之曰「丙寅稿」。嗟乎，以垂暮之年，丁艱貞之會，而浪擲居諸爲此無益，知我罪我，復奚卹耶？丁卯正月。

續宋中興編年資治通鑑跋

《續宋編年資治通鑑》十五卷，曩有張氏照曠閣刻本，乃從屈雲峯寫本上版。屈氏跋稱乾隆甲寅春，借自任陽浦氏，係元人刻本。板已漫漶，並有闕頁，無從增補。予二十年前于廣州孔氏得明鈔本，繕寫甚工，而譌字不少，但張本闕葉，此本多完。如卷二建炎四年，張本闕十一、十二兩月；卷四紹興六年闕三月至九月；卷五紹興十二年十二月以下即接十四年，而闕十三年；卷七紹興卅二年十一月以下缺字甚多；卷十淳熙十三年五月脱一行，十六年附論亦脱一行。可據寫本補張本凡數千言。亦有張本有而寫本闕者：卷八隆興元年十一月至二年四月凡六百九十餘言；卷九乾道九年正月寫本脱十九字；卷十淳熙十五年寫本脱二十四字。以兩本互勘，闕葉幾完，惟隆興元年十一月尚有斷缺處耳。張本從元本出，故譌字較少，然以寫本校之，尚補正七十餘字。又張本亦有改竄處，如各卷中多稱金爲「虜」，張本僉改稱「金」，或曰「敵」，寫本則仍其舊。

此書原與《宋季三朝政要》合刊，予往歲既影印元刊《政要》，因取此書寫本付印，其譌誤一仍其舊，而作校記一卷附焉，並記此本之勝于張刻者，俾來者考焉。丁卯六月。

廬山記跋

宋陳舜俞《廬山記》舊佚太半，惟海東尚傳宋槧本及元禄刊本，均完足。丁巳春，予既從東友德富蘇峯借其成簣堂書庫宋本印入《吉石盦叢書》，宋本有佚葉，據元禄本補之，而元禄本亦有佚奪，則可據宋槧補正。往歲嘗欲併刊元禄本以資比勘，匆匆未果。頃編印亡友海甯王忠慤公遺書既竟，手民有餘暇，因取元禄本付之，與宋槧并行，以償夙願。其譌奪一仍本來，不加改正。至卷首廬山圖，乃取明人畫本附入，初非原書所有，兹不復刊入，以存舊觀。戊辰八月。

遺山新樂府跋

遺山新樂府舊刻不傳，惟張石州先生校刊《遺山全集》有之，凡四卷。此本及愛日精廬、鐵琴銅劍樓所藏鈔本並是五卷。蓋張本佚末卷也。予往歲得此本於吴中，前有「蔣維培印」、「季卿」二朱記，後有朱書二行曰：「己酉秋，從林屋葉氏明鈔本校繕。元愷。」《孝慈堂書目》載所藏有葉文莊藏本。稱元愷者不知何人，至所云林屋葉氏本，殆即傳鈔葉文莊本也。戊辰九月。

虞山人詩跋

虞勝伯集有三本：一、《希澹園集》，三卷。四庫著録者是也。也是園有鈔本，後歸皕宋樓。二、《鼓枻稿》，不分卷。述古堂、也是園、孝慈堂、皕宋樓善本書室並有之。三、《虞山人詩》，三卷，即此本。皕宋樓亦有鈔本三本，編次不同，其實一也。此爲長塘鮑氏知不足齋舊藏，前有金華桑以時序，後有虞勝伯跋，稱得詩三百三十三首，釐爲三卷。後署丁未歲冬至前一日。考丁未爲至正二十七年，知其詩皆元代所作也。卷一爲古體，卷二爲五律、五絶及六言絶句，卷三爲七律、七絶，總計二百九十四首，視原跋所云三百三十三首少三十九首。

往在京師，從友人假《希澹園集》，據補此集佚篇。復假得查初白先生寫本，手校文字異同於此本上。及在海東，得曹氏倦圃藏本《鼓枻稿》，復加校讐，知各本互有得失。諸本皆無序跋，惟此本有之。至此本卷一《贈星史汪清溪》五古，脱十六韻三十二句；卷二《看帆詩四首》失序，《漫興四首》末失《元夜》一首。《鼓枻稿》則脱注甚多，又題《柯參書竹》五絶，二首誤併爲一。又查本與此本無大異同，曹本則多異字，今一一記注於下。復就《希澹園集》及《鼓枻稿》補此本佚詩，凡得三十八首，别爲《補遺》一卷，較原跋所稱三百三十三首者，但佚一篇耳。戊辰仲秋，因命兒子福葆校録付印傳世。虞集殆以此爲善本矣。

滬上近印《鼓枻稿》，亦不分卷，不分體，與倦圃本同，而編次又稍異，總得詩三百十有三首，則與曹本不殊也。並附記之。

歷代山陵考跋

《歷代山陵考》，明鈔本一卷，無撰書人名，前有黎陽王在晉序，蓋即在晉撰也。序前有「曹溶私印」、「潔躬」、「枚庵流覽所及」，首葉書題下有「翌鳳私印」、「枚庵」「吴伊仲藏書」，共六印。蓋倦圃所藏後歸枚庵者。此書《四庫全書》未收，而列入存目。體例駁雜，帝王陵寢外，闌入孟嘗君、甘陵、趙宣子、虞姬等冢，於歷代陵寢考證亦疏，宜爲館臣所不取也。以頗便檢尋，且舊鈔無刻本，故取以付手民。戊辰七月工竣，漫記其後。

畏壘筆記跋

光緒己亥，在滬江觀會稽章碩卿大令藏書。大令出示南昌彭氏所藏寫本《畏壘筆記》一册，不分卷，後有文勤手跋，云「此書九十餘則，從曲阜孔氏移録，孔氏則從手稿傳寫者也。聞有刊本，未見」，云云。大令因問：「文勤言此書有刊本，君見之否？」予時固未見也。及壬寅冬游廣州，得此本。繕刻至精，計分四卷，凡百八十餘則。前有短序，末署「康熙戊戌七月十八日重録」，則此爲最後定本。孔氏所録不分卷者，乃未定本也。以孔、彭二家所未得見，流傳之罕可知。一旦得之，喜可知也。惜大令墓草已宿，不獲告語爲可憾耳。又二十餘年，爰取付排印以傳之。戊辰八月。

乙丑集跋

朱竹君先生《乙丑集》一卷，乃乾隆十年一歲之作，每題下皆注月日，計得詩七十二首。往歲在京師，得先生藏書百餘種，手稿數册，是集在焉。考先生生於雍正七年己酉，乾隆乙丑年方十有七耳。戊辰夏仲，取付手民，並記其末，俾讀者知先生雖早歲之作，已卓然可傳如是也。中秋後五日。

廣雅疏證補正跋

光緒戊戌春，在滬江，揚州書估夏炳泉挾書求售，中有《廣雅疏證》。書中夾墨籤甚多，間有朱書，偶見「念孫案」字。夏估疑是石臞先生手筆，索價至奢。予時未見石臞先生書迹，而加籤處固極精密，微石臞先生，當世殆無其人，惜少八、九兩卷，因許以善價。夏估云：「兩卷聞尚在某故家，當爲覔之。」因挾其書去。及明年夏，予返淮陰寓居，漢軍黄蕙伯太姻丈觴予於河下飲渌草堂。酒半，出新得書見示，謂是書當爲王石臞先生手校而未敢遽定。予取觀，蓋即夏估挾至滬上者。予假歸。一夕盡讀之，決爲出石臞先生手，因勸黄丈條録付梓。其年秋，黄丈乃手編爲《補正》，以新刊本見贈。又數年，丈卒於淮安，後嗣零替，鬻所藏書。予得書十餘種，石臞先生是書在焉，而《補正》刊版則不可知。

丁巳在海東，海甯王忠慤公國維從予假黄氏本刊入雜誌中，且爲之跋。及予由海東返寓津沽，得王氏手稿及雜書一笥，中有《疏證》初印本，已佚數册，而卷八、九獨存，中夾墨籤，適足補曩本之闕。因命兒子福頤移黏舊得本上。黄丈所録間有遺漏，因據原書重加校録，共得五百有一則，視黄丈所録增數十則，而一仍黄丈舊名，重爲印行，並録黄丈原跋，以記是書之得流傳自黄丈始也。

至八、九兩卷，予初見時本佚去，後夏估以他本足之，黃跋遂誤認爲待校而未校。至校正各條，皆出自石臞先生。忠慤謂間有伯申尚書手書，不盡先生筆，其言殊渾淪。今案：其實則朱書爲文簡所清寫，墨籤則文簡尚未清寫者也。爰於書首仍署石臞先生名。至此書佚卷南北千餘里，後先廿餘年，終爲延津之合，殆石臞先生所陰相歟？謹書卷末，以志欣慰。戊辰八月。

續百家姓印譜考略跋

往歲丙辰在海東，得吳中丞手寫《續百家姓印譜》，既爲序而行之。越十有二年，老友定海方藥雨太守出示此本，亦中丞書，彼本無注，此本且有注，殆彼本在前，此爲定稿也。

以兩本相校，文字頗有異同。如「留(梁)〔粱〕軋菹」，「軋」彼本作「采」；「放菓爰闌」，「爰」彼本作「藥」；「頓騶犨原」，「犨」彼本作「麋」；「聊噲朗戾」，「朗」彼本作「肆」；「鹽欒中修」，「中」彼本作「姝」；「慶增言坊」，「慶增」彼本作「爰樹」；「番瘣苴笱」，彼本作「番苴竹笱」；「綦增綪緒」，「緒」彼本作「帶」；「盍邸(已)〔己〕閎」，「己」彼本作「增」；「縣壺副廱」，「副」彼本作「中」。又，字句先後亦有次弟不同處。其注頗取諸《姓統》，未能詳考諸姓氏書，然其勤力亦未可没也。至印文中誤釋諸字，予既一再訂正之，惟「留粱軋菹」之「軋」，證之印文，實是「軛」字，固非「軋」也。附著於此，並移寫付印，與無注本並傳焉。戊辰八月。

增訂碑别字跋

光緒丙戌，先伯兄即世。越八年甲午，丹徒劉氏始刊兄遺著《碑别字》五卷。既成，予閒嘗補其遺佚，記於書眉。又七年，乃寫定爲《碑别字補》五卷，于武昌付梓。又十年，遭國變，予避地海東，乃取兩編合編之。兩編所收諸石刻外，十年閒所得又將二三千通，暇乃摘其異字可補兩編者，復命亡兒福萇補於書眉，又得千數百字，欲更會爲一編，乃返國。未久，萇兒病没。前年冬，始命兒子福葆檢其遺書，助予校寫，戊辰秋，付諸影印。蓋距先兄爲初編時且四十又三年，予亦既老且衰矣。追維疇昔，寓淮安面城精舍中，與兄同研席；在海東日，亡兒日侍左右，光景如昨。予乃以桑榆急景，攬卷校讐，濡翰綴辭，不禁老淚之横集也。戊辰九月。

昭陵碑録校記跋

予曩寫定此録，以《崔敦禮碑》未見拓本，不欲遽授梓，而同好多敦促者，乃以宣統紀元春，付番禺沈氏刊之。明年冬，成補録。他碑亦有勘正。擬再刊之，亟搆《崔碑》，卒不可得，於是始寄鄂州開板。逾年，工甫竣而國變作。

方是時，乃聞南中故家有售是碑者，爲河閒龐芝閣所得。龐君旅居滬上，予則遯迹海外，重瀛修阻，求見末由。未幾，同好又投書見告，謂錫山秦綗孫亦藏一本。至是，夢想乃益深。私意是二本者獲見其一，吾書無遺憾矣。懷此者又二歲。今年春，以違先壟久，渡海一歸省，道出上海，亟走詣龐君許。秦君適亦在滬，兩本乃並得縱覽，手自移録。龐君又出示《唐儉碑》，秦君出示《姜遐》、《乙速孤行儼》二碑，復於廬江劉君惠之齋中觀所藏《姜遐碑》，皆精善，足據以校吾録，既一一比勘，爰將舊刻改易十餘版。其以前勘誤未竟者，海外手民不能剜改，别爲校記，附於編末。

回憶此録，自光緒丁未訖今，先後凡八年，乃克竣事，中間人事萬變，同好所藏以予之轉徙流離，致屢易寒暑不得寓目，一旦乃畢列吾几席間，且所見有出於意計之外者，此固諸君之嘉惠，儻亦武德、貞觀諸賢之靈閔予之篤好，而有以佑助之與？爰記成書之艱難與諸君之高誼，以告當世讀是編者。甲寅五月。

宋槧小字本妙法蓮華經跋

杭州本小字《妙法蓮華經》七卷，摺叠裝，板心高營造尺六寸三分强，廣二寸六分，半葉十二行，行廿九至卅五字不等，每卷首尾銜接，末有牌子，文曰：「臨安府衆安橋南賈官人經書舖印。」「賈」字上半蠹蝕，知爲賈者，往歲在海東，德富蘇峯許見《佛國禪師文殊指南圖讚》，後有牌子曰「臨安府衆安橋南街開經書舖賈官人宅刊」，故知此所蠹蝕之字確爲「賈」字也。天水之世，刊刻書籍杭本爲上，閩、蜀次之。北宋官本有監本，南宋則監本外有内府本，浙西轉運司本，杭州及臨安府官本。私家刻書若睦親坊、陳解元、太廟前尹家最著，其餘若車橋南大街郭宅、中瓦南街榮六郎、錢唐俞宅書塾諸刊本則傳世較少，若賈官人宅刊本則但見此經及《圖讚》二書而已。

丁卯冬，建德周君出此屬題，時正校理故友王忠慤公遺書，將此經增入所著《浙江古刊本考》中，並書册尾以歸之。

克鼎跋

此器出土之地，吾友王忠慤公據華陽王君文燾言謂出寶雞縣南之渭水南岸。忠慤遂謂，克都在渭南，其他邑又遠在渭北，北至涇水，殆盡有豳國故地。予近以詢廠估趙信臣，言此器實出岐山縣法門寺之任村任姓家。岐山在鳳翔東五十里，在渭北；寶雞則在鳳翔西南九十里，南臨渭水。克之故都正在渭北，故他邑北至涇水，而未嘗及渭南也。趙君嘗爲潘文勤公親至任村購諸器云。當時出土凡百二十餘器，克鐘、克鼎及中義父鼎等，均出一窖中，於時則光緒十六年也。器出寶雞殆傳聞之譌。丁卯冬，校印忠慤遺書，因考詢此器出土之地，惜忠慤已作古人，不及語之矣。

史頌敦跋

此敦有「友里君百生」語。吴窓齋中丞曰：「『里』即『理』。『君百生』當讀『群百姓』。」案：此説誤也。《周書・酒誥》「越百姓里居」，即此敦之「里君百生」，特經文誤「君」爲「居」，蓋「君」、「居」二字相似，致譌也。傳：「於百官族姓及卿大夫致仕居田里者。」《堯典》：「平章百姓。」傳：「百姓，百官。」經字雖誤，傳説固未誤矣。然傳釋「里居」爲「居田里」，足徵「君」之譌「居」，由來已久，今得據此敦正之。古金款識之有裨經典顧不巨哉。戊辰冬。

近見矢方彝拓本中，亦有「衆里君衆百工」語，又爲此敦得一左證。己巳仲秋。

羍氏詹作善會跋

此器已殘，狀如鼎蓋，但存手握處而四周全缺，乃俗工去其缺損處，遂如小盞，失其原狀矣。上有「羍氏詹作譱錀」六字。「羍」字不可識，「詹」字作[illegible]，下从[illegible]，初亦不審爲何字，以下「善」字从[illegible]推之，知即「言」字，蓋即許書之「諺」，篆文从彥聲，此从彥省聲也。「錀」即「會」字。器蓋謂之「會」，其文象器蓋上下相合，《䣄亥鼎》作[illegible]，《[illegible]子□匜》作[illegible]，《王子□匜》作[illegible]，以从A象蓋，下从田象器，以金爲之，故旁增「金」。其器爲蓋，益證其爲「會」字，殆無疑也。《王子□匜》增从辵，乃引申爲會遇字。許書載「會」之古文作㣛，與《王子□匜》略同。又，「會」與「合」同意，故許書「會」注「合也」，而「合」下云「合口也」。段訂正作：「亼口也。」予意「合口」二字乃「會」字之譌，「合」亦象器形上下相合，「會」之古文从「合」，亦其證矣。

中鑵蓋跋

此器已佚，但有蓋存，狀與觶蓋同，知其器亦如觶矣。文曰「中作旅鑵」。「鑵」字不見許書，《集韻》始有之，訓汲器。《玉篇》有「鑵」字，《説文》新附字亦有之，《類篇》亦曰汲器，與「鑵」殆一字。此器形如觶而較大，其爲酒器無疑。考卣爲中尊，祭時以盛鬱鬯灌地以降神，然卣爲盛酒之器，與尊、壺同，不可持以灌，必酌酒於他器。浭陽端忠敏公藏寶雞諸酒器，一卣中有勺。此鑵殆受卣中之酒，持以灌地，故視飲器中之觶容量較大，而形制全同。此器既用以灌，遂以灌名。从金作者，以金爲之，故加金也。

往歲見宗室伯希祭酒藏一器，大於觶而小於卣，其器殆亦鑵矣。

魚七跋

古七舊無傳世者，有之自《陶齋吉金録》始。但陶齋不知爲七，而稱之曰勺。勺爲容器，匕則以取肴胔，用不同，故制亦殊，勺深而匕淺，固不容混也。予往歲得衵仲無龍匕，葉鋭末與陶齋臧匕同。此匕則葉末爲圓形。蓋鋭者以匕肉，此爲魚鼎之匕，魚熟則爛，不適鋭匕，故末圓也。

此匕數年前出山西渾源州，予初見之都市，僅見金書十餘言，訝爲奇物，亟以重金購歸，鄭重摩洗，表裏文字乃均可辨，惜上截損佚。予往歲手寫其文寄亡友王忠慤公。公既釋其文字，予乃考其形制。匕之爲物知而名之，蓋自予始也。

距末跋

燕歫末，金錯文，器出易州，故知爲燕物。形制與程木庵所臧商歫末同，故知其器爲歫末也。此器殆施於弓末以安弓弦者。由此觀之，知古弓蓋鋭末矣。

漢敬武主家銅銚跋

此漢嗣富平侯張臨家器也。敬武主爲元帝妹，初下嫁張臨，後改適薛宣，事蹟載《漢書》張湯及薛宣傳。《外戚恩澤世系表》載臨以初元二年嗣侯，十五年薨。此器署初元五年，疑爲主下嫁之年，臨嗣侯十五年乃竟寧元年。主改適宣，據《宣傳》在宣後封爲侯時。考《表》記，宣以鴻嘉元年封高陽侯，永始二年免，其年復封。《傳》之「後封」，殆「復封」之譌，是主之改適在永始二年。宣以綏和二年免，其卒不知在何年。《傳》稱宣卒後，宣子況與主私亂。元始中，王莽自尊爲安漢公，主出言非莽，爲莽所嫉，飲藥死。考公主下嫁張臨時年雖不可考，要至少亦且十四五，自初元五年至臨之薨竟寧元年凡十二年，又下數至永始二年改適薛宣，至宣之罷綏和二年，主年已五十四五，又數年宣薨，主年當在六十内外，何至與宣子況私亂。意王莽欲加之罪，史家不知其爲誣謗而漫記之耶？古今之竊人國者，往往於前代肆意詆毁，莽其作俑者也，予特爲辨正之。

又考主嫁張臨生子放，初嗣侯，後以罪左遷。《傳》稱其永始、元延間，比年日蝕，故久不放還。居歲餘，徵歸第，視母公主疾。數月，主有瘳，出爲河東都尉。永始以後，主雖改適於薛氏，恩猶未絶。而放之左遷，實由宣與翟方進之奏劾，宣縱不爲放地，主何亦不爲其子地耶？亦人情之不可解者矣。丁卯仲冬。

金馬書刀跋

右漢廣漢郡工官金馬書刀，鐵質金書。所見凡四品，皆已斷折。此品文字較多，以他三品互讀，則全文尚可曉。其文曰：「永元十六年廣漢郡工官卅湅，書刀工□，造護工卒。史成長荆守丞熹主。」共廿八言。此所殘泐凡八言，其七字可據他品補之。所不可補者，工名而已。

金馬書刀之名見《漢書・文翁傳》注，《傳》言文翁選郡縣小吏，開敏有材者張叔等十餘人，親自飭厲，遣詣京師受業博士，或學律令，減省少府用度，買刀布蜀物齎計吏以遺博士。如淳注：「金馬書刀，令賜計吏是也。作馬形，於刀環内以金鏤之。」晉灼曰：「刀，書刀。舊時蜀郡工官作金馬書刀者，似佩刀形，金錯其拊。」云云。今以予所見證之，則刀之前面金鏤年月工官名，其陰金鏤馬形，下去環約寸許。如淳以爲作於刀環内者非也。文内「卅湅」二字，「卅」乃三十併之卅，「湅」即後世之「鍊」字。漢鏡銘「鍊」字皆作「湅」，他器亦然。漢永始三年鼎文曰：「乘輿十湅，銅鼎十湅。」乃湅之數。銅鼎十湅，此製以鐵，故三十湅也。

安昌車飾跋

此車飾彫鏤至精，金銀交錯，嘉定錢氏《十六長樂堂古器款識》曾著録。予二十年前得之滬肆。前歲冬，瑞典王儲過津沽，來觀雪堂臧器，乞去，今遂歸泰西。

考安昌爲張禹封邑，此爲禹故物。《傳》稱禹内殖貨財，又稱其内奢淫，故其車飾侈麗如此，與「公孫布被」適得其反，然其僞飾儒術則一矣。

新莽爵符跋

古新莽爵符，文曰：「新與廣有前精卒正爲爵。」翼上文曰：「廣有郡右。」文字極精。案：

《漢書・王莽傳》：天鳳元年七月，「莽以《周官・王制》之文，置卒正、連率、大尹，職如太守；屬令、屬長，職如都尉；置州牧、部監二十五人，見禮如三公。監位上大夫，各主五郡。公氏作牧，侯氏卒正，伯氏連率，子氏屬令，男氏屬長，皆世其官。其無爵者爲尹」。此云「廣有前精卒正」，卒正以侯氏爲之，故錫爵符。然連率以伯氏爲之，而傳世虎符署連率者凡四見：曰河平郡，曰敦德，曰壓戎，曰武亭，則均爲虎符，而非爵符，殊不可解。豈虎符外别與爵符歟？新莽連率四符，署「左二」、「右二」者各二，而爵符則但書「廣有郡右」，殆爵符僅一符，不似虎符有數符耶？史不載爵符之制，賴此知之。知史書之闕佚多矣。此符不知誰氏所藏，人間亦未見第二品。

魏丞相江陽王墓誌跋

誌稱王諱繼，字仁世，太祖道武皇帝之玄孫，左光禄大夫、儀同三司、南平王之仲子。以皇興二年出後伯祖江陽王，即以其年襲承藩爵，再居上將，七蹈台階。平北，安北，鎮北，柔玄，撫冥，懷荒，青州，恒州司州牧，儀同，司空公，司徒，太保，太傅，大將軍録尚書各一；侍中，尚書，左衛將軍，領軍將軍，驃騎，特進，太尉，太師各再。春秋六十有四，永安元年薨。贈使持節、丞相、都督雍涇岐崋四州諸軍事、雍州刺史印綬，侍中、王如故。粤二年，歲次己酉八月庚戌朔十二日辛酉，葬。案《魏書・道武七王傳》：京兆王黎，子根襲，改封江陽王，無子。顯祖以南平王霄二子繼爲根後。繼字世仁，襲封江陽王。今以誌證之，傳稱字世仁，與誌作字仁世不合。誌稱皇興二年出後伯祖，與傳顯祖以繼爲根後相合。考《世祖紀》：根以太延四年卒，至顯祖皇興二年，垂三十年，始爲立後。繼年十八，則根薨時繼尚未生也。誌叙繼歷官亦與傳合，惟傳稱繼以永安二年薨，則與誌差一年。然《孝莊紀》載：永安元年十月壬子，太師江陽王元繼薨，則與誌正同。至誌不載卒之月日，與常例不合，殊可異也。傳稱贈假黄鉞都督雍華涇邠秦岐河梁益九州諸軍事、録尚書、大丞相、雍州刺史，王如故，謚曰武烈，誌不載假黄鉞及謚武烈。又九州作雍涇岐華四州，殆亦以誌爲得也。戊辰歲除。

誌稱繼爲道武玄孫。案：繼爲根後，乃以孫嗣祖，由道武以降爲五世，作玄孫是也。繼子乂於道武爲來孫，而乂誌亦稱爲道武玄孫，則誤矣。前跋乂誌未及糾正，附著於此。

南平王元暐墓誌跋

誌稱王諱暐，字仲冏，太祖道武皇帝六世孫，而不記其祖父名位及暐襲爵之年。考《魏書·道武七王傳》：道武子廣平王連没，無子，以陽平王熙第二子渾爲南平王，以繼連後。渾卒，子霄襲。霄卒，子纂襲。纂卒，子伯和襲。伯和以下魏書闕一版，而目録道武系廣平王下書南平王渾，渾子霄，霄曾孫仲冏，而無纂與伯和名。傳載霄以太和十七年薨，纂以景明元年薨，伯和以永平三年薨。誌稱暐以孝昌三年卒，以此遞推，是纂襲爵七年，伯和襲爵十一年，仲冏襲爵十七年。仲冏殆襲伯和爵。目録稱仲囧爲霄曾孫，世次正合。傳作仲囧，誌作暐，字仲囧，殆當時以字行。《肅宗紀》：孝昌三年正月甲申，元恒芝大敗於涇州，大隴都督、南平王仲囧，小隴都督高聿並相尋退。又《蕭寶夤傳》：孝昌三年十月，殺南平王仲囧。是月，遂反。《肅宗紀》又載，孝昌三年正月辛夘，「蕭衍將湛僧珍圍東豫州，詔散騎常侍元暐爲都督以討之」。此元暐者不知即仲囧與否，抑別一人耶？誌叙暐由諫議大夫轉中書侍郎，除輔國將軍、光州刺史，又歷給事中、黄門侍郎，改授散騎常侍。秦川搆亂，假平西將軍爲西討別將。涇陽告警，除右將軍、涇州刺史。尋授平西將軍、銀青光禄大夫、假安西將軍、征西都督，進秦州刺史、假鎮西將軍。卒，贈衛大將軍、尚書右僕射、雍州刺史。此暐平生所歷官，足補《魏書》之闕文。誌又稱，「前駈覆衆，大督云亡。王案鉀徐歸，抽戈後殿。慨東隅之有缺，思改旦於後圖。却就長安，方申更舉。天不悔禍，隆緒興妖，忽離盜增之禍，奄及推墻之災」。以史證之，所謂「前駈覆衆，大督云亡」，謂元恒芝大敗於涇州也。所謂「隆緒興妖」，謂蕭寶夤之叛也。《紀》書寶夤之叛在十月甲寅，誌載暐之見殺在十月二十日，依長術推之，是月庚寅朔廿五日得甲寅，暐之死先於寶夤之叛五日。故傳云，「是月遂反」也。

此誌近出洛中，石藏開封圖書館。關君伯益寄拓本至，爰書其後，並録副以寄之。

僞周順陵殘碑跋

此碑今僅存殘石二百餘字，然趙子函、顧亭林、孫北海均見舊拓未損本，予所見乃杭州高氏所藏，尚是未斷時所拓，惜爲翦裝，中間不免有脱字及錯列處，爲可憾耳。碑乃武后爲其母楊所作。稱楊氏先世曾祖定，魏都督，歷新興、太原二郡太守，并州刺史，晉昌穆侯。祖紹，後魏征西將軍、金紫光禄大夫兼通直散騎常侍、驃騎大將軍，周開府儀同三司。此下有缺文。父鄭恭王，周内史、中大夫，隨開府儀同三司、黄門内史、吏部刑部二侍郎、尚書左右丞、趙鄀二州刺史、工部吏部二尚書□言、營東都大監、將作大匠、武衛將軍、左光禄大夫、遂寧恭公，贈吏部尚書，唐贈尚書左僕射，垂拱二年封鄭王依舊，謚曰恭。考《新唐書·宰相世系表》楊氏觀王房：興生國，國生定，定生紹，紹生達。《周書·楊紹傳》則稱祖興，父國，無定一代。《北史·紹傳》同。薛道衡撰《後周大將軍楊紹碑》：祖國，鎮西將軍。父定，新興太守。與此碑同。足正《周書·紹傳》之失。楊達，《隋書》附其兄觀王雄《傳》，雄父紹，《傳》誤作納。《傳》稱達仕周至儀同、内史、下大夫，此碑作中大夫；營東都副監，此碑作大監。又稱達在周封遂寧男，高祖受禪，進爵爲子，卒，贈始安侯，謚曰恭。《唐表》稱達爵始安泰侯。此碑稱遂寧恭公，不稱始安〔泰〕侯，與隋、唐二史不合。至《唐表》之「泰侯」，則「恭侯」之譌也。洛陽近出《唐岐州司户參軍楊茂道墓誌》，亦稱祖達，隋黄門中書二侍郎、工部吏部二尚書納言、遂寧郡公、皇朝贈尚書左僕射，與此碑紀達歷官同，亦稱遂寧郡公，疑隋、唐二史稱贈始安侯者亦誤矣。

碑稱后父武士彠爲無上孝明皇帝，稱楊氏初封應國夫人，及卒，改封衛國夫人，既葬，下制贈魯國太夫人，謚曰忠烈。文明元年九月，追尊曰魏王妃。長壽二年，后位之上又加「無上」兩字，故碑題稱「無上孝明高皇后」。考《舊唐書・士彠傳》不載追贈帝號事。《新書》本傳載，武后臨朝，尊爲忠孝太皇，及革命，追尊爲帝，亦不載無上孝明高皇帝之稱。而於《武后傳》則書之甚詳，稱：光宅元年十月，追謚考魏王曰忠孝。永昌元年二月丁酉，尊爲周忠孝太皇。戊戌，追謚妣楊氏曰忠孝太后。天授元年九月丙戌，立武氏七廟，尊忠武太皇曰太祖孝明高皇帝，《舊書・武后紀》但稱孝明皇帝。妣曰孝明高皇后。長壽二年九月庚子，追尊太祖孝明高皇帝曰無上孝明高皇帝。與碑正合。惟碑不載楊氏追后之年，據史知爲天授元年也。《舊書・武承嗣傳》載：楊氏初封代國夫人，尋改封榮國夫人，閏月贈太原王妃。《新書・武后傳》徙鄭、衛二國。《舊書・高宗紀》稱：咸亨元年，衛國夫人楊氏薨，贈魯國夫人，謚曰忠烈。今碑中不載徙封代、榮、鄭三國及贈太原王妃，而衛國改封據碑在卒後，魯國之封在葬後，《舊紀》則衛國之稱在卒前，魯國之封在卒後，與碑不合，要以碑爲得矣。

《舊書・高宗本紀》稱楊氏卒於咸亨元年九月甲申，葬于閏月甲寅。碑作咸亨元年八月二日，崩於九成宮之山第，□□□朔廿一日辛酉，遷座於雍州咸陽縣之洪瀆原，鄭恭王舊塋之左。卒葬年月日與史不同，殆亦以碑爲得也。碑稱合葬非古，故楊不祔士彠文水之昊陵，而葬於父塋側，已爲非禮。而碑又稱「陵塋眇隔，長懸兩地之悲；關塞遥分，每切百身之痛。命大使備法物，自昊陵迎魂歸於順陵」，則招昊陵之魂，祔於順陵，失禮之中，又失禮焉。然亂賊之人，尚可以禮責之哉。《新書·武后傳》載：永昌元年，以文水墓爲章德陵，咸陽墓爲明義陵。及改國號周，乃以章德陵爲昊陵，明義陵爲順陵。碑稱改咸陽園寢曰順義陵，則《新書》之明義陵，乃順義之譌。傳又載，改昊陵署爲攀龍臺，碑稱又改順陵爲望鳳臺，則又史所不載也。碑稱楊氏卒年九十二。《舊史·武承嗣傳》載：武后以姊韓國夫人子賀蘭敏之爲士彠嗣，改姓武氏。敏之既年少色美，烝於榮國夫人。敏之嗣士彠雖不詳何年，然其時楊氏必爲六七十老婦，而通此少男，於情理未合，故《新書》削之。然武氏何嘗不以耄年通薛、沈、二張，則楊氏之通敏之亦何足異。妖孽相承，尚論者千載之下有餘慨矣。

碑末署「長安二年歲次壬寅金，正月己巳木朔五日癸酉金建」，與昇仙太子碑陰《游仙篇》署年月作「大唐神龍二年歲次景午水，八月壬申金朔二十七日戊戌木」正同，他刻所罕見也。

唐衢州刺史蕭繕墓誌跋

此誌文禮駢麗，書亦工緻。誌稱繕字懿宗。曾祖瞀，祖岑，父球。繕以貞觀中起家左千牛，歷晉安縣令、宋潭廣三州司馬、涇州長史、開道永衢四州刺史。以萬歲登封元年卒，年九十。案：《唐書・宰相世系表》蕭氏梁高祖系載：詧子岑，岑子球，球子膳。誤「繕」作「膳」。近歲繕子思一亦有墓誌出土，亦作「父繕」。據誌，思一爲繕弟六子。而此誌稱嗣子思謙、思讓等，僅舉二人，不知繕尚有幾子也。《宰相世系表》多漏略，茲據此誌及近世出土之蕭瑶、蕭瑾、蕭勝、蕭令臣及思一誌，將蕭巖、蕭岑兩系爲表如左，以補《唐表》之略。

巖 安平王。			**岑** 梁吳王。	
璿	**勝** 字元寂。隋蜀王西閣祭酒。	**瑶** 字達文。滄州景城縣令。	**瑾** 字昞文。隋親衛大將軍、永修侯。	**球** 隋秘書監、文化侯。
銑		**休明**	**凝** 趙州司功參軍、雅州盧山令。	**繕** 字懿宗。衢州刺史、蘭陵縣子。
			令臣 太原府太原縣丞。	**思讓** **思謙** **思一** 珍州録事參軍。
			寬 濮州濮陽主簿。 **寂**	

忠州司馬婁君夫人墓誌跋

誌稱：夫人姓周，其先汝南人也，自汝墳侯至五代祖靈起，子女玉帛八百餘年。祖法明，屬隋鹿□走，唐龍已戰，唐太祖奄興晉野，先入秦關，三分天下未有其一。于時王充據洛，蕭銑在荆，竇建德握兩河之兵，有四州地。法明屯勁楚，連大吴，得專生殺者有卅六郡。太宗文武聖皇帝軍在邙瀫，與王充相持，雌雄未分，詎敢議淮南之兵矣。法明識天曆，體人謡，席卷歸唐，三分振岌。唐之擒建德，擄王充，因我勢也。高祖以法明功興軍始，特追入朝，太尉以下至霸橋迎勞。子弟卅有七，莫不小者侯，大者公，仍以法明卅六郡所歸之地命爲總管，歸郡，錫羽葆鼓吹之從焉。父紹德，十六爲楚州刺史。

案：周法明《唐書》無傳，惟《高祖紀》記隋末起兵諸人載周法明據永安。又武德四年五月庚午，周法明降。再見而已。誌叙周氏先世，自汝墳侯至五代祖靈起，子女玉帛八百餘年。考《唐書·宰相世系表》載：周仁，漢興，封汝墳侯。其後嗣靈超避西晉之亂，南徙居永安黄岡。靈超，梁桂州刺史、襄城侯。孫法僧、法尚，而不載法僧、法尚父名。别載靈超子炅，字法明，黄州總管、道國公，孫惲。《陳書·周炅傳》：字文昭。祖彊，齊太子舍人、梁州刺史。父靈起，梁通直散騎常侍、廬桂二州刺史、保城縣侯。炅仕陳，官至定州刺史，封赤亭王。卒，贈司州刺史，改封武昌郡公，謚曰壯。

《北史》同。子法僧嗣，官至宣城太守。《隋書·周法尚傳》：字德邁。祖靈起，梁直閤將軍、義陽太守、廬桂二州刺史。父炅，定州刺史、平北將軍。法尚仕至會陵太守，進右光禄大夫，贈武衛大將軍，謚曰僖。有子六人，長子紹基，靈壽令；少子紹範，最知名。《北史》同。《元和姓纂》永安周氏：梁襃城侯周靈超，生法僧、法尚、法明，法明萬州總管。諸書所記異同頗多。靈起封襃城侯，《唐表》及《姓纂》誤其名作「靈超」；襃城，《表》誤作「襄城」，《陳書·周炅傳》誤作「保城」。炅字文昭，仕至定州刺史，《表》誤作「字法明」，誤以炅與法明父子爲一人。據陳、隋二《書》，均作靈起生炅，炅生法僧、法尚，《表》以炅爲靈超子，而不以爲法僧、法尚父。《姓纂》稱靈超生法僧、法尚、法明，而失炅一代，誤以祖孫爲父子。至誌稱靈起爲夫人五世祖，法明爲夫人祖，則靈起以下有高、曾兩世，而陳、隋《書》僅有炅一世，是中閒尚缺一世也。《表》稱法明官黄州總管，《姓纂》作「萬州」，誌則稱「仍總管卌六郡」，不言何州，爲「黄」爲「萬」不能決其孰是也。又，周仁封汝墳侯，《姓纂》誤作「汝南侯」。

揚州大都督府長史盧承業墓誌跋

誌稱公諱承業，字子繪。曾祖道亮，韜光不仕。祖思道，齊黄門侍郎，隋武陽太守。父赤松，太子率更令、柱國、范陽公。承業解巾左親衛，補魏王府兵曹參軍事，除太子舍人，秩滿遷豳州司馬兼吴王諮議，以内憂去職，起爲太子中允。今上嗣，歷拜雍州司馬仍兼長史，又兼左丞，以公事出爲忠州刺史，復爲雍州司馬，除長史，又兼邢州刺史，尋爲淮南道大使，仍拜同州刺史；使還，詔爲銀青光禄大夫、行右丞，俄轉左丞，封魏縣開國子，食邑三百户；久之，除陝州刺史，又詔爲銀青光禄大夫、行揚州大都督府長史。以咸亨二年八月廿四日薨於官舍，春秋七十有一。

案：承業，兩《唐書》並附見其兄承慶《傳》，新史記事太略，舊史稍詳，稱：承業「貞觀末，官至雍州長史、檢校尚書左丞，兄弟相次居此任，時人榮之。俄坐承慶事，左遷忠州刺史。顯慶初，復爲雍州長史，前後皆有能名，三遷左肅機兼掌司列選事，賜爵魏縣子。總章中，卒於揚州大都督府長史，贈洛州刺史，謚曰簡」。叙承業歷官不如誌之詳。又記爲雍州長史在貞觀末，據誌則在高宗即位後。誌稱卒於咸亨二年，《傳》作總章中，皆當以誌爲得。至贈官與謚，則誌所未及也。《唐書·宰相世系表》載，陽烏生道將，道將生道亮、思道，以兄弟爲父子，又以父子爲兄弟，可謂謬誤之甚矣。

并州大都督府長史盧玠墓誌跋

玠誌與父承業、子全貞墓誌同時出洛陽。此誌稱玠字子玉，同州府君次子。玠歷官貝州絳州刺史，徵拜左驍衛將軍，除并州大都督府長史，拜左屯衛將軍、東都留守兼判左衛及太常卿事，有子全質等。全貞誌稱：字子正。高祖北齊黄門侍郎思道；曾祖皇朝太子率更令赤松；祖銀青光禄大夫、尚書左丞、雍洛州長史承業；父銀青光禄大夫、號貝絳州刺史、并州大都督府長史玠。案：

《唐書·宰相世系表》不載承業子孫，而于承業弟承福下書瑶、玢。玢，貝絳二州刺史。知《表》既誤玠爲玢，又誤以承業子爲承福子。《表》於赤松子承基、承業二系脱誤甚多，兹據此三誌及盧復、盧寂、盧子鷩諸誌别爲表如左。

承基 主客郎中，郢州刺史。	**元莊** 汚普嘉三州刺史。	**知遠** 資州刺史。	**巽** **孚**		
			復 字子休。譙郡城父縣尉。		
			寵 河中府户曹參軍。	**竚** 太常寺奉禮郎。	**子鷩** 鄉貢進士。
		光遠 京兆府奉先縣丞。	**寂** 字子静。太子司議郎。	**炎** 大理評事兼下邳令。	
				愜	

續表

		明遠 太原少尹。			
		徽遠 潤州刺史。			
承業 字子繪。揚州大都督府長史，魏縣子。謚簡公。	玠 字子玉。左屯衛將軍、東都留守。	全質			
		全貞 字子正。平原郡長河縣令。	洌		
			浰		
			澐		
			沘		
			涚		

右表中復、寵、竚、子（玠）〔鷙〕據復與子鷙誌，光遠、寂、炎、愜據寂誌，承業系據玠及全貞誌。

吉州長史劉齊賢墓誌跋

誌稱齊賢字景山。曾祖會，周濮陽太守、儀同三司、大將軍、城陽□公；祖林甫，唐吏部侍郎、樂平男；父祥道，文昌左相、廣平公致仕，贈幽州都督。齊賢起家弘文生，授趙王西閤祭酒，遷□庶子，□掌吏部選事，守侍中，左遷普辰二州刺史、吉州長史。

案：齊賢，《唐書》附見其父祥道《傳》，稱其繇侍御史出爲晉州司馬，帝以其方直，嚴憚之。累遷黄門侍郎，修國史。永淳元年，進同中書門下平章事。武后時，代裴炎爲侍中，辯炎不反。后怒，左遷晉州刺史，道貶吉州長史。永昌中，爲酷吏所陷，繫州獄，自經死，没其家。《宰相世系表》廣平劉氏：藻生矜，矜孫林甫，林甫生祥道，祥道生齊賢。注：更名景先，相高宗。今以誌證之，齊賢歷官誌所載頗不詳。然趙王西閤祭酒，□庶子，掌吏部選事，則《傳》所略也。《表》不載林甫父名，據誌知爲周濮陽太守會，可補《表》闕，至《傳》之「晉州刺史」，則「普州」之譌，又當據誌以正之者也。誌稱齊賢薨于湓郡，與《傳》作自經於州獄亦不合。誌雖未昌言自殺及籍没，然稱「屈靈均被讒，身也不歸；李季之□亡，妻孥共盡」，則不啻明言之矣。齊賢既中道暴卒，家又籍没，其長女乃爲之歸葬。誌稱「公長女趙郡李延之妻也，孝思罔極，創巨痛深。悲鴒□之不嗣，寄馬鬣而無□。哀情所感，令夫屈官於豫章；衷志獲申，羈魂返安於梓澤」。讀之令人酸楚。以齊賢之賢，固宜有此女矣。誌稱齊賢字景山，與《表》作改名景先亦不合。《新書・高宗紀》：永淳元年十月丙寅，黄門侍郎劉齊賢同中書門下三品事，《舊紀》作劉景先，《表》殆沿舊史而譌邪？

河中府寶鼎縣令李方乂墓誌跋

《唐書・宰相世系表》：趙郡李氏來王，散騎常侍。生思諒，金部郎中。思諒生敬忠，許王府典籤。敬忠生暕，都水使者。暕生昂，倉部郎中。昂生胄，比部郎中。胄生乂，監察御史。今以此誌證之，則《表》之乂，誌作方乂，字安道。來王乃贈散騎常侍，思諒乃倉部郎中，非金部。敬忠誌作敬中。誌爲方乂再從弟虞仲撰，自述其家世，必較《表》爲得矣。誌稱方乂四男，長曰珣，次曰璋，曰邵，曰鄂，《表》亦失書。

同州司兵參軍杜行方墓誌跋

誌稱行方字友直。曾祖元志，王父參謨，烈考倫。行方爲倫長子。有子五人，碩、顯、顗、欣，其幼者小字老老。案：《唐書・宰相世系表》襄陽杜氏：元志生參謨、元振，參謨生寅崙、嶠崙。《誌》作倫，雖未知孰是，而行方子五人則《表》均失載，故予特著之。

東宮左親侍盧萬春墓誌跋

誌稱萬春曾祖文翼，魏員外散騎侍郎、太中大夫。祖士昂，齊廣平郡守。父義幹，永寧縣令。

案：《唐書·宰相世系表》載：文翼生士偉，士偉生德基、義幹，義幹生真惠、真相、真行。今以誌證之，則義幹乃士昂子，非士偉子也。誌稱萬春字子野，《表》亦失載，均當據誌補正之。

臨晉縣令李鼎墓誌跋

誌稱「鼎字鼎。五代祖孝恭，封河間王；高祖崇義，士襲舊封，官列右揆河東道大總管，圖形淩煙閣；曾祖尚道，太子通事舍人；祖汪，絳州翼城令；父聳，彭州唐昌令。公即唐昌府君第三子。有男一人，曰公衍，晉陽尉」。

案：孝恭，兩《書》均有傳，載「子崇義降爵譙國公，歷蒲同二州刺史，益州大都督府長史，甚有威名，後卒於宗正卿」。不言官歷右揆及河東道大總管。《宗室世系表》太祖諸子蔡王房：孝恭生崇義，崇義生尚邱、尚範、可道、尚旦、尚古、尚賓。可道，揚州户曹參軍。諸兄弟名上一字均作尚，而可道名獨否。今以誌證之，亦作尚道，作可道者，《表》之譌也。《表》載，可道子汪，汪子平，而不及聳與鼎及鼎子公衍。誌題從弟河南府洛陽尉行方撰，行方之名《表》亦失載。

永城縣令李崗墓誌跋

崗爲有唐名相李絳之祖。誌稱：「五代祖希騫有盛名於元魏之世，仕至黄門侍郎、滄冀等四州刺史、侍中、聘梁使，謚文憲。祖晉客，唐倉部郎中、萬年縣令、司農少卿、元氏縣男。考貞簡，河南府武臨縣令。崗釋褐署相州内黄縣尉，補龍武軍衛佐，滿歲，授譙郡永城令。嗣孫前秘書省秘書郎涇，次孫前兵部尚書高邑縣子絳。」

案：希騫，《魏書·李順傳》作「騫字希義」，《唐書·宰相世系表》則作「希騫字希義」，與誌合。誌稱希騫謚文憲，《傳》與《表》皆作「文惠」。《表》稱晉客官司農卿，誌作司農少卿。誌稱貞簡官河南武臨令，表作司農卿，殆因晉客官司農少卿而誤也。崗兩孫，長涇，次絳，《表》乃列絳於前，又書「涇」作「經」，以「絳」名从糸推之，似字當作「經」，然此誌及涇子璩誌均作「涇」，書於當時，不應兩誌均誤，爰著之以俟考。

河南府司録參軍李璆墓誌跋

誌稱：「君諱璆，字子韞。元和中忠鯁宰相，其後薨，贈司徒，諱絳之長子；曾王父崗，亳州永城令，贈吏部侍郎；大父元慶，襄州録事參軍，贈司空。」叙其先世，案之《唐書·宰相世系表》均合。惟崗官永城令，《表》誤作成武令耳。誌稱璆四子，三夭，一子右神武軍録事參軍陶，《表》稱璆子隱，與誌不合。絳爲李唐賢相，而爲監軍使楊叔元所賊，誌稱「司徒以忠憎起難，寃結即世。君忍死茹毒，號籲往返，奉喪至京，率兩弟叫閽請讎，邪根遂入，堅不可拔。詔爲投斥罪人，使嘉喻君，君猶伏闕不去。久不報，退含辛螫，未嘗一息忘甘心。讎病死，君枕干酹地，自咎祈死」。則不僅絳爲唐藎臣，璆亦絳之肖子也。顧新史《絳傳》僅載子璋。《舊傳》載璋及弟頊，均不及璆，僅《世系表》一著其名，璆之大節湮矣。此天所以假手發冢之盜，以章之與？戊辰秋。

近年中州出土贊皇李氏墓誌璆誌外，有永城令崗，絳之祖也。有太子司議郎璩，絳之猶子，璆之從兄弟也。誌載璆祔司徒之兆，今璆誌出土，而未見絳誌，異日當就中州人士一訪之。又《唐表》載經子璩，而失其官職，又不載璩子。據誌則璩官太子司議郎，璩二子，長奉規，前襄州鄧城縣尉；次嵩老。附志之，以補《唐表》之脱略。

朝請郎行都水監丞雲騎尉李琮墓誌跋

琮字温中。曾祖欽，祖晟，父愍。誌爲琮兄承務郎行潞州長子縣瑱撰。案：《唐書・宰相世系表》於愿子愍一系，不載其子瑱與琮二人，爰書誌尾以志之。

趙郡李氏殤女墓石記跋

記稱女「曾祖父畬，皇國子司業，贈太子賓客。祖承，皇正議大夫、檢校工部尚書兼涼州刺史，贈吏部尚書，謚曰懿。子歷，淮西道淮南道黜陟使，河中道山南東道節度觀察防禦都團練等使。父藩，秘書省秘書郎」。案：《唐書·宰相世系表》趙郡李氏：畬子承，承子潘，據誌知「潘」爲「藩」之譌也。此誌爲女從父淳撰，名亦不見《表》中。

盧君夫人李氏墓誌跋

夫人「曾祖褒，齊驃騎將軍、東徐州刺史；祖子布，齊平陽郡守；父德倫，唐襄州荆山縣令」。案：《唐書·宰相世系表》李氏姑臧大房有裒，章武太守；孫德基，亳州法曹參軍。裒殆即褒，德基當爲德倫昆季行。《表》不載子布，當據誌補之。特不知德基、德倫爲兄弟抑從兄弟耳。

大慈恩寺大法師基公塔銘跋

法師爲彼教中龍象，從奘法師受法譯經，故没後即陪葬奘師塔旁。此銘爲荼毘後重建塔時所作，記基公事實頗略。惟宋沙門贊寧所撰《宋高僧傳·義解篇》有法師傳較詳。此銘載師姓尉遲，諱基，字弘道。考宗，松州都督，伯父鄂國公。而贊寧撰《傳》作名「窺基」。《傳》末言：「名諱上字多没出不同，爲以《慈恩傳》中云：『奘師龍朔三年，於玉華宫譯《大般若經》終畢，其年十一月二十二日令大乘基奉表奏聞，請御製序。至十二月七日通事舍人馮義宣由』，此云靈基，《開元録》爲『窺基』，或言『乘基』，非也。彼云『大乘基』，蓋慧立、彦悰不全斥，故云『大乘基』。」其文頗艱澀難通，意蓋謂師名有一字、二字之異同。《慈恩傳》稱「大乘基」，《開元録》作「窺基」，或誤作「乘基」，其作「大乘基」者，乃單舉其名之一字也。

案：據此銘稱師名基，文以記實，無二字之名單稱一字之理。往歲在海東，曾見彼邦天平十一年石川朝臣年足所寫《大般若波羅蜜經》卷二百卅二，詳載筆受沙門中有大慈恩寺沙門窺、玉華寺沙門基二人名，是「窺」與「基」確爲二人。《開元録》稱令弟子窺、基奉表奏聞者，謂令其弟子窺與基奏聞，贊寧遂誤認爲一人耳。李日華《紫桃軒雜綴》又稱：聞老僧休如言，奎基法師，尉遲敬德子。每出，以三車自隨：一載醇酒精饌，一載女樂，一載兵器。又誤「窺基」作「奎基」，且誤以爲鄂國公子。贊寧《傳》載師行自太原傳法，三車自隨：前乘經論箱衷，中乘自御，後乘家妓、女僕、食饌。李氏云三車載酒饌、女樂、兵器，又因此致譌也。誌載，師十七披緇，五十一而卒，是僧臘三十四。贊寧作《傳》亦載：「年十七，遂預緇林。」「春秋五十一」，而乃。云「法臘無聞」，可謂疏矣。

李公夫人吴興姚氏墓誌跋

此誌夫人從子鄉貢進士潛撰。稱夫人爲「宗正少卿府君諱元景之的曾孫，汝州司馬府君諱算之孫，相州臨河縣令贈太子右庶子府君之季女也，秘書監贈禮部尚書我府君之女弟也」。案《唐書·宰相世系表》陝郡姚氏：元景，潭州刺史，生孝孫，壺關令，不及其孫、曾，而載元景弟元素子算，鄢陵令；孫閈，臨河令；曾孫合，秘書監。今以誌證之，則算爲元景子，閈爲元景孫，合爲元景曾孫。《表》誤以此三世錯列元素系也。合子潛《表》亦失書。

太原王君夫人趙郡李氏墓誌跋

誌稱「夫人諱清禪，趙郡人。曾祖德盛，隋西域郡守，皇朝贈魏州刺史，謚懿公。祖義府，皇朝中書令右相，河間郡公，周贈楊州都督，皇朝贈太子少保。父澤，周朝任桂坊司直」。案：《舊唐書·李義府傳》：義府瀛州饒陽人，既貴之後，自言本出趙郡，始與諸李叙昭穆，故《唐書·宰相世系表》趙郡李氏不列義府一系。此誌稱夫人爲趙郡人，仍義府所自稱也。《傳》稱顯慶二年，代崔敦禮爲中書令。三年，追贈其父德晟爲魏州刺史。誌作「德盛」，《傳》作「德晟」，不知孰是。而誌稱謚懿公，則《傳》所不載也。《傳》載如意元年，追贈義府揚州大都督，與誌合，而不載太子少保之贈，殆以義府少子湛與誅二張之功而有是贈與？《傳》載義府子四人，曰津、洽、洋、湛，而不及澤。津、洽、洋皆除名，長流庭州，湛獨以功名終。誌稱澤官周，任桂坊司直，殆亦貶黜，不復進用者與義府爲唐姦相，阿附武曌，毒流宗社，新史列之《姦臣傳》，而其子湛則附《李多祚傳》，褒貶至公。此新史之勝於舊史處，固不僅在「事增文省」也。誌稱夫人嬪於太原王昕，不著其官職，殆當世士夫恥與爲婚媾，此可以爲世戒矣。

有唐姦相莫若李義府與許敬宗，乃義府之子有李湛，敬宗之裔有許遠，孔子所謂「犂牛之子騂且角」，孟子所謂「小人之澤，五世而斬」。爲人子孫者，可不自勉乎哉！

汴州封邱縣令白知新墓誌跋

《唐書·宰相世系表》太原白氏：建，字彦舉，後周弘農郡守、邵陵縣男，生君恕、君慜、士通。君慜，牢州別駕。孫知慎、知節。案：白建，《北齊書》有傳，字彦舉。武平末歷特進、侍中、中書令。武平七年卒，未嘗仕後周。此誌稱高祖建，北齊司空；曾祖遜，北齊散騎常侍；祖君慜，皇嘉州刺史；父弘儼，皇潭州録事參軍。亦稱建爲北齊司空，則《表》稱建仕北周者，誤也。又據誌，建子遜，孫君慜，曾孫弘儼。《表》失書遜一代，遂誤以孫爲子，又失書君慜之子弘儼，幸得此誌，得補正之。《表》書知慎、知節，而失書知新。又誌載知新子巖之、嶷之、子藺，亦《表》所不及。至宋鄧名世《古今姓氏書辯正》稱建字季庚，則誤益甚矣。

清河郡完城縣尉李廸墓誌跋

誌稱廸字安道。四世祖澈，字伯倫，尚書左丞，見《北齊書》。高祖純，字正義，尚書左民部郎中，隋太常丞、廣介二州刺史，見《北齊書》。祖旻，隋太常丞、洛陽縣令。祖玄同，侍御史、度支員外郎、朝散大夫、贊皇縣開國男。父愿，倉部員外、給事中、博陳二州刺史、朝請大夫，襲贊皇縣上柱國開國男。公即其元子也。

案：《唐書・宰相世系表》趙郡李氏澈至玄同四世，《表》與誌合。惟「澈」，《表》作「徹」，「尚書左丞」，《表》作「右丞」爲異。而玄同之子愿，《表》則作「翫」。然《表》載玄同諸子尚有恁憼，其字下皆從心，則當作「愿」無疑。《表》作「翫」，殆音近致譌也。惟誌載澈、純二人並見《北齊書》，今皆無之，且純後仕隋，非終於北齊者，《北齊書》烏得有其人耶？誌於澈、純並載其字，亦他誌所罕見也。

高君夫人杜氏墓誌跋

誌載夫人「諱蘭，字伯芳，京兆人也。隋冀州刺史曰婼，其曾門也。皇秘書郎曰愛，其大父也。皇刑部尚書、同中書門下平章事曰景佺，其顯考也」。案：唐宰相杜氏凡十二人，而《世系表》但載十一人，無景佺一系，當據此補之。又《唐書・杜景佺傳》冀州武邑人，而誌作京兆，意京兆乃其本貫，逮婼官冀州，子孫遂留居之耶？

汴州尉氏縣尉楊君夫人源氏墓誌跋

誌稱「曾祖愔，皇朝度支侍郎；祖行莊，皇朝兵部員外郎；父杲，皇朝隨州刺史」。案：《唐書・宰相世系表》源氏：彪，字文宗，生師民。師民弟行莊。據誌則行莊之父爲愔，行莊師民從弟，非昆季也。行莊子杲，《表》亦失載。《元和姓纂》稱師從父弟惜，益府司馬。生壯，兵部員外，守户部郎中。則又誤「愔」爲「惜」，誤「行莊」爲「壯」，並當據誌補正之。又《表》載師民子惪，《姓纂》及《并州盂縣令崔君妻源夫人墓誌》均作「直心」，《表》誤合二字爲一，並附正之於此。

河南府户曹參軍陳諸墓誌跋

誌稱「曾祖瑾，皇朝贈工部尚書；祖希烈，皇朝左相、許國公；父汭，前太僕少卿兼少府少監」。案：《唐書・宰相世系表》載陳氏宰相叔達、希烈、夷行三人，而《表》中不載希烈一系，當據誌補之。

安東都護郯國公高震墓誌跋

此誌題書「開府儀同三司工部尚書特進右金吾衛大將軍安東都護郯國公上柱國厶公」，「〔公〕」上空一格。文首稱「大曆八年夏五月廿有七日，右金吾衛大將軍、安東都護厶厶公薨于洛陽教業里之私第」，「公」上空二格，均不著其姓。然以文所書先世考之，知其爲高麗王高氏之裔也。誌稱「公諱震，字某，渤海人。祖藏，開府儀同三司、工部尚書、朝鮮郡王、柳城郡開國公。禰諱連，雲麾將軍、右豹韜大將軍、安東都護。公廼扶餘貴種，辰韓令族。懷化啓土，繼代稱王。嗣爲國賓，食邑千室」。

案：《舊書・高麗傳》：藏以高宗乾封三年降唐，以其地置都督府，又置安東都護府以統之。儀鳳中，授高藏開府儀同三司、遼東都督，封朝鮮王，《新史》作郡王。居安東鎮。藏至安東，謀叛，事覺，配流邛州。垂拱二年，又封高藏孫寶元爲朝鮮郡王。聖曆元年，進授左鷹揚衛大將軍，封爲忠誠國王，委其統攝安東舊户，事竟不行。二年，又授高藏男德武爲安東都督，以領本蕃。自是舊户在安東者漸空少，分投突厥及靺鞨等，高氏君長遂絶矣。似藏以後再世，君長遂絶。此誌但載祖、禰，不及祖父名。然由藏之亡國逮大曆已百六十餘年，震雖不知爲藏幾葉孫，而尚襲安東都護，是高氏君長固未嘗絶。惟誌稱卒于洛陽，知未嘗反國撫有其民，特在中土擁虛位而已。《新唐書・高麗傳》與舊史略同，於臧子孫在中土者記載至略。此誌可補兩史之略。誌載，震妻郯國夫人真定侯氏，嗣子朝散大夫、深澤令叔秀，是震已與中土通婚姻，其子且出仕爲地方長吏，不復襲安東都護矣。撰文揚慇，無書人名，文字均不足觀，以其可資高麗史事存之。

李君夫人宇文氏墓誌跋

《唐書·宰相世系表》宇文氏：洛隋介公生裕，裕生延，延生離惑，離〔惑〕曾孫庭立，並襲介公。庭立生邈，御史中丞。邈生鼎、瓚，鼎生獻。此誌稱高祖遠惑，皇任梁王掾；曾祖成器，皇任絳州翼城縣丞，贈禮部員外郎；祖邈，皇任御史中丞，左遷澧州刺史，贈太尉；父瓚，見任右散騎常侍。遠惑與離惑當是兄弟行。據誌則邈與瓚乃遠惑之孫、曾，非離惑後矣。至《表》稱離惑曾孫庭立，《元和姓纂》謂惑生庭立，二者又不知孰爲得也。

宋保平軍節度使魏咸信神道碑跋

此碑下截約損一二十字，幸上截存什七八，文字完好，所載事實與《宋史》本傳均合。史臣殆即據碑以爲《傳》也。惟碑載父仁浦，追封秦王，爲《仁浦傳》所不載。又載「咸平二年八月，講武東郊，詔公充在京新舊城内都巡檢。十一月，郊禋，充舊城内都巡檢」。《傳》作「咸平中，大閱東郊，以爲舊城内都巡檢」，誤併二事爲一。碑題稱「推忠保節同德守□□功臣及鉅鹿郡開國公」，亦爲史所不及。碑以天聖六年九月建，上距天禧元年咸信之卒盖已越十年矣。此碑文字均可觀，惜撰人名當闕損處，書人名亦不可見，爲憾事耳。

曹輔墓誌跋

此誌楊龜山先生撰，陳淵書，在福建沙縣，石久佚矣，《龜山集》載此文。以石本校之，譌脱甚多。如「編管郴州」，「郴」誤作「柳」。「除一司勅令所删定官」，「司」誤作「月」。「論事畢」，脱「上曰：『今日所慮正在金虜』。公曰：『有賢相則金虜無足慮。』」二十一字。「後將何悔」，「悔」誤作「惕」。「不容猶豫」，「豫」誤作「諒」。「大金意欲得十六字徽號」，「徽」誤作「故」。「欲推尊借大」，「尊」誤作「耳」。「徑推挽出境」，「徑」誤作「得」。「左右二輔臣」，「右」下衍「一」字。「三鎮之求」，脱「求」字。「墮黠虜計中」，脱「虜」字。「臣章疊上」，誤作「臣章疊疊」。「而大臣置而不用」，「大」誤作「人」。「不知決水灌之」，脱「之」字。「俟賊營西北」，脱「俟」字。「恪堅持之」，脱「之」字。「妖人郭京」，「京」誤作「景」。「堅持出戰」，「持」誤作「將」。「遣太學生」，「太」誤作「大」。「以謹防秋」，「秋」誤作「狄」。「赴册立」，「册」誤作「召」。「女適承事郎羅永」，「事」誤作「節」。皆當據石本更正。至兩本異同均可通者，若「虜再邀鑾輿出郊」，《集》本作「金人欲邀鑾輿出郊」。「翌日出郊」，《集》本「郊」

作「青城」。「梟厲聲詬公」，《集》本「詬」作「詆」。「及幸虜營」，《集》本作「及出幸」。「亟命賜環」，《集》本「環」作「還」。「奉辭于虜」，《集》本作「奉辭狡窟」。可通，要亦以石刻爲得矣。輔立朝有風節，《傳》所載事實頗略，予嘗據誌及他書爲之注，以此傳拓罕見，爰再書石本與《集》本異同于册尾。

海甯王忠愨公傳

公諱國維，字静安，亦字伯隅，號觀堂，亦曰永觀，浙江海甯州人。先世籍開封，當北宋時，其遠祖曰珪，曰光祖，曰稟，曰荀，四世均以武功顯，而三世死國難，事蹟具《宋史》。高宗中興，子孫扈蹕南渡，遂家海甯。其後嗣隆替載於家牒，此不備書。曾祖厶，祖厶，並潛德不耀。考迺譽，值洪楊之亂，棄儒而賈。

公生而歧嶷，讀書通敏異常兒。年未冠，文名噪於鄉里。尋入州學，以不喜帖括之學，再應鄉舉不中程，乃肆力於詩古文。於時值中日戰役後，和議告成，國威稍替，海内士夫争抵掌言天下事，謀變法自强。光緒丙申，錢唐汪穰卿舍人康年剏設《時務報》於上海，以文章鼓吹天下，人心爲之振動，異日亂階遂兆於此。然在首事者，初未知禍之烈至是也。公時方冠，思有以自試，且爲菽水謀，乃襆被至滬江。顧無所遇，適同學某孝廉爲舍人司書記，以事返鄉里，遣公爲代。明年，予與吴縣蔣伯斧學部黼結學農社於上海，移譯東西各國農書報。以乏譯才，遂於戊戌夏立「東文學社」造就之，聘日本藤田博士豐八爲教授。公來受學。時予未知公，乃於其同舍生扇頭讀公詠史絶句，大驚異，遂拔之儔類中，爲贍其家，俾力學無内顧憂。

歲庚子，既畢業。予適主武昌農學校，延公任譯授。明年秋，資公東渡，留學日本物理學校。期年，脚氣歸，主予家。病愈，乃薦公於南通師範學校，主講哲學、心理、論理諸學。甲辰秋，予主江蘇師範學校，公乃移講席於蘇州，凡三年。丙午春，予奉學部奏調。明年，稱公學行於蒙古榮文恪公慶，命在學部總務司行走，歷充圖書(館)〔局〕編譯，名詞館協修。及辛亥國變，予挂冠神武，避地東渡，公攜家相從，寓日本京都。是時予交公十四年矣。

初公治古文辭，自以所學根柢未深，讀江子屏《國朝漢學師承記》，欲於此求修學塗徑。予謂江氏説多偏駁，國朝學術導源於顧亭林處士，厥後作者輩出，造詣最精者爲戴氏震、程氏易疇、錢氏大昕、汪氏中、段氏玉裁及高郵二王，因以諸家書贈之。公雖加流覽，然方治東西洋學術，未遑專力。課餘復從藤田博士治歐文及西洋哲學、文學、美術，尤喜韓圖、叔本華、尼采諸家之説，發揮其旨趣爲《静安文集》。在吴刻所爲詩詞，在都門攻治戲曲著書甚多，並爲藝林所推重。至是，予乃勸公專研國學，而先於小學訓詁植其基，並與論學術得失，謂尼山之學在信古，今人則信今而疑古。國朝學者疑《古文尚書》，疑《尚書》孔注，疑《家語》，所疑固當。及大名崔氏著《考信録》，則多疑所不必疑。至於晚近，變本加厲，至謂諸經皆出僞造。至歐西之學，其立論多似周秦諸子。若尼采諸家學説，賤仁義，薄謙遜，非節制，欲刱新文化以代舊文化，則流弊滋多。方今世論益歧，三千年之教澤不絶如綫，非矯枉不能反經。士生今日，萬事無可爲，欲拯此横流，舍反經信古末由也。公方壯，予亦未衰暮，守先待後，期共勉之矣。公聞而悚然自懟，以前所學未醇，取行篋《静安文集》百餘册，悉摧燒之。欲北面稱弟子，予以東原之於茂堂者謝之。其遷善徙義之勇如此。

公居海東，既盡棄所學，乃寢饋于往歲予所贈諸家書。予又盡出大雲書庫藏書三十萬卷，古器物(物)銘識拓本數千通，古彝器及他古器物千餘品，恣公搜討。復與海内外學者移書論學。國内則沈乙庵尚書、柯蓼園學士，歐洲則沙畹及伯希和博士，海東則内藤湖南、狩野子温、藤田劍峯諸博士及東西兩京大學諸教授。每著一書，必就予商體例，衡得失。如是者數年，所造益深醇。

公先予三年返國，予割藏書副本贈之，送之神户，執公手曰：以君進德之勇，異日以亭林相期矣。公既返國，爲歐人某主持學報，並徧觀烏程蔣氏藏書，爲編書目，並取平生造述，擷其精粹，爲《觀堂集林》二十卷，三十五以前所作，棄之如土苴，即所爲詩詞，亦删薙不存一字。蓋公居東後，爲學之旨與前此迥殊矣。

壬戌冬，蒙古升吉甫相國奏請選海内耆碩供奉南書房以益聖學，且首舉公。得旨俞允。明年夏，公入都就職，奉旨賞食五品俸，賜紫禁城騎馬，命檢昭陽殿書籍。公以韋布驟爲近臣，感恩遇，上封事，得旨褒許。甲子秋，予繼入南齋，奉命與公檢定内府所藏古彝器。至十月，而值宮門之變。公援主辱臣死之義，欲自沈神武門御河者再，皆不果。及車駕幸日本使館，明年春，幸天津。公奉命就清華學校研究院掌教，以國學授諸生。然津京間戰禍頻仍，公日憂行朝，頻至天津，有所陳請，語吶輒苦不達。今年夏，南勢北漸，危且益甚，公欲言不可，欲默不忍，乃卒以五月三日，自沈頤和園之昆明湖以死。家人於衣帶中得遺墨，自明死志曰「五十之年，只欠一死。經此世變，義無再辱」，云云。並屬予代呈封章。疏入，天子覽奏隕涕，詔曰：南書房行走、五品銜王國維學問博通，躬行廉謹，由諸生經朕特加拔擢，供職南齋。因值播遷，留京講學，尚不時來津召對，依戀出於至誠。遽覽遺章，竟自沈淵而逝。孤忠耿耿，深惻朕懷。著加恩予謚忠慤，派貝子溥伒即日前往奠醊，賞給陀羅經被，並賞銀二千圓治喪，由留京辦事處發給，以示朕憫惜貞臣之至意。其哀榮爲二百餘年所未有。海內外人士知與不知，莫不悼惜。公至是可謂不負所學矣。予既入都哭公，並經紀其身後。遺著盈尺，將以一歲之力爲之編訂。此雖在公爲羽毛，公之不朽固在彼，不在此，然固後死者之責矣。

公生於光緒丁丑十月二十九日，卒于丁卯五月三日，得年五十有一。娶莫氏，繼室潘氏，子六人，長潛明，高明、貞明、紀明、慈明、登明。孫慶端。潛明，予子壻也，先公一年卒。秋七月十七日，其家人遵遺命卜葬於清華園側。海內外人士以予交公久，知公深，多就予訪公學行，乃揮涕爲之傳，俟異日史官採焉。

論曰：公平生與人交，簡默不露圭角，自待顧甚高。方爲汪舍人司書記，第日記門客及書翰往來而已，故抑鬱不自聊。及予爲謀甘旨俾成學，遂無憂生之嗟，在他人必感知矣，而公顧落落，意若曰：此惠我耳，非知我也。及陳善納誨以守先待後相勉，一旦乃欲北面，意殆曰：此真知我矣。其所以報之者，乃在植節立行，不負所學，斯不負故人賢者之所爲，固與世俗之感惠徇知者異也。

又公之一生，予知公雖久，而素庵相國知之尤深。相國性嚴正，少許可，嘗主予家，一見公，遽相推許，後遂加薦剡。公感知遇，執贄門下。及相國聞公死耗，泫然曰：「士夫不可不讀書，然要在守先聖經訓耳，非詞章記誦之謂也。嘗見世之號博雅者，每貴文賤行，臨難巧辭以自免。今静安學博而守約，執德不回，此予所以重之也。」嗚呼，相國真知人哉！

王忠愨公別傳

公既安窀穸，予乃董理公遺著，求公疏稿於其家，則公已焚燬。幸予篋中藏公《論政學疏艸》，蓋削稿後就予商榷者，今録其大要於此。其言曰：

臣竊觀自三代至於近世，道出於一而已。泰西通商以後，西學西政之書輸入中國，於是修身齊家治國平天下之道乃出於二。光緒中葉，新説漸勝。逮辛亥之變，而中國之政治學術幾全爲新説所統一矣。然國之老成，民之多數，尚篤守舊説，新舊之争更數十年而未有已，國是淆亂，無所適從。臣愚以爲新舊不足論，論事之是非而已。是非之標準安在？曰在利害。利害之標準安在？曰在其大小。新舊之利害雖未可遽決，然其大概可得言焉。原西說之所以風靡一世者，以其國家之富强也。然自歐戰以後，歐洲諸强國情見勢絀，道德墮落，本業衰微，貨幣低降，物價騰涌，工資之爭鬥日烈，危險之思想日多。甚者如俄羅斯赤地數萬里，餓死千萬人，生民以來未有此酷。而中國此十二年中，紀綱掃地，爭奪相仍，財政窮蹙，國幾不國者，其源亦半出於此。臣嘗求其故，蓋有二焉：西人以權利爲天賦，以富强爲國是，以競爭爲當然，以進取爲能事。是故挾其奇技滛巧，以肆其豪强兼并，更無知止知足之心，浸成不奪不饜之勢。於是國與國相爭，上與下相爭，貧與富相爭，凡昔之所以致富强者，今適爲其自斃之具。此皆由貪之一字誤之。此西說之害根於心術者，一也。

中國立說首貴用中，孔子稱「過猶不及」，孟子惡「舉一廢百」。西人之說大率過而失其中，執一而忘其餘者也。試以最淺顯者言之，國以民爲本，中外一也。先王知民之不能自治也，故立君以治之。君不獨治也，故設官以佐之。而又慮君與官吏之病民也，故立法以防制之。以此治民，是亦可矣。西人以是爲不足，於是有立憲焉，有共和焉。然試問立憲共和之國，其政治果出於多數國民之公意乎？抑出於少數黨人之意乎？民之不能自治，無中外一也。所異者，以黨魁代君主，且多一賄賂奔走之弊而已。孔子言「患不均」，《大學》言「平天下」，古之爲政未有不以均平爲務者，然其道不外重農抑末，禁止兼并而已。井田之法，口分之制，皆屢試而不能行，或行而不能久。西人則以是爲不足，於是有「社會主義」焉，有「共產主義」焉。然此均產之事，將使國人共均之乎？抑委託少數人使均之乎？均産以後將合全國之人而管理之乎？抑委託少數人使代理之乎？由前之説，則萬萬無此理；由後之説，則不均之事俄頃即見矣。俄人行之，伏尸千萬，赤地萬里，而卒不能不承認私産之制度，則曩之洶洶，又奚爲也？臣不敢謂西人之智大率類此，然此其章章者矣。臣觀西人處事，皆欲以科學之法馭之。夫科學之所能馭者，空間也，時間也，物質也，人類與動植物之軀體也。然其結構愈複雜，則科學之律令愈不確實。至於人心之靈及人類所構成之社會國家，則有民族之特性。數千年之歷史與其周圍之一切境遇，萬不能以科學之法治之。而西人往往見其一，而忘其他。故其道方而不能圓，往而不知反。此西説之弊根於方法者，二也。

至西洋近百年中自然科學與歷史科學之進步，誠爲深邃精密，然不過少數學問家用以研究物理，考證事實，琢磨心思，消遣歲月，斯可矣。而自然科學之應用，又不勝其弊。西人兼并之烈與工資之爭，皆由科學爲之羽翼，其無流弊如史地諸學者，亦猶富人之華服，大家之古玩，可以飾觀瞻，而不足以養口體。是以歐戰以後，彼土有識之士乃轉而崇拜東方之學術，非徒研究之，又信奉之。數年以來，歐洲諸大學議設東方學講座者以數十，計德人之奉孔子、老子説者至各成一團體。蓋與民休息之術，莫尚於黄老；而長治久安之道，莫備於周孔。在我國爲經驗之良方，在彼土尤爲對證之新藥。是西人固已憬然於彼政學之流弊，而思所變計矣。方今異學爭鳴，本實先撥。我皇上雖在高拱淵默之時，宜嚴朱紫緇澠之辨。云云。

其論古今中外政學得失，辨析至精，後有聖哲不能易其言也。嗚呼，公今往矣，世之學識如公者幾人哉！爰記其説，爲公別傳，俾當世君子知公學術之本原，固不僅在訓詁考證已也。

祭王忠慤公文

維丁卯五月三日，海甯王忠慤公既完大節。事聞，天子哀悼，羣倫震驚。其友羅振玉爲位以哭，復至都門經紀其喪。後七日，率子福成、福葆、福頤，孫繼祖、承祖、繩祖，以清酌庶羞之奠，薦於公之靈，並爲文哀之曰：

嗚呼！公竟死耶？憶予與公訂交在光緒戊戌，且三十年矣。時公爲汪穰卿舍人司書記，闇然無聞於當世。暨予立東文學社，公來受學，知爲偉器，爲謀月廩，俾得專心力。尋，資之東渡，留學物理學校，歲餘以脚氣返國。予勸公專修國學，遂從予受小學訓詁。自是所至與偕，復申之以婚姻。及辛亥國變，相與避地海東，公益得肆力于學，蔚然成碩儒。暨癸亥春，以素菴相國薦，供奉南齋。明年秋，予繼入，遂主公家。十月之變，勢且殆，因與公及膠州柯蓼園學士約同死。明年，予侍車駕至天津，得苟活至今。公則奉命就聘於清華學校。乃閱二年，而竟死矣。

公死有遺屬，有封奏。遺屬騰於萬口，封奏他人不得見。然公之心，予可逆知之也。憶予自甲子以來，蓋犯三死而未死。當乘輿倉卒出宫，予奉命充善後委員，忍恥就議席，議散憤激甚，欲自沈神武門御溝，已而念君在，不敢死。歸寓，撫膺大慟，靈明驟失。公驚駭，亟延醫士沈王楨診視，言心氣暴傷，或且絶，姑投劑，若得睡，方可療。逮服藥得睡，屏藥不復御，而竟不死。後數日，危益甚，中夜起草遺屬，封授叔炳兵部際彪，告以異日苟得予書者，以此授家人。尋，乘輿出幸日本使館，又得不死。兩年以來，世變益亟，中懷紆結益甚。乃屏當未了各事，擬將所茹而不敢吐者盡言而死。公乃先我死矣。

公死，恩遇之隆，振古未有。予若繼公死，悠悠之口或且謂予希冀恩澤。自是以後，但有謝人事，飾巾待盡而已。雖然，予未死者七尺之軀耳，心則已先公死矣。至公既受殊遇，世人莫不羡其哀榮，然予知公志在行所言，非希恩也。今恩愈重，公九原之痛且愈深矣。

嗚呼，予與公，生死殊矣。公以須臾之頃，維綱常於一線，至仁大勇，令我心折。而予自今年春，衰病日加，醫者謂右肺大衰，九原相見，諒已匪遥。揮涕舉觴，靈其來格。嗚呼哀哉，尚饗！

遼居稿

遼居稿目録*

* 此目録原缺，據正文補。

遼居稿

歲在戊辰，爲予自海東返國之十年。人事益乖，衰遲增感，浩然復有乘桴之志。爰遣朋舊，卜地遼東。逮乎孟冬，結茅粗畢，遂攜孥偕往，戢影衡門。遼東山海雄秀，暮春三月，草木華滋。此土人士，載酒看花，殆無虚日。而我生靡樂，寤寐永歎，山静日長，攤書自遣而已。百餘日間，遂得小文七十首。自避地以來，海内外知好多郵書存問。並徵近著，乃編爲《遼居稿》一卷，將以遺之。俾讀此編者，如見老學庵中燈火也。己巳冬，上虞羅振玉書。

漢石經殘字集録序

歲辛酉，中州既出魏正始石經。明年壬戌，與吴興徐君鴻寶、四明馬君衡約偕至洛陽，觀漢太學遺址。已而，予以事不果，乃語徐君正始石經與魏文《典論》並列，石經既出，《典論》或有出土者，此行幸留意。徐君諾之。既抵洛，郵小石墨本詢爲《典論》否，閲之，則漢石經《論語·堯曰》篇殘字也。亟移書請更搜尋，遂得殘石十餘，此漢石經傳世之始。嗣乃歲有出土者，率歸徐、馬兩君，他人所得不及少半也。

歲戊辰，閩中陳君承修謀合諸家所藏，會拓以傳之。尋以事至江南，乃屬其友大興孫君壯成其事。所謂《漢魏石經集拓》，由馬君爲之編次者也，其中漢石經得七十二石。予居遼之次年，山居多暇，乃就七十二石中本爲一石而離析者併之，僅存一字無可附麗者去之，得石五十二。益以巾笥所藏在《集拓》外者，命兒子福葆、福頤句勒以傳之。予手定其目，加以考證，爲《集録》一卷。書其端曰：

近世言石經者，莫精於海甯王忠慤公之《魏石經考》，其考魏石並及漢刻之經數、經本、行字、石數。顧於漢石經未及爲專書，遽完大節。今予所考證，有足證成公説者，有公所未及見、未及知，及知之而未詳審者，得五事焉。公謂往昔言漢石經者，有「五經」、「六經」、「七經」之殊，而《隋志》爲可信。今傳世殘石有《周易》、《魯詩》、《儀禮》、《春秋經》、《公羊傳》、《論語》，合以宋人所見之《尚書》，正與《隋志》所載《一字石經》合。此足證成公説者，一也。公謂漢學官所立諸經皆今文，石經亦爾。今證以予所見《儀禮·士虞禮》「明日以其班祔」之「班」作「胖」，正與鄭注所謂今文者合。此足證成公説者，二也。公以傳世宋拓《尚書》、《論語》行約七十三、四字，因假定每石爲卅五行，以計石數。予今所見《周易》行七十三字；《魯詩》則《小雅》以前行七十二字，《大雅》以後行七十字；《儀禮》則自七十字至七十六字不等，而七十三字爲多；《春秋經》行七十字；間有六十八、九及七十一、二字者。《公羊傳》僖公行七十三字，間有七十四至七十六者。成公則七十一字；間有七十字者。《論語》行七十一至七十八字不等。蓋因古今經本之不同，行字往往參差，至各石行字亦不一律。有同爲一經，石陽與石陰字數亦不同。此公知而未詳審者，一也。欲計諸經行字之數，必先明書寫格式，而諸經格式亦復不一。《周易》則每卦蟬聯不空格。《魯詩》則每章注章次，章末接書章句，均不空格，惟章句末一字及下篇首一字之間空一格。《春秋經》每易一年空一格，而加點於空格中。《公羊傳》則於每年首空一格，至每月紀事，則於前後兩事間作點以離析之，而不空格。《論語》則每章空格，於空格中加點。此公知而未詳審者，二也。趙氏《金石録》言漢石經篇第與今本時有異，而未明指何經。今予所藏《魯詩》殘字，《假樂》在《瞻卬》之後，《韓奕》在《公劉》之前，此則公所不及見、不及知者也。公既不及考漢石經，予乃爲是編彌公之憾。至新出諸石得寓目，於是編成後者，將爲之補遺。其不得寓目者，他人或考證而流傳之，固不必出予手也。己巳七月既望。

漢石經殘字集録補遺後序

己巳長夏，予既寫定熹平石經殘字，成《集録》一卷。削稿甫竟，毘陵陶君祖光寄予新得之《周易》殘字墨本二紙，《春秋經》三紙，《論語》及校記各一紙。復從海甯趙君萬里許，得北海圖書館所藏《序記》二紙，亟增入《集録》中。已而陶君復寄《魯詩》墨本二紙，校記一紙，《禮經》二紙，《公羊傳》二紙，則《集録》已付手民，遂别寫爲《補遺》。通計先後所著録，爲殘石九十。得經文及校記八百卅有九言，序記三百有五言，總得千一百四十有四言。復書其後曰：

漢石經出於天水之世，洪氏所録凡二千一百十有一言。予今所見舍《序記》外，諸經文尚未逮洪氏之半，而考證所得差不劣於洪氏。於《詩》得知《魯》、《毛》篇次之殊，且知章次亦先後或異。於《禮》之《鄉飲酒》，知古今文次第亦有不同。於《公羊傳》行字數目之參差及僖公《傳》一行之中字數乃與今本差至六、七十，知此《傳》古今本之異同尤甚於他經。至於文字之異，於《詩》知《毛詩》之「虺虺其雷」，《魯詩》「雷」作「靁」，與《韓詩》同。《毛詩》之「不弔不祥」，《魯詩》「不弔」作「不淑」。《毛詩》之「憂心惸惸」，《魯詩》「惸」作「怮」。於《春秋》知「築臺于薛」，「薛」爲「櫱」之壞字。國名之「莒」，當从竹作「筥」。「公孫段」，石經作「公孫萬」。「鄭伯堅」，石經作「鄭伯緊」。咸唐以後經生所未知。他若《詩》之「死生契闊」，「契」作「挈」；「宜君宜王」，作「且君且王」；「蟊賊蟊疾」，「蟊」作「蛑」。《春秋》之「晉弒其君州蒲」，「蒲」作「滿」。《論語》之「且在邦域之中」，「邦」作「封」。雖均已見於《經典釋文》，而《詩》之「濟盈不濡軌」，「軌」字乃从九之「軌」，非从凡之「軓」，則可訂陸氏之失。《禮》之《鄉飲酒》「遵者降席」，「遵」作「僎」。《士虞禮》「明日以其班祔」，「班」作「胖」，並與鄭注所載今文合。而《鄉飲酒禮》「坐奠爵於篚」，石經無「爵」字，足補鄭注今本之奪文。以上所舉，均有裨經本。予之爲此書也，太半采之都門之《集拓》，他半則得陶君之贈爲多。方陶君贈予墨本，尚未知予有《集録》之作，附書言漢石經考證之事，微公莫任，願有以厭海内之望。此言予何敢承，而陶君傳古之熱忱，則溢於楮墨。此編之成，幸有以謝陶君矣。

雖然，傳古之事，流傳尤亟於考訂。嘗謂古物之出，澌滅隨之。聞去歲洛陽所出殘石不下二百，陶君所贈及予所見墨本才一斑耳，大要歸吴興徐氏、四明馬氏、潢川吴氏，此數君者其傳古之志必不後於人，必能如往歲之《集拓》以楮墨延貞石之壽年。此不僅予之所望，海内人士亦跂足拭目以俟之矣。仲秋廿八日。

此編之成，兩閲月中，稿凡三易，蓋考證之事稍疏即致誤。嘗見《魯詩》每章末皆旁注章次，而洪氏著録《魯詩》百七十三言，章末均不載旁注章次，殆洪氏以爲無關經文而舍之，其實必不可舍也。予此書於《集録》外並附句本，蓋恐予之考證或疏失，後人得據句本正之，是區區之微意也。

漢石經殘字集録續編序

予今年夏，既撰《漢石經殘字集録》一卷。秋八月，又成《補遺》一卷。乃迻書春明，求去歲新出諸石之分藏各家者，不可得也。聞洛估有墨本百餘紙，海甯趙君萬里得之。復郵書假觀，不逾月趙君慨然以藏本付郵，使予乃得偏讀之。惜氈墨粗劣，字迹往往不可辨。爰以三日夕之力，將其拓本較明晰者寫定，得五十六石，爲文四百廿有六。

以前所見無《尚書》，今得經文及校記各一石，《隋志》所載七經至是乃備。而諸經中以《魯詩》存字爲多，其可考《魯》、《毛》異文者，若《邶風》之「深則厲」，《魯詩》「厲」作「砅」。字雖半損，然知不作「厲」。《小雅》之「惄焉如擣」，「擣」，《魯詩》作「疛」。「假寐永歎」，「假」，《魯詩》作「監」。「祝祭于祊」，「祊」，《魯詩》作「閍」。「是烝是享」，「享」，《魯詩》作「[illegible]」。字雖半損，知不作「享」。「匪陽不晞」，「晞」，《魯詩》作「睎」。「載號載呶」，「呶」，《魯詩》作「譊」。「樂只君子」，「只」，《魯詩》作「旨」。「雨雪瀌瀌」，「瀌」，《魯詩》作「麃」。「不尚愒焉」，「尚」，《魯詩》作「[illegible]」。字雖損半，知不作「尚」。《周頌》之「載筐及筥」，「筥」，《魯詩》作「篆」。至《魯》、《毛》篇次之異，則《小雅》之《湛露》上接《瞻洛》，《彤弓》下接《賓筵》。《菀柳》之後，雖不知何篇，而非《都人士》。《大雅》《韓奕》與《公劉》相比次，與前編殘石正同。若他經異文，則《論語·微子》篇之「身中清」作「身中情」。以前未見《論語》校記，今乃得殘石四字。

合計前後兩編，總得石百四十有六，經文及校記爲文千二百五十有七，序記三百十有三言。與宋世所出較之，除《周易》、五十四字。《春秋經》二百五十字。爲宋人所未見，他若《書》十一字，宋人則五百四十七字；《魯詩》二百五十字，宋人則百七十三字；《禮經》百七十八字，宋人則四十五字；《公羊傳》百八十七字，宋人則三百七十五字；《論語》七十一字，宋人則九百七十一字。雖諸經存字與天水之世多寡互異，而計其都數尚不及宋世三之二。趙君書言北海圖書館藏新出漢魏石經墨本，允爲假致，安知異日所見不逾於宋人乎？前編之成，陶君爲致墨本。此編之成，則趙君力也。並記卷端，以志嘉惠。九月廿四日。

漢石經殘字集録三編序

予撰《漢石經殘字續編》，聞洛陽出《周易》數百言，求墨本不可得，乃以手稿付印。工甫竟，而閩江陳君淮生承修自滬瀆寄影本至。予乃據以著録，並益以《魯詩》六石、《春秋經》一石、《公羊傳》四石，總得十有三石，爲文五百廿五，成《三編》一卷。其考證所得，於《易困卦》之上六「于劓劊」考之陸氏音義，知今本九五之「劓刖」，石經亦必作「劓劊」。於《魯詩》知《靈臺》在《旱麓》之次。此均關經本之大者。然使陳君不爲致影本，予亦不得而知也。今世出土古金石刻不少，顧安得人人熱心傳古如陳君者，書之以爲當世勸。己巳仲冬四日。

漢石經殘字集録四編序

己巳仲冬，予既成《漢石經殘字集録》三編。甫逾月，海甯趙君萬里復寄洛中續出殘石墨本至。爰以一日夕之力寫定爲《集録四編》。爰序其端曰：

今茲殘石中可寫定者七十有九，併其一石離爲二三者，得石七十有六，得字四百六十有八，文雖略減於《三編》，而七經具備，且《儀禮》校記爲以前所未見。至諸經中古今本文字異同，若《尚書·康誥》「一二邦」作「一二國」，知石經實有避諱之例。《魯詩·草蟲》「亦既遘止」，與《爾雅疏》引同。《采蘋》「于以鬺之」，與《漢書》注引《韓詩》同。《式微》「胡爲乎中路」，與《列女傳》所引同。《候人》「何戈與綴」，與崔靈恩《周禮》注、《禮記·樂記》注及《羣經音辯》引同。《白華》「有鶴在林」之「鶴」，作「隺」。「隺」爲初字，「鶴」爲後起字。「鳬鷖」之「鳬」，別搆作「⿱鳥力」，亦見《魏張猛龍清頌碑》。其他若《楚茨》「或剝或亨」，「亨」作「融」。「神保是格」，「保」作「寶」，「格」作「洛」。《文王》「祼將于京」，「祼」作「灌」。《公羊傳》宣公六年：「趙盾之車右祁彌明者，國之力士也。」下句存「力國」二字，其文當是「力國士也」。《論語》「士志於道」，「於」作「乎」。「鳥獸不可與同羣」，句末有「也」字。「抑末也」作「意末也」。並與今本不同，不見《經典釋文》及古類書徵引。又如《春秋經》之「帥」作「率」，「弑」作「殺」。《公羊傳》之「藏」作「臧」，「荷」作「何」，「於」作「于」。雖用字小異，然亦爲考經本者所宜知也。至《魯詩·鳬鷖》之後下接《民勞》，毛、魯二家篇次之不同，於是又得一左證。

予自移寓遼東，見聞日隘。先後《集録》之成，賴得友朋之助，傳古之功，非予所敢私也。異日續有所出，尚冀諸君更爲我致之。非予之幸，實古刻之幸。予雖衰劣，固不辭寫定之勞矣。庚午元日。

敦煌本毛詩殘卷校記序

往歲予在海東，既影印敦煌古卷軸爲《古籍叢殘》，欲取諸經，校以今本爲《羣經點勘》。亡兒福萇時受《毛詩》，因授以敦煌本，記其文字於木瀆周氏本《毛詩詁訓傳》之上，欲以暇日加以考證，乃因循不果者垂二十年。頃以一月之力成之，爰書其端曰：

敦煌本《毛詩》古寫本凡六卷，甲至丙爲唐鈔，丁至己則六朝人所書。今校理既畢，撮其大要得四事焉：一曰異文。諸卷中與今本不同諸文，或與《釋文》本合，或與《釋文》所載一本或本合。其不見《釋文》，每與諸書所引合。亦有《釋文》所不載，諸書所未引，而實可刊訂今本者。如甲本《泉水》「思湏與漕」，今本「湏」作「須」。《毛傳》：「須、漕，衛邑。」《正義》不知須爲何地，云：「須與漕連，明亦衛邑。」考《説文》，「沬」之古文作「湏」，疑「湏」即「桑中之沬」。後人因「須」之別搆作「湏」，遂疑「湏」爲「須」之別字而改之。此一事也。二曰語助。諸卷傳箋中句末多有語助，校以山井鼎所撰《七經孟子考文》中所載古本十合八九。雖間有因夾注行末，有空隙而加「乎」、「者」、「也」諸字者，然不過什佰之一二。阮文達公撰《十三經注疏校勘記》，其時海内士夫不見唐本，不知刊本語助爲後人所删，乃詆山井氏《考文》謂喜於句中增加虚字。此二事也。三曰章句。段茂堂先生《毛詩故訓傳定本》因《正義》謂定本章句在篇後，遂疑《正義》本章句在篇前，乃一一移之。既移章句於前，又移篇末每篇都數於章句之前。陳碩甫先生撰《毛詩傳疏》，亦遵其師説。今觀諸卷章句在篇後，且不僅六朝、唐人本然，漢石經《魯詩》亦然。段氏未免誤信《正義》之説。此三事也。四曰卷數。《隋志》及開成石經《毛詩》均二十卷，段氏因《漢志》《毛詩經》二十九卷、《毛詩故訓傳》三十卷，因就《周南·關雎故訓傳第一》至《那故訓傳第三十》之舊，定爲三十卷，以復《漢志》。其實如此分卷，亦未必遂合《漢志》。段君言《漢志》傳多於經一卷，其分合今無考。予以意度之，古本必以《詩序》爲一卷。經二十九卷，殆舍序言之，傳三十卷，殆兼序言之。《魯詩》亦有序。今出土漢石經《魯詩》經文連接，中間不見《詩序》一字，此古人序别爲卷之證也。今此諸卷中丁、戊、己三卷有卷九、卷十後題，與《隋志》、唐刻相合，而《周南關雎第一》、《那第三十》舊題自在，則二十卷者雖非《漢志》之舊，六朝已如此，亦不必遽改。此四事也。

往歲萇兒從予受《詩》，頗明故訓。今此編之成，兒墓木已拱矣。悲夫！己巳十一月。

璽印姓氏徵補正序

乙丑季夏，予據傳世璽印所載姓氏，爲《璽印姓氏徵》二卷。所據譜録凡四十六家，得姓千有九十四。其中未見姓氏書者，凡五百四十有六。書成以後，諸家譜集有續見者，輒據補前録所未及。至前録有疏誤，如「袍由」、「袍休」皆複姓，誤以爲「袍」。「袧由」亦複姓，誤以爲「袧」。附載之「㼌」，即綫韻之「戀」，本一而誤析爲二，皆隨時更正。其排印時誤字，亦加校正，記録于書眉。及春秋三易，續見譜録，乃得二十家。頃避地遼東，命兒子福頤别紙編録，又得姓二百九十有六。其中新增之姓，前録未見者八十二，其他諸姓則前録所有而加以印徵者。編寫之功，三日而竟。兩編所載，總得姓千一百七十六。古璽印所載姓氏，雖未敢云畢在於是，亦畧備矣。顔之曰《璽印姓氏徵補正》，與前録并傳焉。己巳端午。

漢兩京以來鏡銘集録序

光緒癸未，淮安之欽工鎮耕者得漢人古冢，出枏木十餘章，瓦瓿二，儲五銖錢滿其中。予意必有他物，遣人搆之。但得古鏡一，文曰「家常富貴」，乃出千錢易之。此爲予癖鏡之始。已而，遇同好中有藏弆者，輒手拓其文，十年間得百餘紙。三十客春申江，四十備官京師。積墨本益富，藏鏡亦逾百。爰手録其文尤精雅者，擬爲《古鏡銘集》，未潰於成而國變作。頻年瑣尾流離，未遑及此。去冬居遼，乃出藏鏡及墨本，選付長孫繼祖録之。由漢京至宋、金，得百九十餘則，爲書一卷，並草《鏡話》數十則附焉。

回憶往昔在淮安面城精舍，初治金石文字之學，年未及冠。此編之成，忽又四十餘年。人事不常，朋好中同治斯學者皆爲異物，則予之衰暮可知也。綴語卷端，爲之慨歎。己巳七月。

和林金石録序

光緒丁酉春，予客滬瀆，於錢塘汪穰卿舍人康年許見寫本《和林金石録》。舍人曰：「此往歲在都門傳録者，惜多誤字，無他本可校，不能付梓人，可惜也。」秋八月，觀會稽章碩卿大令壽康式訓堂藏書，見大令手録和林諸碑，仿劉燕庭方伯《金石苑》，各碑行字，均照原式書之。並附録李文誠公文田跋，乃大令欲授梓而未果者。大令言：「此據總署俄人影照本手自移録，恐譌奪仍不免。安得好古而有力者，往和林徧拓諸碑，再爲校正乎？」予乃請于大令，假歸以校汪舍人本，則譌誤較少，手記其異同於汪本書眉。舍人欲據以付刊，時元和江建霞太史標督學湖南，舍人以刊版事託之。太史乃刊入《靈鶼閣叢書》中，而盡削書眉校語。戊戌秋，江君以印本見贈。予詰以胡不並刊校語，太史謂此幕賓所爲，異日當别刊附諸卷後。又未幾而太史暴卒，此事遂輟。

及予備官京師，杭州駐防三六橋都護多適持節朔邊，慨然以拓和林諸碑自任。尋寄墨本至，予乃以退食之暇一一爲之校讐。遂得並章本奪誤亦是正之。擬寫定付梓，乃值辛亥國變而止。去年冬，移家遼海，稿本尚在行篋，而諸碑拓本以轉徙流離已多散失。乃命兒子福葆助予寫定，一月而畢。惜墨本不完，不及復校。又悲舍人與大令墓艸已宿，不及見此書之成也。爰書簡首以識之。己巳九月既望。

徐氏古璽印譜序

桐鄉徐君青原篤志好古，尤嗜古璽印。將出其所藏爲譜録，請爲之序。予嘗徧覽徐君所藏官私諸璽印，歎其遴選之嚴，鑒别之精，出以前諸家譜録上。此固不待予言。而古璽印之關於學術，予序諸家譜録既詳言之，今更何言？雖然，予以前所述，固猶有未盡也。兹更述管窺所及，以質徐君。

予二十年前見濰縣陳氏所藏秦瓦量，載始皇廿六年詔四十言於量之四周，以模範印於陶土之上。凡二十行，行二字。細審之，實四字爲一範，合十範而成文。於是恍然知活版之濫觴，實始於祖龍之世。其與後世活版異者，後世以一字爲一範，此則以四字爲一範耳。前人謂活版始於宋之畢昇，尚未溯其朔也。嗣於合肥張氏許見秦州所出秦公敦，則每字爲一範，竟與後世活版同。益知活版術東周時已有之，更先於祖龍。今又知古璽印之制與秦敦、秦量正同，謂印刷術肇於璽印可也。許祭酒言「上古結繩而治，後世聖人易之以書契」，蓋書契之用廣於結繩也。然後世庶業其繁，人事之交際一一以書契徵信，則勞亦甚矣。故璽印興焉。有璽印則但須鈐印，省不律之勞至無量數，猶後世書籍之有雕印，可省無量數之傳寫也。古璽印傳世甚多，當時爲用之廣可知也。彼秦敦、秦量之範，謂爲由璽印所推演可也。古人之活版或一字，或數字集合成文，猶有排比之勞也。後世乃於一版雕數百言，則後世之雕版又由活字而推演之者也。而上溯其源，不得不以璽印爲先河矣。爰就斯義以序徐君之書，並以質當世之考中國文明進化者，倘有取於斯乎？己巳九月既望。

丁戊稿序

予志學之年遭家多難，履境危苦，非人所堪。三十餬口四方，勉謀事畜，未逮知命，遽值海桑。甲子孟冬，復攖奇變，拔心不死，學殖日荒。往歲徇兒輩之請，寫近年文字爲《松翁近稿》及《丙寅稿》。丁戊兩年所作，又得六十餘首。兒輩懼其散佚，復請編爲《丁戊稿》，付諸手民，列目如左。

遼居雜著序

予居遼既三月，始稍稍有所造述，並取在津沽時舊稿未完者，課兒輩寫定。九閱月間，成《矢彝考釋》、《鉨印姓氏徵補正》、《古鏡銘集》、《鏡話》、《蒿里遺文目録續編》，重校定《和林金石録》、《敦煌本毛詩校記》、《帝範校補》、《宋槧文苑英華殘本校記》各一卷。影印既完，顔之曰《遼居雜著》。異日續有所撰，當次第刊之，以記旅居之歲月，殆不足言學術也。己巳十月晦。

矢彝考釋跋

右矢方彝，蓋器同文。蓋百八十五字，器百八十六字。文字之精且多，不下曶、𤔲盂諸鼎，不僅爲近世出土諸器之冠也。予乍讀其文，見「王所以命周公者」至「尹三事四方」，疑爲命元公攝政，既見「成周」及「康宫」字，乃知爲成、康以後物。文中之周公，蓋元公後人之爲卿士者。卿士之職不見《周官》，始見於殷虚卜辭及商乙未敦，其文作「卿事」。毛公鼎及番生敦亦有「卿事」。《詩·大雅》「百辟卿士」，《小雅》「皇父卿士」，其文始作「卿士」。《詩》「皇父卿士」箋：「朋黨于朝，皇父爲之端首。兼擅羣職，故但目以卿士。」則卿士者百寮之長，殆如《周官》之冢宰矣。此周公蓋爲王卿士者，即《史記索隱》所謂「相王室」也。

此彝乃周公錫作册矢鬯□牛，矢遂用作父丁彝。其名前稱「矢」，後兩稱「命」。初以爲疑，而與此彝同出土之矢敦，一百有八字。其文曰：「作册矢命尊俎于王姜，姜賞命貝十朋，臣十家。」亦前稱「矢」後稱「命」，故遂確定爲一人。此彝中有數字不可識，謹守蓋闕之義，不敢强解。蓋文末有鳥形字，下有「册」字。器文末則兩「册」字平列，中夾鳥形字，音義亦不可曉也。己巳七月既望。

又案：作册名位甚尊，《書·畢命序》：康王命作册畢，《史記·周本紀》作「命作策畢公」。分居成周郊，作《畢命》。是時畢公與召公率諸侯相康王，其位甚尊而兼作册，則作册之尊可知。故周公命矢左右乃寮，傳不知作册爲史官，而曰「命爲册書，以命畢公」，《正義》引申之曰：「命作册者，令内史爲册書以命畢公。」沿誤既久，亡友王忠慤公作《洛誥解》，始據古金文訂正之。古金文之有裨於經史，此其一事也。

漢石經殘字集録續編補遺跋

《漢石經殘字集録續編》既付印，趙君萬里郵北海圖書館所藏墨本至，復得《尚書》三石、《魯詩》六石、校記一石、《春秋》二石、《公羊傳》一石、《論語》一石，總得石十有四，經文六十一言，校記七言，乃以一夕之力寫坿《續編》之後以傳之。聞新安張氏得《周易》一石，凡數百言。異日得見墨本，當寫定爲《三編》，謹濡管以俟之。己巳十月十日。

蒿里遺文目録續編跋

丙寅秋，予既編定《蒿里遺文目録》，丁戊以來，續得墨本二百八十餘通。爰命兒子福葆類次爲《續編》一卷，合之前目，總得二千七百餘通。頻歲以來，中州爲羣盗窟宅，災及墟墓。近漢馬伏波女賈夫人墓亦被發。其冢大於常壟，占地幾五畝。中有墓記，爲後世墓誌之濫觴。他若元魏王公墓，亦發掘無遺，出誌石甚多。鞏、洛爲古帝王宅京，十餘年來，兵燹飢饉之餘，生者不能全妻子，死者不能保枯骨。嗚呼，吾尚忍以墟墓所得爲考古之資哉！己巳九月。

帝範校記跋

甲子秋，予刊日本寬文本《帝範》。曾據大典本比勘異同，爲《校記》一卷。丁卯冬，得日本小島氏藏古寫卷子本，復爲之校讎，補正五十餘則。前書既刊行，不可增入，乃别録爲校補一卷，待他日重刊時是正焉。己巳九月。

臣軌跋

甲子在津沽，重印日本寬文本《臣軌》，删「垂拱二年撰」五字，定此書當撰於咸亨五年以後。頃閲《唐書·武后傳》，載「帝晚益痛風不支，天下事一付后。后乃更爲太平文治事，大集諸儒内禁殿，撰定《列女傳》、《臣軌》、《百寮新誡》、《樂書》等，大抵千餘篇。」《傳》叙此事於上元元年進號天后以前，然則此書撰於高宗時無疑矣。附記卷末，爲前跋加一佐證。己巳二月。

宋槧文苑英華殘本校記跋

己巳正月，見内庫宋槧殘本一册，存二百三十一至二百四十，計十卷。宋印，宋裝，前有「内殿文璽」、「御府圖書」，後有「緝熙殿書籍」印。書衣末有「景定元年十月初六日裝背臣王潤照管訖」墨戳。每半葉十三行，行二十二字，間有二十一、二十三字者。考周益公《平園集・文苑英華跋》，知此書初僅寫本，藏之秘閣，舛誤不可讀，乃以嘉泰初年爲之校訂，至四年秋訖。此當是周益公校訂後刊本，殆刻于寧宗朝而裝印于理宗朝者。爰以三日之力取校明刊本，並書後以記歲月。二月二日。

柔然寫本妙法蓮華經殘卷跋

此卷經文殘缺垂盡，而尾題「妙法蓮華經眷「卷」之別搆。第十八」，字獨完。經題後有題記六行，每行存上截九字至十二字不等。首行云：「永康五年，歲在庚戌七月。」考《後魏書》，柔然主郁久閭予成以和平五年立，在位二十二年，建元永康。此卷署「永康五年庚戌」，則建元在天安元年，《魏書》所記差二年也。記文次行云「常住三寶媚，宿緣尠薄媚」，殆即造經人名。柔然遺迹，世所未覩。此卷十餘年前出吐峪溝，今在西充白氏許。曾借觀三日，爰記之別紙，以訂史氏之譌。

日本天平十一年寫大般若經跋

《大般若波羅蜜多經》，卷第二百三十二後有「天平十一年石川朝臣年足寫經記」七行。經題後有譯經年月及人名十九行。首行曰：「龍朔元年十月二十日於玉華寺玉華殿三藏法師玄奘奉詔譯。」次筆受沙門名八行：曰「大慈恩寺沙門欽」，曰「玉華寺沙門基」，曰「玉華寺沙門光」，曰「大慈恩寺沙門慧朗」，曰「西明寺沙門嘉尚」，曰「大慈恩寺沙門道測」，曰「弘福寺沙門神皎」，曰「大慈恩寺沙門窺」。綴文沙門名三行：曰「西明寺沙門玄則」，曰「大慈恩寺沙門神昉」，曰「大慈恩寺沙門靖邁」。證義沙門名四行：曰「大慈恩寺沙門詧通」，曰「大慈恩寺沙門神泰」，曰「西明寺沙門慧景」，曰「大慈恩寺沙門慧貴」。專當官經判官名一行，曰「專當官經判官、司禋主事陳德詮」。檢校寫經使名一行，曰「檢校寫經使、司禋大夫臣崔无譽」。末行曰：「太子少師、弘文館學士、監修國史、高陽郡開國公臣許敬宗等潤色監閲。」

案：《開元釋教録》載奘師以顯慶四年冬徙玉華宫，五年正月一日起首翻《大般若經》，至龍朔三年十月二十日功畢絶筆，合成六百卷。此經末署「龍朔元年十月二十日」，殆至是年譯至第二百三十二卷耶？至從事譯經諸沙門見《開元録》者五人：曰「慧貴」，曰「神昉」，曰「神泰」，曰「靖邁」，曰「玄則」，乃先是從奘師在弘福寺譯經者。其見《宋高僧傳》者，曰「窺基」，曰「普光」，曰「靖邁」，曰「嘉尚」。窺基，即此卷之沙門窺、沙門基，誤合爲一人。普光，殆即此卷所稱沙門光。又《開元録》載《甚希有經》一卷，沙門大乘欽筆受。《阿毗達磨顯宗論》四十卷，沙門慧朗、嘉尚等筆受。其不可考者四人：曰「道測」，曰「神皎」，曰「詧通」，曰「慧景」。今大藏本《大般若經》削除每卷後譯經人名。《開元録》於《大般若波羅蜜多經》六百卷下，但注沙門大乘光、大乘欽、嘉尚等筆受，又不備載諸人名，故予特詳記之。

子平遺集跋

此書予往歲得六册，去年秋復得此册於山左某氏。近閲葉潤臣先生名澧《橋西雜記》，云：「内閣大庫向存子平書若干箱，曰《前定數》，庫鑰爲典籍廳所掌。辛亥春，予偕某啓鑰往視，僅存數十册，篇頁零亂。玩其紙墨，明人所爲。一老隸在旁云：『三十年前，某相國取其大半去矣。』聞山右稷山縣庫亦藏有寫本，大都已往驗，而未來之事多不足憑。」云云。予於丙寅春，嘗據《吴中故語》考爲明成化間太監王敬所鈔《子平遺集》，爲潤臣先生所未知。至此書亦名《前定數》，某相國取去大半及山西稷山縣庫亦藏寫本，則足補前考所未及。惟潤臣先生言在大庫僅見數十册，予於宣統初元尚見二三百册。葉氏所見殆未窺其全，大約此書當有五六百册也。己巳二月。

楚王鐘跋

此编鐘之尤小者。文曰「隹王正月初吉丁亥，楚王□自作鈴鐘，其書其言」，凡十九字，文字制造均極精。楚王名作「□」，殆「頵」之壞字。古器物範有殘損，則文字鑄成亦殘損。此鐘「鈴鐘」之「鈴」損下少半，「其書其言」，「書」字亦損下半，「言」字中直畫不完，則「頵」字亦爲殘損無疑也。「頵」

爲楚成王名。《春秋左氏傳》文公元年經：「冬十月，楚世子商臣弑其君頵。」公羊、穀梁二氏「頵」均作「髡」。《史記・楚世家》作「惲」。此鐘作「頵」，與左氏同。文首曰：「隹王正月初吉丁亥。」考成王以周惠王六年立，春秋長術惠王廿一年正月爲丁亥朔，乃楚成王之十六年，亦此鐘爲楚成王作之一證矣。古人鑄鐘，多用「正月丁亥」，予所見若虘鐘，若公孫班鐘，若沇兒鐘，若邵鐘，若王孫鐘，若僕兒鐘，若余義編鐘，若王子難之子鐘，八鐘皆然。並此而九，殆猶漢人鑄鉤之均用「五月丙午」歟？

伯晨鼎跋

此鼎中□□、旅弓旅矢。孫君仲容詒讓釋「□□」作「彤弓彤矢」。謂此矢旁亦當爲「□」，作「□」者文有剥落耳。乃「彡」字，《説文・彡部》云：「彡，毛飾畫文。」又《丹部》云：「彤，弓〔丹〕飾也。从丹、彡，彡其畫也。」此本云「彤弓彤矢」，偶省其文，遂識「彡」於「弓」、「矢」之旁。

案：孫釋□□爲「彤弓彤矢」，至確不易。惟云偶省其文，識「彡」於「弓」、「矢」之旁，則不然。蓋未知彡即彤之本字，彤爲後起字也。殷虚所出龜卜文，「彤日」之「彤」作「□」，或省其畫作「□」、「□」，或變而爲「□」、「□」。此作「□」者，又「□」之省。古文往往隨意增損筆畫，其左右向亦無定。此鼎之「□」即「彤弓」二字合文，「□」即「彤矢」二字合文。予藏古矢族，其文曰「□」，北文亦作

「□」，亦「彤矢」二字合文，殆記此族爲彤弓之矢也。《書》之《彤日》「彤」字从月，不見許書。以卜文考之，知彤日本字亦作「彡」，與彤矢之「彡」爲一字。後人以彤矢用丹飾，遂加丹旁，彤日爲祭名，遂加月旁耳。

「旅弓旅矢」之「旅」，鼎文作「□」。案：「旅」字古文作「□」，此省一人。古器文字中有前人釋爲「子執旂形」者，以此例之，知亦「旅」字矣。又今旅弓旅矢字作「玈」，蓋後人以旅弓旅矢爲黑色，遂爲玄旁，猶彤弓彤矢之加丹旁也。「旅」乃初字，「玈」乃後起字。《詩·彤弓》及《左傳·僖公》二十八年。《釋文》：玈本作旅。知六朝經本尚存古字矣。

夨敦跋

此敦凡二器，皆百有十字，與夨彝同出土，蓋一人所作也。方彝予既爲考釋，此敦不可識之字較多。方彝前稱「夨」後稱「命」，此敦亦然，殊不可曉。然其爲一人，則可知也。文中有「□」字，即前後之「前」。《説文》作「歬」，从止在舟上，許君釋爲不行而進。古从止、从辵、从彳皆同意，故此增止爲「辵」。殷虚卜辭前字作「□」，與此正同。惟彼亦止在舟上，此則止在舟下耳。此敦文首言「王伐楚伯」，《史記·楚世家》言夏、殷時楚嘗爲侯伯，周成王時封熊繹以子男之田，不言周時爵爲伯，此敦可補史闕也。

唐楊文幹造象小銅碑跋

此小銅碑，高建初尺二寸强，下有龜趺而塗以金。陰刻佛象四列，每列三象。陽面記四行，文曰：「武德六年，主國大將軍、慶州都督楊文幹爲所生父母請空法大禪師造佛象千區，香花供養。」凡三十六言。考《舊唐書隱太子建成傳》：高祖幸仁智宫，留建成居守。建成先令慶州總管楊文幹募健兒送京師，欲以爲變，又遣郎將爾朱煥、校尉橋公山賫甲以賜文幹，令起兵相接應。公山、煥行至豳鄉，懼罪馳告其事。高祖託以他事，手詔追建成詣行在所。楊文幹遂舉兵反。又《唐書・高祖紀》：武德六年六月壬戌，慶州都督楊文幹反。七月癸酉，慶州人殺楊文幹以降。此碑之作，殆在六月以前。予舊藏一銅佛象亦文幹所造，其文正同。甲子春，再得此碑象於春明。前象則歸海東友人矣。文中之「主國」，即「柱國」之省畧。

崔慎由端午進奉銀鋌影本跋

唐銀鋌長建初尺一尺二寸二分，廣三寸八分，爲長方形。上刻文字二行，首行曰：「端午進奉銀壹鋌，重伍拾兩。」次行曰：「浙江西道都團練觀察處置等使、大中大夫、檢校禮部尚書、使持節潤州諸軍事兼潤州刺史、御史大夫、上柱國、賜紫金魚袋臣崔慎由進。」

案：慎由，新舊兩《書》均有傳，新《書》附《崔融傳》，記載頗畧。舊《書》有專傳，文較詳。然但稱其召充翰林學士、户部侍郎，再歷方鎮，不言何鎮。新《書》則云「授湖南觀察使召還，由刑部侍郎領浙西」，亦不詳何年。《方鎮表》於浙西表大中八年下注：「崔慎由。」未詳何年拜。九年注：「崔慎由遷户部侍郎。」未詳何年。《舊傳》稱再歷方鎮，入朝爲工部尚書。十年，以本官同平章事。故新書約畧定慎由觀察浙江西道在大中八九年也。《舊書·地理志》江南道潤州注：「永泰後常爲浙江西道觀察使理所。」故慎由以浙江西道團練觀察使兼潤州刺史也。《地理志》載潤州土貢無銀，而《食貨志》載潤州銀冶五十八，是潤州固産銀。但慎由之進奉，乃出之刺史，非土貢耳。《食貨志》又載裴肅爲常州刺史，以進奉遷浙東觀察使。天下刺史進奉，自肅始也。唐代不以銀爲貨幣，故《食貨志》稱：「銀者，無益於生人，權其輕重，使務專一。」慎由之進奉，殆充製器用耶？文有「端午」字，藉知當時方鎮於令節有進奉之事也。

古代之銀，漢以八兩爲一流，見《漢書·食貨志》。觀此知唐以五十兩爲一鋌。《説文》：「鋌，銅鐵樸也。」《一切經音義》：卷十一。「鋌，銅鐵之璞未成器用者。」《南史·梁廬陵王傳》：「嗣子應不慧，見内庫金鋌問左右：『此可食否？』」是金銀樸亦謂之鋌，不僅銅鐵也。至宋以後而爲定，亦重五十兩，其制乃相沿至今矣。古銀傳世者，有漢銀，有宋、元定。唐銀往昔所未見，故詳載其形制。惜此銀在春明估人手，不能知其厚薄，及以今權一較唐衡輕重耳。

《新書》叙慎由歷官至署，《舊傳》較詳，然《紀》、《傳》已自相矛盾。《傳》稱大中十年，以本官同平章事。而《宣宗紀》則在十一年二月。《新書·宣宗紀》作十年十二月。《傳》又稱十一年入相後加太中大夫，兼禮部尚書。據此銀則慎由鎮浙西道時，已加太中大夫、檢校禮部尚書。此可據以訂正《舊傳》者也。

漢賈夫人馬姜墓石記跋

此石近出洛陽，文十五行，行字多寡不等。其文曰：「惟永平以上三字出土時有之，起石時已損。七年七月廿一日，漢左將軍、特進、膠東侯此二字起石時亦損。第五子賈武仲卒，時年廿九。夫人馬姜，伏波將軍新息忠成侯之女，明德皇后之姉也。生四女。年廿三而賈君卒，夫人深守高節，劬勞歷載，育成幼媛，光□祖先。遂升二女爲顯節園貴人，其次適鬲侯朱氏，其次適陽泉侯劉氏。朱紫繽紛，寵禄盈門，皆猶夫人。夫人以母儀之德，爲宗族之覆，春秋七十三，延平元年七月□日薨。皇上閔悼，兩宮賻贈，賜秘器，以禮殯。以九月十日塟于芒門舊塋。□□子孫懼不能章明，故刻石紀。」下闕數字。

案：夫人爲馬援之女，賈武仲之妻，明帝賈貴人之母。《後漢書·馬皇后紀》載后從兄嚴求進女掖庭書，稱援有三女，大者十五，次者十四，小者十三。又載顯宗即位，以后爲貴人。時后前母姉女賈氏亦以選入，生肅宗。知夫人爲明德皇后異母姊。碑稱夫人延平元年薨，年七十三。逆數之，是生於建武十年。伏波以建武二十四年卒，時夫人年正十五。又知夫人爲后之長姊矣。碑稱夫人適膠東侯苐五子賈武仲。膠東侯爲賈復封爵，《復傳》但載子忠及小子邯，邯弟宗，而不及武仲，殆早亡未仕，故《傳》不及耶。

夫人四女，二女爲貴人。《馬皇后紀》附載賈貴人，南陽人，建武末選入太子宫，中元二年生肅宗。以碑所載夫人卒年推之，賈貴人生肅宗之年，夫人年甫二十四，則賈貴人必爲賈武仲前妻子，非夫人所生也。史不載貴人爲賈復女孫，亦不載賈氏二女爲貴人，均據碑知之也。夫人次女適鬲侯朱氏，鬲侯爲朱祐封爵。《祐傳》稱祐以建武二十四年卒，子商嗣。商卒，子演嗣。永(平)〔元〕十四年坐從兄伯爲外孫陰皇后巫蠱事，免爲庶人。永初元年，鄧太后紹封演子沖爲鬲侯。夫人次女所適，以年代考之，當爲祐孫演，若演子沖之復封，則在夫人卒後一年矣。碑又言一女適陽泉侯劉氏，則不知爲宗室何人也。碑載賈武仲以永平七年卒，年廿九，夫人時年廿三。以夫人卒年推之，則永平七年夫人年已卌一，非廿三，殆由秉筆者之誤。碑有「皆猶夫人」語，古「由」、「猶」通用，「猶」即「由」也。

漢人墓記前人所未見，此爲墓誌之濫觴。石質頗粗，磨礱未平，即刻字其上，遠不逮後世之精好。知當時外戚蒙馬后恭儉之化，風氣至朴畧矣。

周車騎大將軍豆盧恩〔碑〕跋

此碑近出關中，隸書甚精整。文二十六行，前十餘行文字尚明晰，後半多漫漶。無書撰人名，而《庾子山集》有此文，知爲信撰。取校《集》本，譌脱及異同處甚多。

《碑》稱「君諱恩，字永恩」，《集》本作「君諱永恩，字某」。「昌黎徒何人」，《集》本「何」誤作「河」。「祖什伐，左將軍」，《集》本誤作「祖代左右將軍」。「魏文成皇帝直寢」，《集》本奪「成」字。「父萇」，《集》本「萇」誤作「長」。「西伯行仁」，《集》本「仁」誤作「慶」。「器侔鐘鼎」，《集》本「器」誤作「氣」。「猛虎震地，七歲不驚；牴羊觸藩，九齡能對」，《集》本作「觀於秦兵，尚稱童子；對於楚戰，猶在青衿。」「加通直常侍」，《集》本「通直」下有「散騎」二字。「魏前元年」，《集》本脱「前」字。「魏後元年」，《集》本誤作「後魏元年」。「朝廷使大將軍安政公隨突厥天□□似「入」字。吐谷渾國」，《集》本誤作「朝廷使大將安政公隨突厥吐谷渾歸國」。「公領騎五千」，《集》本作「八千」。「授都督鄯州刺史」，《集》本「督」下有「鄯州諸軍事」五字。「改封沃野縣開國公」，《集》本無「開國」二字。「增邑一千户」，《集》本無「一」字。「都督利沙文三州諸軍事」，《集》本「沙文」誤作「涉汶」。「保定元年秋，遣將兵破巴州恆楞獠」，《集》本「保定」上多「以」字，「元年」下無「秋」字，「恆楞獠」誤作「恆猨獠」。「推仁分邑」，《集》本「仁」作「恩」。「春秋五十有八」，《集》本無「有」字。「山川聚米」，《集》本「川」誤作「林」。「去獸浮河」，《集》本「去」誤作「玄」。至文中「普泰二年」，碑書「泰」作「太」，則避周帝諱，非有異同也。

《集》本譌誤最甚者，爲「朝廷使大將安政公隨突厥吐谷渾歸國」，語至不可通。案：安政公爲史寧，《周書》及《北史》均有傳，稱突厥木汗可汗假道涼州，將襲吐谷渾，周文令寧率騎隨之。碑所敘即此事。《集》本於「吐谷渾」上脱三字，而於「國」上妄增「歸」字。今碑文雖泐二字，然義尚可曉，足正《集》本之譌衍也。次爲「破巴州恆楞獠」，誤「楞」作「獿」。《周書·異域傳》載獠之族類有木籠獠、鐵山獠、恆稜獠。碑之「恆楞」與《傳》之「恆稜」正同。《集》作「獿」，乃「楞」傳寫之譌也。又《碑》稱「魏前元年」，謂廢帝欽之元年。「後元年」，謂恭帝廓之元年。《集》本乃作「魏元年」、「後魏元年」，語不可通矣。

豆盧氏世系，諸書所記多譌誤。《元和姓纂》：「精生猶醜，猶醜曾孫萇、永思、「恩」字之譌。寧。永思生通，通生寬。」誤以萇與永恩父子爲兄弟。《唐書·宰相世系表》謂精生二子醜、勝。醜孫萇，萇生永恩。永恩生通，通生寬。以萇爲醜孫，與《姓纂》作「曾孫」者異。而《北史·寧傳》稱「高祖勝，父萇」，世次與《唐表》合，又以萇爲勝曾孫。此《碑》稱祖什伐，父萇，雖不知萇祖及曾祖之名爲醜爲勝，抑爲孫及曾孫而萇之父爲什伐，則足補諸書之闕矣。《唐芮定公豆盧寬碑》：「曾祖萇，祖永恩，父通。」與此碑合。然亦不載萇父名，賴此碑知之也。至寬之子，《唐表》作承業、懷讓，承業子欽望。《姓纂》同。寬碑作「長子□州刺史、上柱國、芮國公仁業，次子右衛將軍、上柱蠡吾縣開國子承基」。舊史豆盧業、欽望《傳》亦作「父仁業」，與碑合。殆寬三子：曰仁業，曰承基，曰懷讓。《表》作「承業」者，殆避玄宗諱而改也。又《姓纂》及《唐表》載懷讓子貞松，宗正卿、中山公，不載貞松兄弟。關中出土《豆盧遜墓誌》稱遜字貞順，曾祖通，祖寬，父懷讓。則懷讓尚有子遜，爲《姓纂》及《唐表》所未載，並附記之於此。

隋太僕卿元公墓誌跋

此《誌》載元氏先世甚詳，稱太僕爲昭成皇帝之後。六世祖遵，高祖素，曾祖忠，祖昺，父最。以校《魏書·宗室傳》，多可補正。考《昭成子孫傳》，常山王遵拜尚書左僕射，加侍中，領合口及博陵，遷州牧，不言何州。《誌》作冀青兗豫徐州諸軍事、冀州牧，較《傳》爲詳。《傳》稱遵子素，常山康王，與《誌》合。素子忠，高祖時累遷右僕射，賜爵陽城公，加侍中、鎮西將軍。太和四年，病篤。及卒，謚曰宣。《誌》稱「忠歷官使持節、散騎常侍、鎮西大將軍、尚書左僕射、城陽宣王。」《周書·元偉傳》亦稱「曾祖忠，尚書左僕射、城陽王」，則《傳》作「右僕射」、「城陽公」者誤也。《傳》稱忠子壽興，初爲徐州刺史，在官貪虐。後爲王顯所搆，賜死。自作墓誌銘曰：「洛陽男子，姓元名景。」云云。是壽興其字，景其名。此《誌》作「昺」，知《傳》作「景」者，唐史官避唐諱改也。《誌》稱「昺官宗正卿」，則《傳》

所署矣。《傳》不載壽興子。《北史》稱：「子最，字幹，從孝武入關，封洛平王，兼尚書左僕射，加特進。」《誌》稱「最官使持節、侍中、驃騎大將軍、開府儀同三司、尚書左僕射、華敷南秦并幽晉六州諸軍事、六州刺史、司徒公、樂平慎王。」記其官謚甚詳，可補《北史》之略，而「洛平」作「樂平」。元槧本《北史》亦然，知今本作「洛平」者誤矣。

《誌》於元公名下空一格。字□智，「智」上亦空一格，殊不可曉。然文中亦多空格未刻之字，如曰「不□官燭」，曰「統昆□之令丞」，曰「□争見王陵之節」，均空而未刻。殆因書丹摩滅，元公名字想亦爾也。又《誌》文亦有誤字，如「聖上纂承洪緒」，「上」誤作「士」。此殆刻字人不慎致譌，未必書者之誤矣。己巳中秋後三日。

河陽都尉孔神通墓誌跋

《誌》叙孔氏先世，言：漢封孔氏十三世孫霸爲關内侯，號裒成君，食邑八百户。霸子光，封博山侯，漢丞相、太師、太傅、僕射，邑依舊。光子收，襲爵博山侯，漢平帝改封收男均爲裒成侯。後王莽纂漢，均之子孫不義其禄，便不受莽官。光武重興，還封均子志爲裒成侯，食邑博平縣。漢祚既滅，魏朝踐位。文帝黄初元年，封羨爲崇聖侯。羨孫震，蒙晉改封爲蛩亭侯。震男嶷，襲爵蛩亭侯。嶷子撫，亦爲蛩亭侯。晉祚既滅，南宋、北趙遞爲交争，未遑立封。至魏孝文皇帝，軒駕親幸靈廚，封乘爲崇聖大夫。

案：《唐書・宰相世系表》：霸，「褒成烈君。四子：福、振、喜、光。福，關内侯，生房。房生均，字長平，尚書郎，生大司馬元成侯志。志生損。自均皆世襲褒成侯，及損，徙封褒亭侯。生曜，曜生完，完無子，以弟子魏奉議郎羨爲嗣。羨生晉太常卿、黄門侍郎震，震生嶷，嶷生豫章太守撫，撫生從事中郎懿。自羨以下襲奉聖侯。生宋崇聖侯鮮，鮮生後魏崇聖大夫乘，乘生秘書郎靈珍，靈珍生文泰。自文泰以下襲崇聖侯。」謂均爲福孫，震爲羨子，與《誌》不合，未知孰是。金孔元措《孔氏祖庭廣記》，與《表》同。至《誌》稱羨封崇聖侯，《表》作「自羨以下襲奉聖侯」，今證之《魏黄初碑》，則是「宗聖」，《表》作「奉聖」固非，《誌》作「崇聖」亦誤。又《表》稱羨官奉議郎，《祖庭廣記》同。《黄初碑》則作「議郎」，「奉」爲衍文也。《誌》稱震、嶷、撫世襲蛩亭侯，《表》作「奉聖侯」，《廣記》同。《宋書・禮志》作「奉聖亭侯」。亦不合。《宋書・禮志》稱：宋文帝元嘉八年，奉聖亭侯孔繼之博塞無度，奪爵。至十九年，又授孔隱之。兄子熙先謀逆，又失爵。二十八年，更以孔惠雲爲奉聖侯。後有重疾，失爵。孝武大明二年，又以孔邁爲奉聖侯。邁卒，以莽嗣，有罪，失爵。是在劉宋之世，屢封屢以罪黜。《誌》云南宋、北趙未遑立封者，殆有所諱而云爾耶？

《元和姓纂》：「武孫霸，霸曾孫均，漢封褒聖侯，晉封奉聖侯，魏封崇聖侯，隋汴侯，唐朝褒聖侯，並奉孔子祀。」案：「褒聖」當作「褒成」。隋大業四年，封孔子三十二世孫嗣悊爲紹聖侯，亦不作「汴侯」。

唐贈徐州刺史敷城公李誕墓誌跋

此《誌》二十年前出洛陽，予即購致。誕字大方，爲道王元慶之子，而兩《書》《道王傳》不載其名。惟《宗室世系表》道王房載誕，敷城郡公，生岑，右千牛將軍。岑生雲，襲敷城郡公。雲生洞清，兵部郎中。《誌》稱：「垂拱中，太后稱制。皇綱中微，寡我宗盟，王彼諸武。公病外戚之啄食，陳王業之艱難，雄圖未展，義聲載露。會以拜洛，召來朝京師。舊德傾心，羣邪側目，天未悔禍，人之云亡。産、禄尚存，虚、牟即代。以垂拱四年十一月一日薨於尊賢里之私弟，春秋廿有九。」

案：《唐書·則天皇后紀》：垂拱四年夏四月，「魏王武承嗣僞造瑞石，文云：『聖母臨人，永昌帝業。』令雍州人唐向泰表稱獲之洛水。」秋七月，「封洛水神爲顯聖，加位特進，並立廟。就水側置永昌縣。天下大酺五日。」即《誌》所稱「拜洛」也。是年，殺琅邪王沖、越王貞、韓王嘉、魯王靈夔、黄國公譔、范陽王藹、霍王元軌、江都王緒、東莞公融。宗室諸王相繼誅死，誕殆亦其一也。《誌》又稱「子璿呱然始孩，喪葬無主。中宗嗣唐配天，興滅繼絶。制累遷璿爲右領軍將軍，進贈公爲徐州刺史。開元十一年，夫人王氏薨。領軍先逝，喪又無主。嫡孫曇童縗不杖，孺慕無節。女蕭氏以夫人之喪至自京師。以開元十二年十一月會葬我敷城公于河南洛陽縣平陰鄉。」《誌》之子「璿」，殆即《表》之「岑」。其名爲璿，其官爲右領軍，《表》之名與官，殆均誤也。誕孫「曇」，《表》作「雲」，殆亦傳寫之謁矣。《誌》題「豪鄂二州別駕」，殆誕生前歷官，亦賴《誌》知之也。

河南府河陽縣丞陳希望墓誌跋

此《誌》太子司議郎徐浩撰，不著書人姓氏。而書體至工，蓋亦出季海手也。史稱季海屬辭贍給，又工楷隸。當時詔令、誥册皆出其手，而文之傳世者至罕。此《誌》稱希望之循政，有曰「進不先物，故官無驟遷；退不沽名，而迹罕輝耀」，真能寫出循吏胸懷者也。史稱季海建中三年卒，年八十。此《誌》作於天寶八載，時年四十七，故與建中二年所書《不空三藏碑》書體稍異，然固一見可定爲季海書也。近三十年，宇内出碑版文字不少，而書蹟出於大家手者，僅歐陽通書《泉男生墓誌》、魯公書《顔勤禮碑》及季海此《誌》而已。

尚書右丞倪公墓誌跋

此誌近出洛陽。四十年前嘗得若水殘碑，予既跋而存之，以訂正《舊唐書》「倪若水，字子泉」之誤。謂碑存「泉字若水」字，當是名子泉，字若水。然碑文「泉」上一字已泐。今觀此《誌》始知名泉字若水，非名子泉也。

《誌》敘倪氏得姓之始云：「其先出自郳國，爲魯附庸，厥後因而命氏。六國時有倪良者，能制諸侯之兵，蓋趙人也。」案：倪良見《吕氏春秋》，而殘碑存「其先高辛氏之□，及魏建節，將軍通□□，改賀兒氏爲兒氏」語。賀兒氏改兒氏，見《魏書・官氏志》。一若若水先世出於代北者。《元和姓纂》載中山倪氏，但有「唐刑部侍郎案：若水未嘗爲刑部侍郎，乃「户部」之譌。倪若水，中山藁城人也」語，而不記其先世，不能定其果出代北否也。

誌叙若水歷官甚詳，稱其「應八道使舉射策登科，授秘書正字。復以舉遷右驍衛兵曹參軍，俄轉洛州福昌縣丞。又應封岳舉授雍州咸陽縣丞，調補長安縣丞，俄授右臺殿中侍御史，充劍南按察，加朝散大夫，轉左臺侍御史，尋遷吏部員外郎。以公事出爲宋州長史，稍遷慈州刺史，徵拜中書舍人。無何，拜尚書右丞，出爲汴州刺史，入拜户部侍郎，再爲尚書右丞。」《新書》本傳稱其「擢進士第，遷右臺監察御史，黜陟劍南道。」《舊傳》但云：「開元初，歷遷中書舍人、尚書右丞，出爲汴州刺史，尋入爲户部侍郎。七年，復授尚書右丞」而已。殘碑則但存「御史臺」、「殿中侍御史」及「外轉爲使持節汴州諸軍事」等語。

《傳》載若水刺汴時，修孔廟，勸生徒及諫采鵁鶄諸鳥，爲其政績之大者。《誌》顧不之及，作文者可謂無識矣。《誌》叙若水在中書時，羣胥抵憲，以法按之。飛書上聞，因此下獄。奸吏舞弄，初欲危之。恩旨詔入，特延殊賞。又云：「公之刺汴州也，朝廷下埋蝗之令，遂爲使臣所誣。公抗疏自述，因言災眚之意。上深感悟，手勅勞之。」此二事則《傳》所不及。然《誌》文太簡，究不知其何事被陷，何故被誣也。《傳》不載若水先世。《誌》稱曾祖護，祖範，考基，可補史文之略。《誌》又稱：「若水之卒，以遭家不造令弟云亡，哭泣傷懷，幽感致疾。」《傳》列之循吏，據《誌》則其孝友亦可風矣。

山南東道節度使嗣曹王李皐墓誌跋

曹成王爲唐宗室名臣，武功民治，當世罕匹。韓文公所撰《神道碑》，所以闡揚之者至矣。《唐書》本傳記載亦詳。此《誌》樊澤撰文，頗簡要，當與韓《碑》並傳。《誌》所載事實，大半載《碑》、《傳》中，惟稱「嘗與刺史康雲間攻袁晁，寇陵我騎，雲間之馬踣焉。王心存拯危，目不見陣，乃挾其人而搗其馬，偕犯而免之。」此事爲《碑》、《傳》所未載。又稱討李希烈時，招來逆將竇液、李惠登，致于肘腋之地，皆竭腹心之效。此事《傳》亦不詳，但記貞元中拜荆南節度使，李思登以隨州降。「思登」，殆「惠登」之譌也。韓《碑》稱王大小之戰三十有二，《新唐書》本傳因之。舊史乃作「大小十餘陣」。此《誌》云：「前後大戰一十有一，小戰廿有六。」知《舊傳》「十餘陣」，當作「三十餘陣」，「十」上脱「三」字也。

撰文之樊澤，兩史均有傳，討李希烈亦以武功著稱。皐卒代其職，故文末有「叨承藩寄，從王之後，伯仲交契，方隅迭守」語。書者徐頊，結銜稱「通直郎、行河南府功曹參軍事、餘姚縣開國男」。《元和姓纂》載其爲徐嶠之之孫，浚之子，浩之猶子，官至渭南領軍。故其書頗得季海遺意。篆蓋亦出項手，精雅不減李少温。《金石録》著録項書《登封修縣記》，亦貞元八年立，正與此《誌》同時書也。《佩文齋書畫譜書家傳》稱項官「雲陽令，見《唐書・宰相世系表》」。考《唐表》所載，官雲陽令之徐項，祖徵，父漢，雖名同，實非一人也。附正於此。

清河孝公崔沔夫人王氏墓誌跋

此《誌》刻沔誌蓋之陰。孝公撰文，元至書。夫人以開元二十二年卒，年五十。考李邕撰《孝公墓誌》，孝公以開元二十七年卒，年六十七，則夫人之卒先於孝公五年也。《誌》稱夫人一男三女，《唐書・宰相世系表》載沔子成甫、祐甫，與《誌》不合。《沔誌》稱公長子成甫、嗣子祐甫。《誌》後祐甫附記稱長子成甫「以事貶黜，乾元初卒於江介。」意成甫以事貶黜，故别立兄弟之子爲嗣。祐甫殆非夫人所生，故《沔誌》稱「嗣子」歟？又《舊唐書・祐甫傳》：「無子，遺命以猶子植爲嗣。」又云：「植，祐甫弟廬江令嬰甫之子。」案：嬰甫爲沔從父晊之孫，從弟滂之子。於祐甫爲從弟，非弟也。祐甫不知以何人子嗣沔，意或爲滂子，故嗣嬰甫之子爲之後耶？書以俟考。

竇公夫人崔氏墓誌跋

此誌爲夫人季父祐甫撰，稱夫人爲衛尉少卿皚之曾孫，監察御史渾之孫，向城縣令孟孫之長女。案：《唐書・宰相世系表》博陵崔氏第二房：祐甫祖晧，安平公。晧兄暄，汝州長史；弟晊，徐州司馬。父沔，清河孝公。沔兄證，太子賓客；渾，監察御史。是渾之父爲晧而非暟。惟《舊唐書・崔沔傳》作「父暟，庫部員外郎、汝州長史」，與此《誌》合。稱其官「汝州長史」，不作「衛尉少卿」。而《舊書・祐甫傳》又作「祖晊，懷州長史」。初不能定其從違，嗣得《清河孝公崔沔誌》，稱：「曾祖弘峻，隋銀青光禄大夫、趙王長史；祖儼，益州雒縣令；考暟，朝散大夫、汝州長史、安平縣開國男，贈衛尉少卿。」始知「晧」爲「暟」之譌。暟官至汝州長史，爵安平男，贈衛尉少卿。《表》稱暄汝州長史，晧安平公，分晧官爵於暄與晧，而無暟之名。合諸字證之，始知「暄」爲「暟」字之譌，晧與暟殆亦一人。至《祐甫傳》又誤以從祖晊爲祖，使不得諸誌，則無從是正矣。《表》不載渾子孟孫及沔諸孫，於晊之後嗣亦有脱畧。茲據此《誌》及《沔誌》與《光州刺史李濤妻崔夫人誌》，補正如左。

弘峻 隋趙王府長史。	**儼** 益州雒縣令。	**暟** 汝州長史、安平男，贈衛尉少卿。	**渾** 監察御史。	**孟孫** 向城縣令。			
			沔 字若沖，太子賓客、清河孝公。	**成甫** 陝縣尉。	**伯良** 殿中侍御史。	**詹**	

續表

				祐甫 字貽孫，相德宗。	**植** 字公修，相穆宗。以嬰甫子嗣。	**彦**	
		晊 徐州司馬。	**濤** 青州司馬。	**儀甫** 大理寺丞。	**倰** 字德長，户部尚書。	**巖** 尚書、都官郎中。	**瞻** **贇**
			滂 巴州刺史。	**嬰甫** 盧江令。			

高君夫人杜氏墓誌跋

《誌》載夫人「諱蘭，字伯芳，京兆人。隋冀州刺史曰姡，其曾門也。皇秘書郎曰愛，其大父也。皇刑部尚書、同中書門下平章事曰景佺，其顯考也。」案：《唐書·宰相世系表》於杜氏宰相失景佺一系，當據此補之。

京兆杜氏夫人墓誌跋

《誌》爲夫人弟朝議郎、守太子少詹事、上柱國、新野縣開國男、食邑三百户、賜緋魚袋杜寶符撰，裴漸書。漸即夫人所適者也。稱夫人曾大父諱含章，仕左千牛，累贈鄭州刺史。大父諱綰，任京兆府司録，累贈尚書左僕射。父諱黄裳，任檢校司空、同中書門下平章事、兼河中晉絳慈隰等州節度使，累贈太尉。有兄弟四人，姊妹五人。

案：《唐書・宰相世系表》：含章生綰，綰生黄裳，黄裳生勝載。僅載黄裳子二人。吕温撰《河中節度使杜公夫人李氏墓誌》，則稱夫人「五子：長曰載，河南府功曹參軍；次曰翁歸，前太常寺奉禮郎；次曰寶符，前河南府參軍；次曰義符、弘文館明經。有女二人，長適監察御史武功蘇德輿，次適故相國、崖州員外、司馬京兆韋公執誼」。又，稱「子五人」，與此《誌》稱「四人」不合。然五人中但載四人名。《表》載勝、載二人，而勝之名又不在《杜公夫人誌》四人中，不可曉也。《誌》稱夫人姊妹四人，《杜公夫人誌》則稱女二人。豈二人爲夫人所生，他出於妾媵耶。寶符文頗蕪陋，唐中葉以後文體日靡，諛墓文字益不足觀矣。

盧嶠夫人崔氏墓誌跋

《誌》稱夫人曾祖合州司馬諱玄默，祖漢州德陽令諱思慶，父朝散大夫、太原祁縣令諱庭實。夫人即祁令弟五女，嬪於盧君。案：《唐書・宰相世系表》清河大房崔氏：玄默生思慶，思慶生延賓。三代皆失書官職，又誤庭實作「延賓」。《嶠誌》與《夫人誌》同時出土，稱嶠仕至給事中、永州司馬，子嘉瑗，潭州長沙尉，早世。嘉瑗子立。《世系表》載嶠子「嘉猷」，不作「嘉瑗」，又失書其孫立。爰並識之。

南鄭縣丞馬攸墓誌跋

此《誌》予往歲遊洛得之。攸字化居，唐中興功臣司徒燧之曾孫，殿中少監繼祖之子。《唐書·宰相世系表》及《元和姓纂》但著燧子暢，孫繼祖，而不及曾、玄。據此《誌》知繼祖有子攸，孫檮，可補《唐表》之闕佚。

滄州東光縣令許行本墓誌跋

此《誌》與《行本妻清河崔氏合葬銘》同出土。《誌》稱行本「字奉先，本河間高陽郡人，後家于晉陽，從牒徙居于河內，故今爲河陽縣人。曾祖彪，齊儀同三司、善元郡守、寧國縣公；祖康，齊梁州都督、江夏縣公；父緒，皇朝散騎常侍、司農太府等卿、瓜州都督、上柱國、真定郡公。」兩《唐書·世緒傳》同《合葬銘》作「縣公」。考《元和姓纂》載中山許氏：北齊武川鎮將彪生康，康生緒、洛仁。緒，太府少卿、蔡州刺史。洛仁，左監門將軍。昭陵陪葬《許洛仁碑》稱洛仁博陵安喜人，始自潁川徙焉。曾祖名泐；祖彪，齊儀同三司、善元郡守、武川鎮將，襲爵寧國縣公；父名泐，官梁州都督、江夏縣開國公。

以此《誌》及《姓纂》考之，所泐父名即康也。緒與弟洛仁爲太原佐命，有大功，故《行本妻合葬銘》稱「緒太原佐命，恕死，第一等功臣」。兩《唐書》有傳，作「世緒」。作「緒」者，避太宗諱省也。《傳》與《姓纂》均稱緒官蔡州刺史，《誌》則不載。《誌》稱「行本子義琳等」，是行本子不僅一人。《姓纂》則載緒孫義均，而不及行本及義琳，賴《誌》知之也。《誌》有蓋篆曰「許君之銘」，而「許」字从「干」。作篆者不通六書，率爾操觚，亦可異矣。

河南縣主簿崔程墓誌跋

《誌》爲陸復禮撰。程弟守河南府參軍稅，書稱程「字孝式。曾祖祥業，幽州范陽令；祖湛，鄭州長史、贈鄭州刺史；父朝，懷州刺史、左庶子、贈秘書監」。案：《唐書·世系表》清河崔氏有程、稅，而不載其官職。《誌》叙先世與洛陽近年出土程女《鄭夫人墓誌》合，均稱湛贈「鄭州刺史」。往歲跋《湛誌》，疑《世系表》「鄭州刺史」乃「鄭州長史」之誤，合觀二《誌》，始知刺史爲贈官也。惟此《誌》稱朝「贈秘書監」，而《鄭夫人誌》則作「贈太子少師」，此《誌》稱祥業官「幽州范陽令」《懷州録事參軍崔稃誌》同。而《湛誌》則作「涿城府果毅」，爲不同耳。《唐表》於湛系多脱畧，據此《誌》及湛、稃、瞻三《誌》補正如左。

玄覽 雞澤令。					
志道 滑州司馬。					
祥業 幽州范陽令。					
湛 字湛然，鄭州長史，贈鄭州刺史。					
虔 大理司直。					
稱 户部員外郎。		**稃** 字嘉成，懷州録事參軍。	**穜** 侍御史。		**秩**
植 商州防禦判官、殿中侍御史、内供奉。			**冕**	**峴** 字公升。	**千** 字藩之。
承弼 河南府士曹參軍。				**義**	
荷 **藝** 國子司業。	**謂** **詹** 字順之，中書舍人。				
	叔則 **延業**				

續表

			朝 懷州刺史、左庶子，贈秘書監。			
			積 字實方，檢校金部郎中。			**稧**
玘			**羣** 字敦詩，相憲宗。		**申** 侍御史、內供奉。	
彥辭	**彥回** 字湍源。	**彥昭** 相僖宗。	**嚴** 同州參軍。	**充** 字茂用，東都留守。	**漸**	
膠 字壽卿。		**礪**		**鑄源** 字司鈞。	**誼** 字宜之。	

續 表

		幹 永陽尉。
程 字孝式，河南縣主簿。	**稅** 河南府參軍。	
	準 宣歙觀察使。	

翼城令房基墓誌跋

《誌》稱基「字德本，清河人。曾祖虎，周大都督、大將軍、太子太師、□恂長恆四州刺史、平陽公。祖淵，周直閤將軍、隨豫章郡守、安政公。父則，隋右衛將軍、禮部尚書、崇國公、皇朝朗浙二州刺史、饒陽男」。案：《唐書·宰相世系表》河南房氏有則，朗州刺史。祖巖，周平陽公。不載父名。據《誌》則則之祖爵平陽公者乃名虎非巖也。虎子淵，則子基，並爲表所不及，故特著之。

盧君夫人李氏墓誌跋

《誌》稱夫人「曾祖褒，齊驃騎將軍、東徐州刺史；祖子布，齊陽平太守；父德倫，唐襄州荆山縣令」。案：《唐書·宰相世系表》李氏姑臧大房：哀，章武郡守。孫德基，亳州參軍。《表》之「哀」，即《誌》之「褒」，作「哀」者，字之譌也。《表》不載德基父名，此《誌》之子布，不知是否爲德基父，抑從父也？

新定郡太守張朏墓誌跋

《誌》稱夫人隴西郡君李氏，刑部尚書乾祐之孫，相州堯城縣令昭禮之女，中書令昭德之姪女。案：《唐書·宰相世系表》李氏丹陽房但載乾祐子昭德，而不及昭禮。《昭德傳》稱其爲乾祐孽子，則昭禮者乾祐嫡子耶？

衛尉卿韋項墓誌跋

此《誌》前中大夫、守泗州刺史、上柱國、野王縣開國男蘇晉撰，文極馴雅，書亦挺秀，近出關中。項字勵己。高祖邕，後魏奉朝請、大著作。曾祖休業，後魏大丞相府東閤祭酒、上黨王諮議參軍、太中大夫、馮翊扶風宜陽三郡太守、使持節、車騎大將軍、開府儀同三司、金紫光禄大夫、新豐縣開國公。祖澄，隋大丞相府法曹、東京兵部侍郎、定陵郡守、司勳侍郎、朝請大夫、尚書左丞、通議大夫、國子司業，皇朝上開府國子祭酒、金紫光禄大夫、使持節、綿州諸軍事、綿州刺史、贈彭城縣開國公，謚曰「敬」。父慶植，皇秦國公府録事參軍、秦王府司馬、倉曹郎中、舒密二州刺史。項解褐補秦州都督府户曹參軍，秩滿授歧州司倉參軍。以親累左遷定州司功參軍，歷宜州同官縣令，轉雍州三原縣令，加朝散大夫，遷豳州司馬。俄遷宗正少卿，又轉光禄少卿，又遷衛尉卿，加銀青光禄大夫。開元四年四月十日薨，年八十有一。夫人河東裴氏，魏龍驤將軍、雍州長史、高邑縣開國男，周車騎大將軍、儀同三司、豐遂資三州刺史鴻智之曾孫，隋蜀王記室參軍師武之孫，皇燕然都護府司馬、幽州都督府司馬、忠州刺史懷㚟之子。項子駙馬都尉、銀青光禄大夫、彭城郡開國公、上柱國、右金吾將軍、衛尉卿，左遷歙州別駕鐬。

考《唐書·宰相世系表》韋氏彭城公房：道珍生邕，邕生鴻胄，鴻胄生澄，澄生慶嗣、慶植，慶植生項，項生鐬。《誌》則項曾祖「休業」，不作「鴻胄」。然《表》載鴻胄「後周儀同三司、本州大都督、新豐昭公」，書爵與《誌》同，殆一人耶？至《表》載慶植「魏王府長史」，項「工部尚書」，則與《誌》異，殆《表》誤也。《元和姓纂》：「邕，彭城公房，生澄、淹。澄，國子祭酒、彭城公，生慶嗣、慶植、慶基、慶競、慶祚、慶晪。慶植，倉部郎中，生璠、珣、珽、項。項，宗正卿，生鐬，太僕卿、駙馬都尉。」中缺休業一代，當據《誌》、《表》補之。項子鐬尚中宗女永壽公主，見《唐書・公主傳》。又《世系表》東眷裴氏：鴻智，襄州長史、高邑縣侯，生師武。師武生懷昪，忠州刺史。據《誌》則鴻智官雍州長史，非襄州；爵高邑縣男，非縣侯。《表》又不載師武官職，據《誌》乃蜀王府記室也。撰文之蘇晉，《兩唐書》均附見其父珦傳，稱其襲爵河内郡公而不及野王之封，此又史氏之疏矣。己巳上元。

左千牛衛鎧曹源君夫人薛氏墓誌跋

《誌》稱夫人「曾祖敬仁，隋銀青光禄大夫、本郡太守、檢校泰州刺史。祖臻，隋京兆萬年縣令。父玄繹，鄧州録事參軍」。案：《唐書・宰相世系表》但載敬仁閬州刺史，而不及臻與玄繹。《表》又載敬仁從兄名臻德，而子乃名臻，不可曉也。

蕭公夫人袁氏墓誌跋

《誌》稱夫人「高祖昂；曾祖君□，梁侍中、左人尚書；祖梵，梁始安王文學、南郡王友；父弘署，陳丹陽□」。曾祖名下一字已泐，《台州録事參軍袁弘毅墓誌》：「曾祖昂；祖君方，梁蜀郡太守、右尚書；父梵，陳黄門侍郎、行丹陽尹。」與夫人先世正同。知「君」下所泐乃「方」字也。《唐書・宰相世系表》袁氏載昂子君正，而不及君方。《弘毅誌》：「子師節，任東宫左勳衛。」合二《誌》觀之，知君方生梵，梵生弘署、弘毅，弘毅生師節。又《北齊書·袁奭傳》：司空昂之孫，父君方。知君方又有子奭矣。

秦州上邽縣令豆盧君夫人墓誌跋

《誌》稱夫人鉅鹿魏氏，曲陽人也。「曾祖行覽，贈瀛州刺史；祖諱知古，銀青光禄大夫、守侍中、工户二部尚書、上柱國、梁國忠公；先府君諱喆，正議大夫、巴延卭欽寧五州刺史、鉅鹿縣開國男。」案：《唐書·宰相世系表》鹿城魏氏：知古相玄宗，生喆，延安太守。不載知古父名，著之以補《唐（志）〔表〕》之闕。

邢州南和縣令崔渙墓誌跋

《誌》稱渙「字海量。曾祖世濟，皇太子洗馬；祖元彦，皇絳州大平縣令；考隱甫，刑部尚書、東都留守、贈太子太保、忠公。公，忠公之第七子也。」案：《唐·宰相世系表》：世濟生元彦，正平令。元彦生隱甫，隱甫生渙。不載渙歷官。據《誌》則仕至邢州南和縣令。又《誌》載渙子七人：「長子汎，揚州江陽縣主簿。次泌。次溱。次沇，監察御史裏行、武寧軍節度推官。次芑，前越州會稽縣尉、攝兗海團練推官。次慶，前揚州海陵縣尉。次注。」《表》並失載。至《誌》稱元彦官絳州大平令，《表》作「正平令」。考《舊唐書・地理志》：河東道絳州屬縣五，太平、正平並隸絳州。《表》之「正平」乃「太平」之誤。又《舊志》之「太平」，《新志》作「大平」，今《誌》正作「大」，不作「太」，知《新志》是而《舊志》誤矣。《誌》爲姪孫天平軍節度判官、宣德郎、侍御史倬撰。《世系表》載隱甫曾孫倬，而不載其官職，亦據此《誌》知之。此《誌》有蓋曰「崔府公墓誌銘」，不曰「府君」而曰「府公」，他誌所未見也。

嶺南觀察支使崔恕墓誌跋

此《誌》與崔渙誌同時出洛陽，稱恕「字敏從。父千里，常州司士參軍。祖徵，朝散大夫、越州司馬。曾祖隱甫，皇朝銀青光祿大夫、檢校兵部尚書、御史大夫、東都留守」。案：《唐書・宰相世系表》載隱甫子澂、微、懸、渙四人。「澂」殆「徵」之譌。《表》又不載澂歷官及其子孫，當據此補正之。

京兆府三原縣尉鄭淮墓誌跋

《誌》稱「府君諱淮，字長源。曾祖琰，贈齊鄭二州刺史；祖巖，贈太常卿，官至少府監；考閏，位終太府寺主簿」。案：《唐書・宰相世系表》：琰，歷城主簿，生嚴，京兆少尹。嚴生潤，太常寺主簿。「巖」作「嚴」。《表》載嚴兄嵩，弟蕚、建、崟、岌。字皆从「山」，知作「巖」者是

《表》之「萼」，疑亦「粤」之譌也。巖三子，曰潤、湘、泌，字皆从「水」旁，則《表》作「潤」者是，而《誌》作「閏」者非矣。

清河張氏女殤墓誌跋

《誌》爲女長兄安時撰，稱女「高祖文琮，皇户部侍郎；大王父槩，皇朝朝散大夫、許州司馬；王父巒，皇朝瀛州平舒縣令；父弈，朝散大夫、前尚書主客員外郎兼御史；次兄稌，次君雅，並舉進士」。案：《唐書·宰相世系表》清河東武城張氏有文琮，子戩、挹、錫，而不及槩一系，賴《誌》知之。《表》又稱文琮官吏部尚書，不作「户部侍郎」，未知孰爲得也。《誌》稱女殤慕道受籙，因名容成。李唐之世崇尚老子，帝女且有入道者，如金仙、玉真諸公主名在史籍，則世禄之家習染其風，更無足異矣。

忠王府文學王固己墓誌跋

《誌》稱固己爲「隋安都太守、石泉侯諱鼒之曾孫，皇朝御史中丞弘訓之孫，户部郎中方智之季子」。考之《唐書·宰相世系表》所載世次正合，惟《表》不載弘訓歷官。又《誌》載「固己子璵」，《表》亦不及耳。又固己字炅，二名而單字，與顏師古字籀同，在唐代亦罕見也。

河南府洛陽縣尉孫備墓誌跋

此《誌》不載年號，但云「今天子受英武至仁號之年夏五月，洛陽縣尉孫君備以疾亡于官。秋八月，卜穸于河南縣平洛鄉杜翟村」。考《唐書·懿宗本紀》咸通十一年正月甲寅，羣臣上尊號曰「睿文英武明德至仁大聖廣孝皇帝」，是孫備之卒在咸通十一年。然《舊唐書·懿宗紀》則在十二年正月，《唐會要》同，不能定其孰得也。《誌》又載備之弟曰儲、澥、伉、倚、鐸、埴，而備父《景商墓誌》則作「備、侑、伉、倰、伾、儼、攸」。《唐書·宰相世系表》又作「備、儲、伾、儉、偓、伉、佾」。三者不同，殆屢改其名，致互異至是耶？真令人不可曉矣。

趙郡李氏殤女墓石記跋

《唐書·宰相世系表》趙郡李氏：畬字玉田，考功郎中。生承，山南東道節度使，生潘。此《誌》稱：曾祖父畬，皇國子司業、贈太子賓客。祖承，皇正議大夫、檢校工部尚書、兼潭州刺史、贈吏部尚書，謚曰懿。歷淮西道淮南道黜陟使、河中道山南東道節度觀察、都防禦、都團練使。父藩，秘書省秘書郎。世次與《表》合。惟「潘」作「藩」，與《表》不同。而藩之歷官，則《表》所失書也。此記爲女之從父淳撰，蓋亦承子而《表》失書者。

京兆府涇陽縣尉盧踐言墓誌跋

此《誌》與范陽盧宏并夫人崔氏墓誌同時出土，其祖父名相同，蓋兄弟也。踐言字子中。曾祖寰，皇朝河中府河西縣令；《宏誌》作「臨汝長史」。祖政，太子中允、贈趙州都督；考瑶，歸州刺史。案：《唐書·宰相世系表》：寰生政，檢校郎中，生七子，其弟四子曰瑶。世次相同而寰與瑶均失書其官，又不載瑶之子孫。據此《誌》稱仲兄何，季弟杭，則宏或爲瑶長子。《宏誌》稱宏字子器，官宣州宣城縣尉。子仲舉、仲連。合兩《誌》觀之，知瑶四子，宏、何、踐言、杭，宏二子，仲舉、仲連，表皆失之也。

蔣夫人于氏墓誌跋

《唐書·宰相世系表》于氏保寧生承範、承慶，承慶下空二格書結。此《誌》稱曾祖保寧，皇朝瀘州司馬；祖承慶，皇朝益州温江令；父處直，前越州山陰令。《表》既失書保寧、承慶官職，又失書承慶子處直，並當據此補之。

李璋妻盧夫人墓誌跋

《誌》稱夫人曾祖光懿，滑州衛南縣令；祖渚，門下省城門郎；父匡伯，河南府洛陽縣丞。案：《唐書·宰相世系表》范陽盧氏：潤州司户參軍正容生光懿，光懿生湛、渚。光懿與渚皆不記官職，渚子匡伯亦失載，當據此補之。

太子司議郎盧寂墓誌跋

《誌》稱夫人河東裴氏。「祖守忠，寧州刺史；父子餘，銀青光禄大夫、給事中、冀州刺史。」案：《唐書·宰相世系表》裴氏南來吴房有守真字方忠，子子餘。與《誌》不合，未知孰是也。

李夫人王氏墓誌跋

《誌》稱夫人「曾祖君儒，隋侍御史、御史中丞、太子左庶子；祖孝遠，皇朝盩厔縣令、大理正、紫微舍人參知機務、同紫微黄門三品平章事、除京兆府少尹；考崇，皇朝左千牛、兖州司功、許州司户、黔州石城縣令、太子舍人」。案：《唐書·宰相世系表》太原王氏載君儒，御史中丞，而孝遠及崇皆不書官職。孝遠職位甚崇，不知何以遺之。又此誌於其先世平生歷官一一備書，他誌所罕見也。

武部常選韋瓊墓誌跋

《誌》稱瓊曾祖元整，皇中大夫、使持節、曹州刺史、上柱國。祖緋，皇益州成都縣令。父景，皇廣平郡肥鄉縣令。瓊子署。案：《唐書・宰相世系表》韋氏逍遥公房有元整，而緋至署四世皆失書。《元和姓纂》同。《世系表》述諸家世系多據《姓纂》，故其詳畧輒相符也。

監察御史李君夫人崔氏墓誌跋

《誌》稱夫人「曾祖行功，秘書監。祖景，鄠縣令。父仲容，醴泉丞」。案：《唐書・宰相世系表》博陵崔氏：行功，秘書監，生景，景孫署。失書景官職，亦無景子名。《誌》之仲容，不知爲署父否也？

韋氏小女子墓誌跋

《誌》稱女曾祖友信，吉泉婺三州刺史；祖綬，皇興元節度使、贈右僕射；父洙，任尚書主客員外郎、東渭橋結納使。女有兄三人：長曰瑰，次曰粲，季曰烏。案：《唐書・宰相世表》京兆韋氏彭城公房：友信子縝、縉、績、綬，而不及綬。新、舊《唐書》均有綬傳，又不記其先世。《傳》載其將赴鎮，

「面乞授子元弼官」，是綬尚有子元弼，《表》亦不載。

雞田州刺史李良臣碑跋

良臣與子光進、光顔共三碑，在山西榆次，此爲曹倦圃所藏三百年前拓本也。以校《金石萃編》所録，存字較多。如「始戰於夏」，《萃編》泐「夏」字。「立其次將岕」，「岕」，《萃編》誤作「夼」。「自以麾下万人」，《萃編》泐「自」字。「宗閔承命惶恐」，《萃編》誤「惶」作「惟」。「安禄山用幽燕勁卒反」，《萃編》泐「反」字。銘文中「克有威令」，《萃編》「令」誤「今」。「帝命有□□其爵位」，《萃編》但存一「位」字。「不酬其德」，《萃編》泐「酬」字。「□殺夏蔓，我摧其鋒。淮夷海岱，我克來同」在「帝嘉元侯」句上。四句及銘末「刻銘□□，以□無已」二句，《萃編》全泐。《碑》載良臣先世甚詳，而《唐書・宰相世系表》於雞田李氏但書良臣及光進、光顔三人名，不及其先世，亦當據三《碑》補之。

桂州刺史劉栖楚墓誌跋

栖楚，兩《唐書》均有傳，謂其出於寒微，爲吏鎮州，王承宗奇之。後有薦於李逢吉，自鄧掾擢爲拾遺。性果敢，逢吉以爲鷹犬之用，欲中傷裴度及殺李紳。又《李紳傳》：逢吉傾紳，晝夜計畫，問計於門人（許）〔張〕又新、李續之，咸曰：「搢紳皆自惜毛羽，孰肯爲相公搏擊，須得非常士出死力者。有前鄧州司倉劉栖楚者，嘗爲吏鎮州，王承宗以事繩之，栖楚以首觸地固争，而承宗竟不能奪，其果鋭如此。若相公取之爲諫官，令伺紳之失，一旦於上前暴揚其過，恩寵必替。事苟不行，過在栖楚，亦不足惜也。」逢吉乃用李虞、程昔範、劉栖楚，皆擢爲拾遺。《裴度傳》：「李逢吉代度爲宰相。自是，逢吉之黨李仲言、張又新、李續之等内結中官外扇朝士，立朋黨以沮度，時號『八關十六子』。」《李逢吉傳》：朝士代逢吉鳴吠者，張又新、李續之、張權輿、劉栖楚、李虞、程昔範、姜洽、李仲言，時號「八關十六子」。又新等八人居要劇，而胥附者又八人，有求於逢吉者，必先經此八人納賂，無不如意。叙栖楚黨惡事較《傳》尤詳。而《傳》又叙栖楚諫敬宗畋遊，碎首苦諫。及改京兆尹，摧抑豪右，宿姦老蠹爲斂迹，則其人尚有可稱者。彼後世獷猂殘賊，黨惡疾正以覆人家國，而猶怙惡不悛者，視栖楚有愧色矣。

《誌》爲逢吉撰。其記碎首苦諫事，但云「公爲左拾遺，嘗言事未及用。」尚有隱諱，轉不如史氏之紀實。惟《誌》稱「栖楚字善保。祖瑜，德州司馬。父博，尚書司勳郎」。可補史傳之闕。《傳》稱栖楚「卒於大和元年九月」，《誌》作「八月廿五日」，又可正史傳之誤也。書者隴西李仲京，不知爲李仲言何人，殆其昆季也耶？《誌》有附記，刻誌蓋之陰。此石藏予家二十年，頃撿舊日手拓墨本，漫記其後。

殿中侍御史李虚中墓誌跋

此誌韓文公撰。以石本校《昌黎先生集》，小有異同。石本「其七世祖沖」，《集》本作「十一世」。舊注云「據《元和姓纂》虚中乃沖八世孫」，則石本作「七世祖」者是也。石本「娶尚書左丞薛邕妹」，《集》本作「娶陳留太守薛江童女」。石本「吉凶死相王」，《集》本作「吉凶死王相」，注「或作『相王』」，石本與或本合。石本「即詔以爲真御史」，《集》本奪「以」字。石本「距其祖澠池令府君僑墓」，《集》本「僑墓」下有「十里」二字，當以《集》本爲得，石本殆偶奪也。石本「今三年矣」，《集》本奪「年」字，注「『三』下或有『年』字」，石本亦與或本合。石本「長曰初律」，《集》本作「初協律」，注「或無『協』字」，石本同或本。文公撰文結銜作「朝議郎、守尚書比部郎中、史館修撰、護軍」。宋洪興祖《韓子年譜》引《實録》「八年三月乙亥，國子博士韓愈爲比部郎中、史館修撰」。此誌在元和八年，其署銜與《實録》正符，是時文公年四十六矣。書者盧禮源，篆蓋者鄭權。書法亦爾雅不俗，但何以不請文公書，豈公於書非所長耶？

後唐前守左金吾衛上將軍毛璋墓誌跋

璋，薛歐兩《史》均有傳，記事較《誌》爲詳。惟《誌》稱「璋字玉華。曾祖讓，仕唐爲左神策軍使、金紫光禄大夫、上柱國。祖言，任潁州汝陰縣令」，則《傳》所不及。又璋爵「滎陽郡開國侯」，其歷官初任「貝州刺史，遷博州防禦使、遼州刺史、兼太保，爲鎮國軍節度使。平蜀後，遷静難軍節度使、兼加使相，食邑七百户。又遷安義軍節度使，加食邑一千户。又遷右金吾衛上將軍」，則較《傳》爲詳。兩《傳》則但稱其歷貝州、遼州刺史，華州、邠州及昭義節度使，金吾上將軍而已。史稱璋恃功，跋扈不法，長流儒州，已而令所在賜自盡。《誌》乃云「天成四年己丑歲七月五日薨於洛陽私苐」，則作文者爲之諱飾，非其實矣。《傳》不載璋賜死月日。《明宗紀》作「天成四年七月壬申」，是月戊辰朔，五日得壬申，與《誌》正相合也。

周護國軍節度行軍司馬安重遇墓誌跋

《誌》稱重遇「字繼榮，雁門人。銀青光禄大夫、檢校尚書右僕射、兼御史大夫諱弘璋之孫，金紫光禄大夫、檢校司空、兼御史大夫諱福遷之子，推忠致理佐命保國功臣、河中護國軍節度、管内觀察處置等使、開府儀同三司、檢校太師、兼中書令、行河中尹、上柱國、汧國公、食邑二千五百户實封三百户諱重誨之弟也。同光元年起家，爲邢州長史。天成元年加檢校尚書右僕射，授安國軍行軍司馬。天成三年授洛州團練使、加金紫光禄大夫、檢校司空、兼御史大夫、上柱國。長興元年改授鄭州防禦使，轉檢校司徒。清泰元年爲武衛將軍。晉、漢二代，歷成德、河陽、譙國三任行軍司馬，封武威縣開國男，食邑三百户。周廣順二年，終于西京福善坊私弟，享年六十有一。」

案：重遇兄重誨，爲唐重臣，薛歐兩《史》均有傳。但稱父福遷而不及祖名，亦不及重誨封爵。《明宗紀》：長興二年二月辛丑，「以樞密院使、守太尉、兼中書令安重誨爲檢校太師、兼中書令，充河中節度使，進封沂國公。」與此《誌》合，但誤「汧國」爲「沂國」耳。重遇名不見《重誨傳》，惟《傳》稱「弟牧鄭州，子鎮懷孟。身爲中令，任過其才，議者謂必有覆餗之禍」。所謂弟牧鄭州者，謂重遇也。《紀》稱長興二年閏五月，重誨並妻張，男崇贊、崇緒並賜死，其餘親不問。故重遇獲老死牖下。道家以三世爲將爲不祥，若重遇者得免刑戮，亦幸矣哉！

掌印給事中貴陽陳公傳

光宣間有諫臣曰貴陽陳公，嘗一再抗疏劾北洋大臣袁世凱跋扈不臣，樞臣慶親王奕劻、徐世昌貪庸朋比，並連劾其徒黨楊士琦、趙秉鈞、唐紹儀、嚴修等，謂大奸不鋤，且危及宗社，乃不數年果有辛亥之變。又十年辛酉仲冬，卒以憂憤捐館於京師。其執友前學部左侍郎寶熙、典禮院學士柯劭忞、前署安徽提學使沈曾植等二十餘人臚公節行，呈内務府代奏請卹，畧稱：前掌印給事中陳田，以光緒丙戌科進士起家，授職編修。戊戌保送江南道監察御史，壬寅轉山西道巡視東城，乙巳升補給事中，丁未補授掌印給事中。辛亥冬，請假去官。以今月身故，年七十三歲。查該諫臣，自釋褐以來，講學著書，不通干謁。其爲言官，風裁嚴峻，憂國如家。封事屢陳，不爲苛細。摘姦回于未發，燭禍亂于幾先。僉壬爲之側目，朝野誦其諫書。平日冰蘖自甘，蕭然儒素。辛亥以後，欲首丘故里，行至湖南之常德，兵阻不得前。流離瑣尾，盜賊饑寒，瀕死者屢。以友朋佽助，得復歸京師，寄食僧寺，而貞壯之槩不減平昔。憂憤成疾，再更寒暑。謝絕醫藥，以祈速死。乃於今月二十七日身故。職等往弔，見其被服不完，有寒畯所不能堪者。寡穉環哭，無以爲斂。鄰曲之人，亦爲霣涕。伏念該諫臣忠鯁純白，有古大臣風。遭時不造，不得展其素蓄。懷芳履潔，齎志以終。用是環叩我皇上，加以褒卹，用風當世。書上，天子賜金，乃得治殮具。又九年，其友羅振玉始爲之傳，以示人臣之鵠。

公諱田，字松山。先世藉江西之臨川，公考經商貴陽，遂家焉。祖運階，考開基，並潛德不仕，贈如公官。公少以文行知名。同治六年丙寅，補縣學弟子員。戊辰鄉舉第一。光緒十二年，舉進士，散館授編修。二十五年，保送御史，歷户部給事中、掌印給事中，在諫垣凡十有四年。方公之巡視東城也，俸入不足自給，書吏有以公費盈餘進者，曰：「此例當入己。」公曰：「風憲官不能律己，焉能繩人？常見言官有歲羨至千百金者，此金何來？吾恆引爲耻，烏可自蹈之？」吏固請，公曰：「京師盜案，每難就捕，因賞薄也。姑存之，以備緝盜用。」會有路刼傷人致死者，以羨金懸賞，盜果就擒。及升補給事中，既嚴劾袁世凱與樞臣。世凱懼，以車馬賂他言官，謀制公，又爲市惠地，擬每歲於北洋籌款津貼言官，人二百金。同官集議其事，公抗言曰：「言官雖清苦，然國家設此官以整飭風紀，顧瀆身權貴，自辱以辱朝廷乎？陳田貴陽男子，義不可污！」乃寢其事。世凱疾公甚，及議新官制，乃擬裁都察院，以衆論不果。及公升補掌印給事中，世凱入爲樞臣，復密遣其私人語公曰：「項城夙敬公，公往謁，副憲立致矣。」公曰：「爲我謝袁公。吾職司糾彈，耻不能爲國鋤奸，不耻官不達。吾官雖四品，固可盡糾彈之責，不必副憲也。」世凱聞之益怒，然卒無如何。公以世凱不軌日甚，更草疏千餘言，歷數其不臣狀。及今上即位，攝政王當國，罷世凱。公以禍根未除，再上封章言：「世凱雖罷，徒黨仍在朝，異日國家有事，必有議起用者。果爾，禍且益烈，幸朝廷留意。」及武昌變起，果如公言。公至是知國是已不可爲，乃掛冠出國門。逮明年元旦，而遜政詔下矣。

予以光緒丁未備官郎曹，公一見遽定忘年交。辛亥國變，公以九月出都，予以十月携家浮海，不相聞者八年。及己未返國，寓天津，公亦返春明，以身後爲託。遂申之以婚姻，未幾而公遽病矣。

公博雅好書，久官京師，固貧甚。仲兄達瑛商於湖南，叔兄璨官雲南，各歲致數百金，公悉以購書。以撰《明詩紀事》故，藏有明別史及集部書尤富。海桑以後，斥鬻殆盡。其撰述僅《周漁璜年譜》及《明詩紀事》已刊板，餘多屬稿未就，轉徙兵間，並稿失之。然公之碩德清節，已彪炳天壤，此不足爲公惜也。

公娶於朱，早卒。簉室王。男學超、學廉、學忠、學皋，女八人。公身後不能歸骨，以歲壬戌權殯於京師西郊。予與公交久，爰記公大節關於國家存亡者昭示來許，且備異日史官采焉。

魯詩堂記

自辛酉歲熹平石經殘石出洛陽，先後得石數百十，皆爲有力者所得，予不能致隻字。及今年秋，始從中州友人得殘石四：其一爲《儀禮》，三爲《魯詩》。《魯詩》之一石文四行，首行存「自我後藐藐」五字，次行存「皇皇且君且」五字，三行存「句・生」二字，中間有空格加點。又一石文二行，首行存「因以其伯」四字，次行存「篤公劉于」四字，皆《詩・大雅》文也。前一石弟一行爲《瞻卬》「不自我後，藐藐昊天」，次行爲《假樂》「穆穆皇皇，且君且王」。陸氏《釋文》：「且君且王，一本『且』並作『宜』字。」《魯詩》作「且」，與陸氏所見《毛詩》本同也。後一石「因以其伯」爲《韓奕》篇，次行則《公劉》也。今《毛詩・瞻卬》在《蕩》之什，《假樂》在《生民》之什，《韓奕》在《蕩》之什，《公劉》在《生民》之什。此則《瞻卬》在《假樂》之前，《公劉》在《韓奕》之後，是《魯》、《毛》篇次不合也。前一石末行之「句・生」「句」爲「假樂四章章六句」之末一字，「生」則《生民之什》後題首一字。更數其行字之數，以《瞻卬》篇直接《假樂》，每行得七十字。《魯詩・大雅》行字本爲七十，以是知《魯詩・假樂》在《生民》之什，不在《蕩》之什，且知《生民》之什，《假樂》爲末篇也。惟不知《韓奕》、《公劉》在《生民》之什，抑在《蕩》之什耳。

往歲讀趙氏《金石録》漢石經跋尾，言漢石經篇第與今本有時小異，而不明指何經何篇。今觀此石，不僅足爲趙説左證，且爲治三家《詩》者所未知。其他一石，則《小雅・正月篇》，文四行僅存六、七字。然「憂心惸惸」之「惸」作「怮」，亦《魯》、《毛》異文也。并三石計之才二十餘言，而有裨經本如是。《隋志》言《魯詩》亡於西晉，此雖一鱗片甲，亦足珍矣。爰名山堂曰「魯詩」，並爲文以記之。

遼居乙稿

遼居乙稿目録*

* 此目録原缺，據正文補。

遼居乙稿

予自退隱遼東，初意遂棄逐末之學。擬每歲讀羣經一周，以求放心，以期寡過。乃結習未除，復有作述。庚午一年間，積所爲文，又得七十四首。兒子福葆懼其散失，手寫成卷，並請印行。不欲重違其意，乃顔之曰「遼居乙稿」。自是以往，當屏除一切，專力讀經，庶於身心有萬一之裨乎。辛未二月，抱殘老人書于扶桑町寓居之六經堪。

禮記王制及學記鄭注志疑

《戴記・王制》：「不變，移之遂，如初禮。」注：「遠郊之外曰遂，遂大夫掌之。又，中年復移之，使居遂。又爲習禮於遂之學。」又《學記》：「古之教者，家有塾，黨有庠，術有序，國有學。」注：「術當爲遂，聲之誤也。古者仕焉而已者歸教於閭里，朝夕坐於門側之堂，謂之塾。《周禮》五百家爲黨，萬二千五百家爲遂。黨屬於鄉，遂在遠郊之外。」案：周官之制，六遂無學。覈之《周禮》，實有未合。鄭謂「術」爲「遂」聲誤者，以古「遂」「術」聲近，二字古音同部。因致誤也。今攷周官教育制度，其大綱分君子、野人二者，教以施於君子，治以施於野人。蓋無君子莫治野人，無野人莫養君子。故令四民各世其業。觀於司徒施十二教，其十曰以世事教能，其明徵也。綜覽《周禮》六官，其關於教者，曰地官司徒，曰春官宗伯，曰夏官司馬。其以地分者，則曰國，曰鄉。司徒之職於國中則有師氏、保氏，掌門闈之學，以教國子。於六鄉則制爲五家爲比，五比爲閭，四閭爲族，五族爲黨，五黨爲州，五州爲鄉。其官則鄉有老，二鄉公一人，謂之鄉師，各掌其所治鄉之教，而聽其治。鄉大夫，卿一人，各掌其鄉之政教禁令。正月之吉，受教法于司徒，退而頒之于其鄉吏，使各以教其所治，以考其德行，察其道藝。三年則大比，考其德行、道藝，而興賢者、能者。鄉老及鄉大夫帥其吏與其衆寡，以禮禮賓之。厥明，獻賢能之書於王，王再拜受之，登於天府。州有長，每州中大夫一人，各掌其州之教治政令之法。正月之吉，各屬其州之民而讀法，以考其德行、道藝而勸之，以糾其過惡而戒之。若以歲時祭祀州社，則屬其民而讀法，亦如之。春秋以禮會民而射于州序，三年大比則大考州里，以贊鄉大夫廢興。黨有正，每黨下大夫一人，各掌其黨之政令教治。及四時之孟月吉日，則屬民而讀邦法以糾戒之。國索鬼神而祭祀，則以禮屬民，而飲酒于序，以正齒位。正歲屬民讀法，而書其德行、道藝，以歲時涖校比，及大比亦如之。族有師，每族上士一人，各掌其族之戒令政事。月吉，則屬其民而讀邦法，書其孝悌睦婣有學者。春秋祭酺亦如之。閭有胥，每閭中士一人，各掌其閭之徵令，既比則讀法，書其敬敏任卹者。比有長，五家下士一人，各掌其比之治。此司徒所掌國與六鄉之教也。

春官則大司樂，中大夫二人，掌成均之法，以治建國之學政，而合國之子弟。凡有道者，有德者，使教焉。以樂德教國子：中、和、祗、庸、孝、友；以樂語教國子：興、道、諷、誦、言、語；以樂舞教國子，舞《雲門》、《大卷》、《大咸》、《大夏》、《大濩》、《大武》。樂師，下大夫二人，掌國學之政，以教國子小舞，教樂儀。大胥，中士四人，掌學士之版，以(徧)〔待〕致諸子。春入學，舍采，合舞；秋頒學，合聲。小胥，下士八人，掌學士之徵令而比之，觵其不敬者。巡舞列而撻其怠慢者。籥師掌教國子舞羽歈籥。此春官所掌國子之教也。

夏官則諸子下大夫二人，掌國子之倅，掌其戒令與其教治，辨其等，正其位。國有大事，則帥國子而致于大子，惟所用之。若有兵甲之事，則授之車甲，合其卒伍，置其有司，以軍法治之。凡國之政事，國子存游倅，使之修德。春合諸學，秋合諸射，以考其藝而進退之。此夏官所掌國學之教也。

至其升黜之法，則《戴記·王制》詳言之，曰司徒「上賢以崇德，簡不肖以絀惡。命鄉簡不帥教者以告，耆老皆朝于庠，元日習射上功，習鄉上齒，大司徒與國之俊士與執事焉。不變，命國之右鄉簡不帥教者移之左，命國之左鄉簡不帥教者移之右，如初禮。不變，移之郊，如初禮。不變，移之遂，如初禮。不變，屏之遠方，終身不齒。命鄉論秀士，升之司徒，曰選士。司徒論選士之秀者而升之學，曰俊士。升於司徒者，不征於鄉；升於學者，不征於司徒，曰造士」。此鄉學之升黜也。「樂正崇四術，立四教，順先王詩書禮樂以造士。春秋教以禮樂，冬夏教以詩書。王大子，王子，羣后之大子，卿大夫、元士之適子，國之俊選，皆造焉。凡入學以齒。將出學，小胥、大胥、小樂正簡不帥教者，以告於大樂正，大樂正以告於王。王命三公、九卿、大夫、元士皆入學，不變，王親視學。不變，王三日不舉，屏之遠方。西方曰棘，東方曰寄，終身不齒。大樂正論士之秀者，以告於王，而升諸司馬，曰進士。司馬辨論官材，論進士之賢者，以告於王，而定其論。論定然後官之，任官然後爵之，位定然後禄之。」此國學之升黜也。

合觀以上所記，知有周教育論六鄉之秀與國子育之於大學，教以德行、道藝，於此選賢與能，論定然後官之。使賢者在位，能者在職。其六鄉不帥教者，初則左右互移，以示之恥。既則移郊，移遂，以次遠之。鄉以居民，遂以居甿，移遂，則黜鄉而居野，降民而爲甿，示不可復施教。再不變，則終於頑梗，示並不可復施治，遂屏諸遠方，終身不齒矣。鄭謂移遂，又爲習禮於遂學，蓋因《王制》言「移遂，如初禮」，則遂必有學可知。然《王制》記于漢文時博士，固未敢信其無舛誤，殷制大學在郊，周制郊有虞庠，尚可習禮于此。遂則於何習之？疑「移之遂」下「如初禮」三字爲衍文。試以《周官》所載六遂官吏所職掌徵之，當曉然矣。《周官》六遂之制，五家爲鄰，五鄰爲里，四里爲酇，五酇爲鄙，五鄙爲縣，五縣爲遂。其制雖略與鄉同，而《周官》記遂人曰「掌邦之野」，其職則治野。於遂師則曰「各掌其遂之政令禁戒」，於遂大夫則曰「各掌其遂之政令」。三歲大比，則帥其吏而興甿。於鄙師則曰「各掌其鄙之政令、祭祀」，於鄰長則曰「各掌其鄰之政令」，於里宰則曰「掌比其邑之衆寡與其六畜、兵器，治其政令」，于鄰長則曰「掌相糾相受，凡邑中之政相贊」。與六鄉職掌兼言教治者既殊，而大比興甿與六鄉之大比興賢興能者又迥異，豈非六遂有治無教之明徵歟？鄭君言禮至精，而千慮一失，亦賢者所不免。顧後世經生多墨守其説，而不考之經文。予故志其所疑，俟當世治禮者論定焉。

《學記》之「術有序」，元陳氏澔謂「術」爲「州」，是也。但改鄭注「萬二千五百家爲遂」之「遂」爲「州」，則誤。州二千五百家，非萬二千五百家也。《學記》言家塾、黨庠、術序，皆言鄉學。計六鄉所有之學：二十五家爲閭，閭有塾。以四閭爲族，五族爲黨計之，則每黨有塾二十，庠五。五黨爲州，五州爲鄉，則州有序五，合六鄉計之，則爲塾百二十，庠與序各三十。鄭注《王制》「耆老皆朝于庠」，言此庠謂鄉學也。《儀禮·鄉飲酒正義》亦云「鄉有鄉學」。《左氏·襄三十一年傳》記子産不毀鄉校，似鄉亦有學。然鄭君注「鄉大夫之職，受教法于司徒，退而頒之於其鄉吏，使各以教其所治」，云「其鄉吏，州長以下」。由是言之，則鄉大夫但職在頒教法及三年大比興賢能，鄉固無學，但有州學耳。與所注《戴記》不合。竊意《王制》于術序下即言國學，是《王制》于州序外，別無所謂鄉學。鄭注言鄉學，殆即指州序之在鄉者。五州爲鄉，五序之一在鄉治也。鄉大夫三年大比興賢興能，亦於州序選之。《儀禮正義》謂「鄉有鄉學」，殆因鄭注而誤會也。往在吳中，讀孫君仲容《周官政要》，亦因鄭君言「遂有學」，遂謂周官教育普及全國。嘗移書論之，書函往復，乃卒韙予言。謂異日脩訂所著

《周禮正義》，當改從予説。乃未幾，仲容遽作古人，其所著未再版。予往歲與仲容書，亦無副本，故别搆此篇存之。

曩與仲容論遂無學事，仲容曾舉《公羊・宣公十五年傳》言「中里有校」，爲遂有學之證。往嘗就何注所言而論之，何注言：在田曰廬，在邑曰里。一里八十户，八家共一巷，中里爲校室，選其耆老有高德者，名曰父老。其有辯護伉健者爲里正。吏民春夏出田，秋冬入保城郭。田作之時，春，父老及里正旦開門坐塾上，晏出後時，不得出。莫，不持樵者不得入。五穀畢入，民皆居宅。十月事訖，父老教於校室。八歲者學小學，十五者學大學。其有秀者，移於鄉學。鄉學之秀者，移於庠。庠之秀者，移於國學。學於小學，諸侯歲貢小學之秀者於天子。學於大學，其有秀者，命曰：進士。行同而能偶，别之以射，然後爵之。士以才能進取，君以考功授官。其文既糾葛難通，證以《周官》、《戴記》亦全不合。據其所言父老、里正主里校，《周官》六遂有里宰，無里正、父老，一不合也。其言父老、里正春坐於塾，以課農功，十月農隙教於校室，則此里校猶後世農家之冬學，與六鄉之四時皆學者不同，何能選秀入鄉學？二不合也。其言八歲者學小學，十五者學大學。小學當爲里校，所謂大學者何學耶？豈一里校而具小學、大學？三不合也。其言有秀者移於鄉學，鄉學之秀者移於庠，所謂鄉學殆謂黨庠耶？所謂庠殆州序耶？而黨庠不得稱鄉學，州序亦不得言庠，四不合也。其言庠之秀者移於國學，與鄉論秀而升之司徒，司徒論秀乃升之學，有難易之别，豈鄉秀升學反難于居野之畛？五不合也。其言移於國學，下即繼言學於小學，此尤難通。諸經凡言國學皆指大學，而乃繼之以「學於小學」四字，殆謂升入國中之小學耶？國中小學爲師保門闈之學，所以教太子及國子。鄉學論秀，且但能升大學，亦不聞升入國中小學，其不合六也。至諸侯歲貢小學之秀者於天子，以下與里校何干？而連類及之，且所言學於大學，其秀者命曰進士，亦與《王制》不合。劭公不信《周官》，謂爲六國陰謀之書，不可據以爲證。且即如其説，亦但里有校，而遂無學。不然，論里校之秀者，何以移之鄉，不移之遂耶？抑里校即所謂遂學耶？仲容得書稱善，謂足以解蔽釋惑，偶憶及之，坿記於此。

熹平石經殘字集録序

歷代刊刻《石經》，肇於漢之熹平。顧史籍所記，實多疏舛。於經數則有五經、六經之殊，於書體則有一字、三字之異。逮《隋書·經籍志》始謂後漢鐫刻七經，著於石碑，又云隋開皇六年自鄴京載入長安，置秘書内省。尋屬隋亂，營造之司用爲柱礎。貞觀初，秘書監臣魏徵始收聚之，十不存一。其相承傳拓之本，猶在秘府，凡《一字石經周易》一卷，《尚書》六卷，《魯詩》六卷，《儀禮》九卷，《春秋》一卷，《公羊傳》九卷，《論語》一卷。始確定經數爲七經，書體爲一字。蓋魏文貞親見長安遺石及秘府臧拓，又與修《隋書》，遂是正前籍之譌。及天水之世，洛陽唐御史臺故址得《石經》殘石，洪文惠著之《隸釋》。復鑱石於越州蓬萊閣，凡八石，千九百餘字。胡内翰以所得鑱石錦官西樓，凡四千二百七十字。雖倍於洪氏，然皆《尚書》、《魯詩》、《儀禮》、《公羊傳》、《論語》五經而已。越歲七百，洛石再出，始具七經。前後所見，總得經文三千餘言，校語及序記五百餘言，其數畧絀於胡氏，而視文惠爲贏矣。

予以己巳孟秋迄於季冬，每有所見，輒爲寫定，爲編者四。今年春，重加釐定，合爲一編。經字可合併者併之，寫定有舛誤者正之。復序其端曰：往歲與亡友王忠慤公擬就前籍所記經石之數及石之高廣，以求行字之數，寫定爲碑圖。顧諸經書寫格式不能明晰，致行字無由確定，遂不果作。今七經具出，就其存字以考書式，知《易》分上下經，十翼，爲十二篇。上、下經中，諸卦文蟬聯書之。每卦首畫卦象，當一字，不空格。每篇題佔一行，《文言》、《説卦》每章首空一格，復加點識之。《尚書》亦篇題佔一行。《魯詩》則二《南》、《國風》、大、小《雅》、三《頌》篇題各佔一行。每章末側注章次，曰「其一」、「其二」，兩字當一格，即篇僅一章者，亦側注「其一」字。每篇末章句下空一格，加點。其每什後題，亦空一格，接書於章句之下。《儀禮》每兩章銜接處，於兩字閒加點，而不空格。《春秋經》每易一年，空格，加點。《公羊傳》每歲冠以某年，其上空一格，加點。至每事，則於首末兩字閒加點而不空格。《論語》每篇題各佔一行，每章首空一格，加點。書式既明，行字乃可得而求。雖古今經本不同，文字有增省多寡，行字致有參差，而較其大凡，可得約計。《周易》行七十三字，間有六十九至七十八字者。《尚書》同，間有七十至七十六字者。《魯詩》二《南》至《小雅》行七十二字，間有七十至七十四字者。《角弓》以後至三《頌》則七十字，閒有六十八至七十四字者。《儀禮》行七十三字，閒有七十至七十六字者。《春秋》行七十字，閒有六十八至七十四字者。《公羊傳》行七十三字，閒有六十九至七十四字者，中有一行至百四十一字。成公八年以後則七十一字，閒有七十字者。《論語》行七十四字，閒有七十一至七十八字者。此書式行字之可知者也。

洪文惠言以《尚書石經》校孔傳石本多十字，少二十一字，不同者五十五字，借用者八字，通用者十一字。《魯詩》與《毛詩》異者數字。《論語》校以板本，其文有增損者，亦有假借及用古者。今予所見殘石，考之今本《周易》，校今本多一字，少二字，不同者十三字。《尚書》校今本少一字，不同者五字。《魯詩》校《毛詩》多一字，不同者六十五字，得齊、韓異文五字，與《毛詩》一本同者九字。《儀禮》校今本少三字，不同者十字，文顛倒不同者一。《春秋》校今本不同者十五字。《公羊傳》校今本不同者五字，句法不同者二句。《論語》校今本多一字，少一字，不同者六字。此經文古今本多寡異同之可知者也。

趙氏《金石録・跋尾》言以世所傳經本校此，遺字、篇第亦有小異，而不言何經。今知爲《魯詩》，與《毛》互勘，則篇第不僅小異。約畧舉之，如《鄭風・山有扶蘇》上非《有女同車》，《小雅・彤弓》之後爲《賓之初筵》，《吉日》之後爲《白駒》，《大雅・旱麓》之後爲《靈臺》，《鳧鷖》之後爲《民勞》，《韓奕》之後爲《公劉》，《桑柔》之後爲《瞻卬》、《假樂》，又《卷阿》在《文王》之前，並《毛》、《魯》不同。至《式微》二章，《魯詩》「泥中」在「中露」之前，《黄鳥》三章，《魯詩》「仲行」在「鍼虎」之後。是又不僅篇次不同，章次亦異。《儀禮·鄉飲酒》殘字。「北面鼓之」前，計其行字亦與今本攸殊。此篇第章次古今本不同之可知者也。

洪氏《隸釋》言《魯詩》有一段二十餘字，其間有齊、韓字，蓋叙二家異同之説，猶《公羊》碑所云顔氏，《論語》碑所云盍、毛、包、周之比也。今予所見七經中，《尚書》、《魯詩》、《儀禮》、《公羊傳》、《論語》皆有校記，意《周易》、《春秋》亦必有之。又洪氏著録《論語》末有「凡廿篇萬五千七百一□字」，蓋記全經字數。今《魯詩》末存「萬九二字」，殆亦記《魯詩》總字數。意他經亦必有之。又陸機《洛陽記》言《禮記》碑上有諫議大夫馬日磾、議郎蔡邕名。洪氏著録《公羊》碑後有馬日磾、趙䛕等八人名，《論語》碑末有左立孫表及工陳興名。今《魯詩》末存郎中殘字，意每經後亦必有校理諸臣名，特多亡佚，不可見耳。此諸經校記字數，校理諸臣名之可知者也。

唐李陽冰譏中郎以「豊」爲「豐」，今諸經殘字亦間有俗作。如禾入水爲黍，隸書省作𥝢，而《魯詩》「黍苗」作「𥝖」，从禾下木。「梟鷲」之「梟」作「𫛛」，从鳥下力。《儀禮·鄉射》「卻手」字當从「卩」，乃誤从「阝」，並爲譌別。然如《魯詩·楚茨》「神保是格」，「格」作「洛」，見師虎敢，「洛」爲正字，「格」爲假借字。《白華》「有鶴在林」，「鶴」作「隺」，「隺」爲初字，增「鳥」爲後起字。《儀禮·鄉飲酒》「奠于篚」之「篚」作「匪」，爲「匚匪」之正字，「篚」爲假字。春秋國名之「莒」作「筥」，从「竹」不从「艸」。與筥小子敦同。並當據以訂今本之失。此文字正俗之可知者也。

范《書》、《隋志》並言石經乃邕自書於碑，宋人謂諸經書法不同，非出邕一人之手。今目驗諸經殘字，果筆迹各異，此又范《書》之譌得據目驗知之者也。

近所出殘石，諸經外别有序記表裏刻之，碑陽字稍大，陰字差小，雖尚存三百餘言，而文字斷續不能暢曉，此宋人所未見。至《周易》編次，後人合彖、象、文言於上、下經中，朱文公撰《本義》，乃本晁、吕二家，更定爲上、下經，十翼十二卷，以復古《周易》之舊。今所存《周易》殘字，《文言》之後繼以《説卦》，文公所定與石經正符。又《魯詩》中異文，如「于以湘之」之「湘」作「鬺」，「虺虺其雷」之「雷」作「靁」，「既阻我德」之「阻」作「詐」，「哀我填寡」之「填」作「𤵸」，「惄焉如擣」之「擣」作「疛」，並與《韓詩》同。知魯、韓二《詩》往往同字。如是之類，並資多聞。

予自遼海索居，見聞苦隘。兹所集録，前數年所出，據往歲北京集拓。近年所出，據武進陶氏及趙君萬里所致洛估拓本。約三百石分售於北京諸家。洛拓至劣，求藏石家精拓本不可得。近稍稍見之，然未及半，間據以增定一二字。比者中州友人又爲致新出《魯詩》、《儀禮》、《春秋經》、《公羊傳》、《論語》殘字百數十，並增入之。其成書之難蓋如此。在昔天水之世，洪、胡兩家(複)〔覆〕刻之本，洪刻傳宋拓殘本，什才一二；胡刻則一字不存。幸《隸釋》所録，吾人尚得寓目。金石之壽，有時不如楮墨，今兹殘石散在諸家，懼其久而湮也，倘因是篇而永之，此則私衷所跂望者矣。

貞松堂集古遺文序

吉金文字之學，肇於兩漢李少君識柏寢之器，張敞釋美陽之鼎，載諸馬、班二書。厥後南單于得漠北古鼎，以遺竇憲。案其銘文，知爲仲山甫作。許祭酒叙《説文解字》，謂「郡國往往於山川得鼎彝，其銘即前代之古文」。此均吉金文字之學，肇于兩漢之徵。下逮天水之世，始有專書著録。顧劉、吕、黄、李、王、薛諸家之所訓釋，得失相半。我朝乾嘉以降，作者朋興。斯學益盛，而考釋尚沿宋賢之舊，訂正無多。直至吴愙齋中丞、孫仲頌部郎乃邃於往哲。今者古器大出，聞見益廣，遂有積薪之勢，非必今人之識賢於古人也。

予而立之年即好蒐集古金文墨本，緜厤歲時，充牣巾笥。往居海東，亡友海甯王忠慤公從予治斯學，徧覽所儲，編爲《金文著録表》。於時擬將前人未著録者會爲一編，以補諸家所未備，而人事乖違，未償夙願。丁卯仲夏，忠慤遽完大節。良友云亡，益無聊俚。及戊辰冬，避地遼東，過從益寡。念三十餘年蒐集之勞，未忍終没，矧邇日所得復增於昔，乃以一歲之力，課兒子福頤、長孫繼祖助予橅寫成《貞松堂集古遺文》十六卷，將付手民以傳之。昔積古齋著録才得數百器，《攈古》、《集古》二録雖各增至千餘，然皆承前人所有而傅益之。此編所載則多出晚近，前人所未及見，計其都數亦埒於兩家。惟頻歲以來，關雒榛蕪，椎埋滿地，中州歲出古器，不下千餘。關中秦文公墓，比聞櫂温韜之厄，亦得古器盈百，承之以禁，其禁視匋齋所藏，寶雞所出，尤巨且精。顧或流出重瀛，或淪於盜竊，倉史妙迹，末由得窺。則此編所載，亦非敢云備，拾遺補闕，以俟他年。世有同好，爲予續之，亦所願也。

遼居稿序

歲在戊辰，爲予自海東返國之十年。人事益乖，衰遲增感，浩然復有乘桴之志，爰遣朋舊，卜地遼東。逮乎孟冬，結茅粗畢，遂携孥偕往，戢影衡門。遼東山海雄秀，暮春三月，草木華滋。此土人士，載酒看花，殆無虚日。而秐生靡樂，寤寐永歎，山静日長，攤書自遣而已。百餘日間，遂得小文七十首。自避地以來，海内外知好多郵書存問，並徵近著，乃編爲《遼居稿》一卷，將以遺之。俾讀此編者，如見老學庵中燈火也。

金州講義録序

往歲癸丑，予避地海東。勞玉初尚書乃宣以書至，言邪説横行，人心陷溺，宜謀所以拯之者。予復書謂是宜講明正學，並請尚書任其事。尚書復書韙予言，而撝謙不敢自承。明年，返申江，見沈子培尚書，乃以期之勞公者期之尚書。曰：「此事誠切要，然學有漢、宋之分，又有朱、陸之異，欲窮源竟委，亦至繁難。」予曰：「漢、宋諸儒，莫非祖述孔孟。今以孔孟爲歸，一掃前人門户糾葛可也。」尚書思之良久，曰：「固矣。然今日講學，非筆與舌兼擅不可，此事非君莫屬，請自任之，僕當爲助耳。」予念二老且不敢自任，矧年德如予者乎？用是荏苒十年，而兩君則已先後謝人世，予亦老且衰矣。

戊辰冬，僑居遼東，匆匆逾歲。哀人心之愈漓，念勞生之易盡，始慨然欲自任。又明年，大連文化會請講學，乃爲演述古今學術概畧。已而金州曹君冠甲又以爲請，復勉諾之。月二集，講《論語》大旨，三閲月閒得講義十一首。以索觀者衆，爰付梓以代傳鈔。昔東漢季葉管幼安諸賢避亂遼東，講《詩》、《書》，陳俎豆，明禮讓，所居至成邑。今予携孥浮海，其地、其時雖先後畧同，而德媿先賢，才慙博達。兹所論述，雖案切時勢，冀挽狂瀾，或有如胡致堂《讀史管見》傷於激切者乎？當世方雅幸裁正之。

上虞羅氏枝分譜序

氏族譜録之作，蓋肇於《世本》，其書叙黄帝以來祖世所出。厥後氏族譜録，則有帝王譜，有州郡列姓譜，有一族姓譜。凡隋唐《志》所著録，今皆散佚。古宗譜之尚存者，宋之廬陵歐陽氏，眉山蘇氏二家而已。

予族由慈谿遷上虞，蓋始于宋南渡以後，逮明永樂始有譜牒，由永樂至我朝同治庚午，已屢脩。及宣統紀元，又增脩。當庚午脩譜時，予之本支由上虞僑居淮安已四世矣，予時五齡耳。及宣統脩譜，則予備官京師，始得庚午舊譜讀之，蓋生四十餘年，于高、曾以上之名字世次，不能知也。故鄉廬墓所在，不能知也。其懼且恥，爲何如也。因念後之視今，亦猶今之視昔。自陵谷變易，予避地海外者八年，僑居津沽者十年，今遯跡遼東又逾歲矣。家國淪胥，祭饗多闕。首邱之念徒殷，而維桑之敬莫展。我子孫從予轉徙，有未嘗返鄉里者，其幼小在懷抱者，且不知我生之爲何世，矧高曾以降乎？即今不述異日長大其懼且恥，殆有什佰倍於余者矣。

今叙曾祖以降爲之譜，以志僑淮安以後之系統，又紀遷上虞以來十九葉本支之所自出，別爲譜冠焉，所以識木本水源也。於近則詳之，遠則畧之，近者所及見及聞，遠者所傳聞，其信與否不可知也。舊譜之首録《豫章譜》，由一世祝融至四十一世珠，一一具載無闕。又録《慈谿譜》，記苐一世甫、苐二世隱，至八世元咸，具名字、事實、妃匹、葬地。考吾族得姓之始，若《世本》、《廣韵》諸書所載，但云：羅，熊姓也。一云祝融之後妘姓，及自顓頊末胤受封於羅，爲楚所滅，子孫以爲氏，如是而已。而《豫章譜》乃世次井井，寧非虛誕。至昭諫，祖知微，父脩古，前籍所記甚明。《慈谿譜》乃云隱父甫，並載其傳、狀、年譜。其言不雅馴，其愚且誣，又可知也。今述苐一譜自遷虞始，苐二譜自僑淮始。畧仿歐、蘇譜例，《歐譜》於先世可徵者，詳之，不可徵者，畧之。《蘇譜》則於所自出，詳之；非本支，畧之。《歐譜》止於其身，《蘇譜》則及其子孫之先逝者。予之此譜，並采歐、蘇以前譜例之可考者，漢人有刻石記祖考名字、厥妣姓氏、忌日及子女名字者矣，則祖考名字、忌日當記，妣之姓氏、忌日亦當記，子當記，女子子亦當記也。《隋志》載《楊氏家譜狀》及《墓記》，則葬地當記。古者因禄以制祭，則官封當記。故此譜於名字、生卒、子女、墓地、官封，凡可知者，莫不畢載。其不可知者，始畧之。先世德業聞見所及者，條記譜後，俾後人則效，而不敢有虚美，以厚誣先人。予平生所歷，别爲《集蓼編》附焉，以予平生憂患志望告我子孫。譜至先考而止，自予以後，待我之後人續焉。至與我同生，先我而没，有事實可記者，亦附載世德之後，不列名譜中。

既成，顔之曰「上虞羅氏枝分譜」。我子孫之讀是譜者，其勉謀紹述，以無忝所生。此予作此譜之旨，切望於我後人者也。庚午六月。

璽印文字徵序

古璽印文字，其在周季者，爲古文之一體，專以摹印，故與古文或異。及漢兩京官私印信則易篆勢之婉曲繁縟，而爲簡直方正。其體又近古隸書，往往省變，違六書之正。然太半在許祭酒作《説文解字》之前，故可以考古文，可以證許書。

予往者作《璽印姓氏徵》，欲繼是爲《文字徵》。因兒子福頤方采輯古官私璽印文字，以續桂、謝二家之書，遂輟而不作。且詔之曰：「昔許祭酒《說文解字》後序病當世之士，不能闕疑，詆爲巧説衺辭，使天下學者疑。今之學者抑又甚焉。汝爲此書，當以是爲戒，勿妄騰口說。第就諸家譜録所載，類聚而精摹之可矣。」閲八年，遂成《古璽文字徵》、《漢印文字徵》各十四卷，其不可識者各爲《附録》一卷。影印既畢，爲書其端曰：

古璽文字既爲古文之一體，頗不易識。兒之爲此書，蓋上溯殷虚遺文，古今石刻，並考許書及郭氏汗簡所載古文，以旁求之，遂得其大凡。今約舉之，如天作□，牢作□，與作□，吉作□，觧作□。明作□、从日。季作□，省千。宗作□、□。並與殷虚遺文合。又許書「日陌」之「陌」，徐鉉謂俗別作「昊」，非是。今殷虚遺文有□，璽文作□，實爲一字。是殷周已有之，足徵非俗作。其與古金文合者，皇作□，亦見邾公華鐘。蘇从魚从木，亦見蘇公敦、史頌敦。罶，《說文》所無，亦見鄦侯戈。燮作□，亦見曾伯霥簠、晉邦盦。皮作□，叔皮父敦作□，皮氏小幣作□。鄭作□，亦見鄭叔向敦、鄭同媿鼎、叔上匜諸器。攸作□，亦見師酉敦。相作□，亦見燕相邦劍。朱作□，亦見師酉敦。樂作□，亦見子璋鐘。休从□，亦見貉子卣、師害敦。賓作□，亦見欮敦、貿鼎、睘卣。邦从□，亦見毛公鼎、封敦、陳侯午敦。郘，《說文》所無，亦見郘鐘。齊作□，亦見齊癸、姜敦。安作□、□，亦見安平小幣。衆作□，亦見師寰敦。身作□，亦見㮚伯敦、夆叔盤。殷作□，亦見殷敦簠、殷敦盤。奔作□，亦見周公敦。石鼓文同。濼作□，亦見盧鐘。侃作□，亦見叔氏鐘。西作□，亦見齊國差罏。亦見石鼓文。

耳作□，金文从耳之字皆然。聖作□，亦見井人鐘、師望鼎。氏作□，亦見散氏盤、姞氏敢。匽作□，亦見子璋鐘。陵作□，亦見陳猷釜。辪作□，亦見宗婦盤、克鼎。《附録》有□字，雖不可識，然亦見虢叔鐘、𠭰鐘。又石鼓文角作□，知鉨文之□即角。魏石經古文宰作□，知鉨文之□即宰。其與《説文》所載古文合者，如棄作□，虐作□，《説文》作□。期作□，《説文》作□。吴作□，《説文》作□。州作□，禹作□，與許書所載或畧有變易，而確爲一字。其與汗簡合者，如汗簡葛作□，謁作□，羯作□，竭作□，碣作□，渴作□，蝎作□，可據是以知鉨文之□即歇，□即竭，□即媧，□即渴，□即闔，□即楬。汗簡翟作□，魏石經《春秋》狄之古文亦作□，鉨文有□，當是从翟作鄱。汗簡夏作□，鉨文同，且□侯連文爲兩字姓，故益確知爲夏。又汗簡門作□，露作□，期作□，皆與鉨文同。此四者之外又有可以意求者，如去作□，加辵，知爲來去之去。而其文作「石去疾」、「吴去疾」、「長去疾」，益知爲去字無疑。鉨文又有「公孫戀」、「肖戀」，其文作□，从心从樂省，知爲喜樂字，亦不待證而明。是去來之去，喜樂之樂，初固各有本字，今作去與樂者，皆假字也。凡是之類，皆應一一疏記文下而不著，乃從予訓慎而失之過者也。

至漢兩京印信雖文字不免省變，而去古未遠，可據以求倉史之舊。如荆楚之荆，《説文》从□，漢人印文皆从□，無从□者。犾畝「犾馭從王南征，伐荆□」，白敦「從王伐反即「叛」。荆」，字皆作□，知从□爲得古文。卿、鄉同字，於文皆从□，漢印有「薌㧑施」印。「薌」，篆作□，即《説文》新附之「薌」，尚从古文「卿」。古金文悤作□，見毛公鼎及克鼎。漢印有「張蒽」、「趙蒽」、「萬蒽□」，其文作□，即許書之「蒽」，尚从古文「悤」。曾《説文》作□，从□从□。古金文若曾伯霥簠、余義編鐘皆作□，叔姬簠、段敦作□。漢印有「任曾」、「郭曾」，皆从田非「田畝」之「田」，乃象器形。从□與金文同。許書⿱夭止作□，上从□。从走諸字同。盂鼎、諆田鼎、師兑敨諸器皆作□，从□。石鼓文从⿱夭止之字亦然。漢印中諸从⿱夭止之字若「趨」，「趨武男印章」。若「超」，「徐超印信」。若「趫」，「鮮于趫」。若「越」，「越青邑君」及「黄神越印」、「楊越私印」。若「起」，「高起之印」、「趙起印」。若「趙」，「趙太子丞」、「趙遂」、「趙殷」、「趙不圍」等印。均从□，與古金文同。德，《説文》作□，从□，古金文皆从□。漢印亦均从□，無从□者。復，《説文》作□，古金文作□。鬲比簋。漢印省作□，「魚復長印」。亦不从□。農，許書从□，諆田鼎作□，史農觶作□，散氏盤作□。漢印有「代郡農長」，作□，「樊農」作□，均从田，其義爲晨而趍田，从囟則義不可曉。求，《説文》作□，石鼓文作□，漢印若「救自爲」、「沈公救」、「救真」、「救翁穉」等救字並从□，與石鼓文同。魯，《説文》下从□，古金文皆从□、从□。漢有「魯墮」、「魯君似」、「魯平」、「魯奉」等印，並从□。古國名之筥，今从艸。漢石經《春秋》作筥，从竹。人姓之筥，以國爲氏，漢印筥姓印甚多，均从竹，不从艸。會，《説文》作□，从□，从□。蔡子匜作□，「會宜年印」作□，「主父會印」作□。會之義爲器蓋，引申爲會合，字作□、□，正似器蓋上下相會合之形，非从□也。高，《説文》作□，从□。古金文从□、从□，印文亦然，作□失其形矣。韋，《説文》作□，殷虚遺文作□，□□象足形，相錯以守衛□内，與衛同字。印文有「韋臨」、「韋良」，其文作□，尚从□，初形未失。許書作□，則形晦而義失矣。又羊，《説文》訓羊鳴，篆作□；牟，訓牛鳴，篆作□。丨、乚，皆象口出氣，不應異其形。漢印文羋作羊，「大羋家印」、「羋長公印」。牟作□，兩字均从丨，知牟初字亦从丨，與羋同。漢印有「牟君侍文」，作□；「高牟文」，作□。知从厶乃後來改變。許君生漢季葉，已昧其初形矣。《説文》無攴字，漢印有「攴審」、「攴裴」。金文遂攴諆鼎作□，其文从攴、户，殆即啓之重文，許書佚之。以上所舉，皆根據古文足證《説文解字》之失，有裨於小學。

至編中所釋亦尚有疏漏，如「疕」、「繯」二字，並見《説文》，誤入《附録》。又《附録》中之□、□，从口从耳，殆許書之咠。□从耳，壬聲，殆聽之重文。《亢倉子》「耳眎目聑」，其字徑作「聑」。□从㫃，从車，古金文肇字，或省作□、家敢。□，西敢。此殆亦肇字。□即公字，亦見穌公子敢。又汗簡「翟」作□，知□即「夷翟」之「翟」。璽文有戀字，《附録》又有□，知□亦即戀字，但省白耳。至因汗簡「瞿」字作□，象兩目，殆以爲目字。因定鉨文之□爲目，二目可相比，不可相上下，汗簡殆不可從。又因□字，而定□爲目，又釋□爲旦，亦有未安。又「肥君光印」之□，「肥少孺」之□、□，「肥定國印」之□，皆「肥」之省變，亦誤釋爲「肊」。如是之類，異日並當改正。

兒之爲是書也，始于壬戌，成于己巳，爲時頗久。予深嘉其勤慎不苟。今又助予寫定《集古遺文》，於文字之學，已窺藩籬，後此其從文字訓詁，以求六經之旨，以淑身繕性，毋逐末而忘本，毋務小而失大，此尤予所屬望者矣。

朱笥河先生年譜序

粵若我聖清，自世祖章皇帝入關戡亂，即首崇儒術，開文館，訪遺書。厥後聖聖相承，以道德齊禮，宰治天下，至乾隆六十年間而極盛。其間，儒臣秉節視學各省者，若朱笥河先生之任安徽，謝金圃先生之在江蘇，阮文達公之在兩浙，並能以經術倡導後進，弼成一代文明之治，而笥河先生裒然爲之稱首。蓋先生視學之旨，首在扶翼倫紀，不僅倡導藝術已也。即其屈已下士，奬掖孤寒，亦非他人所能頡頏。先生集中有《編脩林君墓誌》，載林君奉命爲浙江副考官，瀕行請教先生。戒之曰：「此行非徒校文，乃校士也。」善夫先生之言，三百年間有校士之責者克副此者蓋亦寡矣！

予往在海東，嘗欲輯先生及程易疇、段茂堂兩先生年譜，程、段二家畧已具草，惟先生年譜尚未着手。比者長孫繼祖年已十八，能讀書，尤喜考本朝史事。歲闌無事，命以編輯，屬草浹旬，粗有條理。比成書，則已開歲二日矣。爲書其端，俾世之知人論世者采焉。辛未正月。

漢石經殘字集録跋

予既會合前後所見石經殘字，集録爲一編，而《魯詩》殘字中異文尚有未備考者。如《周南·關雎》「君子好仇」，今《毛詩》作「逑」，《釋文》「逑」「本亦作『仇』」。《禮記·緇衣》、《漢書·匡衡傳》、《後漢書・張衡傳》注、《爾雅・釋詁》「仇，匹也」注引詩皆作「君子好仇」。《文選》何平叔《景福殿賦》注，嵇叔夜《贈秀才入軍詩》注，《琴賦》注，曹子建《七啓》注，並引《毛詩》「君子好仇」。是《毛詩》一本作「仇」，非魯、毛異文也。《邶風・谷風》「我今不説」，《左傳・襄公二十五年傳》：「《詩》所謂『我今不説，今本作「我躬不閱」，後人所改。皇恤我後』者，甯子可謂不恤其後矣。」杜注：「言今我不能自容説，何暇念其後乎？」與《魯詩》正合。《小雅・采芑》「征伐獫□」，《漢書・韋玄成傳》載劉歆議引詩「征伐獫狁」，正作「獫」。《吉日》「其麌孔□」，《毛詩》孔疏引《釋獸》：「麇，牡麔，牝麌。」某氏曰：「詩云『瞻彼中原，其麌孔有。』」亦與魯同。《角弓》「□雪瀌瀌。」《荀子・非相篇》、《漢書・劉向傳》、《韓詩外傳》四並引詩「雨雪瀌瀌」，是又魯與韓同字矣。前藁既寫定，不及增入，爰附記卷末。時七月既望。

黑口本詩集傳音釋跋

朱子《詩集傳》二十卷，通行本併爲八卷。此本上下有大黑口，乃明中葉以前所刊，仍二十卷之舊，前有朱子自序、《詩序辨説》、《詩圖》、《詩傳綱領》。《天禄琳瑯書目後編》著録李霨家所藏宋本二十卷，云前有《詩傳綱領》、《詩圖》、自序、大小序，疑即此本也。陳仲魚先生鱣曾藏宋本，歷舉經文勝于今本處，後歸歸安陸氏皕宋樓。存齋觀察心源跋稱以校通行本，凡宋本反切而今本改爲直音者千餘條，宋刻有反切而今本删去者數百條，宋本有注而今本删去者數十條。此外，衍文脱譌更難僕數。今以此校之，則仲魚先生所舉經文勝于今本處已多不然，而陸氏所舉今本删改處，則此本皆與宋本同。陸氏别藏明初本，存齋亦有跋，謂所附音釋不著作者姓氏。考元羅復，字中行，廬陵人，著有《詩集傳音釋》二十卷，見《千頃堂書目》，當即此書。《詩圖》多引朱子説，亦必羅復所作。今存齋所舉與此本正合，則此本爲吾宗所撰，爲《詩集傳音釋》無疑。陸氏稱此書爲《四庫》所未收，阮文達亦未進呈，誠罕覯之秘籍。今皕宋之藏已入市舶，所謂宋、明二本已不復可見，則吾此本者亦今日幸存之秘籍矣，爰書後以識之。

程易疇先生論學小記跋

本朝治經主漢人，於訓詁名物、典章制度，窮極精密，而於義理之學亦未嘗遺棄。顧亭林先生旅居華下，建朱文公祠。江慎修先生注朱子《近思録》，王白田先生撰《朱子年譜》。段茂堂先生致王石臞先生書言：「今日之弊，在不尚品行政事而尚勦説漢學，理學不可不講。」此四先生者皆漢學巨子也。

程易疇先生爲一代宗匠，而所著《通藝録》以《論學小記》及《論學外篇》冠其端。蓋人之爲學，所以求知；求知，所以淑行。易疇先生此書皆就倫常日用立説，一掃空言心性之習及門户之争。根據孔孟，最切實精詳。顧此書刻最晚，傳世《通藝録》往往無之。茲覓得原刻，付之手民，以廣其傳。學者以此爲入德之門，今日人心之陷溺庶稍戢乎！庚午仲夏。

正始石經殘石考跋

正始石經出洛陽，後吾友王忠慤公乃蒐集諸家所藏以爲此考，至爲精密。但未及手校付印，遽完大節。公身後，予爲編印其遺著，以手稿付寫官，命兒子福頤校讐，未及校以石本，故尚不免小誤。如第一篇圖式中，《尚書・皋陶謨》：「皋陶曰：『朕言惠。』」殘石存「繇曰」，是石經「陶」作「繇」，《考》中仍書今本「陶」字。《多士》：「降若茲大喪。」《考》中「若茲」二字誤倒。《無逸》：「肆中宗之饗國。」殘石但見「饗」字，而《考》中並有「國」字。一石存「生則逸」之「逸」字，下行存一「厥」字，與「逸」字並列。《考》中「厥」字誤高于「逸」字一格。「乃變亂先王之政刑」，「變」字隸書作「䜌」，《考》作「變」。「不啻不敢含怒」之「啻」，隸書作「商」，《考》作「啻」。《君奭》「若天棐沈」，「棐」譌「不」。「我弗敢智」，「弗」譌「不」。「無能往徠」，「徠」譌「來」。「迪智天畏」譌作「迪知天威」。《多方》「不永寅念于祀」，「不」字尚存末筆，《考》失書，但仍如今本録作「弗」。《春秋》莊公卅一年六月「齊侯來獻戎捷」下「秋」字尚畧可辨，《考》失録。僖公卅二年十月「公如齊」及下行「公薨于小寢」，殘石不見「冬」字、「寢」字，《考》中有之。文公九年「許人救鄭」，「鄭」字尚存太半，《考》亦失録。皆校印時未及刊正者。

近日又出殘石數十字，爲公所未見。又得《堯典》殘字，古文、篆、隸三體蟬聯書之者，知以前見於古文之下側注篆隸書者爲别本也。暇當命頤兒將圖式重爲校補，别印行之，以竟公未竟之緒。此亦後來者之責矣。庚午仲冬。

商方鼎跋

此鼎文六行四十一言，末又有「亞」形中一「若」字，除漫不可辨者二字，不可識者五字外，餘皆可讀。其文曰：「隹十月又一月丁亥，我作禦，□祖乙、妣乙、祖己、妣癸，□□，叔二母，咸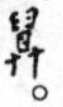。遣□□□，貝五朋，用作父己寶彝。」文頗難曉，蓋商文體與周異也。其稱「惟十月又一月」者，即十有一月。小臣艅尊稱「王十有五祀」作「王十祀有五」，戊辰彝稱「在十一月」作「在十月一」，小子卣稱「在十二月」作「十月二」，殷虚遺文稱「十有一月」、「十有二月」作「十月又一」、「十月又二」，文例正同。次行「禦」字作「」。殷虚文「御」作「」，此从示从，故確知爲「禦」字。《説文解字》訓禦爲祭，與此鼎正同。後世以爲禁禦字，非其初誼矣。鼎書「叔」作「」，殷虚遺文作「」，或作「」、「」，即許書之「𣪘」。許書欠部「款」，重文作「歀」，以此例之，知「叔」即「𣪘」矣。汶長訓「𣪘」爲卜問，殷虚文字則以爲祭名。此鼎文雖難通，要亦以爲祭名也。文内「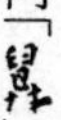」字不可識，即文父丁彝及白

懋父敃之「□」。殷虛遺文「與」字作「□」，亦作「□」，是其例矣。商器文字多者，舊僅奚角、□鬲、小臣艅尊、戊辰彝、宰椃角，然逾四十字者，僅小子□卣與此鼎而已。

文父丁鼎跋

此鼎文三行八言，曰：「□作文父丁□臤□。」吳愙齋中丞釋「攸作文父丁鼎臤」，末一字無釋。案：「□」从弓，非「攸」字。「□」亦見母辛鬲，作「□」，與此同字，但中增「米」。又妣戊鼎作「□」，亦與此同，殆非「鼎」字。「□」亦見殷虛遺文，作「□」、「□」、「□」，或从□，即「獲」字。或从□，即「濩」字。或从□，即「獲」省。形雖小異，其爲从□形隻聲無疑。此鼎文正與殷虛遺文同，但下加火形，當即許書之「鑊」字。《説文》从金，此从鼎形，其義無殊。《周禮·大宗伯》「省牲鑊」，注：「鑊，烹牲器也。」又「烹人掌供鼎鑊」，注：「鑊，所以煮肉及魚腊之器，既熟乃脀于鼎。」是鑊爲煮器，乃鼎之類。故由字形觀之，亦有三足。而《淮南·説山》注乃云：「無足曰鑊。」《漢書·刑法志》注亦云：「鼎大而無足曰鑊。」其説殆不然矣。

盂鼎跋

此鼎吳愙齋中丞所釋，頗詳審，然間有疏畧。第三行「雩御事」，「御」作「□」，中丞誤釋「即」。御从□，从辵。殷虚遺文「午」作「□」，亦作「□」，效卣作「□」，殷虚遺文「御」省「辵」，作「□」，亦作「□」，山敦作「□」，衛彝及競敦作「□」，正與此同。遹敦作「□」，則从辵，不省，均「□」即「御」之證。第五行「我□殷述命」，「述」作「□」，中丞謂疑古文借「述」爲「遂」。《酒誥》「今惟殷墜命」，《召誥》「今時既墜厥命」，《説文》無「墜」字，當作「遂」，則中丞説是也。「述」、「遂」古音同部，通用。《史記·周公世家》「東門遂」，《索隱》曰：「《系本》作『述』。」其明證矣。第十五行「鬲」下一字稍漫漶，中丞缺而不釋。今細辨知爲「自」字，其文乃「鬲自馭至于庶人六百又五十又九夫也。」此本乃中丞舊藏手題，爰書其後，以補正之。

作册大鼎跋

此鼎凡三器，均同文，與矢敦、矢彝、矢尊同時同地所出。凡四十二言。其文曰：「公束鑄武王、成王異鼎。隹四月既生霸己丑，公賨作册大白馬，大揚皇天尹大保宣，用作且丁寶尊彝。」下有鳥形及「册册」字。作册大，殆即作册矢之子，故矢彝稱「作父丁寶彝」，此稱「且丁」也，古史公多世職，觀此知有周之世已然矣。鼎字兩器作「□」，一器省作「□」，皆象鼎在爨上形，他器所未見。聞友人言近中州出一鼎，三足間有燃器，惜不得寓目，不能知其狀也。

夨王鼎跋

此鼎六言，曰「夨王作寶尊鼎」，夨作「□」。尚有夨王尊，乃一人所作，則作「□」。散盤、散伯敦亦作「□」。古文字形，左傾右傾固無別也。試觀吴字从夨，而吴王姬鼎亦作「□」，亦其證矣。《攈古録》有夨鼎文，一字作「□」，許印林先生誤釋作「天」。古金文「天」字作「□」，與「夨」字截然分別。惟龍白戟「奔」字作「□」，从□，偶屈其首。古文往往任意變易，非从□也。附著於此，以正許氏之失。

趞曹鼎跋

趞曹鼎「王在新宫射于射」，蓋謂射于射宫也。射宫省稱射，見《周禮·夏官·諸子》職云：「春合諸學，秋合諸射。」鄭注：「射，射宫。」是其證矣。

⿰壴夫侯之孫鼎跋

此鼎文曰：「⿰壴夫侯之孫敶之⿰鼎辛。」歲己巳得之溧陽濮氏。首文作「□」，不可識。然文曰「⿰壴夫侯」，知爲國名。⿱宀⿰鬲殳鼎「師雒父徝衜至于□」，彔敢「白雒父來自□」，作「□」、「□」。遇甗「遇事于□侯」，又□叔作吴姬尊簋又作「□」，「□」與「□」實一字。古稱鼎亦曰盂，大鼎「用作朕剌考己白盂鼎。」又毘陵陶氏都公鼎文曰「都公平侯自作尊錳」，王子吴鼎「自作飤鼾」。彼作「錳」、作「鼾」，此作「[illegible]」，皆「盂」之變也。此鼎書勢極婉秀，意是晚周物。文曰「䟽侯之孫」，意其時國已不存歟？

競彝跋

此彝僅一字，曰「[illegible]」。宗室沈庵宫保寶熙得之都肆，屬爲考釋。予謂即「競」字也。《説文解字・誩部》：「競，彊語也。从誩，二人。」段注謂語相争。宗周鐘「競」字作「[illegible]」，與許書同。他器或从誩省。競敦蓋器競字四見，其三皆作「[illegible]」，其一作「[illegible]」。日本住友氏藏競卣與競敦，一人所作，器文作「[illegible]」，蓋文作「[illegible]」，殷虚遺文作「[illegible]」，均从誩省。諸器中「競」字首筆聯一爲一者，象二人之言相糾葛觸迕，今篆析而二之，誼不如从一之密。殷契遺文友字作「[illegible]」，以二聯兩手，以示友助之意。并字篆作「[illegible]」，以二聯兩人，以示合并之形，與此正同例也。

衛彝跋

衛彝「懋父賞御正衛馬一匹，自王。」御正，殆掌御之官。正，長也。御正，御官之長，殆即《周禮・夏官》之大馭矣。其云自王，殆謂賞之自王耶？

夨彝跋

此彝予曾爲之考釋，尚有未詳者。文首稱：「王命周公子明保。」「明保」亦見畯卣，其文曰：「隹明保殷成周年。」「受卿事寮。」寮，文作「□」，其字乃从宫，炎聲。毛公鼎作「□」，雖移「□」于「火」上，實亦从「宫」。番生敦作「□」，下省「火」。殷虚遺文「賨」作「□」，又从「宫」省「賨」作「□」、「□」，又作「□」，均象木在火上，其木旁小點象火燄四出之形。《説文解字》無「賨」，有「竂」。注：「穿也，从穴，尞聲。」《論語》有公伯竂，誤从穴，其字殆由「賨」而譌。又，「尞」注：「柴祭天也，从火、昚。昚，古文『慎』字，祭天所以慎也。」既譌「□」爲「□」，又誤「賨」字所从之「吕」爲「日」，遂譌作「昚」，致爲祭天所以慎也之説，蓋形失而義亦乖矣。「公命□同卿事賨。」「□」字，初不能識。考殷虚遺文，「出」或作「□」。《攈古録》著録咨造觶，其文曰：「□、□作□，寶尊彝。」「□」字與此彝同。近年新出辰父癸盉，亦有「□」字，並於□旁著彳，均即「出」字。「明公朝至于成周。」「明公」亦見明公尊：「唯王令明公，遣三族伐東國。」以上四事爲前釋所未及，爰書墨本後以識之。

小臣宅彝跋

此彝文字極精，前人未著録。文有曰：「白錫小臣宅畫□戈九昜金車馬兩。」「□」字不可識，且丁尊「且丁」上，父乙尊，「父乙」上並有「中」字。秉中父乙爵，「秉」下亦有「中」字。《攈古録》著録秉中鼎，「秉」下作「中」。冊冊父乙彝「秉中」，字作「中」。□父庚尊亦有「中」字。烏程周氏藏一卣，文曰「秉中丁」，又作「中」。父乙卣，「父乙」上有「□」字，器文則作「□」。又爵文有作「□」者。且丁尊、鼎父乙尊並有「□」字，象人一手執戈、一手執盾形。洛陽近出乙戈盾鼎，其文合書作「□」。又有兩彝，一作「□□中」，一作「□」。合諸文考之，雖有「中」、「中」、「中」、「中」之殊，予以爲皆象形盾字也。尊文作一手執戈、一手執盾者，戈以制人，盾以自衛。爵與鼎、彝戈盾並列，其義亦同。前人于諸器中「秉中」或「秉中」字，皆釋秉仲，古文仲作「中」，無作「中」者。窓齋《集古録》著録一鼎文曰「□父乙」，而釋爲「鄉父乙」，則尤爲嚮壁虛造矣。中或作「中」、「中」，中有小圍及圓形者，乃象盾背脊隆起處，其名曰瓦，見《左氏傳》。其作中者，與丁作「□」，亦作「□」同。《說文解字》：「盾，瞂也，所以扞身蔽目。从目，二字段補。象形。」意後世變□爲目，猶古金文□字篆書亦變爲目，許君遂云爾耶？此彝所云「畫中」，殆即畫盾。此雖肊測，理實不誣，故著之。

夨敦跋

此敦「商臣十家□百人」之「□」即鬲字，乃獻之省。盂鼎「鬲自馭至于庶人六百又五十又九夫」，又云「鬲千又五十夫」，其文作「□」，此作「□」，乃變「□」爲「□」，變「□」爲「□」。鬲字象形，下爲三足，轉寫譌「丫」爲「𢆉」，失其象矣。文又有「敢揚皇王宣」語，「宣」字亦見前人著録之父丁鼎，不可識。夨彝有「揚明公尹人宣」，作册大鼎亦有「大揚皇天尹大保宣」語，其義殆與他器之「揚王休」、「揚公休」同，然卒不能定爲何字也。

静𣪘跋

此𣪘《西清古鑑》著録，不知何時流出人間，往歲厲津沽得之南海李山農觀察宗岱後人。文九十言，曰：「隹六月初吉，王在葊京。丁卯，王令静辭射學宫。小子、眔服、眔小臣、眔夷僕學射雩。八月初吉庚寅，王以吴𣏟、吕剛卿𢿍𦫵自邦周射于大池。静學無畀。王錫静鞞剢，静敢拜稽首，對䣄天子不顯休，用作文母外姞尊𣪘，子子孫孫其萬秊用。」蓋記王大射事。孔氏穎達謂：「凡天子諸侯及卿大夫禮射有三：一爲大射，是將祭擇士之射。二爲賓射，諸侯來朝天子與之射，或諸侯相朝與之射。三爲燕射，謂息燕而與之射。天子、諸侯，三射皆具。士無大射。其賓射、燕射，士皆有之。此三射之外，有鄉射，又有主皮之射。主皮之射共二：一是卿大夫從君田獵，二是庶人主皮之射。又有習武之射，案射禮之見。《禮經》者，惟大射儀、鄉射，皆諸侯之禮。其天子大射，僅《周禮·司裘》「王大射，則共虎侯、熊侯、豹侯，設其鵠。」鄭注：「射者爲祭祀，王將有郊廟之事，以射擇諸侯及群臣與邦國所貢之士可以與祭者。」又《夏官·射人》：「以射灋治射儀。王以六耦射三侯，三獲三容。樂以(貍首)《(騶虞)》九節五正。」又《司弓矢》：「凡祭祀，共射牲之弓矢。」鄭司農曰：「澤，澤宮也，所以習射選士之處也。」「大射、燕射共弓矢如數並夾。」又《禮記·射義》：「天子將祭，必先習射於澤。澤者，所以擇士也。已射于澤，而後射于射宮。射中者，得與于祭；不中者，不得與于祭。」注：「澤，宮名也。士，謂諸侯朝者、諸臣及所貢士也。皆先令習射於澤，已，乃射于射宮，課中否也。」可考者如是而已。

今觀此𣪘銘，畧可考見天子大射之禮。𣪘云「王在莾京」者，「莾」字不可識，「莾京」則古金文屢見之，若井鼎、寓鼎，若遹𣪘、奢作父乙𣪘、前人稱「公姒𣪘」。召伯虎𣪘，若小臣靜彝，若靜卣，若史懋壺，若辰父癸盉，均云「王在莾京」，疑即鎬京。《竹書紀年·周紀》沈約注：「周德既盛，草木茂盛。蒿堪爲宮室，因名蒿室。既有天下，遂都于鎬。」莾字从廾，象草木茂盛，殆即鎬京之初字歟？「王命靜𤔲射學宮」者，《大射儀》：「司射適次。」注：「司射，射人也。」又云「乃薦司正與射人一人」，注：天子射人下大夫二人。又曰：「若射，則大射正爲司射。」注：大射正，射人之長。《周禮·夏官》有射人「以射灋治射儀」。據此器知天子大射亦以射人爲司射也。曰「小子衆服」者，「小子」見《周禮·夏官》「祭祀贊羞受徹」。「服」殆亦官名，《夏官》有節服氏，掌祭祀朝覲衮冕，六人，作王之太常。此敦之「服」或即節服氏歟？曰「衆小臣衆夷僕」者，《周禮·夏官》小臣之職，「大祭祀、朝覲，沃王盥。小祭祀、賓客、饗食、賓射掌事，如太僕之法。」「夷僕」亦見宋人著録之宰辟父𣪘，其文曰：

「𤔲夷僕小射」，疑即《周禮》之太僕矣。曰「吴𣎳呂⿰罕刂」者，吴、吕，二國名。「𣎳」字不可識。「⿰罕刂」即「騂」，剛之本字。「𣎳」、「⿰罕刂」殆人名，疑邦國所貢士也。曰「⿴卯合⿰𤇾攴⿱坴皿自邦周」者，「⿴卯合」、「⿰𤇾攴」、「⿱坴皿」三字不見許書。「⿴卯合」，从𠨍、象二人相向，即「向背」之「向」字。从合，亦見令鼎前人稱諆田鼎。「王射，有司衆師氏小子⿴卯合射」，又馭方鼎「馭方⿴卯合王射」。「⿰𤇾攴自」乃官名。趞鼎「王若曰：趞，命女作⿰𤇾攴自」。此云「⿰𤇾攴⿱坴皿自」不可曉。「邦周」義亦不可曉。「射于大池」者，「大池」亦見遹敦「云乎漁于大池」，殆即《射義》「習射於澤」之澤。劉昭《郡國志・京兆尹・長安》：「鎬在上林苑中。」孟康云：「長安西南有鎬池。」引《古史考》：「武王遷鎬，長安豐亭鎬池也。」《水經・渭水注》：鎬京「水上承鎬池於昆明池北，周武王之所都也。」此所謂「大池」殆即鎬池，即《詩》所謂鎬京辟廱歟？《射義》言先習射於澤，而後射於射宫。此敦則以六月丁未習射于學宫。學宫，殆即射宫。八月庚寅乃習射於大池，與《戴記》所言先後適異。以理度之，則射宫爲習射之地，澤爲較射之地，于情爲允。《戴記》出於漢儒，所記當以敦文爲得。此敦所記可補《禮經》之闕，可正《戴記》之誤，古金文之有功於經典顧不偉哉！

静器之傳世者，尚有静卣。一人一時所作，故書勢精整亦同。彼器紀王錫静弓，亦静爲射官之一證也。

古器載射事者，此器之外尚有二器：一爲馭方鼎，文曰「王休宴乃射，馭方⿴卯合王射」，此燕射也。二爲令鼎，文曰「王大□農于諆田，餳。王射，有𤔲衆師氏小子⿴卯合射」，此從王田之射也。

揚敦跋

敦文稱「王乎内史史失册命𣪕」，諫敦亦云「王乎内史失册命諫」，「失」字作「□」。吴子苾閣學《揚敦釋》謂是「先」字，予謂乃「失」字也。古失、佚通用，《漢書・五行志》下之下。《杜欽傳》、《主父偃傳》集注並云：「失讀曰佚。」《周禮・大宗伯》注「以防淫失」，《釋文》：「失」，本又作「佚」。《莊子・養生主》「秦失弔之」，《釋文》：「失」，本又作「佚」。又《徐無鬼》「若卹若失」，《釋文》：「失」，司馬本作「佚」。則「史失」即「史佚」也。「史佚」見《逸周書・世俘解》。《禮・曾子問》、《左傳・十五年傳》、《周語下》、《書・洛誥》作「逸」。《周書・克殷解》作「尹逸」。佚、逸古通。「史佚」與太公、周、召稱四聖。《周語》注稱爲周文武時太史。此敦有「王在周康宫」語，則非成王以前物。此之「史佚」與彼與周公稱四聖者殆同名而非一人，是周有兩「史佚」矣。古金文中「内史」亦稱「作册」，亦稱「作册尹」，師晨敦、冘敦。亦稱「内史尹」，師兑敦。亦稱「尹氏」，頌鼎、寰盤。故「史佚」亦稱「尹逸」。梁曜北先生《漢書人表考》引《通志・氏族畧》謂「少昊之子封於尹城，因以爲氏，子孫世爲周卿士，食采于尹。」謂尹逸爲少昊之裔，周尹氏乃「史佚」之後，誤以官名爲地名。以尹爲佚之氏，不知尹爲官名。「尹逸」猶「史逸」也，爲附正之于此。

師嫠敦跋

師嫠𣪕：「王乎尹氏册命師嫠。王曰：師嫠在先王小學，女敏可事，既命女御乃祖考𤔲，今余唯𤔲𠦪，乃命女𤔲乃祖舊官小輔鼓鐘，錫女𩊚市、金黄、赤舄、攸勒，敬夙夜勿灋朕命。」案：此乃師嫠嗣其祖官小輔，受𩊚市、金黄、赤舄、攸勒之錫，銘器以記事，即《周禮·春官·大宗伯》所謂「壹命受職，再命受服也。」文曰：「既命女御乃祖考𤔲。」「既命」謂既受壹命，明此爲再命也。「師嫠」，「師」乃官名，「嫠」其名也。「小輔」之職，不見《周官》，以其稱「師嫠」考之，殆即《春官》之「樂師」。樂師掌國子之政，以教國子小舞，治其樂政，有事令奏鐘鼓。文中有「在先王小學」語，其證也。此器傳世有器蓋各二。「𩊚市金黄」之「金」，其一蓋誤作「令」。又兩蓋中「小輔」之「輔」，書體譌變，幾不可識。古金文亦多譌別字，治小學者不可不知也。

師兑敦跋

師兑敦：「王乎内史尹册命師兑：正師龢父，𤔲左右走馬、五邑走馬。」「走馬」，官名。休盤「走馬休入門，立中廷」，嘉壺「右走馬嘉自作行壺」，大鼎「王召走馬□，□取𩣡此字殆即石鼓文之「𩣡」。𩢀卅匹錫大」，均「走馬」之見古金文中者。此官有左右，殆即《周禮·夏官》之校人。

周制：天子之馬十有二閑，每厩爲一閑，六厩成校，校有左右，故走馬有左右。師兑「𤔲左右走馬」，殆以一人兼二職。嘉壺稱「右走馬」，則任一職。是左右走馬雖當有二人，亦有時以一人任之矣。其云「五邑走馬」，義不可曉。《周官》官制與古金文不能盡合，殆有周享國八百年，不能無沿革耶。

番君召簠跋

此簠同文者曾見四器：《積古》、《攈古》著録者二，窸齋著録者一，尚有一器未著録。「番」字有作「[glyph]」、作「[glyph]」之殊，前人皆釋爲「留」，其實均「番」字之變也。阮、吴二書均録番君召鼎，「番」字作「[glyph]」。彼亦稱「番君召」，與此正是一人所作。古人作書往往變易無定形，致諸家誤釋。然鼎與簠阮、吴均著録，何不與此一比勘之耶？

農尊跋

此尊文曰：「農作寶尊彝。」「[glyph]」，从艸、从田、从[glyph]，即農字。案：《説文解字》農，从晨，囟聲。籀文从林，作「[glyph]」。殷虚遺文作「[glyph]」，亦作「[glyph]」。父丁鼎「[glyph]」字作「[glyph]」。此从艸，即茻字，象田禾形。諆田鼎農作「[glyph]」，史農觶作「[glyph]」，散盤作「[glyph]」，並从田。《説文》从囟，乃田之譌。農之古文爲會意，晨而趨田爲農。後乃誤爲形聲字，初誼遂全失矣。辰白中父敦亦作「[glyph]」，與殷虚文及散盤同。合諸器證之，則此器之文爲「農」明矣。

得罍跋

此器蓋各一字曰「[glyph]」，即「得」字。《説文解字·彳部》：「得，行有所得也。从彳，㝵聲，古文省彳作㝵。」又《見部》：「㝵，取也。从見寸，寸度之，亦手也。」案：古文「得」均从又持貝，會意字也，或增彳。殷虚遺文作「[glyph]」，亦作「[glyph]」，與罍文同。他金文中，曶鼎作「[glyph]」，犾敦作「[glyph]」，是增彳者亦古文也。許書誤認「㝵」、「得」爲二字，以省彳者爲古文，以增彳者爲篆文，分隸二部，又譌貝爲見。蓋東漢末季，小學已不修，至洨長始博訪通人，稽譔其説，其功至偉，不得以其偶然失誤而漫議之也。至篆文从寸之字，古文皆从又，又象手形。許君云寸亦手，不如言寸。古文作又，又，手也。厥誼尤明白矣。

國差𦉜跋

此𦉜文首「國差立事歲[glyph]丁亥」，前人所釋多未安。亡友王忠慤公謂齊器多紀歲月日，如子禾子釜云「□□立事歲禝月丙午」，陳猷釜云「陳猷立事歲□月戊寅」。此器云「國差立事歲咸丁亥」，文例正同，但「咸」下奪一「月」字耳。援二器爲例，其言極有理致。予意此器之「[illegible]」，殆歲月日之專字。殷虚遺文歲作「[illegible]」，从[illegible]，从步。又有「[illegible]」字，从[illegible]，从月。此[illegible]字从[illegible]，即[illegible]字而加日，殆即日字。其言日丁亥，猶《詩》言「吉日庚午」、「吉日維戊」，石鼓言「日隹丙申」，「日」字連下「丁亥」，讀與兩釜文例畧異。歲朁朁，古有專字，其作日月者，則象日月之形，別爲一字，後人乃借月日字爲朁朁，于是專字亡矣。此説雖與公不同，然亦未嘗不可通。

往歲與公同朝夕者且三十年，雖歷更憂患，尚有賞析之樂。自公亡，忽忽三歲，頻年海濱遯迹，與木石居，言念舊歡，遂成隔世，攬紙書此，不禁潸然涕零也。

臣辰作父癸盉跋

此盉蓋器均有文字，器文僅五字，蓋文則多至五十言。以前傳世盉文之最多者爲麥盉，彼三十字耳。此盉文字多且精，爲前此所未見也。文首言「隹王大龠于宗周，𢓊饔莽京秊」，蓋以事紀年。旅鼎「隹公太保來伐叛夷」，年辞鼎曰「隹王來各于成周秊」，睘卣「隹明保殷成周秊」，受尊「受從師雒父伐于□自之秊」，克鼎「王令善夫克舍命成周之秊」，齊國差鐈曰「國差立事歲」，子禾子釜「曰□□立事歲」，陳猷釜曰「陳猷立事歲」，均其例矣。聞與此盉同出土之器甚多，皆有「臣辰」字，庚午春廬江劉惠之部郎得此器，以拓本見詒，漫記其後。

攻吴王夫差監跋

此監夫差字作「□□」，「大」、「夫」二字形近，古人往往混用。如古弩機大夫作「□」，而秦刻石則作「□」，是其證也。「□」，从□，他器作「□」，「□」乃「□」之變，「□」即「左」字。詳商距末跋。「左」、「差」古音同部通用，知大左即夫左，亦即夫差矣。此器《山西通志》載之，其跋尾考「攻吴」即句吴大差，即夫差。其説甚確，惟于「攻吴」考證甚明，於「大差」則語焉不詳，故特爲補之。

辛亥國變，蕭山陸氏自山右運此監至京，售之估人，今不知尚存否也。《攈古録》載寶用劒凡十言，首三字作「□□王」。其字之半不明晰，當是从攴，「攻敔王」殆亦攻吴，亦即句吴矣。

□距末跋

此銘「用□商國」之「□」，前人皆釋「鼇」。予謂即「左」字也。同敦：「王命同□右吴大父。」左字作「□」。古左、右字作「□」、「□」，亦作「□」、「□」、「□」、「□」。予藏古馬銜，文一，曰「□」，其文从□，非右可知。殷虚遺文福佑字作「□」。《説文解字》「差」之籀文从二作□。从工者，殆由二而變。此右字或从二、左字或从口之明證。此器之「□」爲左字，殆無可疑。左、右字皆訓助，从口、从二固無分別。段茂堂先生謂以手相助爲左，以口相助爲右，其言殆未然歟？官李父敵之「□」，殆亦與

「[illegible]」同。

玉鶴符跋

此符刻玉爲之，高建初尺二寸，廣一寸，厚二分，長方形。表刻飛鶴，從以雲氣。裏面凹入，以合兩符。凹入處廣六分，高一分。上下各凸出約三分許，有穿，大小與龜符同。文五行，曰：「雲麾將軍行十府烏揚衛翊府中郎將員外置阿伏師出第一綺大利上称。」殆亦武曌時物，惟史載龜符，不載鶴符。考《舊唐書·則天紀》：聖歷二年二月初，爲寵臣張易之及其弟昌宗置控鶴府官員，尋改爲奉宸府。《張行成傳》：聖歷二年，置控鶴府官員，以易之爲控鶴監內供奉。久視元年，改控鶴府爲奉宸府，又以易之爲奉宸令。又稱時諛佞者奏云：昌宗是王子晉後身，乃令被羽衣，吹簫，乘木鶴，奏樂於庭，如子晉乘空，辭人皆賦詩以美之。意此符之制，殆設控鶴府後，遂改龜符爲鶴歟？武周龜符傳世者，予曾載入《歷代符牌録》。其一曰「雲麾將軍行左鷹揚衛翊府中郎將員外置阿師伏爰纈大利發上」，載藩將名，並有「第一」兩字。此符「阿伏師出綺大利上称」亦藩將名，惟于「師出」下闌入「第一」字爲不可解，且又誤「鷹揚衛」爲「烏揚」。故予往歲增訂《歷代符牌録》，疑而屏之。然此符刻畫精絶，書迹大雅，自然與龜符正同，絶非後世僞作所能及。且鶴符爲前籍所未載，與新莽爵符同爲異品，故復跋而存之。

漢太尉李君銘殘石跋

此石近年出土，但存百字，幸首行碑題「故大尉李府君之銘」及文首「固，字子堅，司徒之元子」諸字尚完好，知爲太尉固碑矣。以《後漢書》本傳校之，大體皆合。惟《傳》載固「少好學，常步行尋師，不遠千里，遂究覽墳籍」，不言治何經。碑有「□□《春秋》，參綜六藝」語，足補《傳》文之畧。《傳》稱固因上書言事拜議郎，碑存「詔除議郎」字，與《傳》正合。《傳》稱：「永和中，荆州盜賊起，彌年不定，乃以固爲荆州刺史。」但言「永和中」，不言在何年。碑則「荆州」字已闕，但存「刺史」字，其下言「永和六年三月到官」，則固刺荆州在六年，碑較《傳》爲詳也。《傳》稱固上奏南陽太守高賜臧穢，賜重賂大將軍梁冀，冀爲千里移檄，而固持之愈急，冀遂令徙固爲太山太守。碑稱：「視事未幾，遷泰山太守。」《傳》作「太山」，乃范蔚宗避家諱，後人未校正。亦不記固守泰山之年。惟《杜喬傳》「漢安元年，以喬守光禄大夫，使徇察兖州，表奏太山太守李固政爲天下第一」，知固守泰山在漢安元年，去其刺荆州不及一歲，故碑言「視事未幾也」。碑存「□德齊禮，化行如流，杜喬表奏君之政事」云云，與《喬傳》亦合。至固由泰山太守遷將作大匠，歷大司農、太尉以後事，則碑文均闕，不可考矣。

固正色立朝，不畏强禦，爲漢藎臣，千載而下，緬想風采，如嚴霜烈日，可畏而仰。乃當時傾險小人，希梁冀旨者，至劾以「大行在殯，路人掩涕，固獨胡粉飾貌，搔首弄姿，槃旋偃仰，從容冶步。」醜詆至此，夫誰信之，乃卒能移人主之視聽。姦人變亂黑白，妨賢覆邦，可畏至此，爲之主者亦危矣哉。嗚呼！讒人罔極，振古如玆，吾亦不暇爲前人悲矣！

古名人碑版出世者，若賈夫人馬姜誌，袁安、袁敞二碑，皆見於數年間，今又見此石。桑海以來，椎埋不禁，先賢之壟，發掘無遺。觀覽之餘，又令人興慨也。辛未仲春。

甘陵相殘碑跋

此碑十年前出洛陽，藏偃師孫氏。石縱剖爲三，前二石存，後一石佚。第一石存字五行，每行首一字已截去。第二石存六行，上有碑額篆書二行，行存三字半，曰「□□□陵相尚□□府君之碑」。其文當是「漢故甘陵相尚書□府君之碑」，缺「漢故甘」、「書□」五字。知爲甘陵相者，以《碑》文有「換甘陵□」語，額缺「甘」字，《碑》缺「相」字，合讀而知之也。兩石文義不屬，知缺第六行。第三石亦應有六行，全碑殆十八行，行三十字也。額字「府君」上一字已不可見，故不能得其姓氏。文首「諱博，字季智」則完好，其名字尚可知也。文稱博「爲司空公之少子」，桓、靈以後，司空屢易，不能考爲誰某矣。《碑》稱博「通《易》、《詩》、《尚書》，歷郡席坐，再辟司隸，拜郎中，□察孝廉，遭憂服闋。司空、司隸並舉賢良方正，辟大將軍府，復登憲臺，遷兖州刺史，徵爲尚書，拜鉅鹿太守，換甘陵□」。此其仕履之可知者。立石年月在佚石中，已不可考。據《桓帝紀》建和二年六月，改清河爲甘陵，立安平王得子經侯爲甘陵。《清河孝王慶傳》：「梁冀王惡清河名，明年乃改爲甘陵。梁太后立安平孝王子經侯理爲甘陵王。」《獻帝紀》建安十一年，甘陵國除。《傳》稱：「建安十一年，以無後國除。」由建和二年至建安十一年，凡五十九年。碑石之立，蓋在桓帝之後，獻帝之前矣。《後漢書·周榮傳》載：榮孫景，景子崇位至甘陵相。甘陵相之見史傳者僅此。不知周崇之相甘陵前乎博抑後乎博也？

文中頗有可考證經本者，如曰：「有韓魏之家，自視歁然。」蓋用《孟子·盡心章》語，惟今本「歁」作「欿」。考《說文解字》及《字林》，《孟子音義》引。均云欿，貪也，歁注則云「食不滿也」，原本《玉篇》歁注，引《淮南》「自視歁如也」。許叔重曰：歁，不滿也。知《孟子》「自視欿然」之「欿」，本字當作「歁」。其作「欿」者，假字也。又《淮南》許注訓「歁」爲「不滿」，今本《說文》「食不滿」之「食」，殆衍文。《集韻》訓「歁」爲「意不滿」，或今本《說文》之「食不滿」乃「意不滿」之誤，丁度或本之洨長，其所見本尚不誤耶？《碑》又云：「傅納以言。」蓋用《書·堯典》「敷奏以言」，今《書》作「敷奏」。而《禹貢》「禹敷土」，《史記·夏本紀》作「興人徒以傅土」。《洪範》「用敷錫厥庶民」，《宋微子世家》作「用傅錫其庶民」，「曰皇極之敷言」，作「皇極之傅言」，「極之敷言」，作「極之傅言」。司馬遷曾從安國治古文《尚書》，則今文之「敷」，古文皆作「傅」矣。《書·堯典》「敷奏以言」，《漢書·文帝紀》、《成帝紀》均作「傅納之言」，與此《碑》同。或今文「敷奏」古文作「傅納」歟？又《宣帝紀》「傅奏其言」，師古曰：「傅讀曰敷。」古石刻之有裨經本如此。

碑字茂美雋逸，往游洛陽曾摩抄其下，歎爲妙蹟。近洛中古刻日出，不知此碑後半仍没土中否？異日或爲延津之合，俾其姓名復傳人間，豈非快事！爰書以俟之。

正始石經尚書堯典殘字跋

以前洛陽所出《尚書・堯典・皋陶謨》殘字，皆古文作大字居中，篆、隸書略小，旁注于下。與《尚書・金縢》至《顧命》九篇及《春秋》古文、篆、隸三體蟬聯書之者不同。嘗怪石經之刻關一代制作，不應前後書式不同。乃近出《堯典》殘石，大小各一，亦三體蟬聯書之。大石存字五行，首行存「日」字，三體悉備。次行存「宅西曰」三字，「宅」字存篆、隸二體，「西」字三體悉備，「曰」字存古文。三行存隸書「厥」字，古文「民」字。四行存隸書「易」字。五行存古文「女」字。其三行「厥」上「秋」字，四行「易」上「朔」字，均漫没不可辨。小石存篆書「曰民日」三字平列，「曰」字接大石第二行，「民」字接大石第三行，「日」字接大石第四行。諸字雖稍漫易，然以書體斷之，絶非贋迹。且以每行二十言爲之圖，行列悉合，尤爲非贋刻之確證。以前建德周氏藏《皋陶謨》「女」、「説」二隸書作大字平列。吾友王忠慤公曩撰《魏石經殘石考》，以與所見《皋陶謨》書式不同爲疑。今依每行二十言爲之圖，則「女」字爲「以出納五言女聽」之「女」，「説」字爲「庶頑讒説」之「説」。「女」字在《皋陶謨》第十二行，「説」字在十三行。二字正平列，于是益證明正始《尚書》皆三體蟬聯書之，非有二式。其以前所見書式不同者，書勢雖與他篇不同，要不出晉以後，然則以前所出《堯典·皋陶謨》或出晉代補刻耶？此又前籍所不載者也。數載懷疑，一朝冰釋，惜忠慤不及知之矣。書以志快，亦以志憾。所冀他日更有續出者，爰延〔頸〕跂足俟之。

又

此石殘字三行，首行存篆、隸書「夔」字。次行存篆、隸書「允」字，下存古文「帝」字之上半。三行存篆、隸書「登」字，下存古文「庸」字之半。「夔允登」三字平列，乃《堯典》末「夔曰於」及「夙夜出納朕命惟允」與「舜生三十登庸」之殘字。亡友王忠慤公據今所傳殘字定爲每行三十七字，則「登庸」之「登」應低于前行「允」字二格，今「登」字與「允」平列，是「惟允」以下，「登庸」以前，石經較今本少二字也。「登庸」今本作「徵庸」。敦煌唐寫《尚書釋文》殘卷出，「登庸」與此同。又《尚書正義》：「鄭玄讀此經，云『舜生三十』謂生三十年也，『登庸二十』謂歷試二十年，『在位五十載陟方乃死』謂攝位至死爲五十年，舜年一百歲也。」「徵庸」作「登庸」，與石經正合。段茂堂先生謂此鄭以今文正古文，惜「三十」字石已殘損，不能知爲三十抑二十，一證段君之言矣。

正始石經臯陶謨三殘石存字跋

《臯陶謨》殘石三：甲石字二行，首行存篆、隸書「惟」字，下存古文及隸書「時」字少許，又下存古文及隸書「撫」字，又下存篆書「勑」字之半，乃「百工惟時，撫于五辰」及「天叙有典，勑我五典五惇哉」之殘字。石經「叙」下即接「典」字，是石經作「天叙典」，無「有」字。今本《書釋文》「有典」：「馬本作『五典』」，不出無「有」字本。惜唐本《釋文》但存二《典》，《臯陶謨》已不存，不知開寶以前未删本爲何如矣。乙石字三行：首行存隸書「五」字，次行存隸書「五」字之半，下存「庸」字，古文、篆、隸三體悉完。三行存篆書「言」字，下存古文、篆文「惠」字少半。乃「勑我五典五惇哉」及「五刑五庸哉」與「朕言惠」三句之殘字。「五庸」今本作「五用」，《後漢書・梁統傳》載統對尚書問，引「天討有罪，五刑五庸哉」，正與石經同也。丙石字二行：存古文及篆書「繇」字少半及隸書「繇」字，下存古文及隸書「曰」字，又下存古文及隸書「朕」字殘畫。次行存篆書「禹」字，下存「拜曰」二字，古文、篆、隸三體悉完。又下存古文「都」字之半，乃「咎繇曰：『朕言惠，可底行』」及「禹拜曰都」二句之殘字。「咎繇」今本作「臯陶」。《説文・言部》「謨」注：《虞書》有《咎繇謨》。顔師古《漢書》注引皆作「咎繇謩」。唐寫本《釋文・舜典》亦出「咎」字，注音羔；又出「繇」字，注音遥，臣名。則《咎繇謨》字定與《舜典》同。石經「繇」上「咎」字雖損，逆知其必作「咎」矣。此篆文「繇」字雖殘，尚存辵旁，殆作「邎」也。

頻年熹平石經殘字出洛中者不少，正始石經顧不多遘，此爲近出殘字中之有關經本者，故特表著之。

又

此殘石裂爲二，合之則首行存一古文，已損少半，作「〼」。亡友王忠慤公釋爲「克」，謂「惇叙九族」，古文作「克」。次行存篆、隸書「帝」字。三行存古文及隸書「丂」字，「丂」下存古文及隸書「言」字之少半，隸書「言」字之大半，乃「惟帝其難之」及「何患乎丂言令色孔壬」二句之殘字。「丂」字今本作「巧」，《説文》丂注：丂，古文以爲「亐」字，又以爲「巧」字。今殘字正作「丂」，可爲許説之證。往歲忠慤撰《正始石經殘石考》，誤録「丂」作「巧」，故爲訂正之。

正始石經尚書春秋跋

此洛陽初出土未剖時所拓，聞當時僅拓十本，此其一也。正始石經吾友王忠慤公考之至密，幾無疑藴，然亦間有未詳者。《君奭》「乃其隧命」，「隧」之古文作「〼」，公謂即《説文》「古文遂」之「〼」，乃「〼」之譌。然「〼」亦不知所從。案：石經从〼，又从〼之譌。盂鼎有「〼命」字，吴愙齋中丞釋述云：疑古文借爲「墜」字，其説是也。「述」、「遂」古音同部，通用。白懋父敦亦有「〼」字，其義亦作「遂」。石經之「𨒋」，乃由「𨒋」而譌。《說文》之「𨗨」又由「𨒋」而譌也。字形既失，致許君認「𨗨」古文爲「遂」，不知爲「述」字。若知之，則當於「述」下注古文以爲「遂」字，不當繫之「遂」下，此固許書之例也。

石經往往于三體書中，或一二體失書者，如《尚書・多士》「在今後嗣王」，古文「後」下空三格，失書「後」之篆、隸二文及「嗣」之古文。《春秋》僖公廿八年「天王狩于河陽」，「狩」字古文，下空一格，失書篆文。文公元年「公孫敖會晉侯于戚」，「敖」字篆書，上空一格，失書古文。二年「晉侯及秦師戰于彭衙」，「彭」字篆文，上亦空一格，失書古文。殆因刻時書丹漫滅之故，然遂亦不補刻，亦可見古人治事之疏矣。

石經于誤書之字即剜去，以石補而重刻。《春秋》剜補凡五處。往見顏魯公《書李玄静碑》，中有誤字即改正，加刻于誤字之上，不如剜補之爲得矣。

此石不僅剖後本視未剖本損字甚多，即後拓本視初剖本又有損泐矣。其在《春秋》僖公廿八年「晉侯、齊師、宋師、秦師及楚人戰于城濮」之「齊師」二字，初剖本「齊」字隸書、「師」字古文但有裂痕而文未損，後拓本則二字均損，且損篆文「齊」字少許；「陳侯鄻卒」「鄻」字篆文，未剖本存太半，後拓本則損太半，近則全不可見矣。

魏鮑寄鮑捐二神坐跋

魏神坐二。甲文曰「魏處士鮑寄神坐」，乙文曰「魏苻節僕射鮑捐神坐」。書勢勁拔自然，與受禪諸碑之方整少韻致者不同。意受禪諸碑必出於名工若梁鵠輩之手，知當時風尚蓋以方整爲工善矣。古人藏中有神坐，《周禮・春官・司几筵》「凡喪事，設葦席，右素几，其柏席用萑黼純」。鄭注：「柏，椁字磨滅之餘。椁席，藏中神坐之席也。」又《晉書・禮志》「武帝泰始四年，文明王皇后崩，將合葬，開崇陽陵，使太尉司馬望奉祭，進皇帝密璽綬於便房神坐。」此漢、晉間藏中有神坐之證，但不知何代始廢此制耳。

晉左貴人墓記跋

此石表裏刻字。碑陽文四行，凡三十九言，曰：「左棻，字蘭芝。齊國臨菑人。晉武帝貴人也。永康元年三月十八日薨，四月二十五日葬峻陽陵西徼道。」内碑陰文七行，曰：「父熹，字彦雍。大原相、弋陽太守。兄思，字泰沖。兄子髦，字英髦。兄女芳，字惠芳。兄女媛，字組業。兄子聰奇，字驃卿，奉貴人祭祠。嫂翟氏。」案《晉書・后妃傳》：左貴嬪名芬，兄思。芬少好學，善綴文，名亞於思，文帝聞而納之。泰始八年，拜脩儀。後爲貴嬪，姿陋無寵，以才德見禮。載其所著《離思賦》及誄、頌各一篇，文甚長而記事至畧。此碑文尤簡，然書名作「棻」，不作「芬」，與《傳》不同。《傳》稱後進貴嬪，此作貴人。《晉書·后妃傳》及《職官志》不載内職，考之后妃各傳，則有夫人，有貴人，有貴嬪，有才人，有淑媛，有淑妃，有修儀，有君。貴人之稱，見《孝武文李太后傳》，貴嬪則見左、胡兩貴嬪傳。貴嬪、貴人初不知是一是二及秩之高下，惟《孝武文李太后傳》稱：「孝武帝即位，尊爲淑妃。「淑妃」殆「淑媛」之譌，《安德陳太后傳》「入宫爲淑媛，薨，贈夫人」。若淑妃之秩不能下於夫人也。太元三年進爲貴人，九年又進爲夫人。」是夫人之次爲貴人，貴人疑在三夫人之列。貴嬪或在九嬪中，殆是二非一，當以碑爲得也。《傳》不載棻字及卒年，據《傳》稱「泰始八年拜脩儀」，碑稱「永康元年薨」。由泰始八年，下逮永康之元，凡二十九年。棻入宫時年幾何雖不可知，要其年必不及五十矣。《左思傳》「思，字太沖」，碑作「泰沖」。《傳》稱：「思，父雍，官殿中侍御史。」碑作「父熹，字彦雍。大原相、弋陽太守。」殆均以碑爲得。《世説新語》卷上之下，文學門。注引思別傳，亦稱「父雍，爲殿中御史」，知《晉書》乃沿別傳而譌矣。思子髦及聰奇，思傳失載。聰奇奉貴人祭祠，是以姪嗣姑，殆當時有此俗矣。晉誌文後多載祖考、子女名，貴人無子女，乃載兄嫂姪男女，亦言金石例者所宜知也。頻年晉誌出土者不下七八品，文字之精要以此與荀岳推首矣。

賈充妻郭槐葬記跋

此魏之賊臣、晉之佐命賈充妻郭槐葬記也。石高建初尺二尺六寸强，廣尺有四寸六分强。圭首與荀岳、石尠諸誌同，但大小異耳。首行題夫人宜城宣君郭氏之柩，亦與予所藏晉魏君塼誌額題、晉故武威將軍魏君侯柩者同，知晉世葬記皆植立於柩前者也。《記》稱：「諱槐，字媛韶。太原陽曲人。父城陽太守，諱配，字仲南。」案《三國・魏志・郭淮傳》注：「晉諸公贊淮，弟配，字仲南，有重名，位至城陽太守。裴秀、賈充皆配女壻。」《晉書・賈充傳》亦稱「後娶城陽太守郭配女郭槐」，並與此合，惟《傳》不載槐字耳。《記》稱：「廿有一，嬪于武公。」武公者，充之謚。《傳》稱：博士秦秀議謚曰「荒」，帝不納。博士段暢希旨，建議曰「武」，乃從之者，是也。《傳》稱：「郭氏性妒，嘗以疑殺二乳母，致二子夭折。其女南風，以泰始八年册爲太子妃。惠帝即位，立爲皇后。」《后傳》歷記其淫凶殘殺，穢德彰聞，卒致身遭廢戮，禍延宗祀，可謂凶德萃於一門矣。而在晉室佐命之臣如此，欲家國興隆，子孫長世，亦烏可得哉！《記》稱：「武公既薨，親秉國政十有餘載。饗兹二邦，仍援妃后。」案：充初封魯，後增封沛，此《記》所謂「饗兹二邦」也。充前妻李氏女，爲齊王攸妃，而南風爲惠后，此《記》所謂「仍援妃后」也。《充傳》載：惠帝即位，郭封宜城君。及亡，謚曰「宣」。與首行「宜城宣君」正合。惟《賈后傳》：「后母廣城君，病篤，占術謂不宜封廣城，乃改封宜城。」《記》稱：

「槐以元康六年薨，則惠帝即位，始封廣城，其改封宜城，乃在元康六年。」《充傳》所記，不如《后傳》之得其實矣。《記》稱：「槐附葬于皇夫之兆，禮制依于武公。」《充傳》載：「充葬禮依霍光及安平獻王故事。自薨至葬，賻賜二千萬。及郭氏亡，特加殊禮，時人譏之。」與《記》亦合。而稱「夫」曰「皇夫」，則他文所罕見也。賈充一門凶穢，赫奕當時，而時踰千祀，終不能保其枯骨，且使讀此《記》者，歎其遺臭。彼世之亂臣賊子果亦何所得哉！

此石近出洛陽，懸價千金，尚無購者。充壻韓壽墓道殘石，百年前已出土，今置存古閣，安得好事者將二石合置一處，以垂炯戒，不亦善乎？附記于此，爲之失笑。

魏恆州刺史行唐伯元龍墓誌跋

《誌》稱：「君諱龍，字平城。平文皇帝六世孫。祖諱阿斗那，侍中、内都大官、都督河西諸軍事、啓府儀同三司、高梁王。父諱度和，散騎常侍、外都大官、使持節、鎮北將軍、度斤鎮大將、平舒男。君太和之始，襲爵平舒男。北虜寇邊，假君寧朔將軍，龔行北討，以功拜奉車都尉。及大軍南伐，師指義陽，復假節龍驤將軍、大將軍司馬，帝嘉厥庸進，授行唐伯、前軍將軍。趙王作蕃列岳，授開府司馬。及鑾駕親戎，問罪南服，復以安遠將軍爲右軍統軍。江右未賓，復以驍騎將軍扈駕南討。還，加閅野將軍。景明在運，邊事息警，乃除清河内史。荆蠻蠢動，以龍驤將軍秉麾南伐，奄捐館舍，以正始元年十月十六日薨於第。追贈使持節、平北將軍、恆州刺史。謚曰武侯。」案《魏書·宗室·神元平文子孫傳》：高涼王孤，平文皇帝第四子。子斤，斤子真樂，真樂子禮，襲本爵。高涼王禮卒，子那襲。正平初，坐事伏法。顯祖即位，進那功，命子紇紹封。此《誌》之「阿斗那」，殆即「那」也。「阿斗那」殆代北語，史傳以中國文書之，遂省作「那」耳。那子度和及龍均不載《宗室傳》。高涼王系據《誌》則龍頗有戰功，《傳》顧不及，知史之所佚多矣。

己巳冬，予方增訂往歲所著《魏書宗室傳注》，明年庚午二月得此本，爰據以增入，並書其後。

趙郡貞王元謐墓誌跋

此《誌》題：使持節、征南將軍、侍中、司州牧、趙郡貞景王。《誌》稱君諱謐，字道安。太祖獻文皇帝之孫。考使持節、車騎大將軍、都督中外諸軍事、特進、司州牧、趙王之世子，而不及其歷官與事實，文僅八十餘言。而銘文多至二十八韻，藻麗可觀。末書正光五年，歲次甲辰閏二月壬午朔三日甲申葬，亦不及卒日。考《魏書·獻文六王傳》，趙郡靈王幹子謐，世宗初襲封，不載其字道安，可據《誌》以補《傳》。至《傳》稱「出爲岐州刺史」，即銘文中所云「睠然西顧，駕此朱輪」也。「罷州還除司農卿」，即銘文所云「以德以仁，作乎農棘」也。又「超贈假侍中、征南將軍、司州牧，謚曰貞景」，亦與《誌》題合。惟《傳》稱「謚以正光四年卒」，不載月日。而《肅宗紀》稱「卒於十一月丙申」，則又可據史以補《誌》之所不及也。銘文有「且君且王」語，即《詩・大雅》「宜君宜王」。陸氏《毛詩音義》出「且君且王」，注：一本「且」並作「宜」。則六朝古本多作「且」，此《誌》亦其證也。近年洛陽出漢石經殘石《魯詩》，亦作「且君且王」，與《毛詩》古本合。此《誌》今在上海估人手，外間未見傳本也。

瑶光寺尼慈義墓誌跋

《誌》稱：「尼諱英，姓高氏。文昭皇太后之兄女。世宗景明四年，納爲夫人。正始五年，爲皇后。帝崩，志願道門，出俗爲尼。以神龜元年九月二十四日薨於寺，十月十五日遷葬於芒山。」案《魏書・皇后列傳》：宣武皇后高氏，文昭皇后弟偃之女。世宗納爲貴人，後拜爲皇后。及肅宗即位，上尊號曰皇太后。尋爲尼，居瑶光寺。神龜元年，太后出覲母武邑君，時天文有變，太后欲以后當禍，是夜暴崩，天下冤之。喪還瑶光寺，殯葬皆以尼禮。考《魏書》載：孝文昭皇后爲司徒公肇之妹。《高肇傳》亦稱肇爲文昭皇太后之兄。又云：肇長兄琨，琨弟偃，偃弟壽，壽弟即肇。則尼父偃爲文昭皇太后兄(之女)，《傳》作弟偃者誤也。《高偃傳》稱「景明四年，世宗納其女爲貴嬪」，《后傳》作「貴人」，《誌》作「夫人」，殆以《誌》爲得。《皇后傳》載：高祖改定内官，三夫人視三公，三嬪視三卿，夫人位高于嬪。至世祖時有貴人之名，世宗時殆已罷廢矣。《偃傳》稱「永平元年立爲皇后」，《誌》作「正始五年」，《宣武紀》永平五年七月甲午以夫人高氏爲皇后，八月丁卯大赦，改年永平。則

《誌》作正始五年者是，《偃傳》作永平元年者非也。《孝明紀》：神龜元年九月戊申，皇太后崩于瑤光寺。冬十月丁卯，以尼禮葬于北邙。考是月爲癸未朔，二十六日得戊申，與《誌》作二十四日差二日，殆以二十四暴崩，越二日始宣布耶？至《紀》稱十月丁卯葬，是月爲癸丑朔，十五日得丁卯，則與《誌》合。惟《紀》與《誌》均稱崩于瑤光寺，似不如《后傳》之得實，殆均有所諱也。然《誌》銘有「如何弗壽，禍降上天」語，則暴崩之事，《誌》固隱約言之矣。《傳》、《紀》不載后名及爲尼後之名，則賴《誌》知之。

汶山侯吐谷渾璣墓誌跋

此《誌》近出洛陽，稱「璣字龍寶，河南洛陽人。其先吐谷渾國主柴之曾孫。祖頭頹率衆歸朝，蒙賜公爵。父豊承襲，除寧西將軍、長安鎮將，又遷平南將軍、洛州刺史、汶山公。」是璣乃襲先爵而降爲侯者。考《魏書·吐谷渾傳》載：吐谷渾之先世涉歸，一名奕洛韓。有二子，庶長曰吐谷渾，少曰若洛廆。涉歸死，若洛廆代統部落，别爲慕容氏。吐谷渾徙上隴，止於枹罕。西北諸種謂之阿柴虜。《誌》謂「其先吐谷渾主柴」，殆即《傳》所謂「阿柴」耶？而斯「頹」與「豊」之名則不見《傳》中。《傳》又稱：吐谷渾孫葉延自謂曾祖弈洛韓始封昌黎公，吾爲公孫之子，案禮公孫之子得以王父字爲氏，遂以吐谷渾爲氏焉。載其得姓之源甚明，而《元和姓纂》乃云吐谷渾歸化因氏焉，失其實矣。

《誌》稱璣「處武懷文，博暢羣籍，善文藝，愛琴書」，當時孝文興文教，塞種亦漸其化風，如此孝文誠拓跋氏之賢主哉！

齊彭城王浟脩寺功德碑跋

此碑在定州，大寧二年二月魏收撰，以頌彭城王浟脩寺功德者。文頗藻麗，多用彼教中語。彭城爲高齊宗室之賢者，所至有政績。此碑立後踰二年，即爲羣盗田子禮所害，人生不幸際亂世，賢愚同盡可哀也。

高齊時朝士以文章名者，前稱温、邢，後曰邢、魏。顧伯起文字傳世甚稀，嚴氏所輯《六朝文》，僅得數篇。山齋無事，手録一通，以補嚴録所未及。

碑首篆額「讚三寶瑞□碑」，篆法繆戾，其第五字作「[illegible]」，竟不能識爲何字。六朝時小學不講，如此碑中別字，書「置」作「罝」，「施」作「拖」，「澡身」作「藻身」，予往歲輯碑別字所未收。碑陰有題名，頗漫漶。末有「彭城寺碑」四大字，驗其書迹與碑字出一手，其寺殆即以王名之耶？又後有元至元十四年題字三行。

宋拓邕禪師塔銘跋

《邕禪師塔銘》，三十年來所見凡五本，皆經昔賢定爲唐石宋拓者。顧書勢皆拳縮渾淪，與信本它碑勁健暢發者不同，心以爲異。及宣統初元，見敦煌石室唐拓殘本，筆勢全與虞公碑同，始知世傳以爲范氏書樓原石者，實非唐石之舊，得解往昔之疑。但唐拓殘本合英、法兩京所藏才二百餘字，則美猶有憾，且意人間不復更見他本矣。

今年薄游申江，因老友趙君叔孺得識吴君湖帆，出潘文勤公舊藏此本見示。甫一展觀，神采煥發，精光射十步外，不必一一與敦煌本校量，已可確定爲唐石宋拓，且存字多至九百餘，爲之驚喜欲狂。而册後有翁閣學跋，因與他本不同，反以此爲宋人復本，以蔽於所習，致顛倒若斯。然使予不見敦煌本，亦無由解疇昔之疑，更何能證閣學之惑。是吾人眼福突過古人，固不可因是詆諆前哲也。既假歸寓齋，晨夕展玩，並附書册尾，以識寶物不能終於薶没，且喜予於見唐拓後十餘年，又得見此原石足拓也。

此碑《金石萃編》所録譌奪最多，惟《全唐文》校録最善，顧亦間有小誤。以此本校之，如「大慈廣運」，《全唐文》缺「廣」字，「枕石漱流□□巖之下蘿裳薜帶□□龔□之衣」，「巖」上「帶」下均缺二字，

《全唐文》但闕一字。「每梵音展禮焚香讀□□□」，「展」，《唐文》誤作「瞻」。「讀」下原闕三字，《唐文》缺二字。「于時有魏州信行禪師□明□佛性」，「明」下有缺字，《唐文》不缺，「與信行□□□苦行」，「苦」上缺四字，《唐文》作「禪□修」，「修」上缺一字。「徒衆等收其舍利」，《唐文》脱「等」字。又此本剪裝亦有錯列處，如「仍來往林慮山中」，「往林慮」三字誤列。下行「周武平齊像□□□」，「像」字之下《唐文》亦作「周武平齊像往林慮」，是《唐文》即依據此本而參以他本者。考周武平齊之後即廢佛教，意「像」下缺字，義當是像教中否，故《銘》稱「禪師入白鹿深山，避時削跡，藏聲戢耀」也。然則《唐文》所録，其依據此本殆無疑矣。

往歲見敦煌藏唐拓剪裝本二百餘字，文中缺二十餘字，疑爲裝時剪失。今取與此本互校，唐本「右庶□□□□□文」，「庶」下脱五字；「率更令」下脱「歐陽詢」名；「感□□□秀」，「感」下缺三字；「通幽洞微」下缺五字；「或□□□功」，「或」下缺三字；「禮煩□□」，「煩」下缺二字；「致捕影□□」，「影」下缺二字；「冠玄宗以立□□」，「立」下缺二字；「則有化度寺僧□禪師者矣」，「僧」下缺一字；「分星判□□藩維」，「判」下泐三字；「奕葉□□」，「葉」下缺二字。與此本所缺正同。知在唐時石已斷裂矣，尤爲此本確爲唐石之證。

王蘭泉先生跋此碑云：「諸家跋語盛稱率更書法之精妙，而於立碑原委未暇及顧。」蘭泉先生因所據本多脱誤，且有羨文，致考證亦有舛誤。《潛溪集》言此銘多翻刻，因翻刻而致譌脱，尚在情理之中。若且有衍文，則經後人妄增，尤爲異事。今畧舉蘭泉先生所據本之衍文：如「至於察報應之方」，「至於」下衍「智伏奔象鉢降孽龍」八字；「號叔乃文王所咨，郭泰則人倫攸屬」，「號叔」上衍「曾祖」二字，「郭泰」下衍「温文儒雅，迥儻豁達，胷臆開朗」十二字；「冥符上德」下衍「洗□變幻，□悟西來旨趣，摩頂皈依，暮窮東土之精微」二十一字；「櫕集庭宇」下衍「德敷鷲領，神化龍宫」八字；文末衍「貞觀五年十一月十六日建」十一字。蘭泉先生不知所據本多衍文，乃云「曾祖號叔」，「曾祖」乃始祖之謂。又邕師爲太原介休人，《萃編》所據本誤作分陰人，蘭泉先生謂碑書「汾陰」作「分陰」，「倜儻」作「迥儻」，疑翻刻之誤；「鷲嶺」作「鷲領」，則通用也。考汾陰在隋代屬冀州河東郡，本不屬太原。妄人翻刻，以「介」字碑作「尒」，似「分」字，遂妄增「陰」字，蘭泉先生不知爲「介休」之誤。若「迥儻」、「鷲領」並在衍文中，原碑所無也。至邕師初從稠禪師受法，開元中隨信行禪師入京，即繼信行主化度寺。唐釋道宣《續高僧傳》載僧稠及信行傳，與此碑所記正同。信行起塔於終南鵄鳴阜，故邕師遺命亦起塔於此。蘭泉先生因此碑記信行事，文又奪漏不可通，致疑此碑似爲信行建塔立碑，非即《邕禪師塔銘》，尤誤之甚矣。邕師以貞觀五年十一月十□日終，以其月二十二日起塔，立碑當在起塔之後，文末之「十一月十六日建」一行，尤不詰而知其誣。然使不見此本，亦烏乎正之耶！已巳三月。

定州刺史程君殘墓誌跋

此《誌》二十年前定州出土，已改爲他人墓誌。蓋每行之端截去數字，後亦截去數行。但存字十八行，行存二十字。《誌》題二行，字較密，存「禄卿、使持節、定州諸軍事、定州刺史、充本州團練守捉使、成德軍節缺、開國伯、食邑七百户程府君墓誌銘。」文首存「寅冬十二月二十五日，有唐銀青光禄大夫、光禄卿、兼缺國伯程公薨於官舍。」程君名字在缺損處，已不可見。年月亦不可知。而考其事實，知爲横海軍使程日華之父元皓也。舊史《日華傳》稱其父元皓事安禄山，爲帳下將，從陷兩京，頗有勇力。史思明時爲定州刺史。《誌》稱：「君武藝絶倫，授儀州遼城府别將，累遷易州武遂府□□。巨猾搆釁，公陷在寇中，爲元惡所廹，思全身□□，洎思明怙亂，公再爲脅從，累定州刺史、北平軍使。僶俛從時，遠害也。」乃記從安、史作賊事，與《日華傳》合。《誌》又稱：「天既悔禍，凶渠衂喪。公覩時豹變，天子疇其庸，賞銀印銅符，□□新命。元年十一月，仗義歸順，十二月遘疾告□。」則叙其歸順事。考《代宗紀》寶應元年十月壬(千)〔申〕，王師次洛陽北郊。甲戌，戰於横水，賊大敗，俘斬六萬計。史朝義奔冀州。乙亥，雍王奏收東京、河陽、汴、鄭、滑、相、魏等州。十一月丁酉，僞恆州節度使張忠志以趙、定、深、恆、易五州歸順，以忠志檢校禮部尚書、恆州刺史，充成德軍節度使，賜姓名李寶臣。於是，河北州郡悉平。元皓之降，當在是時。文首存「寅冬十二月」字，文存十一月歸順，十二月遘疾字，寶應元年，歲在壬寅，其證也。《日華傳》不載元皓歸降事，據《誌》可補史傳之缺。至降後仍授以定州刺史，並封爵爲伯，甫逾月即死，則亦《傳》所不及也。《日華傳》不載高、曾名位，此《誌》存「□州長史讓之曾孫，歧州邵吉府折衝滿之孫」，則元皓固以世家子孫而作賊者，竟不以賊終。其子且以武功顯，亦云幸矣。書迹頗豐偉，類蘇靈芝，或即出其手歟？

成德軍大將張懷實墓誌跋

此《誌》直隸出土，往在春明，購藏於唐風樓。《誌》稱：「君諱懷實，本望清河，今爲真定人。考奉忠，皇朝雲麾將軍、試鴻臚卿。君自溟海沸騰，風雲適會，經過險易，累歷崇斑。加朝散大夫，試太常卿，充成德軍大將，監知兵馬。屬方隅不靜，豪傑相傾，瓜李成嫌，凶災奄及，建中三年閏正月二十二日，終于定州之官次，春秋卅有八。夫人天水趙氏，以今年三月二十七日終于恆州私第。以其年四月十八日合葬于恆州城東十里尚德鄉壽陽原。」案《德宗紀》：建中三年閏月甲辰，成德軍兵馬使王武俊殺李惟岳，傳首京城。《王武俊傳》載「武俊子士真斬惟岳，持首而出。武俊殺不同己者十數人，遂定。傳首上聞。」則懷實乃武俊所殺十數人之一也。考建中三年閏正月爲甲申朔，二十一日得甲辰。《誌》稱閏正月二十二日，則懷實之死後惟岳一日耳。是年十一月，武俊僭建國，稱趙王，以恆州爲真定府。至興元元年二月，乃削僞號。作此《誌》時，恆州正爲武俊竊據，故於懷實之死，不敢顯言之。至懷實夫人之喪及合葬，曰「今年」、曰「其年」，不知爲建中三年，抑在其後也。《誌》稱懷實爲真定人，乃用武俊改名。其書葬又云恆州，其時方鎮之禍正烈，秉筆者無所適從，遂致矛盾也。此《誌》行書爾雅可喜，唐誌中佳品也。

宋蔡州刺史符昭愿墓誌跋

昭愿《宋史》有傳。《誌》爲陳舜封撰，所載事實與《傳》合，而《誌》較詳。《誌》稱公爲「守太師、尚書令、魏王彦卿之世子，後唐宣武軍節度使、中書令、秦王諱存審之孫。封吴王，諱楚之曾孫。」存審，《五代史》有傳。父楚，本州牙將，不載其贈吴王，亦不載存審爵吴王。《誌》稱：「周顯德元年秋八月，公始被銀印青綬，秩視騎省，隸天雄軍衙内都指揮使。翌日，超授檢校尚書左僕射，遥領興州刺史，充職如故，時年九歲。」昭愿雖爲勳臣子，然乳臭未除，即以檢校僕射領郡，名器之濫，可謂極矣。《誌》稱：「大祖受禪，遷檢校司徒，進階金紫。乾德初，郊祀流恩，爵以開國男，始賜奉邑。開寶二年，先王有疾，就養鼉洛，以公供奉，制授恩州刺史。五年遷羅州刺史。」《傳》叙太祖受禪後昭愿遷拜至署，但云「開寶中改領恩州，彦卿養疾居洛，入補供奉官，四年改領羅州刺史」而已。據《誌》則改領羅州在五年，非四年也。《誌》稱：「昭愿爲陳、蔡等道都廵撿使，執戮羣盗，姦滑屏跡。水潦害稼，開河數百里。物濟民利，時論稱之。」又稱：「刺蔡州時，典并州軍州事，一歲而城池緝，再歲而倉廩實，三歲而府庫完。復逋逃八千，增版籍三萬。」此昭愿治績之可稱者，《傳》乃削而不書。《誌》稱：「九年單車來朝，及朞再典并門，從民請也。」《傳》乃作「不逾月復移〔并〕門」，與《誌》言「及朞」者不合，當以《誌》爲得矣。《誌》稱：「雍熙四年秋，出師命將，以捍北戎。詔公統禁衛，屯于邢臺，備後殿。端拱初，遷檢校太保，進開國公。洎疆埸告寧，詔遣公復理太原，兼駐泊馬步軍副都部署。」《傳》多畧而不書，但云「不踰月復移并州兼副都部署」，似兼副都部署與移并門爲一年中事，紀載亦殊失實矣。《傳》稱：「丁内艱，起復爲本州團練使、連知永興軍，梓、滑二州。咸平初，又爲天雄軍、邢州二鈐轄。」《誌》叙昭愿丁内艱在端拱二年夏五月，尋制授起復雲麾將軍，充蔡州團練使，命知京兆府事兼陝西道都巡檢使。淳化中，移典梓州兼東川路提轄兵馬橋道事。至道二年，任公爲滑臺守。太宗上僊，聖皇嗣位，公入拱宸極。冬十月，充山陵防援使，以祔廟恩賜推誠佐理功臣，增井賦之數。咸平紀號春，領兵符爲參帥戍銅臺。二年秋，移邢州駐泊兵馬鈐轄。所記較《傳》爲詳。《傳》稱：「三年，以疾求歸京師，詔遣中使尚醫馳傳診視。既還，帝賜以名方御藥，拜本州防禦使。四年，卒。」《誌》作「三年夏，歸朝，暫聽休沐。秋九月，以相帥張衛公捐館，委公作牧於漳川。四年春，告疾彌篤，詔許肩輿歸。夏五月，授公蔡州防禦使。其月乙未，薨于東京新昌里第。」《傳》失書三年移牧漳川事，似三年即引疾者，亦不如《誌》之詳實也。《誌》書「昭愿乹德，初賜爵開國男，端拱初進開國公」，而不及郡名。據《誌》題知爲武都郡開國公、食邑三千五百户。《傳》亦不及。至昭愿子承煦墓誌，稱昭愿贈太師，則《誌》、《傳》均未載，並附志之。

永興軍節度使吴廷祚墓誌跋

廷祚爲宋佐命勳臣，《宋史》有傳。元槧及南監本作「廷祚」，與《誌》同。北監本譌作「延祚」，殿本因之。《傳》所記事實與《誌》畧同，惟不載廷祚先世。據《誌》則曾祖湛，贈太子太保；祖實，贈太子太傅；考弘璋，贈太子太師。《誌》稱「廷祚授中書門下二品」，北監本誤作「三品」，殿本同，元刊及南監本不誤。《誌》稱：「庚午歲以聖節入覲，明年夏四月二十五日遘疾薨。」《傳》作：「開寶四年長春節來朝，俄遇疾革，車駕臨問。未幾，卒。」誤以三年入覲爲四年事。《傳》載子六人，元輔、元載、元範、元扆、元吉、元慶，而《誌》作「光輔、光載、光範、元載、元吉」，並有誌，與此誌同時出，亦不作「光載、光吉」。《誌》書於當時，不當有誤，豈先爲「光」而後改「元」耶？《誌》稱廷祚「推誠奉義同德翊戴功臣，爵濮陽郡公」，《傳》亦不載。撰文者，華州下邽縣主簿宋璫，《宋史》有傳，稱「吴廷祚鎮永興，辟掌書奏」，故《誌》有「受公之招弓」語。

左衛將軍吴元載墓誌跋

元載《宋史》有傳，附其父廷祚傳後。以《誌》校《傳》，所記畧同。惟《誌》稱：「元載，字咸熙。曾祖贈邠國公，祖贈齊國公，考贈燕王。」《傳》不載元載字。其先世贈爵，《廷祚誌》亦不及。《傳》稱元載，淳化二年加領富州刺史，俄知成都府，以後貶黜、致政及卒年均不詳。據《誌》則以淳化五年責授郢州團練副使，至道二年移單州團練使，至道三年授左衛將軍，致仕。以咸平三年十一月薨。可補《傳》文之畧。《誌》稱兄元輔，左衛大將軍、平州刺史。《傳》稱元輔，宋初授左驍衛將軍、澶州巡檢，累官至定州鈐轄，不云平州刺史。然元載弟元吉墓誌亦稱平州刺史，或元輔卒後贈官耶？《誌》題署「金紫光禄大夫、檢校司空及兼御史大夫、上柱國、南陽郡開國侯、食邑一千户」，又《傳》所未詳也。元載子昭明墓誌稱元載贈左監門衛大將軍，《誌》亦不載。此《誌》文字均劣，末書「東齊野搜張舜賓撰」，「叟」字作「搜」，譌别可笑。

閤門祗候吴元吉墓誌跋

元吉爲吴廷祚子，《宋史》無傳，僅於《廷祚傳》書「元吉，閤門祗候，元吉子昭允，太子中舍」而已。此《誌》王琛撰，劉惟清書。稱元吉字利貞，年始冠授西頭供奉官，轉授閤門祗候，兩充府界及永興軍都巡檢使，又充兖、衛二州都監。所歷著能聲，授監西京都鹽院，課額增盈。以景德三年十二月卒。男三人：長昭允，宣德郎，守將作監主簿。次昭緒，鄧州中軍使。幼曰昭□，未仕。《傳》但載昭允一人耳。《廷祚傳》諸子中，元範、元慶仕皆至禮賓副使，此《誌》則「元範，官内殿崇班、揚州兵馬都監。元慶，東頭供奉官、閤門祗候、許州駐泊兵馬都監」，亦與《傳》不合。

内殿崇班吴昭明墓誌跋

昭明誌與其祖廷祚、父元載、叔父元吉諸誌同時出土。《宋史》昭明附見《元載傳》。據《誌》：「昭明，字禮臣。少以蔭補右班殿直，改左班，歷左右侍禁、東頭供奉官，遷内殿崇班。始巡檢福瑭泊符離之二鎮，乃監澤、懷、□三□兵，走馬承受邠、寧、環、慶等州邊事。徙督漕於江東，還知天□之□穀、河陽之濟源二縣。旋遷都監臨汝郡。」《誌》題作「銀青光禄大夫、檢校太子賓客兼御史大夫、汝州兵馬都監兼在城巡檢騎都尉」。此昭明所歷官勳，《傳》但云「内殿崇班」而已。《廷祚誌》稱「考弘璋」，此作「曾祖璋」，省「弘」字。廷祚官同中書門下二品，北監本《宋史》誤作「三品」，此《誌》亦作「二品」，與《廷祚誌》及元刊本合。其稱璋爲齊國公，廷祚贈燕王，亦與元載、元吉兩《誌》合。此《誌》撰文者張伯玉，書者王積中，雖非甚工，然視元載、元吉《誌》爲馴雅矣。

樂安侯趙承遵墓誌跋

此《誌》與夫人武都苻氏誌同時出土，知制誥吴育奉勅撰，御書院祗候馮熙奉聖旨書。《誌》稱侯爲宣祖皇帝之曾孫，秦悼王廷美之孫，贈忠正軍節度使、江國公德欽之冢子。一命右侍禁，累遷至檢校太子賓客、左領軍衛大將軍、使持節、高州諸軍事、高州刺史、充本州團練使兼御史大夫，積階金紫，策勳上柱國，開國天水郡公。康定辛巳三月歿。卹章至青州觀察使，追哀以樂安侯印綬。子七人，曰克虔、克臧、克觀、克堪、克歧，皆爲衛府率；曰克偃、克奐，尚幼。案《宋史・宗室傳》魏王廷美子十人，弟六子德欽，字丕從。淳化元年授右屯衛將軍，四遷右羽林將軍。景德元年六月卒。年三十一，贈雲中觀察使，追封雲中侯。子承遵，西京作坊使。記述至簡畧。其稱德欽所贈官爵，與《誌》不合。《宗室世系表》江國公房載忠正節度使、江國公德欽生樂安侯承遵，則與《誌》同。然承遵夫人《苻氏誌》亦稱承遵爲雲州觀察使、追封雲中侯德欽子。又與《傳》同。蓋苻氏以天聖五年卒，先于承遵者十五年，於時德欽方贈雲中侯，其贈江國公則在天聖以後。《傳》舉其初贈，《表》則舉其最後加贈，合兩《誌》始知其全也。《傳》稱承遵官西京作坊使，不及他職。《苻氏誌》則書禮賓副使，均不見《誌》中，殆其中間所歷官，《誌》之高州刺史則最後所歷也。《世系表》記承遵七子與《誌》相同。《誌》稱承遵葬於汝州之梁縣新豐鄉行春里，從先王、先公之宅。《宗室傳》亦稱廷美以咸平二年閏二月詔擇汝鄧地，改葬汝州梁縣新豐鄉，與《誌》亦合。《苻氏誌》爲知制誥章得象奉勅撰，御書院祗候李孝章奉聖旨書。天水之世，宗室墓誌例皆奉勅撰書，故文多大雅可誦，書亦頗整潔也。

魏處約墓誌跋

此《誌》前十年出土，同時尚有處約妻《玉城縣主誌》，文字均完好。往歲游洛陽存古閣，見此二《誌》在牆陰糞穢中，求墨本不可得，乃遣工拓之以歸。

《誌》稱處約先世以後唐莊宗時徙鄴。宋興，爲開封人。處約曾祖殷，贈左監門衛大將軍。祖丕，復州刺史、檢校太保，判左右金吾、六軍儀衛事。父廷杲，贈右武衛將軍。處約字知方，十九試廣文館進士，書名第一。以大臣子召對，詔尚平陽恭懿王女。起家補右班殿直，未幾領雜賣場，累遷左右侍禁、東西頭供奉官、內殿崇班、檢校太子賓客兼御史大夫，封鉅鹿男。嘉祐二年十月卒。子孝孫、孝稱、孝祥、孝明，長女新興縣君，適鄭餘懿，次安居、鉅鹿、宋城三縣君，適冀王孫左監門衛大將軍世茂，左監門衛大將軍世祚，右監門衛將軍世雄。觀其先世及仕履、子姓，其人乃以勳戚得官者也。考處約祖丕，《宋史》有傳，作相州人，殆丕時尚未移開封。所記仕履與《誌》合，惟不載其父殷及子廷杲。處約所尚平陽恭懿王女，《宗室世系表》：太宗九子，長漢王元佐，謚恭獻。子漢王允升，謚懿恭。《誌》所謂平陽恭懿王，即允升也。《宗室傳》允升歷仕安德、建雄、安國軍節度使，卒贈太尉、平陽郡王，謚懿恭。《誌》稱平陽恭懿王，知《傳》稱贈平陽郡王者是，《表》稱魏王者誤。至「恭懿」之誤作「懿恭」，則《表》、《傳》均同，賴《誌》正之也。處約四女，其三皆適宗室。《世系表》燕王德昭子惟正、惟吉、惟固、惟忠、惟和。惟吉封冀王，子楚國公守巽、淮陽侯守約。守巽子東防郡公世茂，守約子富水侯世祚。惟忠封舒國公，子韓國公從藹。從藹子贈太師、淄王世雄。《誌》于三人皆書其官。《玉城縣主誌》則稱東陽侯世茂、富水侯世祚、憲州團練使世雄，《表》但書爵而不及官。《誌》稱世茂爵東陽侯，《表》作東防郡公，殆初侯而晉爲公。若世雄之淄王，則身後所贈，作《誌》時世雄方官憲州團練使也。《宗室傳》但載世雄而不及世茂、世祚。又稱世雄贈太尉，而《表》作太師，則不知孰爲得也。

《誌》稱處約仕四十年，八遷官，皆録勞，或遇國慶，未嘗出於勢援。兩省大臣亦奏補外官，恥不肯就。宰相王沂公曾將薦於朝，懇辭而罷。武恭王公德用，公故人也，方其任樞密時，避而不見，召亦不至。至致仕，迺袖刺詣門。武恭復起，公遂不來。是處約雖勳戚，其行誼卓然，有士大夫所難者。《誌》又稱太后臨朝久，累上疏請太后還宫頤養。疏入不報，公不懼，坐是不遷，則尤有古大臣風誼。《誌》又稱喜論治道，晚窮名理性命之説。七世同居，有請於官得析産出居者，公内恥之，遂邑邑不自得，感疾而終。其純德如此，何殊濂洛大儒耶！《誌》載處約著《家山》、《白日》、《今體》三集，不見《藝文志》，倪氏補《志》亦不及。

撰文者呂夏卿，《宋史》有傳，載其編脩《唐書》，創爲世系諸表，於《新唐書》最有功。此《誌》夏卿結銜作編脩《唐書》官，文字亦爾雅可喜。此《誌》今不知存否，偶撿舊日拓本，書其後以表章之。

尚書禮部郎中祖士衡墓誌跋

此《誌》祖無擇撰，邵雍書並篆蓋。士衡《宋史》有傳，蓋即據此《誌》。然《誌》稱「乾興初，丁晉公南遷，不説公者適專國柄，乃指公爲附會，坐貶以禮部郎中，知吉州，中外莫不以爲厚誣」。《傳》乃云天聖初，以附丁謂落職。史官圖節省文字，遂致事實顛倒，以誣爲實，士衡何不幸也！又誤「乾興」初爲「天聖」初，記事亦差一年。士衡爵范陽縣伯。大王父奉，王父仲宣，周許州潁縣令，贈尚書都官員外郎。考岳，尚書比部員外郎，贈吏部侍郎。士衡著文集四，號《敝帚》者二十卷、《西掖》者一十二卷，《乾興》者七卷，又《別集》三卷，《起居院記》七卷，《西齋話紀》一卷。《傳》均失書，亦不載《藝文志》。

堯夫先生書，世所未見。《邵氏見聞録》記先生少日喜作大字，朱文公跋康節「撿束」二大字云：康節先生自言大筆快意而其書跡謹嚴如此，豈從心所欲不踰矩者耶！《書史會要》載康節工筆札，其蹟雜見《鳳墅續法帖》中。今觀此《誌》，殆合魯公誠懸爲一手，當與蔡忠惠抗行，惜未得見其篆蓋爲可憾耳！

任顓墓誌跋

此《誌》祖無擇撰，記顓事實極詳備。以校《宋史》本傳，知《傳》即本此《誌》爲之，無大謬戾，惟刪節太甚，致有不可通處。如《誌》稱顓由衛尉寺丞知曹州濟陰縣，俄知益州華陽縣，移知茂州，遷大理寺丞，受代還京師，通判汝州，改太子中舍，擢殿中丞。執政者薦公辭學，以所著文二十卷上之，詔賜進士出身。《傳》乃云「得同學究出身，至衛尉丞，上其文乃賜第」，一若由衛尉丞賜第，而竟削由衛尉丞後所歷各官，其云「上其文」亦不知爲何人所上，洵不免斷鶴脛之譏矣！顓歷任外吏，所至多政績。《傳》均削而不載，但載其折西夏貢使及使西夏事，亦失之太簡。《誌》稱夏國遣使吕你如定來納款，且大有須索，凡十一事，其尤者欲去藩臣之名，伸父事之禮。顓折以義理，如定俯伏聽命。如定既去，未幾，張延壽至，則上表已復稱臣，猶欲以青鹽通賈販於中國及自相買賣，又云增歲賜至三十萬，第許置榷場及添回賜五萬而已，餘皆不許。公之措置，大約如此。朝廷嘉之，《傳》亦載之，而甚簡畧。《續通鑑長編》百六十三。所記與此同，惟「吕你如定」作「吕尼舒定」，又百四十二作「吕尼如定」。「張延壽」誤作「孫延壽」，爲小異。《誌》又稱趙元昊遇弑，遣楊守素來告哀。楊守素即楊卯攝也。康定中，元昊不臣，納所賜旌節，實卯攝之謀。《傳》但稱楊守素，不言即楊卯攝。《誌》又載顓册命諒祚，戎人初不受册命，公宣布恩意，黠羌猶不遜順，公厲聲叱之，左右辟易，於是聽命。《傳》亦不載。《誌》

又載顓與定陶趙期先生論《易》，深造淵緼，著《易學》三十篇。又著《性説》三卷，《時事龜鑑》一十卷，《文集》十卷。則顓不但政績可觀，且邃於學術。倘不見此《誌》，則顓事實之泯没多矣。

古誌墓之文，但記籍里、仕履、年歲、葬地，其事蹟則詳於碑狀。宋誌則往往逾千言，而此《誌》則幾四千言。平生所見宋人墓誌文最長者，韓魏公、郭景脩兩《誌》及此《誌》而已。

宋拓東坡宸奎閣碑影本跋

蘇文忠公碑版徧寓内，中遭黨禁，毁仆不存。此碑在鄞縣，原石久佚，但存明萬曆乙酉温陵蔡貴易重刻本。跋稱得舊本于郡紳范司馬家，摹以入石，阮文達公撰《兩浙金石志》所著録者是也。曩曾以校《集》本，頗有異同。《集》本「其言文而真」，石本「真」作「直」。「而户外之屨滿矣」，石本「屨」作「履」。「仁宗皇帝以天縱之聖」，石本無「皇帝」二字。「山即如如體也」，「如如」石本作「如來」。「英宗皇帝留之」，石本無「皇帝」二字。「遂歸老于四明之阿育王山廣利寺」，石本「廣利寺」作「廣利禪寺」。「恭維仁宗皇帝在位四十二年」，石本無「皇帝」二字。「此鉢非法」，石本作「此非法器」。「我既其文」，石本「既」作「記」。

初未能斷定其得失，暨宣統紀元，以事遊日本東京，觀書于彼宫内省圖書寮，得見此碑宋拓整本。乃彼國聖一國師由中土携歸者，神采焕發，楮墨如新。全碑計二十二行，行三十五字。額字正書三行，行五字。文曰：「明州阿育王山廣利寺宸奎閣碑。」明人復刻本則十七行，行四十二字，額篆「宸奎閣碑銘」。五字行款已不同，及更校其文字，則復本中與《集》本不同諸字，宋拓皆與《集》本合。復本譌誤衍奪至是，則書迹之失真不待比勘而可知矣。

予往者從四明友人求復刻墨本不可得，何幸於海外忽睹原石宋拓，爲之驚喜欲狂，乃請于其館臣福井氏繁攝影以歸，異日當精印以傳藝林。越歲二十有二，庚午秋書於裝册之後，以志之。

又以宋拓校《集》本，訂正三字。「聰明超逸者」，《集》本「逸」作「軼」。「干戈斧質」，《集》本「質」作「鑕」。「神曜得道」，《集》本「曜」作「耀」。

近於四明友人得明人復刻本，始知復本與此本異同處，多阮氏傳録之誤。惟「仁宗皇帝以天縱之聖」，「英宗皇帝留之」，「仁宗皇帝在位四十年」三句中，復本均脱「皇帝」字耳。傳録本之不可據如此，爰是正於册尾。十月朔又記。

金完顔貞憲王神道碑跋

金完顔希尹碑在吉林府東北二百里小城子，《吉林通志》始著録其文。因拓本罕傳，故前人無加考證者。予篋中有舊拓本，以較新拓，氈墨爲劣。然以校《通志》，知《通志》所録譌奪錯誤甚多，且有《碑》字可辨而失録者，今畧舉之：

《碑》額字五行，行四字。文曰：「大金故尚書左丞相金源郡貞憲王完顔公神道碑。」《通志》脱「故」字。書《碑》人任詢結銜中「飛騎尉」，「飛」作「□」。篆額人左光慶結銜「兼行太廟署令、上騎都尉」，「兼」字誤作「東」，脱「上」字。碑文次行「觀祖宗實録」，「觀」誤作「閲」。「見乃祖勳烈」，「勳」作「□」。「丞相□□□□聞者莫不悚然」，誤作「丞相嗣諸莫不悚然」。四行「贈金源郡王□□□，殆「諱希尹」三字。初名谷神」，誤作「贈金源郡王□□□□□谷神」。「自曾□□完顔部」，誤作「自曾祖完顔某」。五行「國人皆□之曰賢某」，作「國□□稱之曰賢某」。六行「戴國公」下第四字乃「有」字，此失書。七行「時王與明肅皇帝、秦王宗翰皆侍行與聞」，作「特□與明肅皇帝、秦王宗翰皆□行與□。」「結納沿江鐵驪兀惹諸部」，「沿」誤作「松」。八行「及出河□之」，作「及出河店□」。九行「與□□□□定奚部」，「定」作「□」。「多□招□□□知遼將兵屯」，「招」下泐三字，誤泐二字。十行「方招集□□□□士習尼烈者遽來投附」，「方」作「□」，「習尼」作「□□」，「附」下有「詳」字可辨，亦但作「□」。「遼兵拒闘」，「闘」誤作「鬬」。十一行「戰敗之，勦殺甚衆，悉獲其甲胄輜重」，脱「勦殺甚衆」四字。「遼主覺之」，誤作「遼主遁□」。十二行「追至乙室王所居之地」，「地」作「□」。「大祖□□西南路招討部□□」，「部」誤作「司」。十三行「賜之金器」，「器」誤作「帛」。「宗翰統諸帥」，「帥」誤作「軍」。「□□□□照□爲□□追甫及之」，「照」上泐四字，誤作三字，「追」上泐二字，亦誤作三字。十四行「王遇三敗之」，「敗之」作「□□」。十五行「爲先□經畧使，□權西南、西北兩路都統」，「權」作

「□」。「聲言□遼爲援」，「聲」作「□」。十六行「且理索當還之人」，「且」誤作「無」。十七行「至克宋」，脱「克」字。「由先鋒□□□此間當是「經署使」三字。□□右監軍」，誤作「田先□□□□□□□□□」。十八行「分遣諸將」，「遣」誤作「道」。「明年再舉」，「再」誤作「將」。十九行「宋康王構自立於睢陽」，「睢」誤作「淮」。「復渡河取澶、濮、□、□諸城」，誤作「復渡河宗翰□□□諸城」。二十行「進至淮陽」，「進」誤作「追」。「踰淮襲構」，作「踰淮□□」。二十一行「王往縉山」，「縉」作「□」。二十二行「邀兩元帥」，「兩」作「□」。二十三行「偕宗翰還朝□□□□□奏請」，「朝」作「□」，「奏請」作「□□」。二十四行「授尚書左丞相」，「授」作「□」。又「授」上原泐二十二字，誤作二十字。二十五行「往征之□□其□落」，「其」作「□」，「落」作「□」。又「落」下第八字爲「以」字，亦作「□」。「入而奏捷，初陛辭日」，誤作「□□奏捷辭日」。二十六行「□賞軍士又有不鈞」，作「□賞征士又□不□」。二十七行「正畏讒懼罪耳」，「讒」作「□」。二十八行「援立閔宗」，「閔」誤作「熙」。二十九行「宗儁代爲左丞相」，「儁」誤作「雋」。「遣使鞫之」，「鞫」作「鞠」。三十行「與宗儁與□同惡」，誤作「與宗雋與同□惡」。三十一行「進封陳王」，「陳」作「□」。「后欲共載」，「欲」誤作「與」。三十二行「王不可」，作「王□□」。「后藏怒未有所發」，「怒」誤作「恕」。三十三行「希尹嘗有姦狀」，「狀」誤作「罪」。「自太祖朝立功」，「祖」誤作「宗」。三十六行「獲儒士」，「獲」作「□」。三十七行「以雪其非罪」，誤作「以雪其□冤」。三十八、九行「至太祖、太宗受命以有天下，今天子丕承基緒，以延功臣之賞。王之先自邢公而下，世篤忠貞，至王□□□□□遂爲世家。今丞相守道，亦克負荷，用光輔興運」，誤將「遂爲世家」至「用光輔」十六字錯列「以有天下」之下，「今天子丕承基緒」之上。又「遂爲」上原泐五字，此誤作二字。四十一行「□出一門」，「出」誤作「萃」。四十二行「王其克□」，誤作「王□守道」。四十三行「奮鋭涉漠」，「涉」誤作「沙」。「問宋□□」，誤作「開家□□」。四十五行「交構内難」，「難」誤作「艱」。五十六行「惟正之從」，「從」誤作「圖」。「豈予不共」，誤作「豈予之□」。計正誤字三十有六，補脱字十，正錯植之處一。《碑》字可辨，原録失之者，三十有七。惜予藏舊本拓工至劣，若得善本，其補正或不止是矣。

《通志》考此《碑》頗詳，然亦有疏誤。《碑》文稱：「太祖以祭禮會於移懶河部長神徒門家，因與其兄弟建伐遼之議。」《通志》謂《石土門傳》：漢字一作「神徒門」，耶懶路完顔人，世爲其部長。弟阿斯懣卒，終喪，大會其族。太祖率官屬往焉，就以伐遼之議訪之。即《碑》所叙太祖以祭禮云云，史之「耶懶」即《碑》之「移懶」。「耶」、「移」聲轉耳，其言是也。而又云：惟《石土門傳》只阿斯懣一人史言卒會祭之前，《碑》云「與其兄弟建伐遼之議」，殆不止一弟矣。其言則誤。案《石土門傳》後爲《完顔忠傳》，稱忠本名廸古乃，石土門之弟。太祖將舉兵伐遼而未決也，欲與廸古乃計事，於是宗翰、宗幹、完顔希尹皆從，云云。《碑》所謂與其兄弟者，謂神徒門及其弟忠也。《通志》引《石土門傳》而未及檢《忠傳》，可謂失之眉睫者矣。

《碑》載希尹曾祖與昭祖同名，祖統遜，父桓篤。而史稱希尹爲歡都之子，「桓篤」作「歡都」；「統遜」，《歡都傳》作「劾遜」，皆譯音，無定字。《歡都傳》稱「天會十五年，追贈代國公」，《碑》作「（載）〔戴〕國公」，銘文亦云「戴公之子」，則作「戴」者是，作「代」者誤也。《碑》稱「東京留守宗儁」，《太祖諸子傳》作「宗雋」，殆亦以《碑》爲得。《碑》稱「援立閔宗」，《通志》「閔宗」誤作「熙宗」。「閔宗」爲「熙宗」初謚，後改謚「熙」。《碑》固明明是「閔」而非「熙」也。《碑》稱「得元帥都監耶律余篤反書」，「余篤」，本傳作「余覩」，亦譯音，無定字。然《婁室碑》亦作「余篤」，知當時文字自作「余篤」也。《碑》稱「天德初，追封豫國公，謚曰『貞憲』，以雪其非罪」，其事不見《海陵紀》。本傳稱：「皇統三年，上知希尹實無他心，而死非其罪，贈希尹儀同三司、邢國公，改葬之。」《宗憲傳》亦稱熙宗以疑似殺左丞相希尹，久之察其無罪，深閔惜之，謂宗憲曰：「希尹有大功於國，無罪而死，朕將録用其孫，如之何？」宗憲對曰：「陛下深念希尹，録用其孫，幸甚！若不先明死者無罪，生者何由得仕？」上曰：「卿言是也。」即日復希尹官爵，用其孫守道爲應奉翰林文字。然則希尹昭雪實在熙宗朝，《碑》因叙天德初追封豫國公事，遂以昭雪事屬之海陵，非其實也。

《碑》稱：「大定十六年，詔圖像衍慶宫。」案《世宗紀》大定十四年十月乙卯朔，詔圖畫功臣二十人於衍慶宫聖武殿之左右廡。石土門子習失傳稱：「世宗思太祖、太宗創業艱難，求當時羣臣勳業最著者，圖像于衍慶宫。遼王斜也、金源郡王撒改、遼王宗幹、秦王宗翰、宋王宗望、梁王宗弼、金源郡王習不失、金源郡王斡魯、金源郡王希尹、金源郡王婁室、楚王宗雄、魯王闍母、金源郡王銀朮可、隋國公阿离合懣、金源郡王完顔忠、豫國公蒲家奴、金源郡王撒离喝、兖國公劉彦宗、特進斡魯古、齊國公韓企先并習失，凡二十一人。而檢此二十一人傳中，記畫像事者僅撒改、婁室、宗雄、韓企先四傳。撒改、婁室、宗雄傳均作十五年，韓企先傳作十一年，於年則有十一、十四、十五、十六之殊，人數亦有二十、二十一之異。《碑》立於當時，作十六年者，必不誤。《婁室碑》亦稱大定十六年，天子思其功烈，詔圖像太祖原廟，又其佐證矣。至《習失傳》備舉二十一人之名，殆以《傳》爲得，《紀》於「二十」下奪「一」字耳。

明封琉球國王尚豐勅跋

右勅黄紙書，四周印雲龍，後署崇禎二年八月十六日。勅爲遣户科右給事中杜三策、行人司司正楊掄諭封琉球國王尚豐並班賞。畧稱：　諭琉球國王世子尚豐，得奏爾父王尚寧於泰昌元年九月十九日薨逝，爾爲世子，理宜承襲。特遣户科給事中杜三策、行人司司正楊掄封爾爲琉球國中山王，嗣理國政，併賜爾及妃冠服綵幣等物，云云。案：《明史·琉球傳》不載尚寧卒年，但云天啓三年尚寧已卒，其世子尚豐遣使請貢、請封。五年遣使入貢，六年再貢，是時中國多事，而科臣應使者亦憚行，故封典久稽。崇禎二年貢使又至請封，命遣官如故事。乃命户科給事中杜三策、行人楊掄往成禮而還。今以勑文考之，則寧卒于泰昌元年，《傳》所未悉。而「行人司司正」，《傳》又誤作「行人」。《職官表》「行人司司正一人，正七品。左右司副各一人，從七品。行人三十七人，正八品。」司正不得稱行人也。徐葆光《中山傳信録》中山世系本之其國。《中山世鑑》稱尚寧以泰昌元年卒，與勑文正同。至勑使杜三策稱户部左給事中，楊掄稱行人司司正，左給事中乃「右」之譌，楊掄稱行人司司正則較《明史》爲得也。周煌《琉球國志》與《傳信録》同，蓋即采《傳信録》也。《傳信録》又稱六年三策等始至國，王遣使入謝。《明史》但云成禮而還。若上年已受封者，所記又未諦矣。

破門上人草書跋

破門上人書傳世極少，其事實僅見之劉繼莊《廣陽雜記》，殆明季遺獻也。《雜記》載「破門石浪結茅南嶽祝融峯飛來石船下，能詩善書，書法爲湖南第一」。又載「長沙萬福禪林主僧素默以破門臨智永千字文求售，乃鐵目和尚所遺以鎮山門者，素師索價過高，余不能酬也，遽返之」。其在當時已名貴如此，宜今日之難覯也。繼莊藏山人《山居》詩二十首，云别爲一體，佳絶，録其十二首載《雜記》中。此幀以甲子春得之都市，頃檢笥得之，漫題其後。

庚子殉難葆上公傳

庚子國變，各國聯軍入京師，士夫全家殉節者相望，而葆效先上公及黑龍江將軍延公茂死尤烈。延公舉室自燔，上公則掘坎生埋，以完大節。往歲擬各爲文表章之，顧求延公事狀不可得。畧得上公事實，雖什不逮一，然即今不述，久益無徵，爰就所知以紀之。公諱葆初，字效先。阿魯特氏，蒙古正藍旗人。祖賽尚阿，道光朝軍機大臣。考崇綺，户部尚書，謚文節。公以孝哲毅皇后弟，世襲三等承恩公，家世雖貴顯，而祖父累世以清節著，故貧薄不異寒畯。公少敦行力學，尤工書法，讀書侍親之餘，輒鬻書以供甘旨，一時爲之紙貴。

庚子春，拳匪起近畿。七月，聯軍陷京師。兩宫西幸，文節奉旨充留京辦事大臣，顧京師不可留，乃退守保定。公侍母瓜爾佳太夫人守朝陽洞居苐，閉户誓死，時七月二十一日也。越日，于所居掘坎十有三，翌朝坎成，乃作糜置毒其中。公衣冠向行在及保定再拜畢，與子候選員外郎廉定及候選筆帖式廉容、廉密，監生廉宏，從弟分發廣東鹽大使受恒各啜糜一甌。太夫人率公夫人及其女二人，廉定妻巴禹特氏、受恒妻李氏及其女成格，亦次第啜糜，依次就坎，令家人覆土掩之。家人咸痛哭股栗，公語以大義，乃一一掩畢。越數日，文節亦自縊于保定蓮池書院。大學士榮禄、崑岡先後以死狀上聞，詔崇綺著照尚書例賜卹，予謚文節，入祀昭忠祠。葆初著照例賜卹，廉定照郎中例賜卹，廉容、廉密、廉宏照主事例賜卹，受恆照知縣例賜卹，葆初母瓜爾佳氏，妻宗室氏，婦巴禹特氏，女二，受恆妻李氏，女一，均著準其旌表。嗚呼！自古忠臣義士，慷慨殉義者多矣，未有一家婦孺從容鎮定視死如歸如公者也。公殉難既數月，京師粗定，公尚未得藁葬。是年冬，文節門生奉天寶善公從父崇霈始迎文節櫬至京師，并謀改葬。公貧不能得棺，公鄰陳某感公忠義，捐棺木十三具，公遺族乃以朝陽洞居第酬之。于是始得安厝于崇文門外左安門飲馬子白牆子塋。嗚呼！昔毅皇帝賓天，孝哲皇后哀毀以殉。公值事變，復舉家就義，先後輝映，扶輿正氣，萃于一門。猗歟休哉！公夫人宗室某公女，内務府大臣祥霖妹，公長子廉定有子早殤，文節長兄崇緒之孫都崘以其子法亮嗣之，襲公爵。

羅振玉曰：予往歲求公事實，意史館必有傳。時趙爾巽方主史局，介柯蓼園學士往求之，學士反報曰：史館無文節及公傳，但于《賽尚阿傳》附書子某、孫某，寥寥數行而已。予請學士語以文節必應有專傳，公即無專傳，或以事實附文節傳。學士以語趙，趙不可。夫表章忠義，扶植人紀，史官責也。彼失其職，則予之爲此傳，豈可已耶！《詩》有之曰：「民之秉彝，好是懿德。」聞公之風，有不肅然興起、潸然涕下者，殆非人矣。而主史局者則異是，嗚呼！

恩忠愍公傳

光緒三十有三年，予奉命視學河南、山東、江西、安徽四省，以四月至安慶，始識巡撫恩公。與談政治得失，洞若觀火，歎爲所見疆吏之冠。比返京師，公即爲盜所賊，幕府秉公遺命捕盜，置之法。亂黨不得逞，益歎公雖瀕危，猶能定難，有古大臣風。擬爲之《傳》，顧求公狀不可得。逾十年始見陸文端公所爲墓誌，記事多疏失，爰别爲此《傳》，以示來兹。

公諱恩銘，字新甫。于庫里氏，滿洲鑲白旗人，世居錦州。曾祖存住，祖福陵阿，考景祥，皆以公貴。公少食貧力學，以孝友聞鄉閭。早入黌序，以同治丙戌舉人揀選知縣，幕游山左，巡撫桂陽。陳公士杰委公治河，克盡勞勩。光緒十二年，遂由知縣奬叙同知。及張勤果公莅任，夙器公，凡州縣有大案，咸命公往勘，歷委鹽河讞獄諸要政。公勤幹廉平，所莅輒理。其在讞局，有章邱僧民控案，十二年不決，公一言而折。其治河，晝夜勤事，用以底績。十六年，以堵塞張村漫口奏保知府。十八年，攝兖州府事，至即清理積案數十。嶧令以縣民争開煤井，聽斷不公，幾釀巨案。經公訊斷，兩造具服，合郡頌神明。是年，以白茅墳漫口合龍保道員加二品銜。十九年，福公潤以公治行聞，奉旨交軍機處存記。二十年，改分山西補用。既至晉，權河東道，尋權冀甯道。二十六年，署按察使。時拳匪起近畿，山西暴民應之，兇兇仇教，巡撫毓賢陰庇之。公憂甚，慮必釀亂，堅請護送外僑教士出境，守護教堂。毓賢不納，公乃親詣教堂慰撫，因是疑謗四起，僉爲公危，公不爲動。其後，毓賢以仇教伏辜，外人乃莫不頌公。及聯軍入京，乘輿西狩，撫臣守固關，藩司往迎鑾。公獨留省城，庫帑空匱，而公苦心籌畫，供張饟餫，均得無闕。兩宮召見行殿，公備陳晉禍始末。聖心嘉公遠識，温諭褒奬。

公至是，始如囊錐之出穎矣。

當太原戮教士，署歸綏道鄭文欽亦戮英繪圖官周尼思，英使請查辦，朝廷乃革鄭職聽勘，簡公代之。時歸綏所在糜爛，口外七廳民衆及教民二千咸苦飢，朝不保夕。聯軍在京師且以晉事爲言，謂將舉兵西向。公至，先請發倉穀卹飢黎，許教民五月糧，爲葺廬舍，購牛種，招集子女散亡。于是，民教甫安，而武衛敗軍又踰邊將擾。蒙藩公遣軍擒其渠，斃杖下，繳餘衆械，遣出境。英軍將周恩思因其兄周尼思被殺，慫聯軍出張家口，謀襲歸化，刼前歸綏道。時前道實已先遁，諸教士、教民感公德，飛騎冒雨，日夜馳數百里以阻之。公卒自擒文欽。是時復有董福祥軍逃弁將，集兵械，脅蒙民舉事。聯軍又以爲言，公亟擒其人，收其僞印，檄以示之。于是，聯軍無所藉口，率師退。英將亦收其兄骨以去，歸綏之亂始靖。明年五月，三道河教堂主教閔玉清來謁公，言達拉特、阿拉善諸旗將大舉仇教，且言將請聯軍往勦。公曰：「蒙古雖非吾轄境，然保民戢暴，吾職也。今遠求聯軍，何如近謀之我？」玉清聞命欣然，公乃檄馬隊兼程往至。則蒙衆果不靖，見兵至各投械星散。玉清感公甚，致書法國公使，以保護功達外部，爲公請奬。公聞之力辭曰：「因戢亂而不分畛域，臣子分也。因外人言而獲奬，吾實恥之。」外部鑒公誠而止，然公之越境定亂，弭患無形，已簡在帝心矣。二十八年，調直隸口北道，時大亂初定，民教尚未和。公手定文告，申私蓄軍器及勒民入教之禁，頒行各屬郡。查明被逼入教者百二十餘户，令復爲平民。教士争之，不許，氣燄爲之大挫。

張家口廳有馬羣生息銀，二十餘年積壓不報，無憑奏銷，公嚴懲蠹吏，宿弊一清。十二月，擢浙江鹽運使。明年五月，甫受事，即調補兩淮。十一月，擢江蘇按察使。三十年二月，仍命公署兩淮鹽運使，時兩淮鹽法漸隳，商力疲于捐輸，私梟充斥。公以兩淮鹽場二十有三，四通八達，緝捕各營，名爲緝私，陰實通梟，乃斥營哨官不職者，規畫區域，建水陸三路緝私之策，不增一兵一餉，而私梟斂迹。公又考私販充斥，由于煎丁成本昂，而商給桶價廉，遂不得已而濟梟。乃徧檄各場，增桶價，視鹽色高下爲差，于是産數日增，終公任未及期限，銷鹽三綱增課至二三百萬。三十一年八月，擢江甯布政司。嚴出納，慎舉劾，風紀肅然。

三十二年二月擢安徽巡撫。公下車，見民生彫弊，謀所以振興之。而庫帑奇絀，乃先築廣濟圩以衛民田。復籌歲修費，以垂永久。奏請清丈沿江沙洲，豪黠侵佔，令繳價歸公，以充政費。民感公德，終事而民不擾。江西鄱陽紅蓮會匪首黄叔性揭竿起事，竄入建德境。公密派兵星馳，一日而至。賊衆駭竄，遂與贛軍會勦殲之。其赴機之敏如此。革命黨人徐錫麟者，納貲爲道員，需次安徽。善結納，司道不知其包藏禍心，多稱譽之。公見其勤敏耐勞，委辦巡警學堂。丁未五月二十六日，校生卒業，公往臨。錫麟隱袖手槍，向公再發。公既被創，司道茫然，不知賊誰何。公亟語曰：速捕徐道，于是錫麟乃就捕，然尚不知所以定亂。及左右(畀)〔舁〕公返署，時張侍御仲炘方佐公幕，聞變出視，公張目曰「封江搜船」，遂不復言。蓋公逆知禍之發，必有外應也。張以公語語司道，果于輪船獲亂黨數人，悉誅之，省城得無事。嗚呼！公以死生呼吸之頃，尚能指揮定亂。微公言，則變亂所至，不可知矣。

公生于道光二十六年九月，得年六十二。事聞，贈太子少保銜，予謚忠愍。照總督陣亡例從優賜卹，賞騎都尉兼雲騎尉世職，勅建專祠于安徽。配牛氏亦于是年卒，子咸麟山西候補道。

憶予在安慶與公初相見，公爲言皖省教育概畧，既而歎曰：「今日所謂新教育者，異日于國家果爲利乎？爲害乎？且自戊戌變法，取數千年經國大法盡更張之，心輒以爲危也。」予應之曰：「有治法貴有治人，今弊在人不在法。即以教育言，往者禮部之制，實兼古秩宗司徒之職。今廢禮部，立學部，舍三禮五典而代以歐西之學。方今人心浮動，本實先撥。予備員郎署，雖有所獻替，而人微言輕，行乞退耳。矧練新軍，廢防營，倡司法獨立，削州縣政權，因立憲籌備而苛税百出，念國家前途，令人不寒而慄。」公聞之瞿然起立，握予手曰：「今日何幸乃聞此言，恨相見晚矣。」由是，間日必相見。一夕，公携榼至行館就予飲。既微醺，慨然曰：「予自州縣起家至疆吏，恩遇至深。往者歷更盤錯，幸得補救者，一時一事耳。今柄政諸公主集權中央，使疆臣無所措手，同舟相胡越。予往因省政費無所出，奏以清丈江洲所得充之，乃部臣既許而復争之，意殆謂外吏皆不肖。予詎謂外吏皆賢，然部臣亦豈有薰無蕕？數月前財政部某公至各省查銅幣廠，去未久，其人所至通賄，此固部臣之股肱耳目也。予待罪安徽，即以一隅論省治，瀕江難守。一旦兵事起，省會有變，郡縣將瓦解，宜徙治太平。然何從得此費？即有之，一啓口即駁斥矣。」大局之危，誠如公言。恐禍發且不遠，因太息罷杯勺。及予啓行，公鄭重握别曰：「時勢至此，不知得再見否？幸保歲寒，無忘故人也。」乃不數旬，而公已千古，不數稔而遽值滄桑矣。嗚呼！以公懷抱大略，使得在中樞，並得如公者數人任疆吏，烏至有辛亥之變哉！而世論徒知公以死勤事，蓋淺之乎測公矣。予承公引重，草間苟活垂二十年，所見所聞更不如公存日。惟幸不辱公，今日爲此傳。公在九原，倘許其不忘夙諾乎！

外務部左丞辜君傳

君諱湯生，字鴻銘。先世福建同安人。君考某贈公，商於南洋之峇嘟嶼，因家焉。君幼而岐嶷，以生長海外，不能返國求學。贈公有英國友人過峇嘟嶼者，驚其敏異，願携之就學英國，贈公許焉。公所學兼人，稍長入愛丁堡大學，畢業授博士。時考妣已先後下世，贈公恐君失學，遺命不以喪告。君後始知之，痛歸不及見父母，遵遺命遍歷歐西，求其政治學術，先後畢業於德國工科大學、法國巴黎大學，復遊歷意、奥等國，才名籍甚。君恥不知國學，返國謀補習，時年將三十矣。初依伯父某於福州，離國既久，中土語言文字均不能通曉，乃復至上海從師受業，讀五經諸子，日夜不釋手，數年遂遍涉羣籍。爽然曰：「道固在是，不待旁求也。」

時南皮張文襄公督兩粤，聞君名，召詢歐洲政學。時我國與歐美通使未久，使列邦者見歐美强盛，眩奇驚異，自愧不及，雖夙學如郭筠仙侍郎、曾惠敏公且不免。君獨非之，謂歐美主强權騖外者也，中國主禮教修内者也。言一時强盛似優於中國，而圖長治久安則中國之道盛矣，美矣。文襄聞而大異之，延入幕府，不煩以常職，有要事就詢焉。嗣隨公移節兩湖。及甲午戰役挫於日本，海内人士憤然圖自强，事事欲效法歐美。歲丙午，有請文襄設報館開言路申士氣者，文襄以詢。君謂民氣一動不可復静，馴至辨言亂政，將不可收拾。力陳其弊，復上書備陳西政之失，乃迫於羣議，卒無效。君憮然曰：「亂幾兆矣。」意者天禍中國，非人力所能挽乎？已而，果有戊戌之變法，庚子之拳禍，辛亥之革命。倘早從君言，烏有異日之亂哉！

庚子夏，長江諸督既與列國訂東南互保之約，聯軍將入都，君亟請於文襄曰：東南之約，一時權宜計耳。今各國誅求太過，謂倡禍自朝廷。宜電上海各國領事，聲明聯軍入都不得驚兩宫，萬一反是，則中國大義名分所在，東南約且無效。擬歐文電稿以進。文襄與江督劉忠誠公韙之，發電如君言。君又以英文草《尊王篇》，申明中國大義，歐人大感動。辛丑和議告成，此電與《尊王篇》與有力焉。而當時儕輩或於文襄前譖君，謂且觸列强之怒，壞和議。乃卒無事，譖者始結舌，不復言。

光緒季年，朝議籌備立憲，君知禍至無日，乃爲書數千言，痛陳利害，請當事代奏書上。執政以爲迂闊，寢不報。君雖位卑分疎，其自任天下之重如此。

君在文襄幕府，既不勞以常務，多暇日，嘗言近人欲以歐美政學變中國，是亂中國也。至歐美以强權爲治，弱者當之輒靡，羣强相處則争，異日列强競争必烈，微中國禮教不能弭此禍。顧西人尚未見及此，乃譯四子書及我國典制諸書爲歐文，每一脱稿，列國争傳譯。及巴爾幹戰事起，先後三年，卒如君言。於是羣悟東方學術之可貴，各國大學乃争設東方學講坐，此實君啓之於三十年前者也。

君操守廉潔，周慤慎公督兩江，奏調總辦濬浦局事，局中洋員蝕巨金，君聞之將揭發，荷蘭利濟公司西人某暮夜袖金十五萬求緩頰。君峻拒，卒以聞，由是積弊一清。生平無積蓄，國變後貧不能自存，而救世之志不稍挫。每以歐文論時事，侃侃無所避忌。列强争傳誦，雖憚其嚴正，未嘗不心折也。方辛亥革命，君窮無所之適，奥使某以友朋之誼見招，乃挈家至京師。日事著述，兼以教授自給，境益窘，體漸衰。嗣應日本大東文化協會主講之聘，留海東三年。丁卯秋返國，疾疢時作，而著書不輟。戊辰三月，感時疫卒于北京寓邸。卒前數日，口占遺奏，尚殷殷以東西政教不同爲言。遺疏達行在，天子嘉其忠，賞銀治喪，並賜「含謨吐忠」四字額以旌之。

嗚呼！君平生所以籌宗邦及世界列國者，雖未獲收曲突徙薪之效，而薄海内外莫不推君爲先覺矣。

君生於咸豐丙辰，卒于宣統戊辰，得年七十有一。娶於某，繼室某，子某。所著書多歐文，其以國文論撰者，予爲選其尤，爲《讀易草堂文集》二卷。予與君交垂三十年，知君諗，爰爲之傳。俾後世尚論者，知君之不見用於當世，乃國與民之不幸，而不在君也。

蒲圻張公傳

歲戊辰仲冬，予自津沽避地遼東時，蒲圻張君國淦先一歲旅于是，朝夕以文字過從，相得甚歡。又越歲，君將移居陪都。瀕行，出其先德事狀，稽首以請曰：「先祖考以咸豐二年練鄉兵佐城守，殉粤寇之難。邑志載其事，語焉不詳。先府君曾爲家傳，以辛亥武昌之變，所著《無倦齋文集》燬于兵。不肖生晚又僑居皖江，未嘗歸鄉里，欲蒐求事實，顧不敢據傳聞之辭以誣先人，乃詢之邑中長老目擊當日情事信而有徵者，爲此狀。擬求當世蓄道德能文章者爲之傳，俾先人大節不泯于世用。敢以爲請。」予行能無似，無以副道德文章之望，然彰潛德、發幽光，又烏可以辭！

案狀，公諱從祚，字周書。少讀書，不慕榮利。性孝友，平居訓子弟以忠孝大義，而躬爲之率，邑中後進相從而化。尤喜施與，宗族里鄰有貧不能自存者，輒周之。每歲末先半月即僱人舂米，至除夕就所居施拯寒畯，人給米一升，尤貧者户一斗。有請益者，增錢千。邑囚則人米一斗，肉半斤，錢二百。地方有善舉，必首捐資爲之。倡其濟物之勇，賁育不能過也。

咸豐壬子冬，粤寇由湖南攻蒲圻，公與邑令周公和祥、丞張公汝琛、巡檢何公耿城、守備胡公起太、城紳陳公修榮及猶子先標等，議招集團練，設局于邑北門。邑人迎公駐局中，主其事。公率鄉里子弟，登陴守禦。賊攻城急，頗受創。顧以衆寡不敵，未幾城陷。賊大殺戮，官紳士民死義者千餘，賊尤恨鄉團甚，脅公降，公與先標罵賊不屈，死尤烈。賊乃縱火焚練局以泄憤，時十一月九日也。

先是君家人避兵東關外之赤馬港，公與先標以任團事不肯去。及城陷，家人在赤馬港，累夕聞焦腐氣，知城已危。及寇退入城，則積屍盈道衢。于練局瓦礫中得殘骸，雖腹部僅存，然繫公佩袋，知爲公屍，遂(畀)〔舁〕歸成斂，卜葬于北關外十里平荷連坂之祖塋。隣里遺黎夙受公惠，皆失聲悲痛，如哭其私。公平日所以感人者如此。嗚呼！當粵寇之亂，封疆大吏與夫有守土之責者，或且臨難苟免，而公以韋布無一民一物之寄，獨身殉桑梓，誓死不去，可謂烈丈夫矣。且綜公平生，躬孝友睦婣任卹之德，以綱常大義訓子弟後進，卒致同力死義，蔚爲國殤，非尤所謂不朽之盛烈耶！

予既據事狀爲之傳，百世之下，聞公之風，且將頑廉懦立，生其慨慕，寧獨張氏家乘之光哉！公猶子先標，字鴻漸，邑武生，饒膽畧，有志節，并附公傳以傳之。

羅振玉曰：粵賊之禍，糜爛幾徧天下，兩湖爲之衝，害尤烈。幸三湘子弟奮其忠義，前仆後繼，卒成中興之功。嘗怪湖北無聞焉，今觀公死事之烈，以視湘人何多讓耶！其成功與否，殆有天乎！抑又聞之，「天下興亡，匹夫有責」。赭寇殄平，固由師武臣力，而當時士夫凜凜于綱常大義，明順逆，守彝訓，蓋其本也。今距公才六七十年耳，而同類相仇，日翦月屠，芒芒禹績，將成墟莽，豈非倫紀蕩盡之故耶！嗚呼！安得起公于九原，并得如公者數十百輩，一挽此人倫之禍哉！

日本臺北大學教授文學博士藤田君墓表

維己巳孟秋，吾友日本藤田博士卒於東京。赴至，予爲位哭之。君嗣子及門生尋以狀來，乞爲文表墓。予交君久，知君深，其何敢辭？

案狀，君諱豐八，字劍峯。德島縣美馬郡人。祖米藏、考真七郎，並以厚德著稱。君幼敏異，年十八卒業德島中學校。年二十四，卒業於第三高等中學校，已負譽望。年二十七，卒業於東京文科大學漢文科，授文學士，聲名藉甚。時年少志鋭，以振興漢學爲己任，講學於東京專門學校及哲學館。復與同學田岡嶺雲諸君剏東亞學院，先後刊行《講義録》及《文學》諸雜誌，一時紙貴。明治三十年，當我光緒丁酉，予主學農社，聘君迻譯農書，君遂至上海。明年予以西力東漸，非中日敦睦，不克御務。顧語文閡隔，意志不通，擬創東文學社以溝通之。君欣然贊許，自任教授。此予與君定交之始，而兩國士夫交誼之增進，亦實自此校始。

顧是後各省長吏奏派留學生者踵相接，多令習法政、陸軍。予私語君，謂今派遣諸少年，國學淺薄，志意未定，異日恐非國家之福。君亦憂之，謂或且礙兩國邦交，反吾儕所期，未可知也。及予視學東渡，諸生果昌言革命。予爲江督劉忠誠公、鄂督張文襄公言之，乃謀補苴。後此所派多令習實業，然横流已不可挽矣。予與君志趣契合，故所至邀君俱。壬寅應粵東掌事聘，薦君同往。嗣是主江蘇師範學校，長北京農科大學，皆延君總教習事。每君授課暇，輒相與論學，恆至午夜，如是者十有六年。

辛亥國變，君勸予避地海東，與京都大學教授内藤狩野諸博士謀所以安遠人者周且摯。予既至京都，君歸東京之池袋。予已未返國，兩京神坂諸耆舊置酒爲别。君遺書言：「公歸不能挽，何忍面決。公歸毋過苦，天時人事不可知。即志不酬，著作已足千秋。幸蓄光采，異日或相見。」然由是與君竟永決矣。公既家居，學益力，所造益深。大正七年，赴粤主《嶺南日報》者逾年。九年，授文學博士。十二年，任早稻田大學教授。十四年，任東京文科大學講師。十五年，升教授，任東洋史學第一講坐，叙高等官三等。昭和三年，任臺北大學教授，補文政學部長。四年五月應東京大學之招，將以季夏講交通史，而君遽病，至七月十七日遂易簀。距生於明治二年九月，得年六十一。以其月二十日永窆于小石川護國寺。朝廷旌以幣帛，叙勳四等。士林哀悼，痛失師資。君娶丸橋氏，嗣子金之丞。

君性通脱不矯飾，與人交披瀝肝鬲。予别君十年，兩得君書。當甲子秋，予蒙恩以文學侍從。尋值宫門之變，所歷至危，不自意全濟。明年扈蹕出都，君展轉廉得其狀，遺書慰問。丁卯五月，吾友王忠慤公效止水之節，君再遺書，言：聞静安耗，傷感百端。然既求仁得仁，但苦不得公訊。願静安爲其易，公爲其難也。静安者，忠慤字，往歲東文學社從君受學者也。嗚呼！予尚何以慰君哉？君之學，兩國人士莫不崇敬，而抱親善之志，事與願乖。君在九原，殆有遺憾，世或不盡知也。爰表君學行，並繫以銘。銘曰：

滄海之東日所出，儒學昌明如朝日。維君懷文兼抱質，周遊禹域探石室。與君遇殊志則一，卅載訂交若膠漆。親仁善鄰互倡率，詎期斯願竟違失。邪説淫辭日洋溢，憂來如山不可窒。君既逝矣我何述，安得從君萬事畢。

六經堪記

自歲辛酉，熹平石經殘字出於洛陽，至歲己巳，予始得《魯詩》二十餘言。既逾歲，中州友人爲予紹介，復得二十餘石。于《書》有《序》，于《詩》有《國風》、《大》、《小雅》及校記，于《禮》有《鄉飲酒》、《士虞禮》，于《春秋經》有襄公，于《公羊傳》有成、襄兩公，于《論語》有《先進篇》，計其文字約四百言。當歷年所得殘字，都數之什一，于七經則已得其六。

予山居之樓，壁上適有小堪，足以容諸石，爰顔之曰「六經堪」。復爲文以記之，曰：前史之著録熹平石經者，莫信於《隋志》，莫不信於《唐志》。《唐志》所載，蓋依附《隋志》，又妄加竄改，以泯其跡，非其實也。《隋志》載《一字石經周易》一卷，梁有三卷。《一字石經尚書》六卷，梁有《今字石經鄭氏尚書》八卷，亡。《一字石經魯詩》六卷，梁有《毛詩》二卷，亡。《一字石經儀禮》九卷，《一字石經春秋》一卷，梁一卷。《一字石經公羊傳》九卷，《一字石經論語》一卷，梁有二卷。證以今日所得諸經殘字，莫不符合，足證《隋志》記載之精確。至《唐志》則載《今字石經易彖》三卷，《今字石經尚書》五卷，《今字石經鄭玄尚書》八卷，《今字石經毛詩》三卷，《今字石經儀禮》四卷，《今字石經左傳經》十卷，《今字石經公羊傳》九卷，蔡邕《今字石經論語》二卷。其稱《易彖》三卷，《石經周易》分上、下經，十翼，爲十二篇，姑以篇爲卷，《彖傳》分上、下篇，不能有三卷，而云三卷者，乃襲《隋志》注「梁有三卷」，又改稱《隋志》之「周易」爲「易彖」，以泯鈔襲之迹，其不可信一也。《尚書》《隋志》六卷，改爲五卷，又因《隋志》注有「《今字石經鄭氏尚書》八卷」，遂據以著録，亡於隋者竟得復見於唐，此不可信者二也。其稱《毛詩》三卷，改「魯」爲「毛」者，因《隋志》「梁有《毛詩》二卷，亡」，遂稱《毛詩》三卷。不僅隋氏已佚者，至唐而存，且增一卷爲三卷。今新出殘石實爲《魯詩》，可證其誣，其不可信者三也。其稱《今字石經儀禮》四卷者，改《隋志》九卷爲四，以避鈔襲。又稱《左傳經》十卷，《春秋經》不得有十卷，「十」殆「一」字之譌。今出土《春秋》乃《公羊經》，而非《左氏》，乃改《隋志》之《石經春秋》爲《左傳經》，不知適自彰其謬，其不可信者四也。其稱《公羊傳》九卷者，乃沿襲《隋志》，其稱《論語》二卷者，蓋因《隋志》注「梁有二卷」，遂改《隋志》一卷爲二，其不可信者五也。如上所舉，其因襲之迹，歷歷可尋。

史官載筆，乃竟愚誣至此，亦可駭矣。夫以蔚宗良史，亦誤「一」字爲「三」字矣，此固失之無心者也。而劉昫書之失，殆不可援此以自解。隋氏簡編最爲博洽，及大業之季，喪失者多，《唐書·經籍志序》固已自言之矣。又《隋志》稱「隋開皇六年，石經自鄴京載入長安，置於秘書内省。議欲補緝立於國學，尋屬隋亂事，遂寢廢，營造之司因用爲柱礎。貞觀初，秘書監臣魏徵始收聚之，十不存一。」則隋存而唐佚者固已多矣，烏有隋佚而唐存者，稍有識者亦能知之矣。

今就予之所藏，有可增益舊聞者，于《詩》得知《魯》、《毛》篇次、章次之不同，于《書》知石經有《序》，于《禮經》知熹平石刻其篇次依《大戴》，是皆前人言石經者所未備知。雖七經之中尚缺《周易》，然天道忌盈，當守古人止足之戒，遂亦不復求全，倘一旦得之意外，則亦委之自然之數而已。爰糾《唐志》之謬，以質世之言石經者，即以是記吾堪。

雙觿館記

乙卯季春，予由海東返國，游安陽，訪殷虚，求古遺物。有老農持古獸角乞售，云十餘年前耕棉地得之洹陽，繫衣帶間有年矣。觀其物形至古質，長約建初尺五寸，上刻猨首穴，兩耳作穿以受組，下刻交錯文。又下長約二寸，曲而鋭末，固儼然觿也。然予往歲固得一彫觿，以玉爲之，長建初尺二寸耳。今大逾倍，且質爲角，疑其制不類。與議，值又至昂，乃却之。已而念「觿」之字从角，故許君《説文解字》訓「觿」爲「佩角」，是觿之朔，必以角爲之。又《禮記・内則》：「左佩小觿，右佩大觿。」予舊藏不逾二寸者必爲小觿，今見者必大觿也，始以未得爲悔。

及己未歸國，寓津沽，嘗於春明得小玉觿，長不逾寸，古明器也。又得長寸餘之小銅觿，則形制較晚，因憶往歲之角觿竟失之，益引爲憾事。歲久，且忘之矣。去年冬，將移居遼東，治任將發，有以古物求售者，則前觿在焉。爲之驚喜，如逢故人，而索值又再倍於往昔，亟如所索償之。復檢往歲所得殷虚遺物，則有小角，長建初尺四寸，初不審其用，今得此觿，乃知爲觿材之未製者。

予既喜藏此兩觿，而遼居適成，因榜寓樓側之小屋曰「雙觿館」。《説苑·修文篇》云：「能治煩決亂者佩觿。」予今以名館，非敢取其義于此也。亦以志十餘年間失之交臂，復得之意外，爲可喜云爾。

松翁未焚稿

松翁未焚稿目録

松翁未焚稿

予年十六，始志於學，雖履境艱屯，而志氣彌厲。私意方來歲月且久長，苟不致夭折者，於古人所謂三不朽之一，或薄有成就。乃中更國變，轉徙流離，日月逝於上，體皃衰於下，行年已六十有八矣。平昔所懷，百不償一，皓首遯荒，仍終日蜷伏書叢中，與蠹魚同生死而已。閒作小文，不欲再存稿，兒孫輩顧以爲可惜，編成一卷，予署其端曰「未焚稿」。蓋予意虛耗歲月於此，固焚棄不足惜者也。癸酉端陽，抱殘老人記於遼東寓居。

記梁邱氏易

予近得漢熹平石經《周易·雜卦》殘石，其末行後題存「《易經》梁」三字，知《易》用梁邱氏本。嗣觀往歲所出序記殘石，亦有「《易》梁」字，又有「施氏」、「郎中孫進」及「攷合異同，各隨家法，是正五經□□」當是「文字」二字。語，益知《易》用梁邱氏本，而繇以施氏諸家者也。案：田王孫授《易》于施讎及孟喜、梁邱賀，由是《易》有施、孟、梁邱之學。宣帝時，立施、孟、梁邱博士。至後漢，傳梁邱《易》者寖廣，張興弟子著録且萬人，故熹平刻石，《易》遂用梁邱氏本。及晉永嘉之亂，施氏、梁邱之《易》亡，故陸氏撰《經典釋文》不復采及二家。今就殘石所存，得梁邱氏本與王輔嗣本文字異同凡三十有二則，今約舉之。《上經·比》「比之无首」，梁邱氏本無「之」字。《小畜》「月幾望」，梁邱氏本「幾」作「近」。《噬嗑》「舍車而徒」，梁邱氏本「車」作「轝」。《剥》「六三，剥之无咎」，梁邱氏本無「之」字。《下經·蹇》「王臣蹇蹇」，梁邱氏本「蹇」作「寋」，知此卦中諸蹇字皆作「寋」。《益》「利有攸往」，梁邱氏本「有」作「用」。《困》「于臲卼」，梁邱氏本「臲卼」作「劓劊」。《萃》「孚乃利用禴」，梁邱氏本「禴」作「瀹」。《革》「大人虎變」，梁邱氏本「變」作「辨」。《鼎》「其形渥」，梁邱氏本作「其刑剭」。《震》「躋于九陵」，梁邱氏本無「于」字；「震行无眚」，「眚」作「省」。《艮》「艮其趾」，梁邱氏本「趾」作「止」；「不拯其隨」，「拯」作「抍」。《漸》「鴻漸于磐，飲食衎衎」，梁邱氏本「磐」作「般」，「衎」作「衍」。《歸妹》「歸妹以娣，跛能履」，梁邱氏本「妹」作「昧」，知此卦三「妹」皆作「昧」。「跛」作「𡯌」。《旅》「得其資斧」，梁邱氏本「資」作「齊」。《巽》「頻巽吝」，梁邱氏本「頻」作「顛」。《兑》「介疾有喜」，梁邱氏本「喜」作「熹」。《文言傳》「聖人作而萬物覩」，梁邱氏本「覩」作「睹」；「臣弒其君，非一朝一夕之故」，梁邱氏本「弒」作「試」，「故」下有「也」字；「以從王事」，梁邱氏本「以」上有「而」字；「美在其中而暢於四支」，梁邱氏本「美在」下無「其」(事)〔字〕，「暢」作「暘」。《説卦傳》「發揮於剛柔而生爻」，梁邱氏本「爻」作「肴」；「故《易》六畫而成章」，梁邱氏本「章」下有「也」字；「坤以藏之」，梁邱氏本「坤」作「巛」，「藏」作

「臧」；「嚮明而治」，梁邱氏本「嚮」作「鄉」。凡此異同，皆晉以後治《易》家所未及知，幸於殘石中得之，可謂一字千金矣。又《漢書·梁邱賀傳》言賀本從大中大夫京房受《易》，後更師田王孫。今攷之陸氏《困卦釋文》「劓刖」注：王肅本作「臲卼」，京作「劓劊」。案：《説文》「𠜾」或从鼻作「劓」，則京本之「劓劊」與梁邱氏本之「𠜾劊」同。又《鼎卦》「其形渥」，呂祖謙《音訓》引晁氏曰：形，九家、京、荀悦、虞作「刑」；渥，九家、京、虞作「剭」。亦與梁邱氏本之「刑」、「剭」同，此又梁邱初習京《易》之證矣。坿記于此，以告當世之治《易》者。

記小夏侯尚書

漢熹平石經殘石序記殘石存《易》施氏、郎中孫進，《尚書》小夏侯、郎中□□字，以是知石經《尚書》乃用小夏侯本。案《漢書·儒林傳》，其先夏侯都尉從濟南張生受《尚書》，以傳族子始昌，始昌傳勝，勝傳從兄子建，由是《尚書》有大、小夏侯之學。又《後漢書·儒林傳》載，光武中興，立五經博士，以家法教授《易》，有施、孟、梁邱、京氏，《尚書》歐陽、夏侯，故至熹平刻石仍用小夏侯本。今洛中出土《尚書》少于他經，然攷其異同，尚得八則。《堯典》「汝作秩宗」石經無「作」字；「三十徵庸」，「三十」作「卅」；「惟時亮天功」，「功」作「工」。《康誥》「惟民其勑懋和」，「懋」作「茂」；「冦攘姦宄」，「宄」作「軌」。《洛誥》「予齊百工，伻從王于周」及「殷乃引攷，王伻殷」，「伻」均作「辯」。《堯典序》「光宅天下」，「光宅」作「廣度」。《西伯戡黎序》「戡黎」作「堪飢」。《吕刑序》「吕刑」作「甫刑」。再益以宋洪氏《隸釋》所載，又得數十則。《商書·盤庚》「汝悔身何及」，石經「身」作「命」；「相時憸民」，石經「憸」作「散」；「人惟求舊，器非求舊」，石經作「人維舊□□救舊」；「汝無侮老成人，無弱孤有幼」，石經作「女母翕侮老成人，毋流□□□」；「保后胥慼」，石經「慼」作「高」；「今予將試，以汝遷安定厥邦」，石經「汝」作「爾」，「邦」作「國」；「不其或稽，自怒曷瘳」，石經「稽」作「廸」，「怒」作「怨」；「汝誕勸憂」，石經「誕」作「永」；「高后丕乃崇降罪疾」，石經「崇」作「知」；「汝有戕」，石經「戕」作「近」；「廸高后丕乃崇降弗祥」，石經「崇降弗祥」作「興降不永」；「嗚呼，今予告汝不易」，石經「嗚呼」作「於戲」；「汝分猷念以相從，各設中于乃心」，石經「汝分猷」作「女比猶」，「設」作「翕」；「無戲怠」，石經作「女罔台民」；「懋建大命」，石經「懋」作「勖」；「今予其敷心腹腎腸」，石經「予」作「我」；「嘉績于朕邦」，石經「嘉」作「綏」；「爾謂朕曷震動萬民以遷」，石經作「今爾惠朕祇動萬民以遷」；「尚皆隱哉」，石經「隱」作「乘」；「予其懋簡相爾」，石經「懋」作「勖」。《周書·牧誓》「昏棄厥遺王父母弟，不廸」，石經「王父」作「任父」。《洪範》「鯀陻洪水」，石經作「□□伊鴻水」；「汨陳其五行」，石經「汨」作「曰」；「乂用三德」，石經「乂」作「艾」；「六三德」，石經無「六」字；「凶于而國人用側頗僻」，石經「凶」上有「而」字，「僻」作「辟」；「謀及庶人」，石經「人」作「民」。《多士》「時惟天命無違」，石經作「□維天命元」；「王曰多士」，石經《多士》作「告爾多□」；「今朕作大邑于茲洛」，石經「洛」作「雒」。《無逸》「厥子乃不知稼穡之艱難乃逸，乃諺既誕」，石經「穡」作「嗇」，「逸」作「劮」，「諺」作「延」；「自度，治民祗懼」，石經作「自亮，以民祗懼」；「肆高宗之享國五十有九年」，石經作「高宗之饗國百年」；「懷保小民，惡鮮鰥寡」，石經作「懷保小人，惠于矜□」；「則其無淫于觀于逸于遊于田，以萬民惟正之供。無皇曰」，石經存「酒母劮于遊田維□共毋兄曰」諸字；「此厥不聽，人乃訓之，乃變亂先王之正刑」，石經作「□厥不聖，人乃訓，變亂正荆」；「則皇自敬德」，石經「皇自」作「兄」；「曰，嗚呼，嗣王其監于茲」，石經作「於戲，嗣王監于茲」。《君奭》「其終出于不祥，嗚呼」，石經「終」作「道」，「嗚呼」作「於戲」。《立政》「常伯常任準人」，石經「準人」作「辟□」；「謀面用丕訓德」，石經「謀」上有「亂」字；「灼見三有俊心」，石經「俊」作「會」；「文王惟克厥宅心」，石經作「王維厥度心」；「以竝受此丕丕基。嗚呼」，石經作「□□受茲不不其，於戲」；「予旦己受人之徽言」，石經「己受」作「以前」，「徽」作「微」；「不訓于德，是罔顯在厥世」，石經「訓」下無「于」字，「在」作「哉」；「以覲文王之耿光」，石經「耿」作「鮮」。《顧命》「用克達殷集大命」，石經「達」作「通」，「集」作「就」；「狄設黼扆綴衣」，石經「黼扆」作「黼衣」。小夏侯、歐陽學説久絶于晉永嘉之亂，今于熹平石經竟得窺見一斑。且前人治《尚書》者，采石經異字，知爲大、小夏侯，歐陽遺説，而不能確知爲小夏侯，則又于今日所見序記知之。古刻片文隻字裨益至宏，豈不重可寶哉。

釋⿱卯豆

《説文》：「⿰金⿱卯豆，酒器也。从金、⿱卯豆，象器形。」或省金作「⿱卯豆」。段君注：「未聞，或曰即《行葦》之『大斗』，非是。《毛傳》『大斗長三尺』，謂勺柄長三尺也。」桂氏《義證》亦無説。案：許君謂⿱卯豆象器形，今時所傳古酒器固無類此形者。初亦不能明，乃往在津沽，從都中估人得古器，其狀卷口而碩腹，底圓如鼎腹，兩肩各有一環，以便執持。有文四，曰「大中宜酒」。以書體驗之，乃漢代物也。文曰「宜酒」，知爲酒器。且詳諦其狀，知即許書之「⿱卯豆」，上象兩環，中象碩腹，惟誤圓底爲平底。意其文初必作「⿱卯凵」，以楷書之，當作「凹」，傳寫譌「⿱卯豆」耳。以段、桂二家所不能明，一旦據器形得正其文，又因許書而得名其器，爰作《釋⿱卯豆》以記之。圖予所藏器形于後。

高六寸一分，口逕四寸八分，頸圍一尺四寸，腹圍二尺二寸四分，以漢鼎容一斗者斠之，約容一斗又十分斗之一。

釋鍪

《説文》：「鍪，鍑屬。从金，敄聲。」「鍑，如釜而大口者。」諸本作「釜大口者」，此从段《注》本。《急就篇》「鐵鈇鑽錐釜鍑鍪」，顔注：大者曰釜，小者曰鍑。鍪似釜而反脣。一曰鍪者小釜類，即今所謂鍋也，亦曰鏃鏀。《廣雅》：「鍪，釜也。」從王氏《疏證》本。《疏證》：「字或作㲌。」《内則》「敦牟卮匜」，鄭注云：「牟，讀曰堥。」《正義》：「《隱義》曰：『堥，土釜也。以木爲器，象土釜之形。』」案：諸家説鍪形制頗殊，以予所得濰縣陳氏舊藏十六年鍪證之，則顔注「似釜反脣」之説是也。此鍪銘文四行，凡十九言，曰「鍪容五升，重三斤九兩，十六年，工從造，第一閔主。」以書體驗之，乃漢西京時物。其形斂口而反脣，碩腹，底圜畧平如鼎，腹部兩旁一方有柄，方銎，可安木柄，以便執持，他方有小環。以建初尺度之，器高四寸八分，口逕三寸八分，頸圍一尺八分，腹圍一尺八寸八分。由是觀之，知許君雖謂鍪爲「鍑屬」，而與大口之鍑形製絶不同。又以其容量證之，知鍪爲炊器之小者，顔注小釜類者是，而所謂即今之鍋者非矣。至鄭注《内則》謂其字或作「堥」，《正義》引《隱義》訓爲「土釜」，則鍪或以金製，或以土製，故文有从金、从土之别矣。鍪之爲器，傳世甚少，陳氏得之，不知據以考證前聞。予始證以許、顔諸家之説，並圖其狀如左，以告當世之考古器物者。

殷虚書契續編序

自光緒己亥，殷商貞卜遺文出于洹水之故虚，越歲辛丑，予就丹徒劉氏所藏編印爲《鐵雲藏龜》，此爲殷虚遺文傳世之始。又十年辛亥，經國變避地海東，其明年編《殷虚書契前編》八卷，歲甲寅爲之《考釋》；丙辰復編《書契後編》二卷。皆就予篋衍所藏，手施氊墨。其海内諸家所藏不能得墨本，蓋甲骨古脆，得者皆珍惜不忍施墨，懼損文字也。然用是故，予乃百計搆求，十餘年間，復得墨本約三千紙。每欲爲類次以續兩編，顧返國居津門，人事冗迫，不如居東之多暇，致斯願久不克償。比移遯遼東，每一展觀，輒歎甲骨文字與古金石刻不同。石刻可拓至數千百本，古金文則視石刻墨本傳世者千百之一二而已。若甲骨文則施墨者，不過一二本，其墨本可寶，不殊寶物，倘不精印以傳，而聽其澌滅，憾孰甚焉。反是，將墨本付精印，化一爲倍蓰什佰，快又孰甚焉！每欲發憤編次，卒阻於人事，匆匆又三四年。邇來奔走道途之日，一歲中恆過半，失此不圖，悔將無及。乃以一月之力，就此三千餘紙，選三之二成書六卷。往昔前後兩編，約得三千餘紙，合以此編，總五千餘紙，雖不敢謂殷虚菁華悉萃于是，然亦畧備矣。此二千紙中，大率爲丹徒劉氏、天津王氏、北京大學、四明馬氏所藏；其什之一，則每見估人所售，於千百中遴選其一二而手拓以存之者。至其中可備考證者，將别爲考證；其文字不可識者，將别紙傳録，以補往者《考釋》及《待問》編之不備。彼蒼者天，其假我數年，以卒成此志乎？

高昌專録序

往在海東，於住吉之二樂莊觀大谷氏光瑞所得吐魯番古專誌，審定爲高昌麴氏時遺物。既據以作高昌麴氏年表，並手録誌文，入《西陲石刻後録》。籍知高昌年號，有「延昌」、「延和」、「延壽」；嗣又於「麴斌造寺碑」得「建昌」，於高昌寫經得「甘露」，均爲麴氏有國時元號，爲諸史《高昌傳》所不載。顧尚惜所見專誌才十餘品，頗意他日當有續出者。乃閲歲十有九，果續出專誌百餘，黄氏文弼編印爲《高昌專集》。復於此得「章和」、「永平」、「和平」、「義和」、「重光」五號，爲之驚喜，如得瓌寶。乃合前後所見諸誌之屬麴氏有國時者百有五品，手寫其文，據所記年干支朔閏，一一依長術校覈以定當中土時代。此百有五品中，在海東手録者十，據影本録入者七十有一，他二十四品，則文字黯澹不可寫影，黄氏據專録出，予復據黄氏傳寫，其不能無亥豕之譌可知。故一一注記文末，以示之別。既成，顔之曰「高昌專録」，復將年表補正，付影印以傳之，俾言高昌史事者考焉。

遼哀册文録序

往歲寓津沽，林西歐洲宣教師閔宣化爲言，林西遼聖宗陵中有契丹國書碑，且言陵土至堅，盜所發處小僅容人縋而下，甚昏黑，夏期陵中有水，不可入，冬水涸，然寒凜不可久留。其地無氈墨，工乃手摹其文，出以示予。又十年，始得見原石墨本。凡契丹國書者二，漢文者五，皆有蓋，又一則蓋存而碑佚，均聖宗、興宗、道宗帝、后哀册文，不僅聖宗也。契丹國書向無傳世者。又當時書禁甚嚴，不許傳於鄰國，致文字亦罕流傳。此諸哀册撰人名或具或否，其具名者若「張琳」，若「耶律儼」，均當時文章宗匠，文皆爾雅可誦。書人無署名者，而具有大、小歐陽，顔魯公，柳誠懸筆意。且按其文字，可補正史事，乃近歲出土古金石刻中尤可貴重者。近人最録遼文，以傳世寥寥，遂采及《焚椒録》等僞書。今諸石晚出，爲前人所未見，亟手録其文，加以考證，成書一卷。其國書雖不可識，亦依樣橅寫，附於卷末。又同時出土賈相國墓誌，别爲附録一卷，並存之，以示來兹。至閔君言聖宗陵盗發之迹，似遠在數百年前，殆在金源有國時，爰附記之，以告當世考遼事者。壬申仲秋。

集古遺文補遺序

歲在庚午，予既編橅三代秦漢以來古器文字爲《集古遺文》十有六卷，計録三代古器千二百七十有三，秦漢以降二百五十有二，總得千五百卅有五器。既越歲，復裒集續得墨本，凡前編所未及者又得三代器二百有五，秦漢以降百世有三，總得三百三十有八器，爲《補遺》三卷。都計前後兩編凡三代器千四百七十有八，秦漢以降三百八十有五，總千八百六十有三器。復書其端，曰：予三十年間所見古器墨本，前人未著録者具在於是，然不敢謂山川所出已畢載無遺也。方今關洛古器日出不窮，其入市舶者往往不能得墨本，即同好所藏，亦未能一一備致也。如此編所載之驫氏編鐘，凡十二枚，歸廬江劉氏，此僅得其一。由此推之，則此編所遺殆亦多矣。以亟於橅傳，故不能待拓本之畢集，蓋鑒於時事之俶擾，久或並此而不獲傳也。抑予平生所懷，尚有未及償者。在昔阮、吴諸家著録，皆橅寫其文，不無違失。自平湖朱氏、嘉魚劉氏、匋齋、愙齋諸家，始用影印，視橅寫爲得真。然朱、劉二家之書印工至劣，且多收贗器、複刻，未可稱善。至匋齋，則限於一家之藏；愙齋兼采諸家，而蒐輯未備，美猶有憾焉。予擬備取前人所著録，汰僞存真，選墨本尤精善者影照精印以傳之。邇日命兒子福頤校補金文著録表，總得三代迄秦漢以後古器約五千品，予齋所藏墨本殆什得八九。予所未備，當求之海内同好，若得果斯願，異日書成，不異家藏墨本，豈非藝林快事哉。今兹前、後兩編以資力所限，仍沿阮、吴之舊，雖橅寫矜慎，或違失差少，然固不如影印之得真矣。爰著予平生所懷於簡端，當世有力能成此而贊予説者，編輯整比之勞，予之所不辭也。辛未九月。

經義考補目序

朱竹垞先生撰《經義考》三百卷，見聞廣博，㧗存、佚、闕、未見四例，體例亦精善。顧當時但刻其半，厥後揚州馬氏復刻他半，始成完書。而前無目録，檢查不便，讀者憾焉。往在江南，嘗擬爲之補編。才成什二三，旋入都供職，中輟者數年。宣統初元，長農科大學，齋居無事，始補完之，成書八卷。朱氏生國初隆盛之世，其時兵事既定，文化聿興。海内藏書家競蒐求遺書，大半皆先生同好所藏，咸得寓目，故得蒐採賅備。然卷帙既富，疏失自不能免。如當時未見之書，厥後《四庫全書》及《存目》與諸藏書家目録恆有著録者。其注闕者亦往往人間尚有足本。此聞見未及，不能爲先生咎。惟今存之書，往往但載史志及前人目録所載卷數，而不載今本卷數，又書名或與今傳本不同，卷數與今傳本或異，或尚存之書失記卷數，或不分卷之書多至數百葉而誤作一卷，或誤以篇爲卷，或撰人名字仕履有誤。此則當時未及詳核，致有遺憾。予補目時隨筆記注，別録爲校記一卷。頃居遼東，稿存行篋，爰遣寫官爲之清寫，異日將授之梓人，俾與先生書並行焉。癸酉仲春。

遼海吟序

予不工韻語，少日所作，輒隨手棄去。歲在辛未，乃一年閒得詩三十首。兒子輩録存篋衍，衰年望治，情見乎詞。蟲鳥之吟，非求傾聽。過而存之，以志我身世之悲，不復計工拙也。

勞尚書年譜序

韌庵尚書與先府君訂昆季之交，尚書之甥又玉之從姊夫也，故兩家爲世好。同治丙寅，玉生于淮安寓居，公適游淮安，與于湯餅之會。嗣後公作宰近畿，光緒庚子歲始南歸，玉年三十有五矣。始於滬江脩謁，嗣是常得侍杖履。又十年，宣統元祀，公以四品京堂留京，玉亦備官學部，侍從尤密。辛亥冬，公任大學堂總監督，玉督農科。國變既作，玉避地海東，公則隱遯淶水，又移居曲阜，移青島，迹日疏而神愈親，書簡往還，殆無虚月。又八年己未，玉歸自海東，寓居津沽。歲或一再脩謁，則公年將大耋，玉亦垂垂老矣。今年六月，公既歸道山。仲冬，篤文兄以公手訂《年譜》至，屬爲校理。謹讀一過，爰書數十年間與公交誼于端。至公平生爲醇儒，爲循吏，斥拳教於星火未燎之時，争法律于彝倫將斁之日，論政體于凶餤方張之世，古人所謂不惑、不憂、不懼，惟公當之無媿色。此則當世君子皆能知之言之，無待玉之瑣瑣也。辛酉十二月。

小學考補目序

謝藴山先生《小學考》五十卷，約分五類：曰勅撰，曰訓詁，曰文字，曰聲韻，曰音義。其書蓋因朱氏《經義考》不及小學，故别爲專書，即仿朱氏例，分存、佚、未見三綱，網羅頗詳備，惟因朱氏書無目，故此書仿之亦無目録。此師前人而失之過者。朱氏書初未及刊完，而友人竟之，其無目録乃未及編刊，非不須目也。予嘗謂今人著作有前人成例可循，固不必改作，然有應增損者，亦不必囿于前例。試以諸史言之。歷代正史多相因襲，然如范書之剏《黨錮傳》，《北魏書》之記職官而加入姓氏爲

《官氏志》，並刱立《釋老志》，歐陽公撰《新唐書》刱《公主傳》、《藩鎮表》，撰《五代史記》刱《伶官傳》，皆因一代存亡得失所繫，不得不刱增也。此他代之史不須因襲者。乃脱脱撰《宋史》，亦用《唐書》例而立《公主傳》，不知有宋之世，公主之與國家有何存亡得失關係，此不知前人刱立微旨，因襲而失之者也。今謝氏之仿朱書，亦不出目録，無乃類是乎。予往既爲朱氏書補目，兒子福頤復爲謝氏書補目，他日有重刊謝氏書者，以此加入，俾便讀者，或與朱考目並刊以行世。爰弁書首以俟之。

漢石經殘字續補跋

自熹平石經出洛下，予既寫定其先後所見爲《集録》。越一年，洛中友人又爲致《易》、《詩》、《春秋》、《禮經》、《論語》殘字，凡十三石，得百三十有六言，復寫定爲一卷。不知異日更有續見者乎，書以俟之。壬申仲冬。

重訂高昌麴氏系譜跋

己未後又十有三年壬申，得見高昌塼誌累百，復得「章和」、「永平」、「和平」、「義和」、「重光」年號，爰據誌所載干支月朔，釐訂世次，再加修正，異日高昌故蹟倘再有出世者，當更據以勘定，則此編仍未爲定稿也。仲夏望日。

雪堂所藏古器物圖說序

往歲避地海東，既編所藏古吉金爲《夢郼草堂吉金圖》，復編他古器小品爲《雪堂所藏古器物圖》，付之影印。既竣工，適携家返國，寓居津沽。初擬圖後畧繫以説，附印圖後，閲數年，於甲子夏，始以一夕之力成之。嗣供職南齋，十月而值都門之變，未果付印。近數年來，人事旁午，益未遑及此。頃檢故紙，得舊稿，而《古器物圖》久成書，不及加入，乃别録付手民，俾得吾圖者有所參考焉。

癸酉二月。

敦煌寫本南華真經田子方品殘卷跋

《南華真經》殘卷，存《田子方品》之前半，凡八十四行，「虎」、「淵」、「民」三字皆缺筆，書法精善，出初唐人手。以校今本，頗有異同。此卷首行標題作「南華真經田子方品第二十一」，今本則作「田子方第二十一」，無「品」字。英倫所藏《刻意篇》殘卷標題亦作「南華真經刻意品第十五」，則唐人本篇題皆有「品」字，與佛經同。但不知乃《莊子》原本如此，抑用佛經例增「品」字耳。予所見唐人寫本《南華》殘卷，若英、法兩國所藏之《刻意》、《山木》、《徐無鬼》等篇，每篇之中皆分若干章，每章跳行另書，今本則蟬聯書之。此卷亦「田子方侍坐于魏文侯」爲一章，「温伯雪子適齊」爲一章，「顔淵問於仲尼」爲一章，「孔子見老聃」爲一章，足正今本之失。至文字异同，予曾爲之校記，今本誤字之尤甚者，若「顔淵」篇「日夜無隙」，今本譌「隙」作「隙」，觀注稱「恆化新也」，足徵作「隙」爲當，作「隙」則全不可通矣。予得此卷於津沽，亟付影印以傳之，並書其後。甲子孟秋。

敦煌寫本老子天應經跋

《老子·玄通經》亦曰《天應經》凡一卷，九十三行，首尾完具，一字不損，爲石室遺書中所罕見。此經凡十一章，每章冠以「老子曰」，其曰「天應」者，謂人動作吉凶，莫不應之於天，十一章中皆明此旨，故以爲名。以文字觀之，殆出魏晉以後，然驗其書迹，出于初唐，則在唐前可知，殆寇謙之輩所爲耶？道家之書除莊、老、列、文諸子外，皆依放釋氏經典，無甚古者。此書雖無多精義，然爲人間久佚之籍，且與儒家言不背，亦至可珍矣。甲子秋。

康熙内府皇輿全覽圖跋

往歲辛未，金君息侯寄銅版輿圖四十幅，合之則横列八、縱列七，關内各行省以漢文書之，關外各地則書以滿文，云版藏奉天大内，前後無序跋，不知爲何時所刊，屬爲考證。予以圖中所載府、廳、州、縣名，證以《皇輿表》，知爲康熙時所刻。復恭讀《聖祖仁皇帝聖訓》五載，康熙五十八年己亥二月乙卯，上諭内閣學士蔣廷錫曰：「《皇輿全覽圖》，朕費三十餘年心力始得告成，山脈、水道俱與《禹貢》相合，爾將此全圖並分省各圖與九卿細看，倘有不合之處、九卿有知者，即便指出。看過面奏。」知此即聖祖諭所謂費三十餘年之心力始得告成之《皇輿全覽圖》之全圖也，惟以未見分省圖，尚未敢遽定。頃又得此圖印本四册，前後亦無序跋，計爲圖二百三十，首列山海輿地全圖，次盛京爲圖四，次熱河，次甯古塔，次鴨緑江，次烏蘇里江，次河套南、北二圖，次烏喇，共爲圖七。次直隸，爲圖十。次江南，爲圖十九。次江西，爲圖十四。次浙江，爲圖十二。次福建，爲圖十一。次湖廣，爲圖廿一。次河南，爲圖十。次山東，爲圖七。次山西，爲圖九。次廣東，爲圖十二。次廣西，爲圖十一。次雲南，爲圖廿四。次貴州，爲圖十三。次陜西，爲圖廿一。次甘肅，爲圖四。次四川，爲圖十九。各圖皆以木版刊刻，至精細，其地名、建置一一與全圖吻合，乃確知此即《皇輿全覽》之分省圖，奉天所藏確爲《皇輿全圖》矣。案：《宫史》正、續編及《皇朝文獻通考》、《嘯亭雜録》諸書載欽定勅撰圖書甚詳，而均不載此圖。是此圖不但爲人間所罕見，即乾嘉以降，文學近臣亦不得寓目，致未載入《宫史》等書，倘非聖祖上諭明載《聖訓》中，則終莫能知此圖爲何名矣。今先後三年，全圖、分圖次第獲覩，洵爲無比之快事。至全圖既存，奉天大内分圖當亦藏庋一處，不知何以但得全圖，豈分圖乃鋟木已腐朽耶？異日當精印以廣其傳，爰恭紀卷末以俟之。癸酉五月。

帶存堂集跋

《帶存堂集》，稿本，五册，首題「越北退夫曹□撰」，曹下不署名。吴兔牀先生舊藏，後有先生手跋，云：「《帶存堂集》，凡詩七卷，文十卷，去秋購於苕賈。按：張承之先生《蟲獲軒筆記》己未十二月朔日一條云：『曹叔則先生，語溪人，名度，明末諸生，著有《板蕩録》，分三大案：東林、廠衛、闖塞，於其事之始末言之甚詳，今已燬於火。』叔則著述甚夥，其子某君以其中多涉時事，扃鎖一篋，有求觀者，概拒絶之，曰：久飽鼠魚之腹。最後乃付之一炬云。陳物表向余言。物表，曹之自出也。然則此本實人間難得之書，可以入幸存録者，能不珍諸？嘉慶丙辰中秋前三日，吴騫記於夜明竹軒」。下鈐「墨陽小隱」朱印。

案：《嘉興府志》卷六十載，曹度，字正則，諸生，通經史，旁及天文、曆數，工書法，善詩文。夏考功允彝賞識之，命其子完淳執弟子禮。度少以功業自期，遇變遂遯居村野，閉户著書，絶意仕進。著有《帶存堂詩文集》。横山葉燮稱其詩文高雅，絶似少陵、蔚宗。今觀此集，卷首有葉已畦撰《帶存堂記》、吴農祥撰《曹叔則暨夫人八十雙壽敘》、吕葆中所撰《墓誌》，載先生號芥舟，少負儁才，與其伯兄序、仲兄廣一門自相師友，晚年目失明，猶兀坐小室中，時以著作自娱。生於天啓二年二月廿五日，卒於康熙壬午八月十八日，年八十有一。此其事實之可考者。又，集中有《轝恥民自傳》，是又别字「罍恥」，他文末或署「八秩曚叟」。其《先母程太君行狀》稱父諱厶厶，字玉汝，號圓水。父諱下空二格，不署名。《嘉興志》有曹以成，字圓水，而不言子度。又有曹序傳，亦不言爲度兄。吕葆中爲度之壻，故此集卷首不敢署名。然度没後，吕氏始被誅夷，且觀集中並無誹謗本朝語，殆以姻戚之故，恐被株連耶？

其詩文多睠懷故國，與顧亭林、黄黎洲、王于一、吴赤溟、潘力田、文與也、陸麗京、朱望子諸遺民相往還，其志節可想。乃二百餘年，此集未嘗付刊，孤本僅存，幸未湮没，異日當録副以傳之。壬申仲冬。

蒿庵集鈔本跋

張蒿庵先生爲明季大儒，所著《儀禮鄭注句讀》扶數百年不傳之微學，其《蒿庵集》闡明道藝，文亦浩瀚精密，辭理兼擅，亭林而外，無與抗手。顧傳世僅有山東書局刊本，即《四庫存目》所載周永年家藏三卷本，而據《濟陽縣志》補詩十三首，銘一首，詞二闋，爲《補遺》一卷。此紅豆齋舊鈔本，二十年前得之粤東孔氏嶽雪樓，前有「璜川吴氏收藏圖書」及「吴省蘭」、「稷堂」三印記，計分上中下三卷，坿詩集一卷。取校山東局本，則此本視彼多文八首，賦二首，至局本有而此本無者亦六首，詩集則山東局本僅什一二而已。予嘗欲會合兩本付之梓人，乃至今不果，異日當卒成之。至先生身膺家國之難，顧所撰《龍溪府君墓表》，但言崇禎己卯正月十八日府君殁，未嘗明記其事。而李象先先生《蒿庵處士傳》亦但稱石首公罹兵難，盛柚堂先生《蒿庵遺事》亦云遭父石首公之難，均不記死事狀，羅臺山先生撰傳亦然。往歲恒以爲疑，嗣考己卯乃崇禎十二年，《明史·莊烈帝紀》是年正月庚申大清兵入濟南，二月乃北歸，先生考蓋與于濟南之難，先生不敢誦言之也。坿記於此，以告并世景仰先生學行者。癸酉仲夏。

東江遺事跋

《東江遺事》二卷，記明季毛文龍帥東江始末，卷端有嘉慶丙寅撰書人自序，不署姓名，但稱「滄江漫叟」。長孫繼祖據光緒《杭州府志·藝文類》考知，爲海甯吳兔牀先生著。書中載毛西河撰文龍墓誌，其文不載《西河集》，而《愚谷文存》中有《跋尾》，謂得之杭氏道古堂。又載無名氏紀事本末備遺，亦拜經樓藏本，見《吳壽暘藏書題跋記》，則此書之爲兔牀先生所撰審矣。毛氏開府東江，闢草萊，固邊圉，牽制山海，厥功至偉。乃當時清議非詆之曰「冒功」，即詆之曰「冒餉」，因爲王化貞所識拔，至詆之曰「魏黨」。卒爲袁崇焕所扼，減兵額，改餉道，已足致文龍于死地。乃猶以爲未足，復矯詔殺之，以自壞長城。文龍以五月被殺，王師遂以十二月長驅無阻，薄都城矣。彼謂牽制無效者，九泉之下其亦憬然悟乎？文龍沈冤，終明之世，未嘗一日白，得兔牀先生此書爲之湔雪，可謂千秋定論矣。此書向無刊本，其中所據諸書，亦多罕見之寫本，異日當付之手民，以廣其傳。毛帥事尚有此書未收者，暇日當命長孫繼祖一一録出，爲之補遺，以續先生之書，倘有合乎先生發潛闡幽、昭忠雪枉之旨乎？癸酉仲夏。

漢石經魯詩唐風殘字跋

此石存「⿱禾木常」二字，平列，上有餘石，知爲每行之首一字也。「⿱禾木」字前一行存「不」字首畫少許，「常」下存旁注「其」字少許，「常」後一行存「食」字末筆少許，乃《唐風·鴇羽》「不能藝稷黍」及「曷其有常」之殘字。前一行之「不」字乃《杕杜》「胡不佽焉」，末行之「食」字乃「曷飲食之」，「常」下之「其」字乃「其七」之「其」也。以前曾見《杕杜》、《鴇羽》殘字四行，曰「之杜」、曰「不」、曰「黍父」、曰「常其□鴇羽，」與此殘字重複，故曩疑此非《鴇羽》文，今詳校二石，知此爲漢石原刻，彼乃後刻也。此刻書法寬博，與他殘字同；彼則書勢局促方峭。且此刻「⿱禾木」字，彼刻作「黍」，考宋洪氏著録《魏風》殘字「碩鼠，毋食我黍」字正作「⿱禾木」，與此爲一石，在此前十一行。又近出《魯詩》殘字《小雅·信南山》「黍稷彧彧」及《周頌·良耜》「其饟伊黍」之「黍」字，並書作「⿱禾木」，从禾下木，雖爲别搆，然足證其不作「黍」。此彼爲後刻，此爲原刻之確證矣。漢季當魏晉代嬗，洛陽數被兵，此石必是經兵燹淪失後人爲之補刊。至補刻時代，以書迹驗之，正與今中州所出晉人墓誌同，殆出典午之世。《晉書·裴頠傳》載頠爲國子祭酒，奏脩國學，刻石寫經。今晉石經未見一字出土者，意是奏脩太學石刻諸經，史氏誤作寫經，重刻之石，或即頠所補耶？至正始石經《尚書》古文中寫篆隸側注者，其書迹亦似出于晉代裴頠，殆兼脩漢魏兩刻也。此雖于前籍無徵，以理驗之，當可信其不誣矣。辛未六月二日。

予既以書勢定原石及補刻，兒子福頤謂以前《集録》所收《大雅·抑》之殘字曰「萬民」、曰「爲則」四字，書勢亦局促；又《春秋》莊公廿九年至閔公二年殘字曰「許」、曰「戎」、曰「于」三字，筆勢亦方峭，與後刻之《杕杜》、《鴟羽》殘字尤酷效，此二殘石亦必爲補刻，驗之信然，爰附著之以告世之考石經者。

魏臨洮孝王元寶月墓誌跋

《魏書》元寶月坿載《京兆王愉傳》後，但云「子寶月襲，乃改葬父母，追服三年」，此外更無一語。此《誌》晚出，雖寶月以罪藩遺嗣且早逝，無事蹟可記，然有可與史傳互證者。《誌》稱寶月字子煥，《傳》不載其字。《誌》稱皇妣楊妃，恆農人。父次徳，蘭陵太守，祖伯念，秦州刺史。《愉傳》言：「愉在徐州納妾李氏，本姓楊，東郡人，夜聞其歌，悦之，遂被寵嬖。罷州還京，欲進貴之，托右中郎將趙郡李恃顯爲之養父，就之禮逆，産子寶月」。是楊出自寒微，故以李恃顯爲養父，且冒姓李氏，其祖、父若曾官太守、刺史，何必更以養父增重？《誌》與《傳》殊不合。《誌》稱寶月七齡喪考，八齡妣薨，《世宗紀》愉以永平元年八月叛，九月兵敗，詔送京師。愉携李及四子數十騎出門，至野王，歔唏絶氣死。據《誌》知李卒于愉死之次年，未嘗同罹罰也。《誌》稱年十有四，爲清河文獻王所攝養，文獻王深愛異之。清河王懌不載謚文獻，據《誌》知之。《肅宗紀》正光四年二月壬申，追封京兆王愉爲臨洮王，以禮加葬。寶月之追服三年，殆在是時，故《誌》有「禍均滅性，痛深毁卒」語。《誌》記寶月之卒在正光五年五月，其時追服甫逾期年，未嘗畢喪，故《誌》云云，其追謚孝王殆亦由是矣。《誌》又稱寶月卒後，詔贈平西將軍、秦州刺史，亦史所不載。《誌》叙其襲王爵，又在此後，殆是追襲，《傳》但稱襲爵，不言其在身後，又史官之疏矣。《誌》稱寶月二子：倩，長禕，年四；弟森，仲蔚，年二。《孝静紀》武定元年三月戊申，齊獻武王討黑獺，戰于邙山，大破之，擒寶炬兄子臨洮王森等。是襲寶月爵者，乃其次子森。以孝昌元年，森年二歲計之，逮被擒時年才二十耳。其長子倩何以不襲，殆已早逝耶？

侯剛墓誌跋

此《誌》以校《魏書·恩倖傳》，所記事實均合，惟《傳》稱剛本出寒微，《誌》則稱高祖魏昌公，相州刺史；曾祖江陽侯，并州刺史；祖鎮南平原鎮將，雖不著其名，而並膺顯仕。惟云父官内小，《傳》殆因父職卑下，遂斥爲寒微耶？《誌》稱剛上谷居庸人，《傳》稱河南洛陽人，其先代人。而剛子詳傳言剛以上谷先有侯氏，於是始家焉。正光中又請以詳爲燕州刺史，欲爲家世之基，則剛實非上谷人，《傳》爲得實也。《傳》稱剛以殺人，爲御史中丞元匡所彈，削封三百户，解尚衣典御。又，孝昌元年，除領軍，以元叉黨，尋出爲散騎常侍、冀州刺史、將軍、儀同三司。剛行在道，詔貶奪封爵，可征虜將軍，餘悉削黜。《誌》均諱而不書，惟「剛行在道」，《誌》作「行達汲郡，勑令還京」，可補史之畧。至剛卒于孝昌二年三月，亦《傳》所不及也。剛之葬在孝昌二年十月，而其《誌》題仍稱侍中、使持節、都督冀州諸軍事、車騎大將軍、儀同三司、冀州刺史、武陽縣開國公，一若未經削黜者，則虚誣非其實矣。魏誌多不載撰人名，此《誌》末署侍御史譙郡戴智深撰，與予家所藏魏《尼統慈慶誌》署「常景」撰，並爲魏誌中之罕見者。《誌》書「休」字別搆作「伓」，爲他石刻所未見。

冀州刺史爾朱紹墓誌跋

此《誌》近出洛陽，稱紹字承世，祖東宫詹事、内都大官、使持節、黄龍鎮大將、鎮南將軍、安并二州刺史、始昌侯真之孫，父征虜將軍、武衛將軍、持節、平西將軍、燕濟華三州刺史、散騎常侍、大司農卿，贈使持節、侍中、驃騎大將軍、司空公、雍州刺史，謚曰「孝惠」，買珍之弟四子。起家爲寧朔將軍、步兵校尉，俄還撫軍將軍、金紫光禄大夫，即除散騎常侍、左衛將軍，改授侍中、欒城縣開國伯、食邑五百户，轉拜御史中丞。遠氣未申，横流奄及，永安三年六月廿三日薨於位，追贈使持節、驃騎大將軍、司徒公、都督冀州諸軍事、冀州刺史，進爵趙郡開國公，食邑一千三百户，謚曰「文貞」。考《魏書·爾朱彦伯傳》，爾朱彦伯，榮從弟也。祖侯真，父買珍。彦伯弟仲遠，仲遠弟世隆，世隆弟世承。元顥内逼詔，世承守轘轅，世隆棄虎牢，不暇追告，尋爲元顥所擒，臠殺之。此《誌》乃諱而不言，但云「横流奄及」。至《誌》稱紹字承世，《傳》作「世承」，紹祖名真，《傳》作「侯真」，則當以《誌》爲確也。

相州刺史元孝公墓誌跋

《誌》稱君諱宥，字顯恩，魏太宗元皇帝之玄孫，樂安宣王之曾孫，樂安簡王之孫，巴州景公之元子也。案：《魏書·宗室·明元六王傳》樂安王範薨，長子良高宗時襲王，謚曰「簡」，而不載範謚「宣」。《元緒墓誌》稱緒爲儀同宣王範之正體，與此《誌》合。《宗室傳》載樂安系，止於簡王，近日出土有良子樂安靖王緒，緒子樂安哀王悦，宥爲簡王孫，不知所謂巴州景公者爲良第幾子也。《誌》載宥生前官前將軍、武衛將軍，又云以孝昌四年正月丁重憂，遂寢伏苫土，其居喪之禮雖曾、顔無以過。春秋五十四，以武泰元年夏四月既旬越三日薨于廬策，贈征北將軍、相州刺史，謚曰「孝公」，則宥以居喪毁卒者也。此《誌》書頗拙陋，殆粗工鎸刻，失其真耶？

隋左候衛大將軍范安貴墓誌跋

《誌》稱安貴字孝昇，朔方巖渌縣人。開皇三年起家爲都督，尋轉爲帥都督。突厥凶醜侵犯關塞，公勒騎遄征，以此奇勳用膺殊賞，授開府儀同三司，俄入爲右領軍、右二驃騎將軍。仁壽二年，突厥復爲邊害，公受詔北討，授大將軍、檢校鹽州刺史，三年進授右武候大將軍，論前後功封安寧郡開國公，食邑一千五百户。大業三年，改授右候衛大將軍，又轉右驍衛大將軍。及乘輿西幸，親統六師，公受詔率伐以平吐谷渾，功授右光禄大夫。其年丁母憂，有詔奪情，授右候衛大將軍。七年，皇帝躬秉武節，致討遼左，以公統險瀆道。九年，授左候衛大將軍。十一年，從幸樓煩郡，既而沙漠遊魂窺竊邊鄙，公乃率勇敢，輕賫言邁，身先士卒，命偶凶危，以十一年六月八日薨于行陣，春秋五十有五，謚曰「壯」。案：安貴歷樹武功，致位通顯，顧《隋書》無傳，良不可解。又《誌》載開皇、仁壽、大業間諸兵事及大業十一年六月邊寇，高祖、煬帝本紀不應亦不之及。惟《煬帝紀》載，大業九年正月乙未，「平原李德逸聚衆數萬，稱『阿舅賊』，刼掠山東。靈武白榆妄，稱『奴賊』，刼掠牧馬，北連突厥，隴右多被其患。遣將軍范貴討之，連年不能尅」。所稱范貴，殆即《誌》之「安貴」也耶？

唐輕車都尉强偉墓誌跋

《誌》稱偉字玄英，扶風人。文首叙其先世甚詳，稱曾祖樂，後魏岐州大中正、直閤將軍、涼州諸軍事、涼州刺史、廣興郡開國侯，贈二岐秦寧義五州諸軍事、五州刺史，改封□□縣開國公、食邑一千户；祖暑，後魏岐州州都、車騎大將軍、儀同三司、文州諸□□、□□刺史，襲封□□公；父珁質，皇朝始平縣令，大理司直、華州别駕、尚書□□□□□州都督府長史、尚書兵部郎中、永州諸軍事、永州刺史。案《元和姓纂》扶風强氏：唐兵部郎中强寶質。孫修，御史中丞、户部侍郎。而不及其先世。據《誌》，則珁質父暑、祖樂，均登顯仕。又《姓纂》載寶質子修，而不及偉，偉子㵟、援、嬰，《姓纂》亦不及，均可據以補《姓纂》之畧。《誌》稱貞觀十年，將作大匠閻玄德江南造船，召爲判佐；廿一年，副虞部員外郎唐遜造海舷一千艘；其年勑差副宋州刺史王波利，更造海船事；畢，副兵部員外郎裴明禮運糧。遼碣記貞觀閒海運事甚詳，予往跋水部式殘卷，考有唐一代海運，得十一事，今據此又增一事矣。

楚州司馬桓歸秦墓誌跋

《誌》稱公諱歸秦，譙郡龍亢人。曾祖子玉，陳朝員外散騎常侍；祖法嗣，皇朝朝請大夫、太子洗馬、雍王府諮議、修文館學士；父思敬，皇朝朝議郎，襄州襄陽縣令。案：《唐書·宰相世系表》載龍亢桓氏：法嗣，郇王府諮議。子思敏，少府丞。孫彦範，相中宗；臣範，京兆尹。歸秦蓋與彦範同祖，故《誌》有「武后制政，唐祚中微，奸臣搆凶，醜吏潛慝，公堂弟彦範義不背約，勞甲兵於北軍，王必李氏，殄梟鯨於中掖」語。但《世系表》既失載子玉，又失録思敬一系，兹補之如左。

子玉 陳員外散騎常侍。	**法嗣** 雍王府諮議、修文館學士。	**思敬** 襄州襄陽縣令。	**歸秦** 楚州司馬。	
		思敏 少府丞。	**彦範** 相中宗。	
			臣範 京兆尹。	**廷昌** 刑部郎中。

温君夫人李氏墓誌跋

《誌》稱夫人曾祖蓋，散騎常侍、上柱國、濟陰郡王，後固辭王，改封舒國公，贈特進、陵州刺史，謚「節公」；祖勣，司空、上柱國、英國公；父思文，户部尚書、上柱國、衛國公，贈荆州大都督。夫人先適龍門公孫司農卿王弘福第二子、右玉鈐衛郎將勗。文明中，堂兄太僕卿敬業志懷匡復，夫人口陳禍福，勗死王事，朝廷聞而嘉之，因執節孀居。逼先后嚴旨，不克徇《柏舟》之操，後改適中書侍郎温易將孫、易州司馬瓚第三子、潞州屯留縣令煒。煒以太極元年卒，乃以開元四年依其季弟滄州刺史，卒于滄州之官舍。

案：《舊唐書・李勣傳》載高祖封其父蓋爲濟陰王，蓋固辭王爵，乃封舒國公，授散騎常侍、陵州刺史，與《誌》合，惟《傳》不載謚「節公」。又據《誌》，陵州刺史乃卒後贈官，可據《誌》補正。舊史稱勣長子震，先勣卒，孫敬業，弟敬猷，據《誌》稱夫人父思文，新史《敬業傳》：「初，敬業之叔思文爲潤州刺史。敬業兵起，以使間道聞，固守踰月。城陷，敬業責曰：『廬陵王繼天下，無罪見廢，今兵以義動，何過拒耶？若太后是助，宜即姓武。』思温等欲殺之，敬業不許。及揚、楚平，乃獨免。后賜武姓，歷春官尚書。或言本與敬業謀者，乃復徐氏，卒。子欽憲嗣，開元中，仕至國子祭酒。」《舊傳》則作「十月，率衆渡江，攻拔潤州，殺刺史李思文」，與新史不合。今以《誌》證之，則新史爲得。惟新史但言思文歷春官尚書，據《誌》則曾封衛國公，卒後且贈荊州大都督，可補新史之畧。《誌》稱夫人依弟滄州刺史而不名，未知即《新傳》之「欽憲」否？夫人復適温彥將孫、易州司馬瓚第三子、潞州屯留縣令煒，《唐書・宰相世系表》則作彥將子瓚，孫煒，與《誌》作孫瓚爲不合，疑《誌》文「改適温彥將孫」爲句，謂適温彥將之孫，其人爲瓚第三子。《表》固多誤，然以彥將爲彥博弟，彥博相太宗，以年歲攷之，不應開元間勣之女孫嫁彥將曾孫，《表》殆不誤也。夫人以王勗與思文故，得免誅夷，然逼令改適，辱亦甚矣。《誌》稱臨終，意樂出家，遂披緇服，殆亦媿心之萌耶？夫人號珍上座，字功德山，没始披緇而生稱上座，亦一奇矣。

杜濟墓誌跋

《誌》稱濟大父孝獎，隋撫州刺史；考元璡，唐邢州司馬。濟仕至登州司倉。案：《唐書·宰相世系表》襄陽杜氏有孝獎，而失書元璡與濟。别有高陵令惠之子濟，字應物，官給事中，京兆人，則同名而非一人也。

王君夫人贊皇郡太君李氏墓誌跋

《誌》稱夫人曾祖祖欽，齊開府儀同三司，封竟陵郡王；祖德瑋，隋江夏郡司户；父文敬，皇朝鄧州内鄉縣令。案《唐書·宰相世系表》趙郡李氏：祖欽，隋總管府長史、南縣子，生德琰、德璋；德璋，鄂州司户叅軍；德璋生文敬，内鄉丞。據《誌》，則《表》之「德璋」乃「德瑋」之譌。文敬官「鄧州内鄉令」，《表》又誤作「内鄉丞」也。《誌》又稱夫人既笄，歸於王氏，王公即皇朝遂安長公主之子也。新史《公主傳》，太宗女遂安公主下嫁竇逵；逵死，又嫁王大禮。夫人之夫蓋爲大禮之子，其名則不可考矣。

殷君夫人顔氏碑跋

錢竹汀先生跋此《碑》，引《唐書·殷踐猷傳》：「族子成己，晉州長史。初，母顔，叔父吏部郎中敬仲爲酷吏所陷，率二妹割耳訴冤，敬仲得減死。及成己生，而左耳缺云。」讀此《碑》，乃知即魯公之姑，其二妹者，一爲宜芳令裴安期妻，其一則殘缺不可辨矣。案：合數舊本細審之，則其一爲司業岑獻妻也。《碑》又言真卿童孺時，特蒙君教言辭音，□□□□延壽《王孫賦》、崔氏《飛龍篇》、江淹《造化篇》、《五都賦》。考《隋書·經籍志·小學類》，列崔援《飛龍篇》于蔡邕《勸學》注中，謂爲已亡，據此《碑》則魯公幼時尚從姑受此書，是唐代尚存也。

崔沔墓誌跋

此誌凡二石，誌蓋之陰刻沔配王夫人誌。王夫人卒于開元廿三年六月，以廿三年十月權窆於邙山，沔爲之誌。沔卒于開元廿七年十一月，至廿九年十二月權殯於邙山，李邕爲之誌。此則沔嗣子祐甫貴後，以大歷十三年四月改葬時所刻，沔誌仍用李文，王夫人誌仍用沔文，而祐甫記其後。《王夫人誌》稱夫人一男三女，《沔誌》則稱公長子同州馮翊縣尉成甫、嗣子祐甫等，並至性本天，彛訓過禮。《誌》後祐甫附記稱孝公長子成甫，服闋授陝縣尉，以事貶黜，乾元初卒于江介。並載成甫三子，並早夭，二孫並未仕。是祐甫非孝公所生，乃嗣于兄弟者，不知爲誰之子也。據泰和作《誌》載，長子成甫、嗣子祐甫，成甫尚在，而復嗣兄弟之子，殊不可解，而兩史沔與祐甫《傳》均不之及，可謂疏矣。《祐甫傳》稱祐甫無子，遺命以弟嬰甫子植爲後，據《世系表》，嬰甫爲沔叔父晊之孫、從弟滂之子，則嬰甫與祐甫不同祖，乃從弟，非弟也。豈祐甫亦以嬰甫子嗣沔者耶？《沔誌》爲徐珙隸書，《王夫人誌》元至書，北海書法冠當世，權窆時必已書誌，乃廢而用珙，何耶？

韋希損墓誌跋

《誌》稱「君諱希損，字又損。□□祖量，魏散騎常侍；高祖瑗，隨陽武令；曾祖知□，幽州刺史；祖仁儉，早終；考嗣業，皇□□君，即秘書公第二子也。」案《唐書·宰相世系表》小逍遥公房：宏瑗生知止，知止生嗣業，嗣業生希、損，希生朗，損生常。《誌》之瑗即宏瑗，殆避孝敬諱，省「宏」字。《誌》之知□即知止，知止生仁儉，《表》缺漏。瑗官陽武令，《表》誤作「武陽」，而希損一人，至誤析爲二，則誤之甚矣。《表》稱知止官庫部郎中，《誌》作幽州刺史；《表》不載嗣業官職，據《誌》官秘書；希損仕至京兆府功曹，二子渾金、璞玉，均可據以補史闕文也。

嗣曹王李戢墓誌跋

此《誌》近出洛中。戢爲曹王明之曾孫，祖傑，父胤，與兩《唐書》曹王明本傳並合。而《傳》序述甚畧，曹王明贈官司徒，嗣王傑贈官太子中允，胤官左武衛將軍，贈太子詹事，則《傳》均未詳也。據《誌》，戢以開元十三載同宗子右威衛將軍行禕問罪西戎，有功，此事史亦失書。行禕當即信安王禕，史亦不言其名行禕也。戢以開元廿九載丁父憂，天寶二載襲封，四載薨，韓愈《曹成王碑》「王生十年而失先王」，注：「開元二十一年父戢卒。」誤甚。兩《傳》不載胤卒于何時，及戢襲爵之歲，及薨年，均賴《誌》知之矣。《曹王傳》言明陪葬昭陵，此《誌》銘文有「峨峨昭陵，復有佳城」語，是則《誌》與《傳》合者也。

嗣曹王妃鄭氏墓誌跋

此《誌》與《嗣曹王戢誌》同時出土。妃爲曹成王皋之母，今以《舊唐書・皋傳》與《誌》互校，大畧符合。惟《誌》稱太妃以建中三年冬十月九日遘疾，薨于潭州官舍，《舊傳》作皋以建中二年丁母艱，誤先一年。《誌》稱先王戢贈尚書左僕射，《傳》誤作右僕射，爲差異耳。《傳》稱皋丁母艱，奉喪至江陵，會梁崇義反，乃起復授左衛大將軍。淮西既平，請護喪祔東都，上遣中使致弔。與《誌》所云「嗣王奉喪歸葬，達于南荆，國難方興，俾復其位，且使即其次而窆焉。貞元景寅，乃奉喪歸葬洛陽邙山之原，皇帝使中謁者詔東京有司備鹵薄、鼓吹，洎祖載儀衛之物，且監視之」云云，正合。《傳》稱臯任湖南觀察使時招撫叛將王國良，國良請降，臯執手約爲兄弟，有詔赦國良罪，賜名惟新。《誌》稱「湖南部將有王國良者，嘗疑危負固，嗣王恭太妃之教，以子召之，國良捧檄如歸，其後入衛中禁，賜名惟新。太妃之葬，哀請赴葬，執禮致慕，視於苦甴」，與《傳》亦合，特《傳》不言國良之召意出太妃耳。成王孝於親，忠於國，爲循吏，爲名將，屹然爲一代名臣，不僅爲唐室宗支之秀已也。韓文公爲作碑，揚扢甚至。文公不言成王葬處，意固當祔于先塋，此《誌》既出，文公之碑或且亦出人間，安得好古之士訪求之乎？撰此《誌》之穆員字與直，兩史皆附見《穆寧傳》，以能文稱，《全唐文》載員文二卷三十二篇，而無此《誌》，知散佚者已多矣。

李少府夫人竇氏墓誌跋

《誌》稱夫人曾祖㻏，譙國公、駙馬都尉、左衛大將軍，贈特進；祖孝謙，丹坊鄜恆定洺六州刺史；父宣文，蜀郡大都督府注曹參軍，唐安郡晉原縣令。案：《唐書·宰相世系表》載竇恭生琮，晉州總管，《姓纂》作「晉州刺史」。譙敬公。琮生孝謙，洛州刺史，《元和姓纂》同。㻏均作「琮」，皆不及孝謙子宣文。《表》載孝謙官洛州刺史，據《誌》則洛爲洺之譌字也。

豆盧府君夫人魏氏墓誌跋

《誌》稱夫人鉅鹿魏氏，曲陽人。曾祖行覽，贈瀛州刺史；祖知古，銀青光禄大夫、□侍中、工部二尚書、上柱國、梁國忠公；先府君諱喆，正議大夫、巴延邛歙寧五州刺史、鉅鹿縣開國男。按：《唐書·宰相世系表》但書鹿城魏知古相玄宗，喆延安太守，而不及行覽，當據《誌》補之。《誌》又稱夫人十二而嫁，廿二而寡，故皈依聖善寺大晉禪師。女一人，法名道峻，母女皆皈依釋門，唐人佞佛之風至於如此，不亦異乎。

澧州刺史盧君墓誌跋

《盧昂墓誌》，孫朝散大夫、守尚書工部郎中、上柱國商撰，述盧氏世系甚詳。稱漢侍中植，子毓爲魏司空，孫珽，曾孫志，玄孫諶，諶曾孫玄，玄子度世，度世四子：淵、敏、昶、尚。自敏四世至常州刺史幼孫，常州生黄門侍郎獻，黄門生鄂州刺史翊，鄂州生府君昂。昂冢嗣長故，河西縣令；次廣，河南縣丞；孤工部郎中商。考《唐書·宰相世系表》，盧氏植生毓，毓三子：欽、簡、班。班字子笏，三子：浮、皓、志。浮三子：諶、謐、説。諶五子：昴、凝、融、偃、徵。偃二子：邈、闡。邈生玄，玄二子：巡、度世。度世四子：陽烏、敏、昶、尚之，號四房盧氏。以《誌》校之，毓孫珽，《表》誤珽作

「班」，《元和姓纂》亦作「珽」，與《誌》合。珽爲毓孫，《表》誤以爲毓子；志爲珽曾孫，《表》又誤以爲珽子。《姓纂》亦誤以志爲珽子。度世四子，長淵，《表》作「陽烏」，字伯源。《魏書·盧玄傳》作淵，字伯源，小名陽烏，《表》避高祖諱，誤以小名爲名。淵季弟尚，《表》作「尚之」。《魏書·盧玄傳》前稱度世四子：淵、敏、昶、尚，與此《誌》合，而後又稱昶弟尚之，字季緒，不知何故。商相宣宗，有政績，《誌》文亦朗暢可讀，當據以補《全唐文》也。

盧知宗妻滎陽鄭夫人墓誌跋

《誌》稱夫人今刑部尚書滎陽公之次女，公名朗。夫人曾大父諱諒，皇朝任魏郡冠氏主簿，贈左僕射；王父諱珣瑜，皇朝吏部尚書、同中書門下平章事，贈太師。案《唐書·宰相世系表》滎陽鄭氏：諒生珣瑜，珣瑜生朗，與《誌》正同。惟據《誌》諒官冠氏主簿，《表》作冠氏令，當據《誌》以正之耳。

京兆府鄠縣丞張君妻劉夫人墓誌跋

《誌》稱夫人其先中山人。曾祖怦，幽州盧龍軍節度使，贈太傅，謚「恭」；祖濟，幽州節度使、司徒兼中書令，贈太師，謚「□武」；父約，宣武軍節度使，檢校吏部尚書，贈左僕射。案：舊史《劉怦傳》但稱爲幽州昌平人，不定其先爲中山人，亦不載其謚「恭」，又贈太傅作「贈兵部尚書」。《誌》稱濟謚「□武」，武上一字泐，據《傳》乃「莊武」也。《傳》稱總既以土地歸國，授其弟約及男等一十一人領郡符，加命服者五人，升朝班佐宿衛者六人，不言約爲宣武軍節度使，則史氏之疏，賴《誌》知之也。

孫方紹墓誌跋

方紹字比璉，曾祖逖，王父成，考微仲。案：《唐書・宰相世系表》作微仲生庶立，微仲弟審象生履度、方紹，誤以方紹爲審象子。方紹二子：長鄴、次牢，《表》亦失書。此《誌》爲鄴撰，弟十六姪郢書，郢之名《表》亦失載，均當據《誌》補正之。

劉蜕母姚夫人權葬石表跋

此誌舊出關中，今不知存佚。表文蜕自撰，而守秘書省正字李坤書之。蜕以文名當世，《唐書・藝文志》載蜕《文泉子》十卷，注：蜕字復愚，咸通中書舍人。王定保《摭言》載蜕，大中四年，蜕以府解及第。舊史《令狐滈傳》，蜕爲左拾遺時上疏劾滈，貶華陰令。孫光憲《北夢瑣言》稱蜕歷登華貫，出典商於。則蜕以進士歷中書舍人、左拾遺，貶華陰令，終於商州刺史，此蜕仕履之可徵者。《表》稱蜕不夭進士及第，初從壽州賓幣，遇其守黜戾無足倚，未五月，自引去。其後選補校書郎，不得視朝夕，未逾月，又罷去，又云今者助教於大學，校理於集賢。知蜕進士及第後曾爲壽州賓僚，未五月即去，補秘書郎未逾月，又曾爲大學助教、集賢校理也。蜕母卒于大中十一年二月，權葬於五月。又知蜕之任秘書郎、大學助教、集賢校理均在拜左拾遺之前，足補諸書所未備。

《表》又稱，自從官與丐遊，未嘗踰三時，雖苟餋食齊，皆在其側，所悔者，受禄未嘗得半年，月俸未嘗滿二萬，故生不得極煎和脩瀡之養、華縟園第之娱。又云，壓於寒饑，故儀衛不周，衣衾儉薄，欲終大事，所未成也。且蜕猶爲羈也。今故穿土周棺，丘封四尺，同於葬法，至於錺棺以輤，器用不就，表其權焉。庶先公之祀，若不急滅，委質負擔，得有積資，當廣壙杵以衍其阡，克從祔禮，雖其刺奢，不敢避之。知蜕之事親，其生也不忍違色養，其卒也傷不能備禮，其誠孝如此。而《北夢瑣言》稱其不祭先人，謂其先德戒之曰：「任汝進取，窮之與達，不望於汝，吾若没後，愼勿祭祀。」臨終亦戒其子，如先考之命。蜀禮部尚書纂，即其息也。光憲譏蜕遵乃父之緒言，紊先王之舊制，報本之敬能便廢乎，云云。今以此《表》考之，蜕之至行如此，必無不祭之事。意蜕當唐室之亡，其子筮仕於蜀，心焉傷之，而以命其子，非蜕之父以命蜕也。於此正可見蜕忠孝大節，何得有廢禮之譏乎！蜕爲諫官，不畏權勢，而其大節又如此，此《表》之存，足以雪誣謗甚矣。金石刻之有功也。

蜕文多僻澀，而此《表》尚條暢。所著《文泉子》久佚，今所傳文集六卷，乃明天啟間吴馡編輯，《全唐文》據以入録，補《論令狐滈疏》一篇，而不載此文，得此可補蜕(攴)〔文〕佚篇。此《表》文字鐫刻甚奇，乃以鑽爲，細點積以成畫，惟表蓋鎸刻之法，則與他石刻同，亦古刻中所罕見者矣。

宣州旌德縣尉李紳墓誌跋

《誌》稱君諱紳，字宗今，嗣曹王絳之季弟也。案：《唐書·宗室世系表》太宗諸子曹王房載，曹恭王明，孫胤，嗣曹王。胤生嗣王戢，戢生嗣王臯，臯生道古、象古、復古。道古生紘、綽、紹、綰，而無絳與紳名。舊史《李臯傳》載象古爲安南都護，爲楊清所殺，妻子支黨無噍類。道古以罪貶循州司馬，其子亦未必能襲爵，則絳與紳者，其復古之子歟？史不載臯之後更有嗣王，《表》並不載絳與紳之名，惜此《誌》不載紳祖父名，竟不能定爲誰之子，爲可憾矣。《誌》稱紳享年三十五，時大和甲寅歲九月十三日也。未娶，有三子：曰竇、曰重、曰小重。年三十五而尚未娶，與未娶而有三子，均異聞也。

周竇禹鈞墓誌殘石跋

此《誌》近出洛中，存二十五行，行存十六字，四周皆缺，姓名、年月皆不可見，幸中有公長子儀、又有儀爲翰林學士、尚書禮部侍郎，儼爲中書語，知爲《禹鈞誌》矣。石皆斷損，事實不甚可考。有云「入梁，尋佐沂州軍事」，又云「唐、晉二朝，歷鄧安同三府觀察支使、鄭州□□」。證之《宋史·竇儀傳》，父禹鈞，唐天祐末起家幽州掾，歷沂、鄧、安、同、鄭、華、宋、澶州支使判，與《誌》所書畧合，而《誌》較《傳》言之尤明晰。《誌》又稱「□卯仲夏遘疾于都，輦聞于□」，又云「至八月二日終于鄭州」，又云「河内村，即北邙之原也」。「卯」上字已泐，以《儀傳》考之，當是周世宗顯德二年乙卯，《傳》叙禹鈞顯德中以右諫議大夫致仕，又稱儀在周廣順初官倉部員外郎、知制誥，未幾召爲翰林學士，尋加禮部侍郎。又云儀以父病，上表解官，世宗親加慰撫。父卒，歸葬洛陽，詔賜錢三十萬，米麥三百斛。《儼傳》叙儼由主客郎中加金部郎中，拜中書舍人，顯德元年加集賢殿學士、判院事，父憂去職，云云。與碑一一相合，則禹鈞之卒在顯德二年，此《誌》殆刻於卒後數月矣。禹鈞生丁唐末，《誌》稱其壽及耄年，故與五季之亂相終始，父子皆歷仕諸朝，無臣節之可言，而家有義方之訓，閨門敦睦，爲史官所稱美，蓋猶賢于今之士夫已。

明重脩得勝廟碑跋

此碑今在距亮甲店七里，俗稱金頂山廟，即真武廟也。廟蓋因都督劉江平倭寇而立，故前記江平寇事。江《明史》有傳，作「劉榮」，云榮初冒父名江，及平倭封廣寧伯，始更名榮，故諸書所記或稱劉江，或稱劉榮。明分省《人物考·劉榮傳》作「改名江」，殆誤。其平倭事，《明史·日本傳》及榮本傳並載之，所記甚簡，惟《明太宗實録》及《明大政纂要》言之頗詳。《實録》記永樂十七年六月戊子，遼東總兵、官中軍左都督劉江以捕倭寇捷聞。江嘗請於金州衛金線島西北望海堝上築城堡、立烟墩，瞭望倭寇。一日，瞭者東南海洋内王家島夜舉火，江以寇聚其間，亟遣馬步軍赴堝上小堡備之。翌日，倭船三十一艘泊馬碓島，寇衆登岸，徑奔望海堝，江親督諸將，伏兵堡外山下伺賊，既圍堡，舉砲發伏，都指揮錢真等領馬隊要其歸路，都指揮徐剛等領步隊逆戰，寇衆大敗，奔入櫻桃園空堡中，官軍圍殺之。自辰(自)〔至〕酉，禽戮盡絶，生獲百十三人，斬首千餘級。《纂要》言江鎮遼東，行視金線島有堝，曰望海，特高，海諸島可俯而瞰也，念可營屯以控海，乃請築城堡，置烽堠，爲瞭望。一日，瞭者三海東南島夜舉火有光，江計寇且至，將馬步兵伏堝上堡備之，簡鋭卒伏山下以待，待旗舉礮鳴，即起共夾擊。明日，倭二千餘，乘海艢逼堝登岸，魚貫行，一酋貌獰甚，揮兵登，如入無人境。江蓐食秣馬不爲動，而潛遣壯士間行，往伺賊，賊畢登，則盡焚其艢。已而賊至堝，江披髮出搏賊，舉旗鳴礮，伏盡起夾擊，倭大創，走櫻桃園，自閉空堡中。我師追圍之，將校皆奮請入擊，不許，已而開西壁縱之，倭急走，張兩翼夾擊，俘斬千數百，倭跳身急走艢，則艢又焚盡，爲焚舟卒所縛，無一人得脱者。凱還，將士請曰：「公見敵而秣士馬，臨陣披髮，追賊入堡，不殺而縱之，乃卒收功，何也？」江曰：「寇遠來逼堝，我飽以待饑，逸以待勞，固治敵之道。賊始魚貫來，爲蛇陣，作真武狀，懾之，亦愚士卒耳目而張其氣也。賊入堡，有必死心，夫困獸必鬬，缺生路，縱之走，業焚舟待之，此所以盡遺我禽也。」事聞，上賜勑褒劉將軍，封廣寧伯，自是倭不窺海上者數十年。與此《碑》所記均合，惟《實録》

稱倭寇船三十一艘，泊馬碓島，《碑》倭寇駕船八百艘，爲不同。《明史・日本傳》作賊分乘二十舟，《劉榮傳》作倭三十餘舟。《實録》之馬碓島，《日本傳》、《劉榮傳》均作「馬雄島」，《遼東志》亦作「馬雄島」。《實録》作「碓」者，「雄」之譌也。《日本傳》及《遼東志》言斬首七百四十二，生禽八百五十七，《實録》及本傳作斬首千餘級，生禽三十人，《實録》「三十」作「十三」，殆三十之譌。數亦不同，不如《碑》所稱盡勦無遺，與《纂要》所稱倭二千人無一人得脱爲得其實也。有明瀕海各省，北起遼東，南至浙閩，倭寇之害不絶。自劉江大捷，寇不復至遼東；而南疆則直至嘉靖閒始絶，光之功亦偉矣哉。辛未七月，東友拓此《碑》，予得一紙，山齋無事，爲之考證，近金州友人脩方志，將録以遺之。

平倭之役，《碑》載劉江與都指揮徐剛，《太宗實録》又有都指揮錢真，《遼東志》爵命劉江，《傳》則無錢真而有百户姜隆，言江遣姜隆以奇兵伏山下，邀其歸路。又，名宦《劉斌傳》言，以金州勦滅倭寇，陞金吾衛指揮使，則當時同江立功者錢真、徐剛外，又有劉斌、姜隆也。《遼東志・職官》載徐剛金州衛人，併附記之。

李介節先生墨迹册跋

李介節先生墨迹册，計詩十章，聯句詩一章，手帖及尺牘各一首，象贊一首，皆晚年所作。以《靨園後集》、《續集》校之，僅二詩在集中，餘皆佚篇也。後附沈獻臣先生詩三紙，孫潅詞一紙，沈摩青先生手札一紙，又有署鐵雪道人旦者詩及尺牘各一紙，署谷者尺櫝四紙。考鐵雪道人，乃馬給諫嘉植，字培原，國變後祝髮村居，自號鐵雪道人，苦節數十年而卒，見《平湖縣志》。此墨迹一署鐵雪道人旦，一署日旦，殆國變後改名，或其祝髮後爲僧之名，《誌》所未載也。聯句詩三人：曰潛夫、曰允培、曰獻臣。允培即給諫，册後徐先生熊飛跋，以爲是給諫之弟嘉楨者誤。嘉楨字允和，非允培也。其署名谷者，乃陸亦樵，初名樵，字嬾漁，後改名谷，稱樵道人。妻子既喪，徧游名山以終，見《槜李詩繫》。亦樵與先生交厚，《蜃園詩集》乃亦樵刻之。粵中者介節，清風亮節，比蹤淵上。予去歲既輯《俟齋先生年譜》，今年復爲《蜃園年譜》，並印《蜃園全集》。昆明蕭顛公廉訪出此册見示，既手録佚詩以補集本之闕，並敬識册尾，以誌景行。時己未冬祀竈前二日。